“十三五”国家重点研发计划资助（项目编号：2018YFC1504600）

中国地震巨灾模型研究与应用

左惠强◎主编

地震出版社

图书在版编目（CIP）数据

中国地震巨灾模型研究与应用 / 左惠强主编．—北京：地震出版社，2023．11
ISBN 978－7－5028－5561－1

Ⅰ．①中…　Ⅱ．①左…　Ⅲ．①地震保险－地震灾害－危险评估－量化模型－研究－中国　Ⅳ．①F842．64

中国国家版本馆 CIP 数据核字（2023）第 098599 号

审图号：京审字（2023）G 第 1632 号

地震版　XM5123/F(6386)

中国地震巨灾模型研究与应用

左惠强◎主编

责任编辑：王亚明

责任校对：凌　樱

出版发行：地震出版社

北京市海淀区民族大学南路 9 号　　邮编：100081

发 行 部：68423031　68467991　　传真：68467991

总 编 办：68462709　68423029

编辑一部：68426052

http://seismologicalpress.com

E-mail：dzpress2023@163.com

经销：全国各地新华书店

印刷：河北文盛印刷有限公司

版（印）次：2023 年 11 月第一版　2023 年 11 月第一次印刷

开本：880×1230　1/16

字数：465 千字

印张：16．5

书号：ISBN 978－7－5028－5561－1

定价：158．00 元

《中国地震巨灾模型研究与应用》

编委会

主　编　左惠强

副主编　吴　健　曲　哲　潘耀忠　冯　键　周俊华

编　委　(按姓氏拼音排序)

曹光祎　柴丹凌　陈力志　陈相兆　陈小琛　代佳佳

董　波　董海燕　杜　轲　杜　越　樊　超　宫　婷

郭恩栋　郝明辉　蒋　昭　来贵娟　李倩楠　林均岐

刘　辰　刘甲美　刘金龙　刘如山　卢大伟　马加路

马腾飞　毛晨曦　苗天垚　任梦依　师黎静　史建鑫

史　萍　宋圣楠　汪园园　王金云　王梦雅　王　涛

王祥建　王小东　王玉石　温皓婷　吴　清　熊政辉

徐伟进　杨彩红　杨　磊　岳溪柳　翟亮亮　张安宇

张桂欣　张栩然　赵梦峋　朱　煦

序

地震是自然界最具破坏性的灾害之一，中国是世界上地震灾害最严重的国家之一。国家统计局的数据显示，过去20年间，我国因地震灾害造成的直接经济损失超过1.15万亿元人民币，人员伤亡超过48.5万人。随着现代化建设的深入推进，人口不断聚集，财富日益积累，如何更好地应对地震巨灾风险，守护人民生命财产安全，成为世界各国面对的共同难题。

党的十八届三中全会明确提出要“建立巨灾保险制度”，习近平总书记从实现“两个一百年”奋斗目标、实现中华民族伟大复兴中国梦的战略高度，深刻阐述了防灾减灾的重要意义。中国保险业积极响应党中央号召，将巨灾保险作为保险业融入社会治理体系、提升社会治理能力现代化水平的重要抓手，在制度建设、产品试点、服务保障和技术创新等方面取得了显著成效。

中再集团作为中国再保险行业的主力军，始终致力于推动巨灾保险基础设施与管理体系的建设，深度参与国家和各地方巨灾保险方案制订与产品设计，创造性地在国内外成功发行巨灾债券，专门设立中再巨灾风险管理股份有限公司，先后开发“再·商”“再·瞰”“再·型”等多个巨灾风险管理平台，着力提升巨灾风险减量管理能力，为保险公司承保理赔、企业风险管理和政府可视化决策分析提供有力支撑。

由于巨灾风险具有“低频高损”的特点，一般精算模型难以准确量化评估，研发专项巨灾模型，尤其是符合中国灾情特点的巨灾模型，成为中国保险业的共识与期望。为此，2018年底至2021年底，中再集团和中再产险联合中国地震局地球物理研究所、中国地震局工程力学研究所、北京师范大学等多家单位，共同完成了国家重点研发计划“地震保险损失评估模型及应用研究”项目，集成了我国在地震灾害损失分析评估领域的最新研究成果和技术应用，研发出中国首个具有自主知识产权的地震巨灾模型，努力提升我国巨灾保险领域的技术实力。

作为国家重点研发计划“地震保险损失评估模型及应用研究”项目的成果，《中国地震巨灾模型研究与应用》一书系统介绍了中国地震巨灾模型的技术原理、数据基础和应用场景，展示了我国在这一领域取得的突破性进展。该书从模型技术发展历史回顾，到地震危险性、工程易损性、风险暴露模块和金融模块等关键领域研究，再到模型的实践应用，探讨了中国地震巨灾模型研发各个环节的科学性与实用性，提出了地震灾害风险评估和保险业深度参与防灾减灾的新思路。

在这个数字化时代，科技创新已经成为推动经济社会发展和保险业转型升级的重要动力。希望《中国地震巨灾模型研究与应用》一书的出版，能够有力促进科技手段在巨灾保险领域的深度运用，为提高地震风险量化评估能力和保险服务水平发挥积极作用，也为完善巨灾保险制度和巨灾风险管理体系提供科学依据。

中再集团董事长　和春雷

2023 年 9 月

前言

地震灾害具有突发性强、破坏性大的特点，防御难度很高，是造成我国经济损失最严重和人员伤亡最多的自然灾害之一。进入21世纪后，我国地震灾害频发，2008年汶川地震、2013年芦山地震、2017年九寨沟地震，均造成了巨额财产损失和惨重的人员伤亡。如何提高地震灾害风险的综合管理能力，以更好保障经济社会发展和人民的生命财产安全，是全社会共同面临的紧迫课题。

党中央、国务院历来高度重视防震减灾工作。2022年10月，习近平总书记在二十大报告中提出："提高防灾减灾救灾和重大突发公共事件处置保障能力，加强国家区域应急力量建设。"习近平总书记曾在多个场合指出，应全面提高国家综合防灾减灾救灾能力，让市场在资源配置中起决定性作用，同时要更好发挥政府作用，加强政府与社会力量、市场机制的协同配合，充分调动社会各方面的积极性。发展防震减灾事业，需要政府、企业和社会各界密切配合，共同参与。保险作为一种市场力量，同时也是现代社会综合风险管理的重要手段，在推动国家治理体系和治理能力现代化，促进政府职能转型，保障和改善民生等方面具有不可替代的重要作用。

目前全球发达市场地震保险补偿率在30%左右，而我国还不到5%，2008年汶川地震的保险赔付仅占经济损失总额的2‰，保险业迫切需要在风险防范、损失补偿、恢复重建等方面发挥更加积极的作用。我国地震保险发展滞后的原因是多方面的，但技术层面的制约无疑是其重要因素。由于地震灾害具有发生频率低、造成损失大、难以预测等特点，保险经营所依赖的"大数法则"不再适用，依赖传统精算建模等手段很难准确评估地震风险现状，同时我国保险业在地震事件的风险分析、估测和损失测算等方面的技术储备和研究力量还十分薄弱，难以对地震风险状况做出全面科学的评估，造成保险业对于地震风险“不敢保、不愿保、不能保”，严重制约了地震保险产品的供给。

从国际经验来看，采用巨灾模型对地震风险进行量化分析是地震保险得以顺利开展的重要前提。自主研发符合中国国情的地震巨灾模型，对填补我国长期以来基础创新性空白、促进我国关键核心技术自主可控发展具有重大战略意义。

为解决这一难题，“十三五”期间，中华人民共和国科学技术部启动国家重点研发计划“重大自然灾害监测预警与防范”重点专项，设立“地震保险损失评估模型及应用研究”项目。2018年12月，由中国财产再保险有限责任公司牵头，联合中国再保险（集团）股份有限公司、中国地震局地球物理研究所、中国地震局工程力学研究所、北京师范大学、中国保险学会等9家单位申报了此项目并获批准正式立项实施（国科议程办字〔2018〕26号），成为首个由保险行业单位作为牵头单位承担的国家科技计划项目。该项目在执行期限内推进顺利，完成或超额完成各项考核指标，于2022年8月通过验收。

该项目以地震与滑坡危险性分析方法、多种承灾体易损性以及风险暴露度模型等研究成果为基础，采用云计算等先进信息技术手段，开发完成了我国首个经中国地震学会认证、拥有自主知识产权、面向商业应用的中国地震巨灾模型，填补了行业空白。该模型在地震随机事件集模拟、场地土分类、工程易损性、行业风险暴露数据库及系统IT架构等方面全面超越国外模型公司同类产品，达到了国际先进水平。从2020年开始，中国地震巨灾模型已被逐步正式应用于保险行业巨灾业务及偿二代Ⅱ期工程建设，得到了行业的普遍认可，目前已成为中国境内地震保险业务开展的事实标准和行业基础设施，基本完成了对国外模型的替代。中国地震巨灾模型的使用取得了显著的社会和经济效益，作为典型案例入选国家“十三五”科技创新成就展，为国家地震灾害风险治理体系及治理能力现代化建设提供了关键技术支撑。

中国地震巨灾模型的成功研发是我国保险行业的里程碑事件，充分体现了我国在应对巨灾风险挑战方面的“中国智慧”和“中国创造”，为保险业深度参与防灾减灾注入了动力。为记录中国地震巨灾模型的研究资料和研究经验，将中国地震人和保险人的这一智慧结晶固化传承下去，项目组组织编写了本书。本书详细记录了中国地震巨灾模型的总体架构、组成模块、系统集成方法和典型应用案例，从发展历程、运行原理、具体应用等角度对中国地震巨灾模型的历史与发展做了全面剖析，可为我国类似科研工作提供参考，也可作为高等院校、科研机构的教材使用。

本书由八章构成。第1章“地震巨灾模型的发展历史”，回顾了地震巨灾模型的产生基础与发展历史，总结了中国地震巨灾模型的肇始与发展历程，简述了地震巨灾模型的典型架构、技术特点与应用。第2章“地震危险性模块”，对地震及地震危险性的影响因素，地震的时间、空间和强度特征，地震动影响场和次生地质灾害等方面的技术做了详细阐述。第3章“工程易损性模块”，介绍了各类承灾体的易损性模型的数据来源、获取方法和研究成果，对工程易损性模块的相关技术做了全面的介绍。第4章“风险暴露模块”，从人口格网化数据、GDP格网化数据、房屋建筑风险暴露数据方面进行介绍，阐述了上述数据采集、处理、入库的全流程技术环节。第5章“金融模块”，介绍了金融模块的基本运行方法和相关模型。第6章“中国地震巨灾模型系统集成”，介绍了上述各技术模块的技术集成过程，阐述了IT开发方面的相关技术。第7章“应用案例”，记录了中国地震巨灾模型的若干典型应用案例，针对该模型的主要应用领域，采用典型案例剖析的方法，对模型的用途和主要应用方式做了总结。第8章“展望”对模型技术未来的发展，以及模型应用未来的拓展方向进行了阐述。以上八章，内容相辅相成，技术上具有配合与承接关系，从技术组成、关键技术、集成开发、典型应用等方面，对中国地震巨灾模型做了全面的记录和总结。

本书在编写过程中，得到了中国地震局地球物理研究所、中国地震局工程力学研究所、北京师范大学、中国再保险（集团）股份有限公司、中国地震灾害防御中心、中再巨灾风险管理股份有限公司等单位的大力支持，在此一并表示感谢。

目　录

第1章　地震巨灾模型的发展历史

为了定量评估不同地区的巨灾风险，科研人员研发了信息化的巨灾模型。我国在这个领域起步稍晚，于2019年发布了首个商业化的中国地震巨灾模型。本章从地震巨灾模型的产生基础讲起，介绍了地震巨灾模型的发展历史，详细剖析了中国地震巨灾模型的架构，并介绍了中国地震巨灾模型的技术特点与应用案例。

1.1　地震巨灾模型的产生基础与发展历史

1.1.1　巨灾、巨灾风险与巨灾保险

巨灾，通俗地解释为巨大的灾害，联合国将其定义为一种严重的社会功能失调，在大范围内造成人类、物质和环境损害，这种损害超出了社会依赖自身资源的承受能力（张星洋，2013），具体是指由于自然灾害或人为因素引起的大面积的财产损失或人员失踪伤亡事件（朱文杰，2006），通常包括地震、洪涝、风暴等破坏力强大的自然灾害和火灾、交通事故、恐怖袭击等损失严重的人为灾难（张琴等，2009），具有“低频高损”的特点（冯键，2019）。

关于巨灾的划分标准，全世界学者持不同观点。从事地学研究的学者，通常从致灾因子强度及其造成的人员伤亡和财产损失或受灾范围等方面来界定巨灾。史培军等定义巨灾为由100年一遇的致灾因子造成的人员伤亡多、财产损失大和影响范围广，且一旦发生就使受灾地区无力自我应对，必须借助外界力量进行处置的重大灾害（史培军等，2009；张卫星等，2013）。保险及金融管理研发的专家，以造成的承保财产损失的大小为标准定义巨灾。如美国联邦保险服务局（ISO）将巨灾定义为造成至少2500万美元直接承保财产损失，且影响一定数目的保险人和被保险人的事件；瑞士再保险公司则将这一损失额确定为3870万美元（姚庆海，2007）。经济合作组织（OECD）认为巨灾可造成大量人员伤亡、较大的财产损失和基础设施的较大程度破坏，超出受灾地区及邻近地区的政府承受能力，甚至造成广大公民的恐慌，强调在应对巨灾时需要成员方间的通力合作和帮助（张卫星等，2013）。

张卫星等人结合近年来全球典型灾害案例，总结出巨灾划分指标与标准，如表1-1所示，如突发性巨灾的划分标准可采用致灾强度、死亡人口、直接经济损失和成灾面积等4项指标，具体为：致灾强度大于等于7.0级（地震）或超过100年一遇（地震震级按照里氏震级标准划分，达到7.0级及以上即认为达到100年一遇），死亡人口（包括因灾死亡人口和失踪1个月以上的人口）超过1万人，直接经济损失（因灾当年财产实际损毁的价值）超过1000亿元，成灾面积（因灾造成的有人员伤亡或财产损失，或生态系统受损的灾区面积）超过100000km^2。同时满足以上4项指标中的任意2项即构成突发性巨灾（张卫星等，2013）。

表 1－1　巨灾划分标准

巨灾类型	指标	划分标准	备注
突发性巨灾	a. 致灾强度（年遇水平） b. 死亡人口 c. 直接经济损失 d. 成灾面积	a. ≥7.0（地震）或超过100年一遇 b. ≥10000人 c. ≥1000亿元 d. ≥100000km^2	·必须满足任意2项 ·死亡人口包括因灾死亡人口和失踪1个月以上的人口 ·直接经济损失为因灾造成的当年财产实际损毁的价值 ·成灾面积为因灾造成的有人员伤亡或财产损失，或生态系统受损的灾区面积
雪灾等渐发性巨灾			
旱灾等渐发性巨灾	e. 农作物成灾比例 f. 农作物成灾面积 g. 成灾人口 h. 需救助人口比例 i. 直接经济损失	e. ≥60% f. ≥50000km^2 g. ≥5000万人 h. ≥30% i. ≥1000亿元	·必须满足任意3项 ·农作物成灾比例为农作物成灾面积与受灾面积的比值 ·成灾人口为成灾作物所影响的人口 ·需救助人口比例为需救助人口总数与受灾人口总数的比值 ·直接经济损失为因灾造成的当年财产实际损毁的价值

巨灾风险指在一定时间内某种巨灾事件给人类造成利益损失的不确定性，即巨灾事件损失结果发生的不确定性（周贺君，2010）。从损失分布的角度来看，巨灾风险具有空间和时间的损失关联特征，每次事件的发生会同时造成大面积的严重损失，使得大量投保人同时向保险公司索赔，从而会形成“风险累积”，损失赔偿分布呈现出重尾分布特征（张星洋，2013）。

巨灾风险按照发生的原因可分为两大类——自然灾害风险（由自然力造成）、人为灾难风险（成因与人类活动有关）（周贺君，2010）。其中，自然灾害包括地震、洪涝、台风、干旱、森林火灾、热浪、寒流、霜冻、冰雹、海啸及其他灾害形式，人为灾难包括重大火灾和爆炸、航空航天灾难、航运灾难、铁路运输灾难、采矿事故、建筑或桥梁坍塌及其他灾难（包括恐怖活动）形式（张星洋，2013）。

根据频率特征，巨灾风险可细分为如下类型（张星洋，2013）。

（1）非重复性巨灾：在某特定区域只发生一次的灾害，在相同地点不可能再次发生以及产生相同后果。

（2）无规律性巨灾：此灾害的发生无任何统计规律性，但它可能在某一区域反复发生，发生时间和具体地点不明确。

（3）有规律性巨灾：指由一些力量规律性积累而造成的事件。虽然累积的模式是有规律的，可以建构于统计性框架之中，但发生的准确时间仍然难以知晓。

（4）季节性巨灾：此类灾害在特定时期和某个广泛地区的发生具有一定的规律性和可能性。虽然有特定的时间和空间，但事件发生的准确地点或严重程度等仍是未知的。

与一般风险相比，巨灾风险具有如下特征（周贺君，2010）。

（1）频率低：普通风险年发生频率可能是几十次，而巨灾风险发生频率可能几十年一次，甚至几百年一次。全球范围内，影响较大的地震、洪涝、台风每年都会发生，但就某一地区而言，即使是灾害频发地区，巨灾发生的频率也是非常低的。

（2）危险的严重性：普通风险的发生仅涉及一个或几个保险标的，地震、洪涝、台风的影响范围较大，一旦发生，往往使一定范围内大量保险标的同时受损。如果该地区经济比较发达、人口密集度高，一次大地震、大洪水、强台风就可以造成重大的人员伤亡和数以亿计的巨额经济损失。

（3）难以预测性：巨灾事件作用机制复杂，人类投入大量的人力物力研究巨灾事件的预测问题，但是迄今为止人类驾驭巨灾的能力仍然有限。以地震预测为例，在现今的科学技术水平下，难以对其发生时间、地点和震级做出精确预测。

巨灾会给社会带来重大的人员伤亡和巨额的经济损失，但由于巨灾风险具有频率低、难以预测等特征，常规的各类防灾减灾措施很难有效应对巨灾风险。因此，对巨灾造成的损失进行补偿，以迅速救灾和恢复社会经济秩序为目的的巨灾保险应运而生。保险作为一种市场力量，是现代社会综合风险管理的重要手段，在推动国家治理体系和治理能力现代化，促进政府职能转型，保障和改善民生等方面具有不可替代的重要作用。巨灾保险是指承保因地震、台风、洪涝等自然灾害可能造成重大人员伤亡和巨大财产损失的风险的保险业务。巨灾保险是分散巨灾风险的有效手段，是重要的非工程性防灾减灾措施。以地震灾害保险为例，目前全球发达市场地震保险补偿率在 30% 左右，保险金已成为救灾资金的重要组成部分。

近年来，我国巨灾保险体系取得积极进展。原中国保监会、财政部于 2016 年发布《建立城乡居民住宅地震巨灾保险制度实施方案》（保监发〔2016〕39 号），建立了地震巨灾保险制度规范；成立多家保险机构参与的“共保体”，提高了巨灾风险承保能力。广东、四川等省份开展巨灾保险试点，因地制宜地探索以市场机制分散巨灾风险，为灾后重建、企业和居民恢复正常生产生活提供重要资金来源和风险保障。但也要看到，当前我国巨灾保险机制还不够健全，巨灾损失保险赔付比例同国际上的成熟保险市场相比仍有差距。2008 年汶川地震的保险赔付仅占总经济损失的 2‰，保险业迫切需要在风险防范、损失补偿、恢复重建等方面发挥更加积极的作用。加快发展巨灾保险，推动保险业深入参与灾前预防、灾后补偿、恢复重建的各个链条，既是保险行业更充分发挥保障功能的着力点，也符合国家灾害救助和应急管理体系建设的需要。

1.1.2　地震巨灾模型的必要性

地震灾害具有发生频率低、破坏范围大、破坏性强等特征。强震一旦发生，会产生较大且密集的财产损失。政府部门、科研机构和保险公司，均对地震灾害的风险具有较高的评估需求。特别是保险公司，需要将地震灾害风险定量评估成果作为相关业务开展的重要依据。

地震巨灾风险的定性评估，如按照传统的非寿险精算理论，评估方法是遵照大数法则和非寿险精算基本原则，使用长期平滑技术（Long－term Smoothing Techniques）对可能造成的损失和损失成本进行估算。但是，使用长期平滑技术对地震巨灾损失进行评估存在着不足。首先，与其他财产损失事件不同，巨灾的损失周期往往较长，甚至长达几百年时间。保险公司在对巨灾进行损失评估时，大多只能收集到数十年至 100 年的统计数据。由于经验数据期远远短于损失周期，保险公司如使用长期平滑技术对巨灾损失进行评估，结果会与实际情况存在较大误差。其次，长期平滑技术依赖历史记录数据，基于“历史会重演”原则进行评估。由于经济发展与社会进步，很多影响巨灾损失的要素不断发生变化，包括土地使用情况、人口密度、建筑材料、工程技术等等，因此巨灾的历史损失记录往往无法准确反映未来巨灾造成的损失。

传统的非寿险精算方法，无法满足保险公司对于巨灾风险评估的需求，巨灾模型因此应运而生。巨灾模型通过对灾害事件进行模拟，利用灾害风险暴露数据，对财产标的破坏过程进行分析和计算，从而估算事件之内的财产损失风险。上述定量分析结果可以帮助保险公司就以下关键问题做出决策。

一是厘定费率。合理的产品费率厘定是保险公司确保收益和控制风险的基础，但传统的以历史数据为基础的费率厘定方法并不适用于巨灾风险。上文已经提到，首先是巨灾（如地震）孕育与发生的周期很长，有些长达数百年，甚至上千年，根据现有几十年的观测数据推断未来一段时间内的巨灾发生概率和强度误差会很大；其次是灾害风险暴露数据（包括财产分布、建筑类型、生命线等），会在短时间内出现较大变化。巨灾模型运用科学手段模拟未来一段时间的巨灾事件，及时更新灾害风险暴露数据，更合理地估算区域巨灾风险，厘定巨灾保险费率。

二是控制风险累积。保险公司利用巨灾模型，对已承保的巨灾保单计算风险累积，能够更科学地摸清风险敞口，实现从保额管理到 PML（Probable Maximum Loss，最大可能损失）管理的转变，清楚地分辨区域风险水平，做出扩大业务或风险转移的决策，既让风险“管得住”，又让业务“放得开”。

三是开展综合风险管理。保险公司利用巨灾模型了解投保地区的地震风险分布情况，为工程性减灾措施规划和决策提供科学参考依据。减灾措施是指投保人实施的维修、加固建筑物以增强建筑物抵抗巨灾能力的措施。研究表明（张风华等，2001；王亚勇，2008），少量减灾成本即可显著减轻巨灾带来的损失。保险公司通过差异化的费率和免赔额设置影响投保人的减灾行为，利用投保人的减灾措施来控制自身的巨灾保险风险。

四是安排风险转移措施。开展巨灾保险业务的保险公司，一般会利用再保险、风险证券化等工具转移各类风险。首先，巨灾模型可帮助确定巨灾再保险中超赔再保险业务的起赔点、最高责任额、定价等关键参数。其次，近年来，巨灾债券凭借科学的责任设置和优秀的赢利能力，成为证券市场的新宠。巨灾债券产品的设计与定价，均需依赖巨灾模型的风险评估结果。

五是合理配置资本金。充足的偿付能力是保险公司健康运行的重要基础，保险监管机构为确保保险公司具备充足的偿付能力，对巨灾风险准备金有严格的要求。利用巨灾模型对已承保的巨灾风险进行评估，保险公司可基于承保的地震巨灾风险合理准备资本金，这样既确保了偿付能力达标，又可以节省资金，达到提升资本利用效率的目的。

1.1.3 地震巨灾模型的发展历史与现状

保险行业很早就开始采用模型研究自然灾害对财产造成的风险。早在 19 世纪，欧美国家的住宅险保险人就对挂在墙上的地图使用大头针做标记，用于标识火灾和闪电的风险暴露密度。

20 世纪 80 年代，依托制图术和灾害测量技术，保险业形成了最初的概率巨灾模型。1985 年，美国联邦应急管理署（Federal Emergency Management Agency，FEMA）委托美国应用技术委员会（Applied Technology Council，ATC）编制并执行了 ATC - 13 Earthquake Damage Evaluation Data for California 计划。该计划系统性地收集了专家学者的意见，建立了当时最完整的地震灾害评估资料（刘博等，2011），包含美国加利福尼亚州各类建筑物、公共设施、经济损失和人员伤亡的易损性评估资料，大大推动了巨灾模型的发展。1987 年，美国 AIR（Applied Insurance Research）公司率先建立了美国飓风风险评估模型。该模型利用天气气象资料对美国飓风风险进行定量分析，提出损失数量等级及其概率。同一时期，美国 RMS（Risk Management Solutions）公司开发了美国地震巨灾模型，用于综合评估美国各地区的地震风险。这是巨灾建模的革命性飞跃。

20 世纪 90 年代，先进的信息技术催生了计算机巨灾模型，可结合历史事件规律和灾害研究成果，预测未来的巨灾损失。1992 年 8 月，安德鲁飓风（Hurricane Andrew）席卷了巴哈马群岛和美国佛罗里达州、路易斯安那州，造成了 27 人死亡，经济损失达 265 亿美元。1994 年 1 月 7 日，美国洛杉矶地区发生北岭地震（Northridge Earthquake），达里氏 6.4 级，造成 58 人死亡，经济损失高达 300 亿美元。安德鲁飓风和北岭地震导致数十家保险公司失去赔付能力或破产。1995 年，美国佛罗里达州议会成立了“佛罗里达飓风损失预测方法委员会（The Florida Commission on Hurricane Loss Projection Methodology，FCHLPM）”，目的是制定并审查核实飓风巨灾模型标准。FCHLPM 先后审查通过了 5 个巨灾模型。美国联邦应急管理署于 1997 年发布了地震危险性评估系统 HAZUS97，该系统整合了地理信息系统、地震学、统计学、数学和相关的其他计算机技术（Kircher et al.，2006）。

1999 年，美国联邦应急署发布了 HAZUS 的更新版，该版本中突出了针对桥梁等公共设施的地震灾害损失分析。2003 年，HAZUS 升级为 HAZUS - MH，在这套分析系统中纳入了洪水灾害、飓风灾害等其他可能造成巨大影响的自然灾害。HAZUS97 首先提出了巨灾模型的主题架构原型，由事件产生模块（Stochastic Event Module）、灾害模块（Hazard Module）、结构易损性模块（Vulnerability Module）、损失分析模块（Financial Module）构成。

目前，美国有三大专业的巨灾风险评估企业，分别是 RMS、AIR 和 CoreLogic（原 EQECAT），从事开发包括中国在内的世界各地的巨灾模型。此外，在世界其他国家还有一些自然灾害风险评估研究机构，如英国的伦敦大学学院（University College London）、澳大利亚的麦考瑞大学（Macquarie University），一些再保险公司和再保险经纪中介公司，例如慕尼黑再保险公司（Munich Re）、瑞士再保险公司（Swiss Re）、佳达再保险公司（Guy Carpenter AON Impact Forecasting）等等。

2018 年，中国第一家致力于研发巨灾模型的企业中再巨灾风险管理股份有限公司于重庆市成立。中再巨灾风险管理股份有限公司于 2019 年 8 月发布商业化应用的“中国地震巨灾模型 2.0”，并于 2020 年 11 月发布“中国地震巨灾模型 3.0”，主要架构沿袭“事件产生模块—灾害模块—结构易损性模块—损失分析模块”这一架构。中国地震巨灾模型整合灾害学、地震学、地理学、工程学、金融学、精算科学等方面的专业技术知识，为政府部门、企事业单位、金融保险行业提供一套完整的灾害风险管理工具和量化评估工具。同时，该系统通过遥感、电子地图等地理信息科学的手段，依托高性能计算机运行，采用多种先进的数据库技术存储风险暴露数据，采用地理信息系统技术对灾害损失进行计算和显示，将结果数据以可视化的方式呈现给用户，为用户的灾害管理提供精准定位和快捷的决策参考。

1.2　地震巨灾模型的架构

不同地区的地震灾害风险各不相同。开展防震减灾工程，经营地震灾害保险，进行地震科学研究，均需要准确评估全国各地区的地震灾害风险。某一地区的地震灾害风险，与多种因素有关。第一，地震灾害风险与该地的地质状况有关。例如，附近存在地质断裂带的地区，地震灾害风险明显高于距离地质断裂带较远的地区。第二，地震灾害风险与该地的财产分布状况有关。例如，在地震发生概率相同的情况下，人口稀少地区的地震灾害风险，明显低于人口稠密地区。第三，地震灾害风险与该地区建筑物的建设状况有关。例如，建筑物大部分执行了较高设防烈度建筑标准的地区，一旦发生地震，建筑物倒塌或受损的可能性较低，从而减少经济损失和人员伤亡，地震灾害风险较低。

为综合考虑上述因素，准确评估特定地区的地震灾害风险，科研人员研究开发了地震巨灾模型。地震巨灾模型，是用于量化计算特定地区地震灾害风险的数学模型。地震巨灾模型的原理，是针对需评估地区的一段较长时期（例如 100 万个地震年情景）开展地震事件模拟计算，根据该地区的财产分布状况及建筑物的易损性（遭遇不同烈度震害时受损害程度），计算每一年每一地震事件损失及年度地震总损失，并进行统计，输出年均损失（Annual Average Loss，AAL）、可能最大损失（Probable Maximum Loss，PML）、超越概率曲线（Exceedance Probability Curve）、标准差（Standard Deviation，SD）等参数，用于量化地震灾害风险。

为满足上述计算要求，地震巨灾模型包含地震危险性模块、工程易损性模块、风险暴露模块和金融模块。各模块的相互依存和配合关系见图 1 - 1。

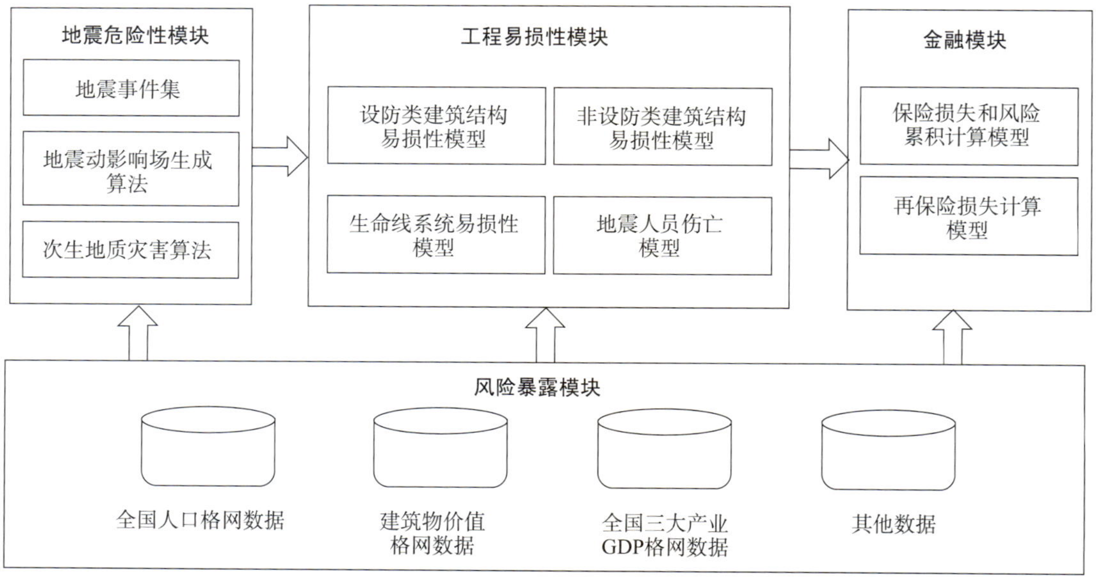

图 1-1 地震巨灾模型架构图

地震危险性模块，是地震巨灾模型开展地震损失模拟计算的基础。地震危险性模块包含地震事件集模拟、地震动影响场生成算法和次生地质灾害算法。地震危险性模块，计算得到评估地区地震动影响场和地震滑坡运动影响区域结果，这一过程需调用风险暴露模块中的数据。上述结果传递至工程易损性模块。工程易损性模块结合风险暴露模块中的数据，以及自身的各类易损性模型，计算得到评估地区的地震破坏状况，传递给金融模块。金融模块会进行保险损失、风险累积、再保险损失等计算。通过对上述结果进行分析、统计和地图制图流程，最终形成评估地区的地震风险量化报告。

1.2.1 地震危险性模块

地震巨灾模型的原理，是针对需评估地区的一段较长时期（例如 100 万个地震年情景）开展地震事件模拟计算。地震危险性模块的功能，是建立数学模型，生成一段时期的模拟地震事件集，计算每个地震事件的地震动影响场，并计算地震诱发滑坡的强度和范围。

地震是地壳快速释放能量的过程，因此，地震的孕育和发生具有一定的周期性。对过去一段时间内的地震观测资料进行统计，建立相关数学模型，对各地区未来一段时间内的地震事件进行预测，具有较强的指导意义。地震危险性模块的核心功能是建立数学模型，为全国不同地区设置不同的模型参数，生成大量的随机虚拟地震事件，生成超过地震记录发生周期的地震事件集，从而创造“大数定律”的使用条件，令损失期望计算具有统计学意义。这些随机虚拟地震事件，并不是杂乱无章的，一方面需运行数学模型生成地震事件，符合以往地震灾害事件的统计学特性，另一方面，需根据各个地区的地质学状况，对数学模型的某些参数进行调整，使生成的地震事件符合该地的地质特点。这些随机虚拟地震事件的地理位置分布、时间分布和震级分布，必须与过去地震事件的观测结果大致相符。这些随机虚拟地震事件包含震级、震中位置、震源深度等信息，组成地震事件集，驱动整个模型的计算过程。地震事件集是地震危险性模块的重要组成部分。地震事件集的质量直接决定地震巨灾模型的准确程度。

为了分析每个随机虚拟地震事件所造成的破坏和损失，必须计算每个可能会受到影响的地面场点的地震动强度，这一过程称为地震动影响场的计算。地面的地震动强度变化可以从几乎不可察觉的颤抖到剧烈震动。这种差异主要由地震事件的震级大小、震中到受影响地点的距离、该地区地下介质的速度分布以及局部场地条件共同决定。峰值地面加速度（Peak Ground Acceleration，PGA，详细解释见本书“附录　术语”）是地震动影响场的主要参数。地震巨灾模型采用地震动衰减关系结合局部场地效应计算地震动影响场。地震动衰减关系定量描述地震波传播过程中随距离变化的规律。地震波会受到场地的放大或缩小影响，由于地震动强度直接影响到建筑物的震害，因此场地条件将直接影响到震害的分布（李小军等，2001）。这涉及两方面因素，一方面是场地类型的划分，另一方面是影响系数，其体现了在地震作用下不同场地类型对于地震动的放大、缩小程度。地震危险性模块，内置了地震动影响场生成算法，根据地震事件集提供的每一次地震事件的各项参数，结合场地条件宏观划分图，可准确计算地震动影响场，提供给工程易损性模块。

地震除了会直接对建筑物和其他财产造成破坏之外，还会引发一系列次生灾害。各类地震次生灾害中，因山体震裂而导致的滑坡是破坏性最强的灾害之一。地震危险性模块，采用地震滑坡模拟算法，根据地震动影响场和滑坡的易发性确定斜坡是否失稳，再根据坡向、坡度、地震动强度等信息计算坡体影响的范围，最终计算出地震导致的滑坡影响场，提供给工程易损性模块。

1.2.2　工程易损性模块

确定了地震动影响场后，地震巨灾模型结合风险暴露数据，计算各类承灾体（包括建筑物、生命线系统和人员）修复和重建所需费用及人员伤亡数。承灾体的分布数据，由风险暴露模块提供。工程易损性模块计算地震动影响场对承灾体造成的损伤程度。工程易损性模型的输入参数是地震动影响场和承灾体分布数据，输出参数是该地区各类承灾体受损程度、受损比例、受损概率、修复所需费用。计算承灾体在每次地震中的损伤程度，是地震灾害损失评估的核心环节。

在遭受相同的地震动情况下，不同结构类型或不同用途建筑物的受损程度和受损概率相差较大。工程易损性模块针对不同类型的承灾体，采用震害调查数据、实验或计算分析手段，建立该承灾体的地震易损性模型，得到承灾体的易损性曲线。利用该曲线，计算该类承灾体受损情况和修复、重建所需费用或人员伤亡数量。

采用何种分类体系、何种属性来区分承灾体的易损性差异是非常重要的。一方面，分类体系需要包罗万象，将可能受到地震侵袭的承灾体都囊括在内；另一方面，各个分类、各个属性跟地震动造成破坏的严重程度应存在着密切的关系。在这样的分类体系下，用户可以较为准确地为自己所关心的承灾体进行遭受地震损失画像，而巨灾模型能够根据分类和属性信息，准确地使用合适的易损性曲线，来估计地震可能对其造成的影响。

中国地震巨灾模型的工程易损性模块，包括：①建筑结构易损性模型，包含砌体结构、底框结构等多种建筑结构的地震易损性模型；②生命线系统易损性模型，包含供水系统、燃气系统等关键元件的地震易损性模型；③地震人员伤亡模型。

1.2.3　风险暴露模块

建筑物、生命线系统等财产，以及人员，是地震灾害的主要承灾体。开展地震事件模拟计算，必须结合该地区的承灾体分布数据，这就需要精细化的人口及财富风险暴露空间分布数据。这些数据是受灾人口和经济损失评估的主要有效数据源，对震前地震灾害风险量化、震后灾情动态分析与损失评估至关重要。

风险暴露模块利用统计数据、遥感、夜光、手机信令等多元数据，构建了人口、GDP 等承灾体暴露度格网化模型以及行业（房屋建筑）承灾体暴露度反演模型，形成了全国风险暴露数据库，为地震模拟计算提供了承灾体的位置与状况信息。风险暴露模块以多元风险暴露信息标准化技术为基础，建立了一系列人口、GDP 与财富风险暴露模型。

1.2.4 金融模块

保险业是中国地震巨灾模型的重要应用领域。地震巨灾模型的金融模块搭建了地震学与保险损失计算的桥梁，可为保险业的地震保险产品设计、再保险分出方案、再保险合同定价、风险准备金评估等业务提供科学依据。

金融模块基于地震危险性模块、工程易损性模块、风险暴露模块，进行地震灾害损失计算及具体条款下的保险损失核算，并支持依据不同的保险合同与条款需求进行保险方案调整。金融模块主要包含保险损失和风险累积计算模型，以及再保险损失计算模型。在实际应用中，金融模块可对设定地震（情景）或者海量地震随机事件集中单一标的损失风险进行深度剖析，也可基于地震随机事件集的聚合风险数据、风险累积数据进行地震保险损失风险识别和评估，以进一步分析风险标的集合或者风险组合的分保设计方案。

1.3 中国地震巨灾模型的发展历史

1.3.1 学术研究时期（1997—2014 年）

1997—2014 年，是巨灾模型的学术研究时期。该时期大致经历两个阶段，一为萌芽期（1997—2008 年），二为成型期（2009—2014 年）。其中，萌芽期主要进行模型的初期探讨；在成型期，巨灾模型的雏形已基本形成，种类不断增加，技术逐渐成熟。

1）萌芽期的研究状况（1997—2008 年）

巨灾模型的萌芽期主要是针对各种风险管理指数和风险评估模型进行研究与探索。程仕标提出，灾害风险评估是灾前对各种自然灾害和相关事故的损害后果进行分析、论证和评价的系统模式，通过计算机模拟灾害的方式来满足不同的需要，可以预测灾害事件在一定范围内造成的未来损失（程仕标，1998）。在此期间，多种数学模型逐渐被应用于巨灾研究领域，如资本资产定价模型（CAPM）被应用于巨灾保险产品定价（李冰清等，2002）；在分析 CBOT 交易的巨灾期权数据基础上，建立了巨灾事件发生频率和损失程度模型（刘传铭，2004）；巨灾债券的 LFC 实证定价模型将巨灾债券价格表示为损失频率和损失程度相权衡的等式关系（向飞，2006）。此外，部分学者采用标准均值方差模型，证明巨灾期权与再保险结合可以拓展保险的机会集合和改进效率，且最优解还受到巨灾期权和再保险的交易成本影响（徐为山等，2006）。朱文杰引入巨灾模型的概念，指出巨灾模型可以预测一年内可能发生的自然灾害，分析保险公司准备金是否充足，还可帮助保险商判断再保险比率是否合理等实际问题，保证灾后理赔的迅速和高效（朱文杰，2006）。

自 2006 年之后，较为完整的风险评估模型逐渐被用于巨灾保险。王波等（2007）利用随机微分方程、回归分析、分布拟合等多种方法，运用动态财务分析的风险整合思路，依次对利率风险、通货膨胀风险、其他经营环境风险、承保风险、资金运用风险、巨灾风险、再保风险这七个风险因子进行了建模，以整体风险管理理论为基础，在系统论的指导下，建立起结构较为完整、功能较为全面的风险管理模型——整体风险管理模型。

在这一阶段，各类保险数学模型逐渐应用于市场，为巨灾模型的诞生打下了基础。龚日朝等（2007）研究了保险风险随机模型，该模型主要由三个基本的随机过程组成——保费收入过程、索赔到达计数过程及索赔额序列，用于计算保险公司承保的风险累积。朱文杰（2007）提出随机损失率下的保险公司巨灾模型，该模型在系统整合巨灾特征信息、地理信息系统信息、建筑工程信息和有限的历史数据信息的基础上，借助大型计算机模型来模拟巨灾损失，在结构上分成四个模块：巨灾风险模块、保险财产模块、损害分析模块和损失估计模块。

多位学者逐渐意识到巨灾模型在很大程度上改变了保险公司对巨灾保险风险评估的传统思维，为保险公司准确地评估巨灾保险风险提供了有力的工具（李晓翾，2007）。彭康和李博（2008）总结了巨灾模型的形成及其在保险公司巨灾风险管理中的应用，进一步分析了巨灾模型的局限性及其局限性对保险业形成的挑战，提出保险公司与保险监管机构应当足够认识，以便更为科学合理地使用巨灾模型，并对模型产生的结果进行科学有效的监管。部分学者认为，巨灾风险管理模型应该是政府主导的模型，政府一方面要保证各方面行为协同一致，促进供需平衡，积极培育再保险途径；另一方面，在发生极端损失事件，损失程度超出私人力量的承受能力时，担任最后保险人角色，按市场价格承接保险公司转出的巨灾风险（张琴等，2008）。夏益国提出，巨灾建模是一个涉及多学科、多领域的边缘学科，需要众多的学科专家通力合作（夏益国，2008）。

2）成型期的研究状况（2009—2014 年）

这一时期，一大批巨灾模型相继涌现。2010 年，史翔提出国内在巨灾模型领域处于落后地位，在保险巨灾数据库和巨灾模型的很多方面，我国还是空白，我国应借鉴国外先进经验，加速自主研发中国巨灾模型（史翔，2010）。袁辉和潘谭睿利用期权定价理论对地震灾害产生的经济影响及地震巨灾风险管理展开量化研究，提出了地震灾害损失的估值模型（袁辉等，2011）。晁毅提出了多学科巨灾模型的构建思想，利用地震学、工程学、精算学与计算机技术建立了地震风险的巨灾模型，由四个模块组成，分别为：风险模块、财产目录模块、易损性模块、损失估计模块（晁毅，2011）。

巨灾模型是多参数、多模块的复杂模型，这一时期的众多不同构建理念的模型未能形成可应用的完整体系。

1.3.2 商业化应用时期（2014 年至今）

2014 年 8 月 10 日，国务院下发《国务院关于加快发展现代保险服务业的若干意见》(国发〔2014〕29 号)，明确提出“建立巨灾保险制度”，围绕更好保障和改善民生，以制度建设为基础，以商业保险为平台，以多层次风险分担为保障，建立巨灾保险制度。研究建立巨灾保险基金、巨灾再保险等制度，逐步形成财政支持下的多层次巨灾风险分散机制。

保险连接证券（Insurance Linked Securities，ILS）是指按证券原理和特征所构造的保险承保风险的债券，是分散巨灾风险的有效手段。2015 年 6 月，中国财产再保险股份有限公司通过在百慕大群岛设立的特殊目的再保险机构 Panda Re 发行了中国第一只巨灾债券，募集金额为 5000 万美元。该债券所募金额为中国财产再保险股份有限公司承保的国内地震风险的某层风险提供保障。中国财产再保险股份有限公司将有关地震风险部分分保给 Panda Re，由 Panda Re 以债券融资为这部分风险提供抵押保障。

这一巨灾债券的成功发行，大大推进了国内巨灾债券领域研究。围绕着中国地震风险与巨灾债券的定价问题，众多学者提出了多种数学模型。用于地震巨灾债券定价的数学模型，具有了地震巨灾模型的部分性质。以此事件为标志，2014 年之后，中国地震巨灾模型的研究进入了商业化应用时期。

在地震综合风险评估领域，李云仙等提出利用混合模型对巨灾风险进行估计，基于混合模型及贝叶斯统计方法，对我国1966—2014年间GDP调整后的地震直接经济损失进行分析，并根据最终模型计算出不同置信度水平下的VaR值和ES值，为我国地震巨灾风险管理提供了理论依据（李云仙等，2017）。李云仙和孟生旺建立了贝叶斯参数和半参数分位数回归模型以及函数系数的分位数回归模型，并计算地震灾害损失的VaR值和TVar值，对地震巨灾风险进行评估（李云仙等，2019）。李征选择了事故超额赔款再保险方式，采用经验定价法中的帕累托定价法为巨灾再保险定价，并整理历史地震观测数据进行了建模实证分析，对巨灾再保险合同进行了蒙特卡洛模拟定价，得到巨灾再保险纯保费（李征，2019）。李晨旭提出了基于随机森林算法的地震巨灾损失评估以及地震巨灾指数保险定价方法，测算了云南省各州市每年地震巨灾保险保费以及云南省每年的地震巨灾保险保费规模（李晨旭，2019）。

在巨灾证券运行模式研究方面，国内学者形成了一批研究成果。李立松对国内第一只巨灾债券海外发行状况进行了分析（李立松，2018）。翟鸿顺对国外巨灾债券产品进行分析，结合我国具体国情，设计出一种符合我国实际的巨灾债券产品运行模式（翟鸿顺，2017）。王力提出将巨灾债券与可转债相结合，形成优势互补的创新型金融产品，研究建立了巨灾可转债定价模型（王力，2018）。王建波分析了影响巨灾债券定价的主要因素，介绍了三种经典的巨灾债券定价模型，并予以比较分析（王建波，2014）。巢文采用多种模型，分别构建了风险程度从高到低的三种不同巨灾债券——单事件触发巨灾债券、双事件触发巨灾债券和多事件触发巨灾债券（巢文，2018）。

国内学者提出了多种巨灾债券定价模型，为完整意义上的中国地震巨灾模型研究提供了重要的理论基础。诸宁指出巨灾模型定价的两类主流方法——基于精算学的巨灾债券定价，以及基于金融学方法的巨灾债券定价，并针对基于指数触发赔偿机制的巨灾债券，建立了基差风险的理论模型框架（诸宁，2015）。王欣按照以地震震级为参数型触发的触发器，搜集了1973年至2017年所有地震震级的数据，结合定价模型近似地对巨灾债券进行定价（王欣，2019）。谢卓伦等对1992—2016年地震巨灾年发生次数和地震损失金额进行了分布拟合，采用典型概率分布对上述数据进行刻画，分别采用现金流贴现模型和Wang两因素模型对中国地震巨灾债券进行定价计算（谢卓伦等，2019）。赵关一玲、梁琪、方雨涵、任皓月等人，分别采用地震次数、地震震级、地震经济损失、地震伤亡人数、行业损失指数等数据作为触发事件，分别建立了多种数学模型，用于地震巨灾债券定价（赵关一玲，2021；梁琪，2021；方雨涵，2022；任皓月，2022）。

在众多相关研究的基础上，2019年，熊政辉构建了一个面向地震保险的巨灾模型（地震巨灾模型EQCat），分析和研究了开发本土化巨灾模型的若干关键问题（熊政辉，2019）。这是国内学者首次系统性提出地震巨灾模型。徐伟进等以时间相依地震活动性模型为理论模型，研究了基于布朗模型的特征地震准周期发生的物理原理，建立了时间相依地震时间序列的模拟方法，并依此模拟形成了具有时间相依特征的地震时间序列。这一研究奠定了中国地震巨灾模型所需地震事件集的理论基础（徐伟进等，2022）。在上述各阶段巨灾模型探索研究的基础上，中再巨灾风险管理股份有限公司于2019年8月发布商业化应用的“中国地震巨灾模型2.0”。“中国地震巨灾模型2.0”是我国第一个实现商业应用的地震巨灾模型，在学术领域与商业化应用领域均具有里程碑意义。

1.4 中国地震巨灾模型的技术特点与应用

1.4.1 中国地震巨灾模型的技术特点

中国地震巨灾模型，具有地震危险性数据准确，工程易损性模型完善，风险暴露数据全面完整，金融相关计算功能准确易用，存储与计算性能强等特点。

1）地震危险性数据准确

中国地震巨灾模型的地震危险性模块，根据我国 7 级以上大地震的复发规律，基于布朗时间过程模型，生成了考虑时间相依地震活动的 500 万次抽样地震事件集（约 4 亿次地震事件）。地震危险性模块还系统地研究了我国 7.0 级以上大地震的余震活动规律，按照第五代全国地震区划图编制中采用的地震区带划分方案，在每个地震带以 0.1 级为单位各给出了 1000 套余震序列（29.3 万次余震序列、2.93 亿次地震事件）。同时，模块综合了时间相依地震事件集和余震事件集，验证了 500 万次主震事件集与 29.3 万次余震序列能够确保年超越概率 10^{-4} 水平下计算结果的稳定性。全面精确的地震事件集，为准确计算地震风险打下了坚实的基础。

2）工程易损性模型完善

中国地震巨灾模型基于多源数据的不同易损性分析方法，建立统一的易损性模型构建标准，结合我国已有的震害预测研究成果和历史地震震害资料，在数值分析结果的基础上采用混合分析技术，建立了各类建筑结构的地震易损性分析模型，形成各类典型建筑的地震易损性曲线。具体包括：建立了城乡各类建筑结构的地震易损性数据库；针对供水、燃气、交通、电力、通信等生命线系统中的主要设施设备，建立地震保险业务中实用的生命线工程易损性数据库；研究以建筑物为单元的地震人员伤亡评估模型。上述完善的工程易损性模型数据，保证了中国地震巨灾模型对承灾体受损状况计算结果的准确性。

3）风险暴露数据全面完整

准确完整的风险暴露数据，是计算灾害损失的重要保证。为取得全面、完整、准确的风险暴露数据，中国地震巨灾模型研究了风险暴露数据标准化、承灾体暴露性参数精细反演模型、承灾体暴露性参数格网空间化模型等技术。依托上述关键技术，中国地震巨灾模型实现了建筑物轮廓、占地面积、高度信息提取，功能属性半自动提取，建立了示范区建筑指标的数据集；耦合遥感、POI、手机信令等多源数据，构建了 GDP、静态和昼夜人口、财富格网化模型，建立了全国 100m 格网的人口和 GDP 数据集，示范区 250m 昼夜人口、财富分布数据集。中国地震巨灾模型的全国风险暴露数据库为评估人口和财产承灾体暴露程度提供了多元多尺度时空数据依据，有力支撑了地震保险损失评估。

4）金融相关计算功能准确易用

面向保险行业开展地震灾害风险量化计算的实际需求，中国地震巨灾模型内置了保险损失计算与分配方法关键技术、风险累积计算关键技术、再保结构设计关键技术。在损失计算方面，针对行业聚合数据损失计算难题，创新性地提出了基于行业风险暴露数据库的拉丁超立方抽样聚合数据拆分方法；设计了多类型保险层级、保险损失回调方案，确定了按损失金额赔付及按损失比例赔付的精算算法。在风险累积计算方面，进行了保险损失层级与计算逻辑研究，明确了保险责任、保险标的、保单损失、账户损失、毛损失反向分配、事件损失与年累积损失的精算方法；研究了累积风险费率厘定方法，依据年均损失、总保额等梳理了纯风险费率计算方法和最终费率计算方法。在再保险业务结构设计方面，中国地震巨灾模型调研了我国现有地震巨灾保险制度实施方案，依据再保险分类，创新性地设计了拖拽交互式的业务模块化方法，实现了巨灾业务组合优化方法与再保险策略分析。

5）存储与计算性能强

中国地震巨灾模型系统具有功能完善、实用性强、性能良好、安全可靠等特点，已通过公安部组织的信息系统安全保护第三级审查，支持多租户 SaaS 服务与本地部署两种服务模式。该平台集成了基础地理数据、地震危险性数据、易损性数据、风险暴露数据、保险费率数据、系统分析结果数据等海量结构化/非结构化数据，矢量数据及各类瓦片数据，实现了传统地震保险数据库的扩展建设。基于数据库管理系统技术架构，完成了数据库系统基础静态、动态数据表结构设计及数据标准化工作。面向多层次地震基础信息展示需求，完成了地图、表单、图表，2D/3D 切换，联动检索等多维度数据分析和可视化工具设计与开发。强大的软硬件技术，为中国地震巨灾模型提供了性能强大的运算平台，助力模型发挥各项功能。

1.4.2 中国地震巨灾模型的现实意义

1）实用价值高，推动全社会巨灾风险管理技术能力提升

地震灾害突发性强、破坏力大、防御难度高。地震巨灾保险可为受灾地区提供宝贵的资金支持，对于减轻灾害损失和灾后恢复生产具有重大的作用，是重要的非工程性防震减灾手段。地震灾害具有“低频高损”特征，难以预测，需采用科学准确的地震巨灾模型对地震风险进行定量评估。中国地震巨灾模型为全社会提供了权威、准确、易用的地震风险评估工具。中国地震巨灾模型的成功研发和推广应用，有力推动了防灾减灾救灾事业的学术研究、政府决策和保险保障等方面的进展，推动了全社会巨灾风险管理技术能力提升。

2）学术价值高，引发地震科学技术进步

中国地震巨灾模型以地震与滑坡危险性分析方法、多种承灾体易损性以及风险暴露模型等研究成果为基础，采用云计算等先进信息技术开发而成，对地震模拟事件集、余震事件集、滑坡危险性分布图、承灾体易损性模型、风险暴露模型等基础技术提出了较高的要求。为满足中国地震巨灾模型的技术需求，相关单位投入了大量的人力开展相关研究，收获了丰硕的学术成果，不仅有效提升了中国地震巨灾模型的学术价值，还推动了我国地震科学领域的技术进步。

3）推广应用效果好，带动国家地震保险业务发展

中国地震巨灾模型已在行业内开展大规模推广应用，已具有较为广泛的行业影响力和商业价值。中国地震巨灾模型可为保险业提供全流程巨灾风险数字化管理服务，有力支撑巨灾保险产品开发、费率厘定、理赔响应、风险累积管理及再保方案设计，对于地震巨灾保险的发展具有重要意义。中国地震巨灾模型的推广应用，带动了全国地震保险业务的发展，在提升社会防灾韧性，支持灾后重建等方面发挥了积极作用。

1.4.3 中国地震巨灾模型的行业应用

中国地震巨灾模型在学术研究方面有较高应用价值，可供大专院校和科研机构开展科学研究使用。中国地震巨灾模型具有的地震危险性与破坏性模拟计算功能，可帮助政府机关摸清地震灾害风险隐患底数，依此开展地震灾害防治和应急管理工作，提升全社会抵御地震灾害的综合能力。中国地震巨灾模型为保险行业提供了权威、准确、易用的地震风险评估工具，提供了精确的差异定价能力，让区域风险更加透明，为保险公司开展地震保险产品差异化定价、风险累积计算和资本金准备提供了重要的评估工具。因此，本模型在学术界、政府和保险业界都得到了较好的推广应用。

2019—2021 年，中国地震巨灾模型在中国东部城市群和西部地震高风险区域开展了示范应用，并开展了应用相关研究，涵盖地震巨灾保险政策研究、保险方案设计与推广应用、风险累积控制与分散转移等环节。中国地震巨灾模型建立了云南省玉溪市、河北省唐山市、河北省雄安新区三个试点区的地震巨灾保险数据库。该数据库可提供试点区地质构造、历史地震目录、不同类别建筑结构

易损性、住商工建筑地理位置与建筑重置价值等数据的查询与调用。基于中国地震巨灾模型，有关单位为试点地区提出 3 项地震巨灾保险解决方案与 3 项研究报告。上述成果不仅可作为试点区开展地震保险方案设计、精细化费率厘定、保险风险分担机制设计的可靠技术支撑，而且能为其他同类城市设计地震巨灾保险产品提供方法借鉴与方案参考。

参 考 文 献

陈克平，2004. 灾难模型化及其国外主要开发商. 自然灾害学报（2）：1－8.

李小军，彭青，2001. 不同类别场地地震动参数的计算分析. 地震工程与工程振动，21（1）：29－36.

晁毅，2011. 基于巨灾建模的地震风险水平研究. 重庆：西南财经大学.

程仕标，1998. 灾害风险评估模型在保险风险管理中的作用. 上海保险（7）：39－41.

冯键，2019. 巨灾数字化平台服务国家现代风险治理体系建设. 金融电子化（5）：32－34.

龚日朝，邹捷中，刘正文. 2007. 一个巨灾风险模型破产概率的估计. 湖南科技大学学报（社会科学版）(1)：81－84.

李冰清，田存志，2002. CAPM 在巨灾保险产品定价中的应用. 南开经济研究（4）：41－42.

李琛，2017. 我国巨灾保险发展回顾与立法前瞻. 理论月刊（1）：109－115.

李晓翾，2007. 谈巨灾模型对巨灾保险风险管理的影响. 上海保险（7）：28－29.

李云仙，董志伟，钱振伟，2017. 基于混合模型对地震巨灾风险的分析. 数理统计与管理（36）：571－579.

李云仙，孟生旺，2019. 基于分位数回归模型的地震巨灾风险评估. 数理统计与管理（38）：785－798.

凌超凡，2019. 中国巨灾保险现状及发展对策探析. 金融与经济（5）：77－82.

刘传铭，2004. 巨灾风险证券化之巨灾期权定价方法的分析与研究. 天津：天津大学.

刘康，黎晨曦，雷越，2020. 巨灾保险：发展现状、国际经验及政策建议. 现代金融导刊（9）：60－65.

马晓曦，2019. 中再集团推出创新成果“中国地震巨灾模型 2. 0”问世. 中国金融家（9）：104.

彭康，李博，2008. 谈巨灾模型对巨灾保险风险管理的影响. 黑龙江科技信息（23）：111－265.

史培军，李宁，叶谦等，2009. 全球环境变化与综合灾害风险防范研究. 地球科学进展（24）：428－435.

史翔，2010. 加快中国巨灾模型建设的思考. 中国保险（8）：18－24.

王波，2007. 我国财产保险公司的风险管理模型研究. 南京：河海大学.

夏益国，2008. 巨灾建模：风险管理的新工具. 上海保险（10）：58－60.

向飞，2006. 巨灾债券的 LFC 定价模型述评. 当代经理人（3）：59－60.

熊政辉，2019. 面向地震保险的巨灾模型研究与应用. 北京：中国地震局地球物理研究所.

徐为山，杨朝军，肖彦明，2006. 基于均值方差模型的最优巨灾保险计划. 上海交通大学学报（4）：632－635.

姚庆海，2007. 巨灾损失补偿机制研究——兼论政府和市场在巨灾风险管理中的作用. 北京：中国财政经济出版社.

袁辉，潘谭锐，2011. 地震巨灾损失的期权估值模型及风险防范. 求索（2）：72－74.

张琴，陈柳钦，2008. 中国巨灾风险管理：制度设计与模型构建. 中国证券期货（8）：74－85.

张琴，陈柳钦，2009. 中国巨灾风险管理：制度设计与模型构建. 东南学术（3）：49－57.

张卫星，史培军，周洪建，2013. 巨灾定义与划分标准研究——基于近年来全球典型灾害案例的分析. 灾害学（28）：15－22.

张星洋，2013. 巨灾风险可保化与巨灾保险承保模式研究. 沈阳：沈阳航空航天大学.

周贺君，2010. 巨灾风险债券的分析策略及模型构建. 秦皇岛：燕山大学.

朱文杰，2006. 巨灾模型在保险公司巨灾风险管理中的应用. 经济论坛（19）：104－106.

朱文杰，2007. 随机损失率下的保险公司巨灾模型. 经济论坛（3）：109－111.

刘博，唐微木，2011. 巨灾风险评估模型的发展与研究．自然灾害学报，20（6）：151－157.
张风华，谢礼立，2001. 城市防震减灾能力评估研究．自然灾害学报，10（4）：57－64.
王亚勇，2008. 汶川地震建筑震害启示——三水准设防和抗震设计基本要求．建筑结构学报，29（4）：26－33.
Kircher，Whitman，Holmes，2006. Earthquake loss estimation Methodology-Hazus97. Natural Hazards Review，7（2）：45－60.

第 2 章　地震危险性模块

地震危险性模块是中国地震巨灾模型的核心技术模块之一。本章介绍地震危险性模块的主要构成和计算原理。为了表征不同地区的地震危险性，地震危险性模块采用地震数学模型，对全国不同地区分别建立地震活动性参数模型，并生成海量随机模拟地震事件，形成地震事件集。另外，为了模拟计算地震滑坡灾害造成的破坏，地震危险性模块还包含了地震滑坡危险性评估功能。

地震巨灾模型的原理是针对需评估地区的一段较长时期（例如 100 万年）开展地震事件模拟计算。地震危险性模块的功能是从地震学和地质学角度，提供一段较长时期的地震事件集，计算每次地震事件的地震动影响场，并计算每次地震诱发地质滑坡的强度和范围，用于驱动模型开展较长时期的地震模拟计算。

地震危险性模块的核心是基于地震学和地质学基本知识建立数学模型，为全国不同地区设置不同的模型参数，生成大量的随机模拟地震事件，形成超越地震周期的地震事件集。这些模拟地震事件，包含震级、震中位置、震源深度等信息。为了分析每个模拟的地震随机事件所造成的破坏和损失，应计算每个可能会受到影响的地面场点的地震动强度，这也被称为地震动影响场的计算。地震危险性模块另一重要组成部分是地震动影响场生成算法，根据地震事件集提供的每一次地震事件的各项参数，结合场地条件宏观划分图，可准确计算地震动影响场，提供给工程易损性模块。地震除了会直接对地面建筑物和其他财产造成破坏之外，还会引发一系列次生灾害。地震危险性模块内置了次生地质灾害算法，计算每次地震事件导致的滑坡范围和强度，供其他模块使用。

中国地震巨灾模型的地震危险性模块，基于中国第五代地震区划技术，建立大地震时间相依活动模型，进行了蒙特卡洛随机抽样，形成了我国考虑大地震时间相依特征的随机事件集。对于余震，建立了全国分区的大地震余震活动模型，采用我国实际余震序列记录情况进行对比分析，选定 Omi－R－J 模型模拟余震活动。基于第五代《中国地震动参数区划图》所采用的潜在震源区和余震相依的地震活动性参数，模拟了符合我国地震活动时间、空间和强度分布特征的主震和余震事件集。与外国地震巨灾模型相比，基于中国地震学界当前研究成果形成的地震危险性模块，能够更加精确地模拟中国各地区地震危险性，这是其突出的技术亮点。

地震危险性模块是地震巨灾模型的重要组成部分，承担为其他模块提供地震事件、地震动影响场及滑坡范围和强度信息的重要任务。本章分别从地震危险性的影响因素、地震发生的时空强特征、地震动影响场、地震引发的次生地质灾害方面，对地震危险性模块的构成与计算原理进行阐述。

2.1 地震危险性的影响因素

2.1.1 地震的时间、地点与强度

地震发生的时间、地点和强度，简称为地震的“时、空、强”或地震三要素，是描述地震活动性的主要指标。地震活动性分析，则指分析不同地区不同大小的地震在空间和时间上的分布规律，这一规律是地震危险性分析的基础，结合地震动影响场的分布规律，构成了工程地震学的主要内容。地震的“时、空、强”参数获取一般有两种方式，一种是依据历史文献记载的地震灾害反推得到，另外一种是根据地震台网记录测定得到。

中国的地震记载，可以说是世界上最早、最丰富、最翔实的。最早有文字记载的地震是公元前1831年夏地发七年“泰山震”（据《竹书纪年》），距今已有3800余年历史；最早记载的破坏性地震发生时间是公元前780年（周幽王二年）；最早有仪器（张衡地动仪）记录的地震是公元138年“陇西地震裂，山岸崩，城郭室屋多坏，压杀人”，当时洛阳没有感觉，而张衡地动仪的“一龙发机，竟测得千里之外的地震，京师学者叹服其妙”。因地震死亡人数最多的地震莫过于1556年1月23日的关中（华县）大地震，《嘉靖实录》载：“压死官吏军民奏报有名者八十三万有余，其不知名未经奏报者复不可数计。”当时西安进士秦可大写了一篇《地震记》，载于《咸宁县志》，有当时地震经历之生动描述，有详细周围各县地震受灾情况，还有防震措施等，可以说是世界上最早的地震调查报告。历史记载中破坏最大的地震当数1668年7月25日山东郯城—莒县地震（也称郯城大地震），震级8½，影响到山东、山西、河南、河北、湖北、安徽、江西、江苏、浙江等省，410余县有记载，其中150余县记载到破坏情况，记载内容之丰富、记载地点之广泛，即使是现代大地震调查也是少有的。但这些历史地震资料，在地域和时间分布上很不均匀，地域上偏重我国东部，西部记载很少，时间上偏重明清以后。利用这些可贵的历史地震资料进行地震活动性研究时，首先需要对资料完整性和可靠性进行分析（胡聿贤，2006）。

从1953年起，以中国科学院历史研究第三所为主，开展了中国历史地震资料的整理工作，于1956年编辑出版了《中国地震资料年表》，在此基础上李善邦先生又收集了1900年以后的国内外地震仪器实际地震记录，用近代地震学的方法对资料进行分析整理，测定震级，编辑完成了《中国历史地震目录》并于1960年出版，这是我国第一部地震目录。其中1900年以前没有地震仪器记录，是根据历史资料中对地震灾害的记录分布信息推测震中位置，同时确定震中烈度，再由震中烈度转换为地震震级，这样确定的震级只能准确到¼震级单位，这也是历史地震震级通常用分数表述的原因。从20世纪80年代开始，顾功叙先生组织相关专家对中国历史地震目录进行了重新整理，1983年由顾功叙先生主编完成《中国地震目录（公元前1831年—公元1969年）》和《中国地震目录（公元1970—1979年）》，基本上实现了我国历史地震目录与现代地震目录相衔接。后来，为支撑《中国地震烈度区划图1990》的编制，由中国地震局震害防御司组织编制完成《中国历史强震目录（公元前23世纪—公元1911年）》（地震出版社，1995）和《中国近代地震目录（公元1912—1990年 $M_S \geq 4.7$）》（中国科学技术出版社，1999），再结合中国地震台网中心编制的国家地震台网终报，形成了完整并及时更新的中国及邻区地震目录。

2.1.2 地震动影响场

地震动影响场主要受震源特性、传播路径和局部场地条件三个因素的影响。

地震动衰减关系是估计地震动影响场的主要手段和关键环节（胡聿贤，2006），特别是在地震危险性分析工作中，地震动衰减关系的选取是工程场地设计地震动参数确定的重要组成部分。若干研究结果表明（高玉峰等，2000；石树中等，2003；俞言祥等，2004，2006；雷建成等，2007；蔡辉腾等，2009；吕坚等，2009；赵凤新等，2009；范文等，2011），不同地区的地震动衰减特征存在显著差异。因此，特定地区的地震动衰减关系应该利用该地区的强地震动记录进行统计，所得到的衰减关系才能更真实地反映该地区的地震动衰减特征。

震害资料和强震动记录均表明，局部场地条件对地震动频谱特性影响显著，特别是软弱覆盖土层往往明显放大地震动的中长周期成分，需在确定抗震设防地震动输入时予以考虑（Seed 等，1969；胡聿贤等，1980；Aki，1993；胡聿贤，2006）。对于重要工程结构，一般需在考虑地震环境、活动构造、地震动衰减等因素影响的基础上，开展工程地质勘察，建立局部场地模型，进行场地地震反应数值模拟，以确定与局部场地条件相关的地震动输入。但对于量大面广的一般工程，需建立基于场地条件分类的地震动场地条件影响调整方案（李小军等，2001a；Stewart 等，2013；薄景山等，2021）。

我国《建筑抗震设计规范》等相关规范中，场地分类指标主要包括等效剪切波速和覆盖层厚度。受时间、经费、某些特殊环境及现有钻孔技术的限制，区域性场地分类难以完全依靠工程场地的实测钻孔数据来完成。国内外众多地区的研究都表明，区域地形、地质、地貌等宏观因素与场地等效剪切波速及类别变化趋势具有良好一致性。地质图、地貌图等宏观资料简单易得，对于缺乏钻孔数据的地区，无需耗费大量人力物力，即可快速完成区域性的场地分类。目前，国际上研究者已提出了区域场地宏观分类方法，但多是根据国外其他地区地质、地形和场地资料建立相关关系，依据国外相关规范进行场地类别划分。国外不同地区和国内个别地区的检验性研究均表明，宏观分类指标具有区域性差别，在我国不同地区的适用性值得深入研究；场地类别划分指标与我国规范也不尽相同，探索更适合我国抗震规范的宏观场地分类方法势在必行。

2.1.3 地震引发的次生灾害

地震除了对人类产生直接伤害，其引发的次生灾害也往往造成严重的灾害损失。地震次生灾害是相对于地震原生灾害（地震直接造成的灾害）而言的，根据《防震减灾术语 第 1 部分：基本术语》(GB/T 18207.1—2008)，地震次生灾害是指地震造成工程结构、设施和自然环境破坏而引发的灾害。有时地震次生灾害的损失甚至超过了地震直接灾害。地震次生地质灾害是地震强烈震动后，由于地表、山体被破坏而引发的地质灾害，主要有崩塌、滑坡、堰塞湖、地裂缝、砂土液化等。其中灾害后果最为严重的是地震崩塌和滑坡。

地震崩塌是高陡斜坡上的岩土体在地震动作用下拉断或倾覆并脱离基岩母体，快速崩落、滚落或跳跃，最后堆积于坡脚形成倒石堆的过程和现象。地震诱发的崩塌在我国西南基岩山区较为普遍，如 2008 年四川汶川 8.0 级地震、2013 年四川芦山 7.0 级地震，均诱发了不同程度的岩质崩塌地质灾害。地震滑坡是地震诱发的斜坡上的岩土体沿一定的软弱面“整体”或局部保持结构完整向下运移的过程和现象及其形成的地貌形态，也被通俗地称为“地滑”“走山”“跨山”等。以 2008 年汶川地震为例，地震诱发滑坡分布涉及 84 县（市），面积约 48 万 km^2，滑坡数量约 6 万处，体积大于 1000 万 m^3 的特大型滑坡达数十处，规模最大的大光包滑坡体积达 11.6 亿 m^3，滑坡累计导致 25000 ~ 30000 人死亡，远超震前 20 年来全国因地质灾害死亡人数的总和。

根据《中国地震动参数区划图》(GB 18306—2015) 和全国地貌类型分区统计（周成虎等，2010），7 度及以上烈度区面积约 573.8 万 km^2，7 度及以上高烈度山区面积约占陆域国土面积的

40%，该背景使我国成为世界上地震次生地质灾害最为严重的国家之一。以地震滑坡灾害为例，全球发生的死亡人数达到20万的4次巨大灾难性地震中，我国就占了3次，其中2次与地震滑坡密切相关：1920年海原8.5级地震约造成23万人死亡，其中地震诱发的黄土滑坡致死约10万人（Wen et al.，2004；许冲等，2018）；1556年华县8级特大地震约造成83万人死亡，诱发滑坡，造成渭南、临潼等非盆地内居民伤亡异常严重（原廷宏等，2010；徐岳仁等，2018）。

2.2 地震发生的时空强特征

2.2.1 地震巨灾模型对于地震时空强特征的需求

传统的概率地震危险性分析基于潜在震源模型、地震活动性模型和地震动衰减模型等并采用概率方法得到场点的地震危险性值，该危险性表示的是未来所有地震对场点的综合影响。然而，在使用地震巨灾模型进行地震风险分析时需要用到单个地震事件对场点的影响，这就需要根据潜在震源区生成一系列的单个地震事件，计算每个地震事件对场点的影响。基于这些考虑，需要根据现有成熟的潜在震源模型（例如全国地震动参数区划图编制时建立的地震潜在震源模型和地震活动性模型），利用蒙特卡洛抽样算法，建立符合地震巨灾模型需求的地震事件集，进行地震巨灾保险分析中的地震危险性计算。

对于地震的发生率问题，在编制全国地震动参数区划图时考虑的是长期平均的地震发生率，也就是在任何一点或任何一个潜在震源区中，当前年份的地震年发生率与今后第51年或101年的地震年发生率是一致的。但是在地震巨灾保险分析中，需要具有明确时间意义的年平均地震发生率，也就是说需要区别出当前年份与未来特定年份（例如未来第51年或101年）的地震年发生率。为解决这个问题，需要在全国地震动参数区划图的地震活动性模型中，给出未来特定时间段内（例如未来5年、10年、20年、50年、100年等）的等效年平均地震发生率，而且这些不同时间段内的等效年平均发生率在数量上应该不同，这个不同来源于对未来地震活动水平变化的科学认识。这些处理通常被称为时间相依的地震危险性分析，区别于传统的时间独立的地震危险性分析。

另外，大地震震后一段时间内余震导致的地震损失，也是地震巨灾模型需要考虑的问题，而上面提出的这些都是对主震规律的认识和模型，因此，需要再增加对于余震的考虑。对于余震的考虑，在活动规律上要体现震中位置、地震强度和随时间变化的规律，在表现形式上要满足地震事件集的要求。

2.2.2 地震发生的时空强特征的模型化表达

1）地震活动性模型与参数

关于地震时间、空间和震级的数学模型是进行地震事件模拟的基本理论依据。本小节主要介绍地震活动的基本理论模型以及针对我国地震活动特征的基本理论假设。

（1）震级分布模型

地震的震级分布可用Gutenberg和Richter（1944）提出的震级-频度关系式表示：

$$\log N = a - bM \qquad (2-1)$$

式中，N为所有的震级大于等于M的地震数目；a、b为系数，根据实际地震记录回归得到。

（2）时间分布模型

在概率地震危险性分析中，认为单位时间内地震发生率符合泊松模型（Cornell，1968）：

$$P(n)=\frac{\nu_0^{\,n}e^{-\nu_0}}{n!} \tag{2-2}$$

式中，n 为单位时间内地震的发生频度；ν_0 为根据实际地震记录计算的单位时间地震发生率。

（3）空间分布模型

地震在空间分布上是不均匀的，我国学者提出了地震空间不均匀分布模型，即某潜在震源区单位面积发生某 m_j 震级挡地震的概率为：

$$P=f_{i,m_j}\cdot\frac{\nu_{m_j}}{A_i} \tag{2-3}$$

式中，ν_{m_j}为地震带（地震统计区）内震级挡 m_j 的发生率；f_{i,m_j}为地震带内第 i 个潜在震源区的震级挡 m_j 的空间分布函数；A_i 为潜在震源区的面积。

根据上述地震学基本理论，结合我国地震活动特征，提出了我国地震时、空、强分布特征的基本理论假设。

①地震统计区内地震活动的震级分布满足截断的 $G-R$ 关系，其表达式为（Cornell et al.，1969）：

$$N(m)=N(M_0)\frac{10^{-b(m-M_0)}-10^{-b(M_U-M_0)}}{1-10^{-b(M_U-M_0)}} \tag{2-4}$$

式中，$N(m)$为震级大于等于 m 的地震累积频度；$N(M_0)$为震级大于等于 M_0 的所有地震数目；M_0 为震级下限；M_U 为震级上限；b 为 $G-R$ 关系中的斜率，也称 b 值。

②地震统计区内地震发生在时间上满足泊松过程（潘华等，2013）。

③地震统计区内地震空间活动在不同潜在震源区之间为不均匀分布，而在潜在震源区内地震空间活动满足均匀分布（潘华等，2013）。

地震活动性参数包括地震统计区地震活动性参数和潜在震源区地震活动性参数。

2）地震统计区地震活动性参数

震级上限 M_U：地震统计区震级上限，为地震统计区内可能发生的地震震级的最大值。在概率意义上，发生地震的震级为震级上限的概率几乎为零。该震级上限也是地震统计区震级－频度关系（$G-R$ 关系）的震级上限值。震级上限主要根据研究区内的地质构造条件和历史地震活动确定（潘华等，2013）。

震级下限 M_0：地震统计区震级下限，为地震统计区内能够产生破坏影响的地震的最小震级，又称为起算震级。震级下限也是地震统计区震级频度关系（$G-R$ 关系）的最小完整性震级。

b 值：地震统计区震级频度关系（$G-R$ 关系）中的斜率，表示大小地震的比例关系。

地震年发生率 ν_0：地震统计区的 ν_0 值为地震统计区内 M_0 级以上地震的年发生频次，是地震发生泊松分布的期望值。

根据地震统计区内的地震目录资料，并结合对该区地震活动特征的分析，可计算并确定地震统计区的地震活动性参数。新版区划图的全国 29 个地震统计区中，对 25 个地震统计区进行了多方案统计，经对多方案结果分布特征的分析，以及根据统计结果对可靠地震样本点的控制情况，最终确定了地震统计区地震活动性参数。鄂尔多斯、阿拉善、东海以及南海等地震统计区由于资料缺失，采用了类比方法进行地震活动性参数的确定。表 2－1 给出了第五代《中国地震动参数区划图》所采用的各地震统计区的 b 值与地震发生率 ν_4。

表 2-1 地震统计区地震活动性参数表（引自《〈中国地震动参数区划图〉宣贯教材》，高孟潭，2015）

地震区名称	地震统计区名称	序号	M_U	b	ν_4
台湾地震区	台湾西部	1	7.5	0.90	22
	台湾东部	2	8.0	0.92	107
华南地震区	长江中游	3	7.0	1.20	3.2
	华南沿海	4	8.0	0.87	5.6
	右江	5	7.0	1.04	2.5
华北地震区	长江下游—南黄海	6	7.5	0.85	3.0
	郯庐	7	8.5	0.85	4.0
	华北平原	8	8.0	0.86	4.6
	汾渭	9	8.5	0.78	2.5
	银川—河套	10	8.0	0.90	4.5
朝鲜地震区	朝鲜	11	7.0	1.05	2.0
鄂尔多斯地震区	鄂尔多斯	12	6.5	1.20	1.0
东北地震区	东北	13	7.5	1.00	5.0
青藏地震区	西昆仑帕米尔	14	8.0	0.92	50
	龙门山	15	8.0	0.71	5.2
	六盘山—祁连山	16	8.5	0.75	6.4
	柴达木—阿尔金	17	8.5	0.84	12
	巴颜喀拉山	18	8.5	0.75	6.5
	鲜水河—滇东	19	8.0	0.85	32
	喜马拉雅	20	9.0	0.85	83
	滇西南	21	8.0	0.77	20
	藏中	22	8.5	0.81	25
新疆地震区	南天山	23	8.5	1.10	44
	中天山	24	8.5	0.80	7.0
	北天山	25	8.0	0.83	9.0
	阿尔泰山	26	8.5	0.75	7.0
	塔里木—阿拉善	27	7.0	1.20	1.6
南海地震区	南海地震区	28	7.5	1.05	6.0
东海地震区	东海地震区	29	7.0	1.05	6.0

3）潜在震源区地震活动性参数

震级上限：潜在震源区震级上限是指潜在震源区内可能发生地震震级的上限值（潘华等，2013）。

潜在震源区地震空间分布函数f_{i,m_j}：潜在震源区地震空间分布函数f_{i,m_j}，是潜在震源区以震级为条件的地震发生概率，在地震统计区内，对于每个震级挡，所有潜在震源区的该挡空间分布函数是归一的，表明潜在震源区内的地震活动性受地震统计区地震活动水平的控制（潘华等，2013）。

潜在震源区模型中包含的背景源、构造源均通过其各自的空间分布函数来表征不同震级挡地震活动性。

空间分布函数的确定采用的是多因子评判的方法，考虑的因子主要有：①地震活动特征因子；②区划图发生率因子；③地震构造条件因子；④地震活动度因子；⑤格网活动性因子；⑥大震发生率因子；⑦中长期危险性因子；⑧离逝时间因子。

2.2.3　地震活动性的时间相依特征

大地震活动时间相依特征的模型化描述，一般选择指数（泊松）分布、伽马分布、对数正态分布、威布尔分布以及布朗过程时间分布等常用分布作为参考分布模型，通过统计检验选择能够描述地震事件分布特征的最优模型。目前使用较多的是 Matthews 等（2002）基于 Reid（1910）的弹性回跳理论，结合多个物理参数提出的布朗过程时间（Brownian Passage Time，BPT）模型。该模型假设发震断层以恒定的加载速率进行加载，采用标准布朗运动来描述累积加载过程。在实际使用中，模型的均值和方差可直接采用特征地震序列计算得到。BPT 模型在理论上反映了地震孕育和发生的内在物理机制，几年来使用相对广泛。对于我国的地震活动，以华北地区为例，BPT 模型相对较好地反映了地震活动的特征。

在中国地震巨灾模型中，基于《中国地震动参数区划图》（GB 18306—2015）建立潜在震源区地震活动性模型，选取中国西部地区具备发生 7.0 级以上（震级上限为 7.5 级以上）地震和东部地区具备发生 6.5 级以上（震级上限为 7.0 级以上）地震的震源区作为研究对象，计算这些震源的时间相依的地震发生率，震级范围为震级上限减去 0.5 个震级单位到震级上限，并以此来代替相应震级挡的地震发生率，以描述其时间相依的活动特征。图 2－1 为华北地震区强震的时间间隔累积经验分布函数及其对应的 5 个模型的累积分布函数。

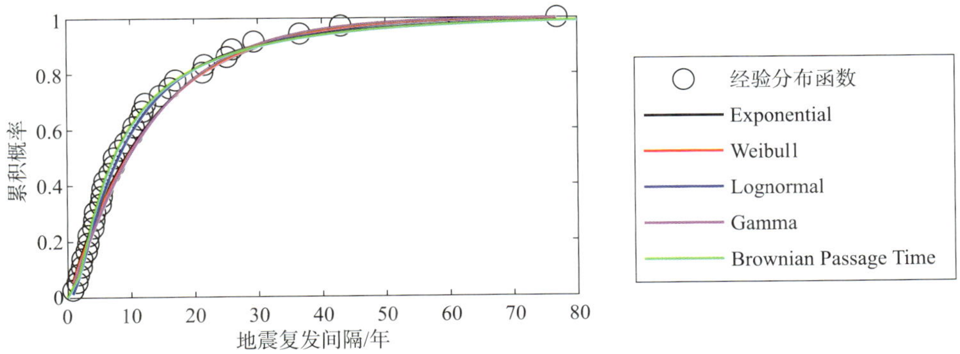

图 2－1　华北地震区强震的时间间隔累积经验分布函数及其对应的 5 个模型的累积分布函数

2.2.4　地震事件集的模拟技术

以编制我国第五代《中国地震动参数区划图》（GB 18306—2015）划分的潜在震源区为基础模型，其地震年平均发生率的确定采用了考虑时间相依的处理。基于地震时空强分布模型的基本理论和假设，采用蒙特卡洛方法生成符合我国地震活动时空强分布特征的随机事件目录。具体流程见图 2－2。本小节将对模拟地震事件主要参数的产生过程做简要描述。

1）时间

时间是指地震的发生时刻（年、月、日、时、分、秒），工作组将模拟地震事件的起始时间定为公元元年（公元 1 年）。

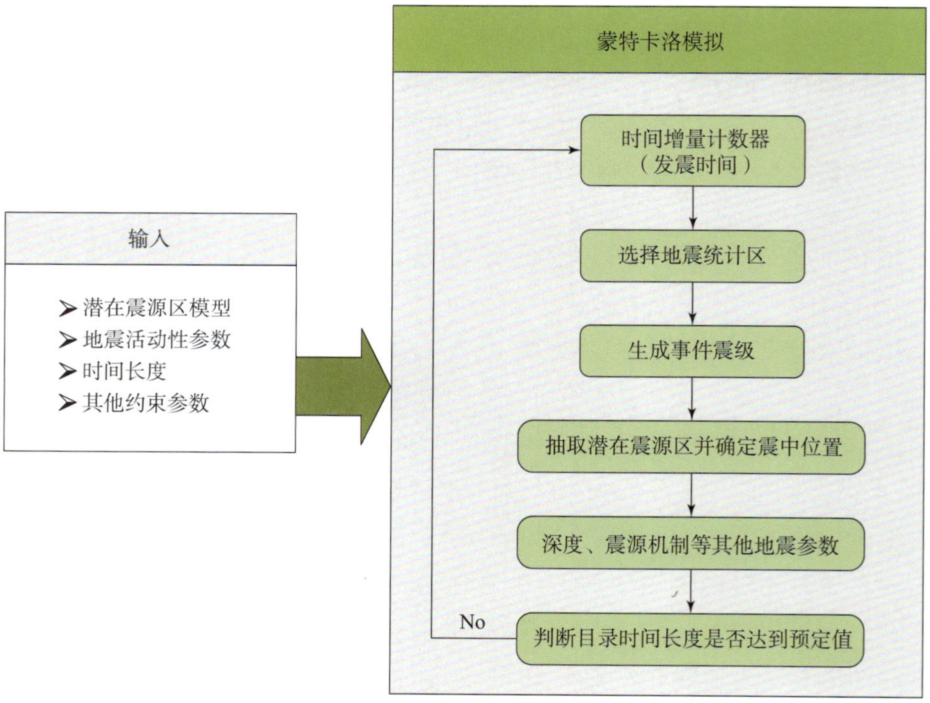

图 2－2　随机地震事件集生成技术流程

根据上文的介绍，地震发生在时间上符合泊松分布，在已知地震发生率后，可换算成其复发周期期望值，那么地震发生的时间间隔（复发周期）可用以下概率密度函数表示：

$$f(t) = \lambda e^{-\lambda t} \tag{2-5}$$

图 2－3 为时间概率密度函数分布图。根据时间概率密度函数可随机产生地震的复发周期，对已生成的地震的复发周期进行累加，可得到当前模拟地震事件的发震时刻。

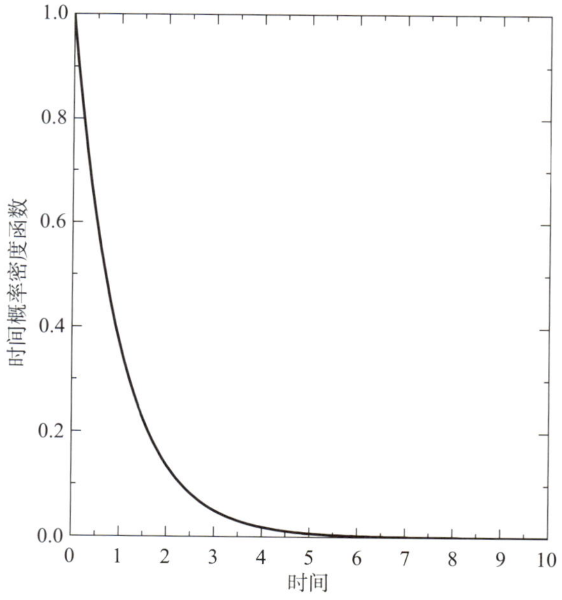

图 2－3　泊松模型地震发生时间概率密度函数分布图

2）震级

震级是对地震大小的度量，与地震释放的能量相关，地震释放的能量越大，则震级越大。在中国，面波震级可被用来表示地震的大小，生成地震的震级为面波震级。由于矩震级的广泛使用，还采用经验关系式将面波震级转换成矩震级。

根据上文叙述，在地震统计区（地震带）内震级分布符合截断的 $G-R$ 关系。因此，首先根据地震带地震发生率的分布特征选择地震带，即地震带地震发生率越大，被抽取到的概率越大。选择地震带后，根据地震带的地震活动性参数（b 值、M_U 等）和截断的震级 - 频度概率密度函数可随机产生符合该地震带震级 - 频度关系的地震震级。地震震级的概率密度可用以下公式描述：

$$f(m)=\frac{b\ln10\cdot10^{-b(m-M_0)}}{1-10^{-b(M_U-M_0)}} \tag{2-6}$$

图 2-4 为震级概率密度函数分布图。

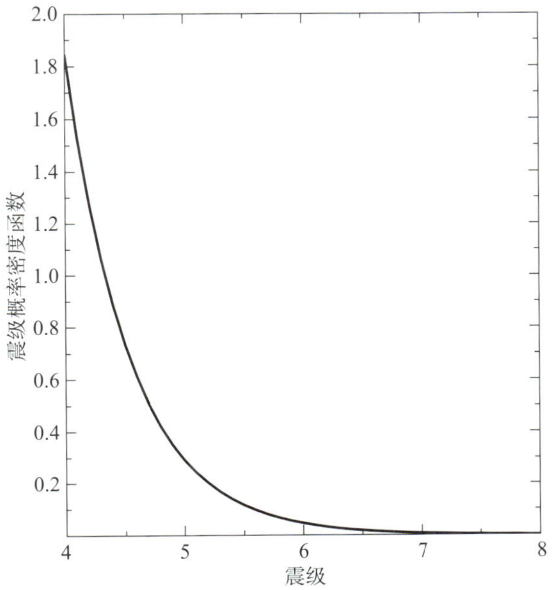

图 2-4 截断的震级 - 频度分布模型震级概率密度函数分布图

3）震中

这里的震中为微观震中，是指地震断层破裂初始点在地表的投影，用经纬度表示。在选择了地震带并生成震级后，要选择该地震落在哪一个潜在震源区内。首先，计算所选择的地震带内所有潜在震源区每个震级挡的发生率。然后，根据已生成的震级确定地震所处的震级挡，根据潜在震源区该震级挡的发生率分布特征选择地震所处的潜在震源区。确定潜在震源区后，根据地震在潜在震源区内均匀分布的假设，随机选择一点作为地震的震中。

4）深度

震源深度是一个重要的地震学参数，与地震波衰减相关，对地震动影响场的计算具有显著影响。在这里，震源深度是指地震断层破裂初始点与其在地表投影的距离。模拟地震事件的深度主要根据实际地震记录的深度分布来确定。地震深度分布根据地震区划分成华北、华南、东北、西北和青藏高原五个区，模拟地震事件落在哪个地震区内，则根据该区的地震深度分布随机选取震源深度参数。

5）断层走向、倾角、类型等参数

断层走向是指地震波传播的优势方向，在该方向上地震波衰减相对较慢。在中国，断层走向是地震动预测方程的重要参数。此外，断层倾角、类型等也是有些地震动预测方程的重要参数。模拟地震事件断层走向等参数根据模拟事件所落在的潜在震源区参数确定。潜在震源所在断层的走向、倾角以及类型等即落在该潜源内地震事件对应的相关参数。

6）断层破裂长度、宽度

地震断层破裂的长度和宽度是表征地震破坏范围的重要参数，也是与地震动影响场相关的参数。模拟地震事件断层破裂的长度和宽度，是根据 Wells 和 Coppersmith（1994）的经验关系式确定的。

7）模拟地震事件结果

根据上述数据源、理论模型以及技术流程，生成了中国及周缘地区 5.0 级以上 500 万年的地震事件集，主要参数有时间（年、日）、位置（经度、纬度）、震级（面波震级和矩震级）、断层破裂方向、断层破裂长宽、衰减分区、所处地震带、所处潜在震源区等。表 2－2 为生成的事件集格式。

表 2－2　随机地震事件集参数格式

年	日	经度	纬度	深度	走向	倾角	上埋深	潜源类型	面波震级	矩震级	震源机制	破裂长度	破裂宽度	地震带编号	潜源编号	衰减分区
1	36	121.975	23.458	56	70	－999	－999	1	5.96	5.83	－1	7.15	6.3	2	30	0
1	40	100.158	22.167	17	120	－999	－999	1	6.22	6.05	0	9.03	8.44	21	1312	1
1	131	83.618	43.67	18	150	－999	－999	1	6.59	6.37	1	15.05	10.7	25	1580	2
1	166	89.597	46.134	5	125	－999	－999	1	6.07	5.92	－1	7.67	7.34	26	1609	2
1	199	122.674	23.533	18	70	－999	－999	1	6.05	5.9	1	7.57	7.14	2	31	0
1	216	79.013	30.368	12	154	－999	－999	0	6.1	5.95	1	7.82	7.65	20	1204	1
1	284	121.814	23.905	3	160	－999	－999	1	6.23	6.06	1	9.15	8.5	2	25	0
1	342	79.605	30.388	30	135	－999	－999	1	6.41	6.22	1	11.74	9.54	20	1236	1
2	26	120.934	24.669	13	20	－999	－999	1	6.14	5.98	1	8.08	8.02	1	15	0
2	38	79.201	37.062	28	170	－999	－999	1	5.98	5.84	－1	7.24	6.48	14	841	1
2	124	78.154	35.726	8	101	－999	－999	0	6.5	6.29	－1	13.29	10.1	14	819	1
2	130	105.807	38.45	8	160	－999	－999	1	6.42	6.23	1	11.9	9.6	10	674	3

注：“倾角”“上埋深”列中的“－999”表示缺省值。

为了直观观察模拟地震事件的空间分布情况，选取 200 年的模拟地震目录并绘制空间分布图。图 2－5 为 200 年 $M \geq 5.0$ 模拟地震的空间分布状况，可以看出该分布状况与实际地震记录的空间分布状况非常相似，这意味着模拟地震的分布状况能够反映中国地震空间分布的不均匀性。

2.2.5　大地震的余震事件集

中国地震巨灾模型的地震危险性模块，采用 $R-J$ 方法模拟符合我国地震活动时间、空间和强度分布特征的余震事件集。在模拟余震事件时，遵从的基本理论为，余震发生在时间上符合大森－宇津衰减规律，震级分布可用古登堡－里克特定律来描述。余震的空间分布特征为在主震的破裂尺度内且在与断层垂直的方向上随距离呈指数衰减。模拟得到的余震事件包含以下参数：时间（天）、地点（经度、纬度）和震级。模拟的余震事件集可满足地震巨灾模型中余震模块风险分析的需求，将应用于我国地震巨灾模型中。

本次模拟中，以地震带为单位，每个地震带、每个震级抽样（以 0.1 级为单位）产生 1000 套余震序列，较好平衡了余震的随机性、计算量和计算精度等因素，基本能够反映我国不同地区余震震级、发生频率等随时间的变化特征，也能够反映余震在空间分布上的特征，满足了地震巨灾模型中对于余震序列的分析计算需求（图 2－6）。

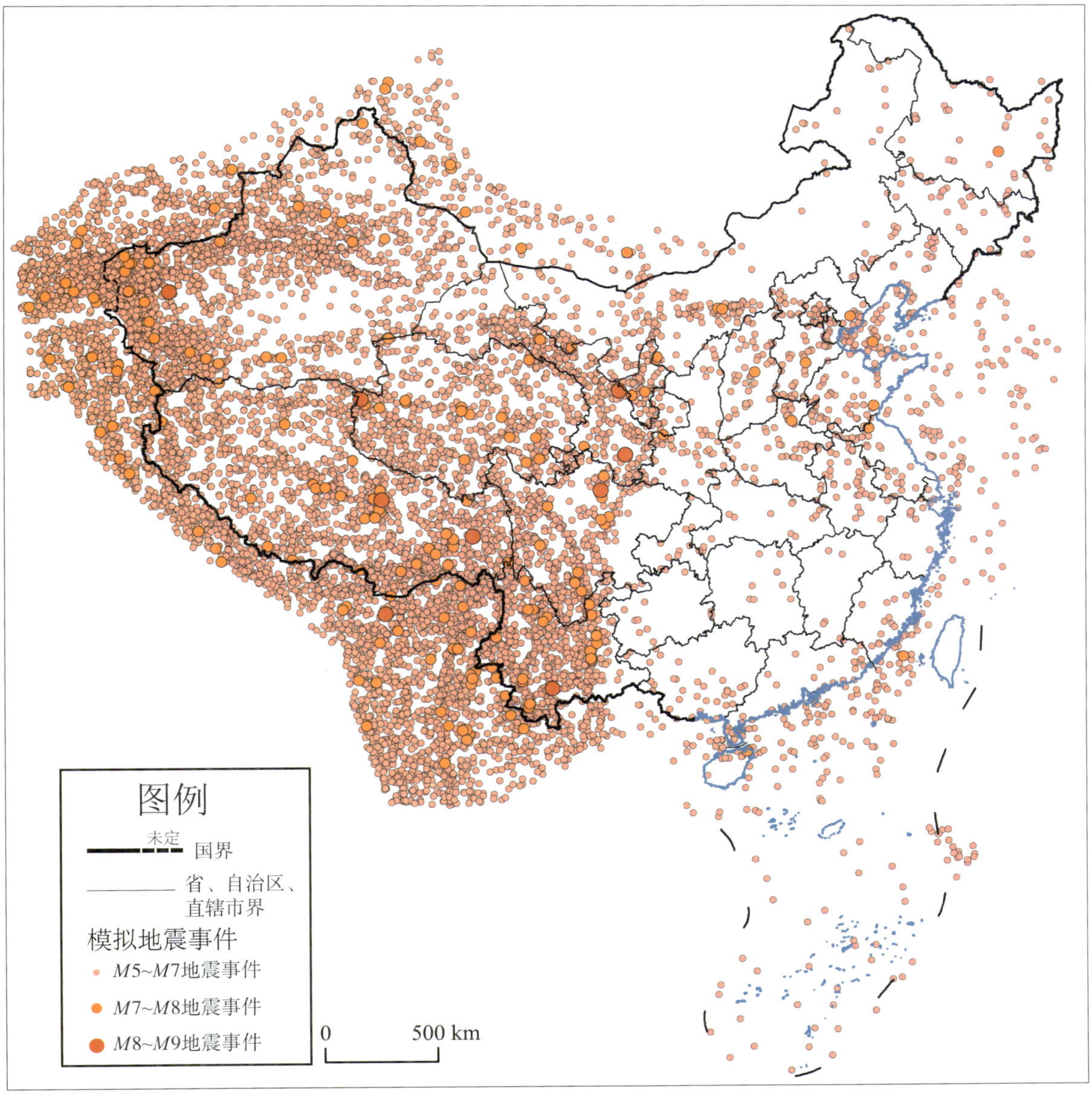

图 2－5　中国及周缘地区 200 年时间周期 $M \geq 5.0$ 模拟地震事件空间分布

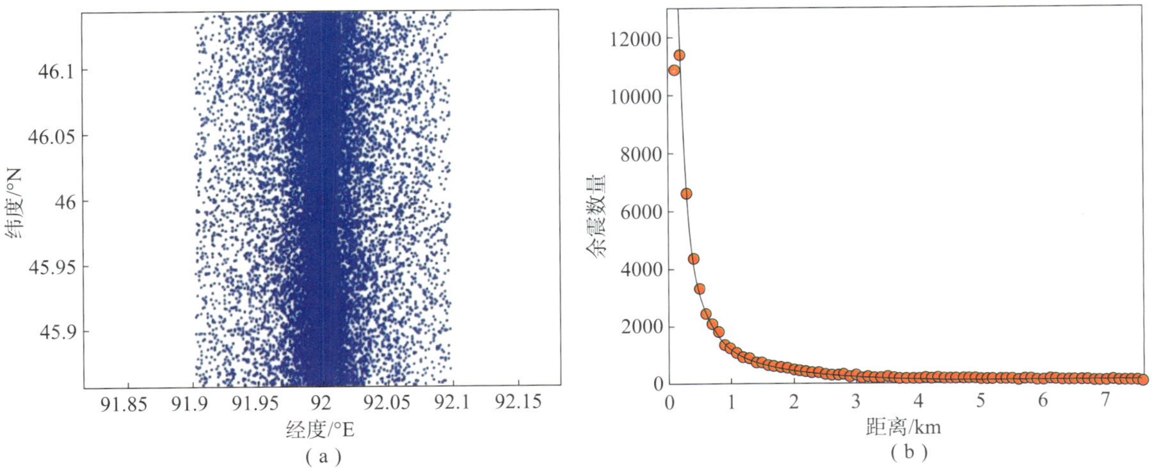

图 2－6　1000 套余震序列叠加后的空间分布状况及余震沿垂直于断层走向随距离的衰减状况

(a) 1000 套余震序列叠加后的空间分布图；(b) 沿垂直于断层走向的方向，余震随距离的衰减状况，黑色实线为理论值，红色圆点为模拟事件

2.3 地震动影响场

2.3.1 地震动空间衰减规律

建立地震动衰减关系是地震危险性分析中的重要环节。我国绝大部分地区缺乏足够的强震记录，无法直接采用统计回归的方法建立本区地震动参数衰减关系，一般采用胡聿贤等（1984）提出的转换方法，即根据地区的地震烈度衰减关系、参考地区的基岩峰值加速度和反应谱衰减关系、参考地区的地震烈度衰减关系，转换得到适用于我国东部地震活跃区（华北、华南沿海地区）的地震动参数衰减关系。地震危险性模块内置的衰减关系，采用了美国“下一代地震动衰减关系（NGA）项目”的加速度记录数据库，并补充了国内包括2008年汶川地震在内的5次地震的加速度记录。基于本次工作地震动衰减模型和加速度记录的EPA和EPV衰减关系已经用于第五代全国地震区划图编制工作。

地震危险性模块采用胡聿贤等（1984）提出的缺乏强震资料地区地震动参数（峰值加速度、速度、位移及反应谱等）衰减关系的确定方法来确定本区地震动衰减关系。该方法的基本假设是，在震级或震中烈度相同的情况下，相同烈度的场点具有相同的地震动参数。即利用本区的地震烈度衰减关系，并选择既有丰富的强震记录又有烈度衰减关系的美国西部地区作为参考区，转换得到相应的地震动衰减关系。

考虑到本区的地震危险性主要受近场地震影响，本章使用的基岩地震动水平向峰值加速度和反应谱衰减关系模型较充分地考虑了大震近场饱和，采用分段线性模型，可以较好地考虑以上地震近场效应，衰减关系平均值数学形式如下。

当 $M < M_c$ 时

$$\lg Y(M,R) = A_1 + B_1 M - C\lg[R + D\exp(E \times M)] \quad (2-7)$$

当 $M \geq M_c$ 时

$$\lg Y(M,R) = A_2 + B_2 M - C\lg[R + D\exp(E \times M)] \quad (2-8)$$

式中，$Y(M,R)$ 为峰值加速度或反应谱值；M 为震级；R 为震中距；其余为回归得到的系数。

转换得到的本区衰减关系标准差直接选取参考区的衰减关系标准差。

采用胡聿贤等（1984）提出的转换方法来确定地震动衰减关系。本区的烈度衰减关系采用上节所给出的地震烈度衰减关系，参考区的烈度衰减关系见式（2-8），表2-3列出了参考区及转换得到的本区的基岩水平向峰值加速度衰减关系式（2-7）的系数，标准差为0.245。

图2-7给出了基于长短轴模型的本区水平向基岩峰值加速度衰减关系曲线。

表2-3 基岩水平向峰值加速度衰减关系的系数

A_1	B_1	A_2	B_2	C	D	E	备注
0.555	0.753	2.505	0.453	1.935	0.956	0.462	美国西部水平向PGA
2.024	0.673	3.565	0.435	2.329	2.088	0.399	本区水平向长轴
1.204	0.664	2.789	0.420	2.016	0.944	0.447	本区水平向短轴

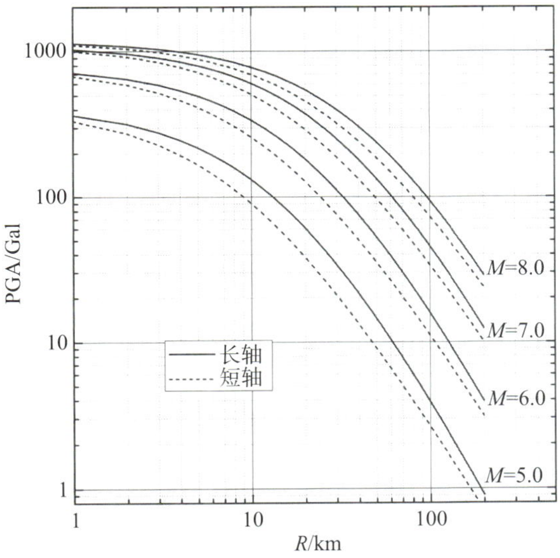

图 2－7　本区水平向基岩峰值加速度衰减关系曲线（长短轴模型）

2.3.2　地震动场地效应调整

基于我国场地条件分类标准，已有学者开展了地震动场地条件影响调整系数研究，相关综述文献（吕悦军等，2008；李小军，2013）给出了详细的历史脉络，所关注的地震动参数主要为峰值加速度 PGA，部分为有效峰值加速度 EPA，所采用的研究方法主要包括国外成果转换（吕红山等，2007）、钻孔模型数值模拟（李小军等，2001b；兰景岩等，2012）、基于美国西部或日本强震动记录的统计等（薄景山，1998；耿淑伟，2005；赵艳等，2009；刘峥等，2009；郭锋等，2011；崔昊等，2016；卞方东等，2017）。研究成果虽丰硕，但不同研究成果间区别明显，尤其是非线性衰减指数的数值模拟与统计结果之间差异显著。

本章通过对近年来 PGA 场地条件影响调整系数研究成果的分析，结合基于强震动记录统计获得的 PGA 归一化加速度反应谱及其平台值非线性衰减指数，获得地震动加速度反应谱的场地条件影响调整系数。

基于我国 1130 个钻孔模型及土动力学试验参数，通过一维等效线性化数值模拟给出的Ⅱ、Ⅲ、Ⅳ类场地相对于Ⅰ类场地的 PGA 放大系数计算值如图 2－8 所示。由Ⅰ类场地上 PGA＝0.5m·s^{-2}时 PGA 放大系数计算平均值可知，Ⅱ、Ⅲ类场地 PGA 放大系数计算值与近期研究成果的平均值基本相同；Ⅳ类场地 PGA 放大系数计算值与近期研究成果的平均值略有差异，可能与计算过程中Ⅳ类场地钻孔模型因土层较软呈现出较明显的非线性有关。由图 2－8 可知，当Ⅰ类场地上 PGA＝6m·s^{-2}时，Ⅲ类场地上 PGA 计算值约为Ⅰ类场地上的 70%，Ⅳ类场地上 PGA 计算值仅为Ⅰ类场地上的 40%。这明显小于实际观测数据，可认为在地震动强度较小时，利用土动力学试验参数进行的一维等效线性化数值模拟具有较高的计算精度，但当地震动强度较大时，计算结果可能显著高估了场地土的非线性，低估了土层场地上的地震动强度。

鉴于 PGA≤0.5m·s^{-2}时近期研究成果调整系数平均值与钻孔模型放大系数计算值相差较小，取前者作为地震动强度的影响较小时 PGA 场地条件影响调整系数。

本章采用美国太平洋地震工程研究中心 NGA－West2 数据库中，全球范围内地震震级 M_W≥5.0、台站到发震断层面地表投影最近距离不大于 200km 且 PGA≥30cm·s^{-2}的 3584 条强震动记录。根据剪切波速转换关系（Boore，2004）和我国场地类别划分标准《建筑抗震设计规范》(GB

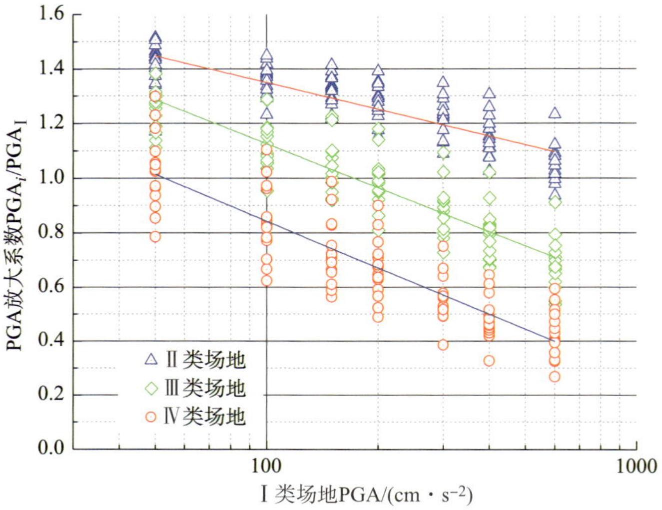

图2-8 钻孔模型数值模拟给出的Ⅱ、Ⅲ、Ⅳ类场地相对于Ⅰ类场地的PGA放大系数及拟合曲线

50011—2010)(2016年版),其中893条强震动记录位于Ⅰ类场地,2134条强震动记录位于Ⅱ类场地,527条强震动记录位于Ⅲ类场地,30条强震动记录位于Ⅳ类场地。统计结果表明(王玉石等,2016;王玉石等,2020),PGA归一化反应谱的形状受场地条件和震级影响显著,而震源距离、地震动强度等其他因素影响相对较弱。根据相应的回归系数,得到震级 M_W =5.5、6.0、6.5、7.0、7.5、8.0时,Ⅰ、Ⅱ、Ⅲ类场地上PGA归一化反应谱平均值如图2-9所示。由图2-9可知,随着地震震级的增大,加速度反应谱中长周期成分显著增加,较短周期成分略有减小;场地土层越软、越厚,加速度反应谱中长周期成分越丰富。

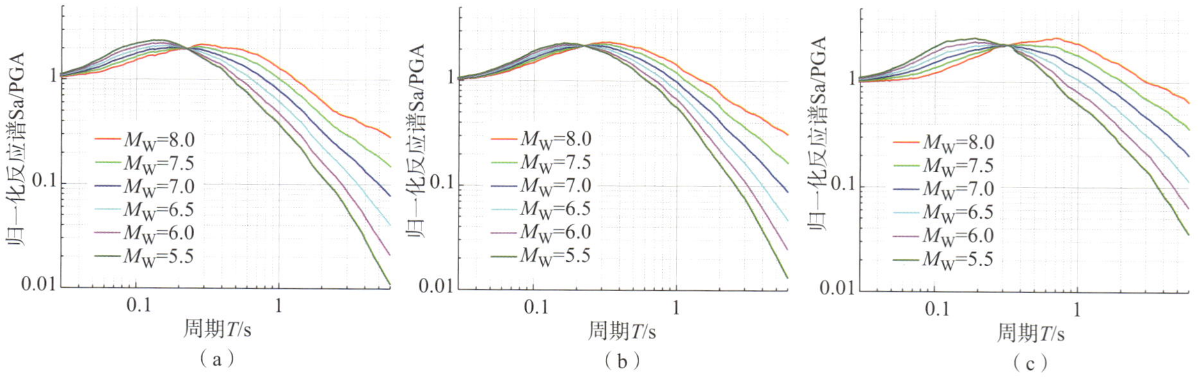

图2-9 Ⅰ、Ⅱ、Ⅲ类场地上 M_W =5.5、6.0、6.5、7.0、7.5、8.0时PGA归一化反应谱拟合曲线

(a) Ⅰ类场地;(b) Ⅱ类场地;(c) Ⅲ类场地

将图2-9中Ⅱ、Ⅲ类场地上归一化反应谱除以Ⅰ类场地上相同震级对应的归一化反应谱,得到Ⅱ、Ⅲ类场地相对于Ⅰ类场地的归一化反应谱放大系数,如图2-8所示。由图2-8可知,震级不同时,归一化反应谱放大系数具有一定的离散性,但除少量情况(Ⅲ类场地上周期 $T>4.3$s)外,最大偏差均小于25%,特别是Ⅱ类场地上周期 $T=0.2$s附近和 $2\text{s}<T<6\text{s}$、Ⅲ类场地上周期 $T<0.08$s和 $0.7\text{s}<T<2\text{s}$ 时,最大偏差小于9%。综合考虑地震的发生概率和所产生的地震动强度,选取 M_W =6.5时的归一化反应谱放大系数并经平滑后,作为Ⅱ、Ⅲ类场地相对于Ⅰ类场地的归一化反应谱调整系数推荐值,如图2-10中黑色粗实线所示。

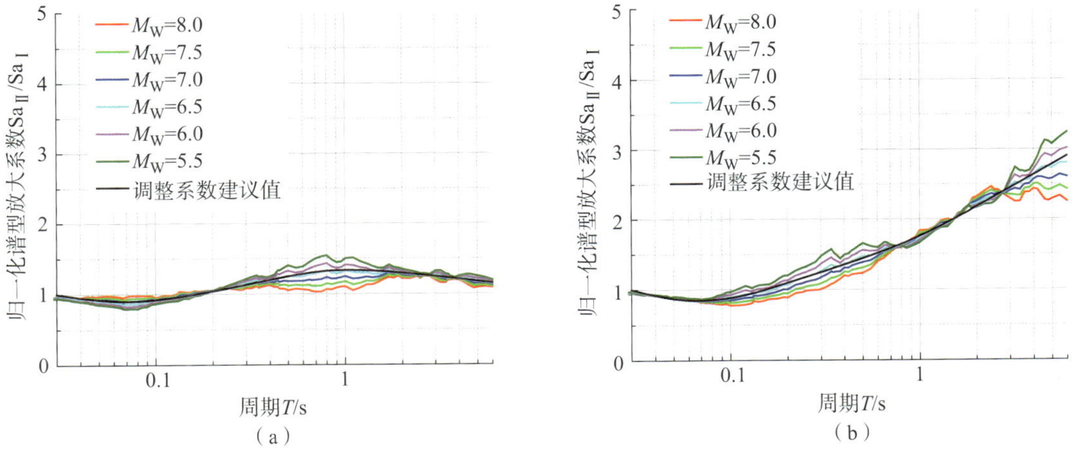

图 2-10　Ⅱ、Ⅲ类场地相对于Ⅰ类场地的归一化反应谱放大系数及调整系数建议值

(a) Ⅱ类场地；(b) Ⅲ类场地

不同地震动强度下 PGA 及 T = 0.30s、1.00s、3.00s 时加速度反应谱场地条件影响调整系数建议方案如表 2-4～表 2-7 所示。在本章中，地震动强度较小时 PGA 场地条件影响调整系数和非线性衰减指数需更多的观测数据予以检验，但其主要影响图 2-10 中曲线高低，不影响曲线形状，曲线形状主要由归一化反应谱场地条件影响调整系数决定。本归一化反应谱场地条件影响调整系数是基于现有全球强震动记录直接统计获得的，具有相对较高的可靠性。

表 2-4　PGA 场地条件影响调整系数

场地类别	I_1类场地 PGA/($m \cdot s^{-2}$)					
	≤0.5	1.0	1.5	2.0	3.0	≥4.0
I_0	0.90	0.90	0.90	0.90	0.90	0.90
I_1	1.00	1.00	1.00	1.00	1.00	1.00
Ⅱ	1.48	1.46	1.45	1.44	1.43	1.42
Ⅲ	1.32	1.28	1.26	1.25	1.24	1.23
Ⅳ	1.16	1.10	1.07	1.05	1.02	1.00

表 2-5　T = 0.30s 时加速度反应谱场地条件影响调整系数

场地类别	I_1类场地 PGA/($m \cdot s^{-2}$)					
	≤0.5	1.0	1.5	2.0	3.0	≥4.0
I_0	0.90	0.90	0.90	0.90	0.90	0.90
I_1	1.00	1.00	1.00	1.00	1.00	1.00
Ⅱ	1.67	1.65	1.64	1.63	1.61	1.60
Ⅲ	1.64	1.60	1.58	1.57	1.55	1.53
Ⅳ	1.43	1.36	1.33	1.30	1.26	1.24

表 2-6　$T=1.00s$ 时加速度反应谱场地条件影响调整系数

场地类别	I_1 类场地 PGA/($m \cdot s^{-2}$)					
	≤0.5	1.0	1.5	2.0	3.0	≥4.0
I_0	0.90	0.90	0.90	0.90	0.90	0.90
I_1	1.00	1.00	1.00	1.00	1.00	1.00
Ⅱ	1.97	1.94	1.93	1.92	1.90	1.89
Ⅲ	2.28	2.23	2.20	2.18	2.15	2.13
Ⅳ	2.56	2.44	2.38	2.33	2.27	2.22

表 2-7　$T=3.00s$ 时加速度反应谱场地条件影响调整系数

场地类别	I_1 类场地 PGA/($m \cdot s^{-2}$)					
	≤0.5	1.0	1.5	2.0	3.0	≥4.0
I_0	0.90	0.90	0.90	0.90	0.90	0.90
I_1	1.00	1.00	1.00	1.00	1.00	1.00
Ⅱ	1.84	1.82	1.80	1.79	1.78	1.77
Ⅲ	3.20	3.13	3.09	3.06	3.02	2.99
Ⅳ	3.89	3.71	3.61	3.54	3.44	3.37

2.3.3　地震动的地形效应

历次破坏性地震的震害经验、强震观测记录以及理论分析结果均表明，局部地形显著影响着地震动的特性，进而显著影响着震害的程度及其空间分布。因此，局部不规则地形对地震动的影响是一个备受关注的研究课题。针对这一问题，国内外学者开展了大量的研究工作，但在地形效应经验模型研究中存在以下几个问题，一是考虑的影响因素较为单一，二是表征地形效应的地震动参数单一，三是缺少科学合理地评估地震动地形效应的经验模型。因此，科学合理地建立综合考虑多种影响因素的多种地震动参数的地形效应预测模型，实现对局部地形对地震动影响效应的定量评估，是目前工程上亟须解决的关键技术问题。

本小节从地震保险工作的实际需求出发，采用解析法和数值法，结合地形台阵获取的实际强震观测记录，研究凸起地形对地震动特性，主要包括峰值、反应谱、能量持时、阿里亚斯烈度等方面的影响规律。充分考虑与地震动地形效应相关的各种影响因素的不确定性，建立地震动地形效应的预测模型。利用该模型，基于数字地形（DEM）提供的坡度，给出全国任意空间点的地形放大倍数。该项研究工作深入揭示地形波动效应的物理机制，为定量地评估地震动地形效应提供了工程实用的模型，为实际工程中科学地考虑地形效应提供了有效的工具。此外，还可以用于震害快速评估工作以及大区域范围地震风险评估工作中考虑地形对地震动参数的影响。

凸起地形的计算模型如图 2-11 所示，地表包括顶部平台、斜坡面和坡底三部分。利用人工边界从无限大区域中切取包含局部凸起的有限元计算区域，脚点与左、右人工边界的垂直距离取为 $5H/\tan\alpha$，与底人工边界的垂直距离为 $5H$，足以满足计算精度的要求，以减小人工边界的影响。采用四边形有限元格网离散，格网尺寸大小为 $1m \times 1m$，以获取对高频成分可靠的数值模拟结果。凸起平台段宽度为 B，高度为 H，斜坡坡角为 α。介质假定为均匀、各向同性、黏弹性，其纵波波速为 c_p，横波波速为 c_s，其阻尼比为 ζ。本文主要考虑岩石介质，其剪切波速取为 1400m/s，压缩波速取为 2000m/s，人工边界区介质的波速取为 1200m/s。入射地震波仅考虑平面 SV 波和平面 SH 波情况，其入射角为 θ。

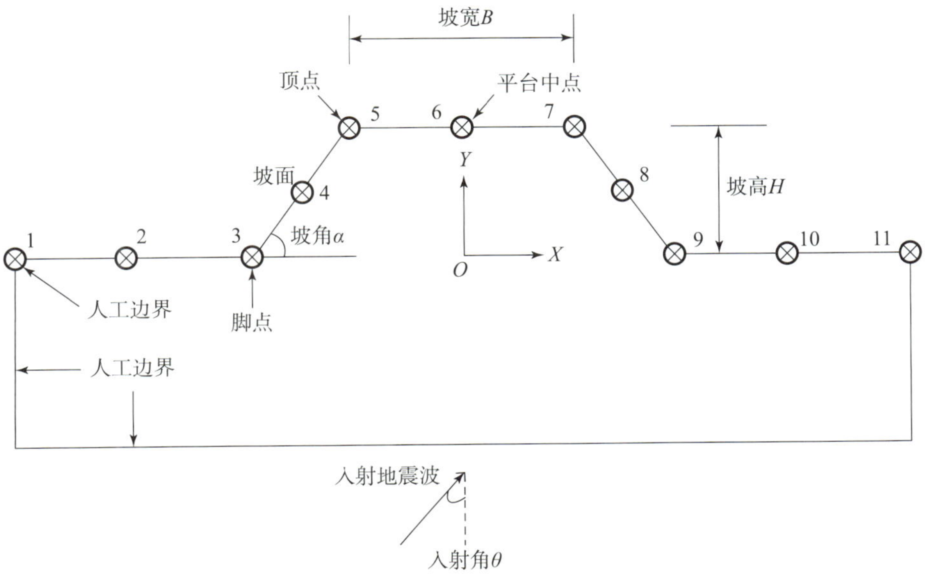

图 2－11　计算模型

在众多影响因素中，地形坡度是影响地形放大效应的重要参数，而且，在数字化地形数据（DEM）中，地形坡度也是最容易获取的几何参数，因此，本章将地形坡度选为地形对地震动反应谱放大效应经验预测模型的参数。另一方面，除地形坡度外，其他因素对地形放大效应也有重要影响。因此，在综合考虑输入地震动类型，输入地震波波型，地震波入射角度，凸起坡角、坡高和宽度，以及相邻地形等因素对地形放大倍数的影响后，针对某一给定坡度所得到的放大倍数可以视为一随机变量。该随机变量的随机性或离散性主要源于各种影响因素的不确定性，最终采用分位数的方式给出了相应于不同地震动参数的地形放大倍数模型。表 2－8 给出了坡角为 15°、20°、25°、30°、35°、40°、45°、50°、55°、60°时地形放大系数的平均值。当坡角小于 15°时，地形放大系数取为 1；当坡角大于 60°时，取 60°对应的放大系数。对于表 2－8 中所列角度之间的任意角度，可采用线性插值法计算得到。

表 2－8　不同周期点处不同坡角对应的放大系数（均值）

周期点	<15°	15°	20°	25°	30°	35°	40°	45°	50°	55°	≥60°
0.2	1	1.060	1.143	1.179	1.193	1.230	1.258	1.276	1.323	1.359	1.381
1.0	1	1.122	1.146	1.180	1.203	1.221	1.248	1.258	1.279	1.308	1.337
PGA	1	1.169	1.228	1.261	1.307	1.321	1.350	1.390	1.443	1.520	1.547
I_A	1	1.182	1.253	1.289	1.345	1.362	1.375	1.425	1.489	1.566	1.589

注：0.2 表示 0.2s 周期反应谱，1.0 表示 1.0s 周期反应谱，PGA 表示峰值加速度。

本章最终需要给出全国不同地点对应于不同地震动参数的地形放大倍数。基于数字高程（DEM）数据，利用 ArcGIS 软件提取每个经纬度点对应的坡度，将坡度输入地形效应预测模型中，即可给出南北地震带上不同地点处对应不同地震动参数的地形放大系数，如图 2－12（峰值加速度）、图 2－13（0.2s 周期反应谱）、图 2－14（1.0s 周期反应谱）和图 2－15（阿里亚斯烈度）所示。

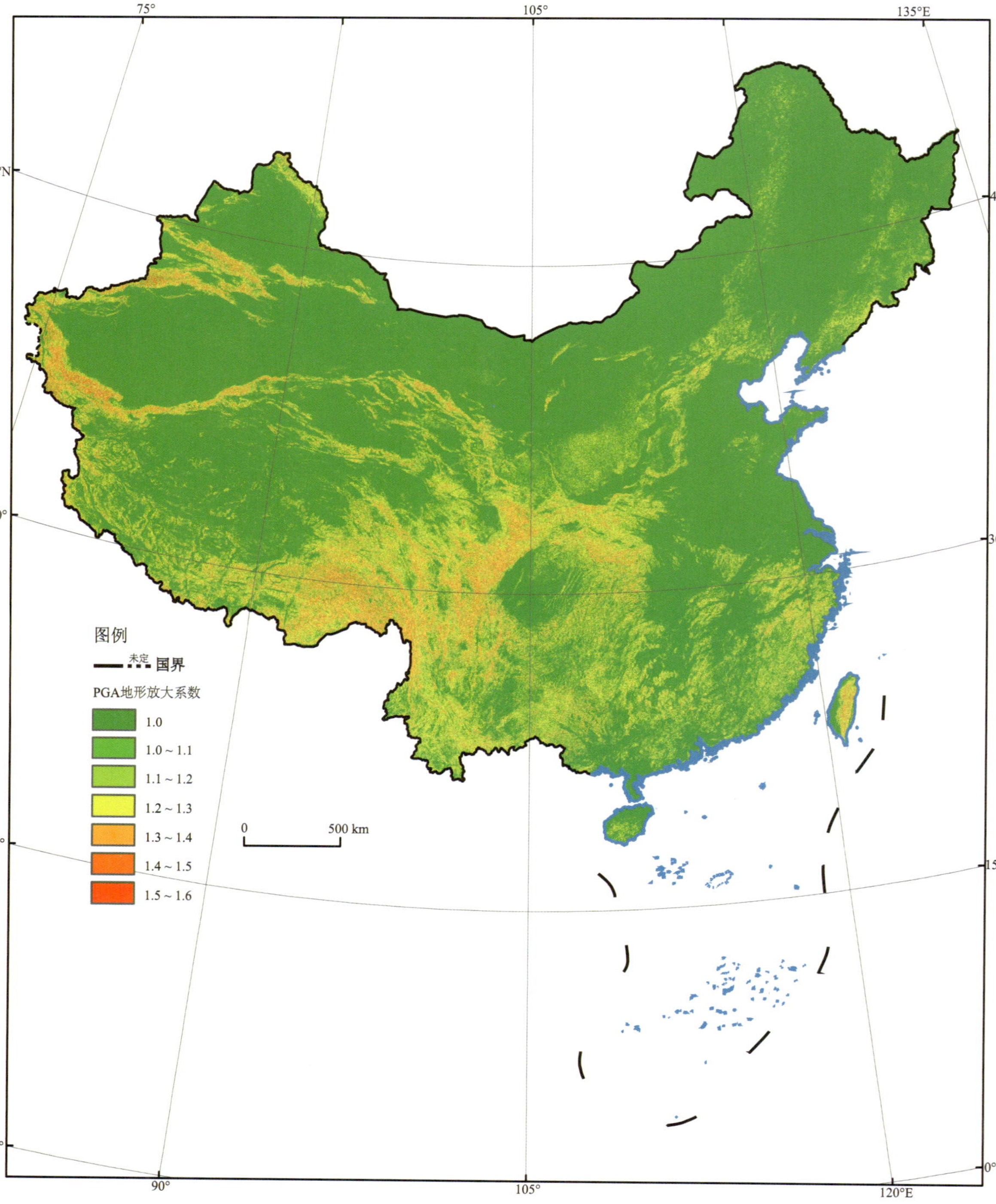

图 2－12　全国 PGA 地形放大系数

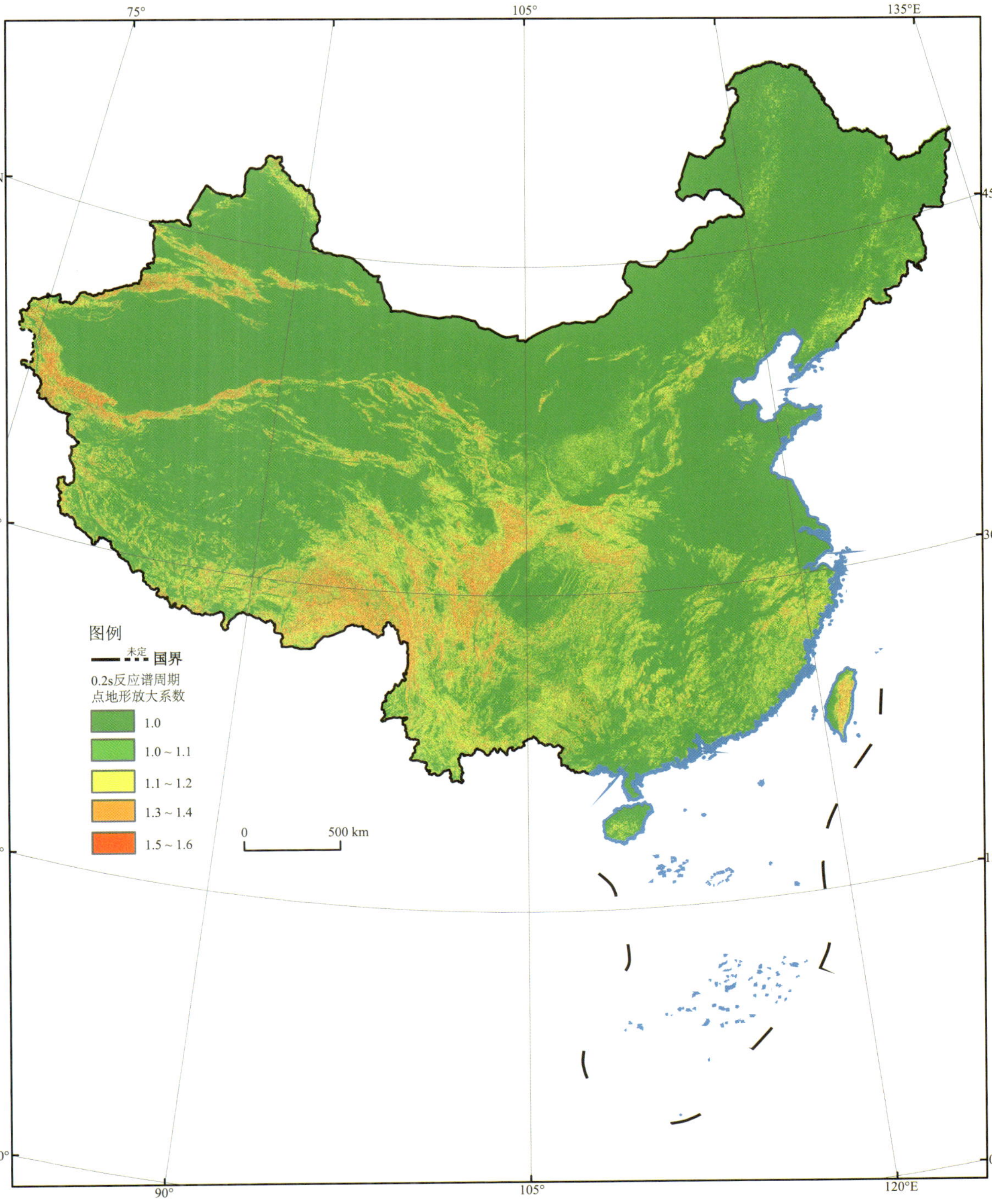

图 2 – 13　0. 2s 处全国各点地形放大系数

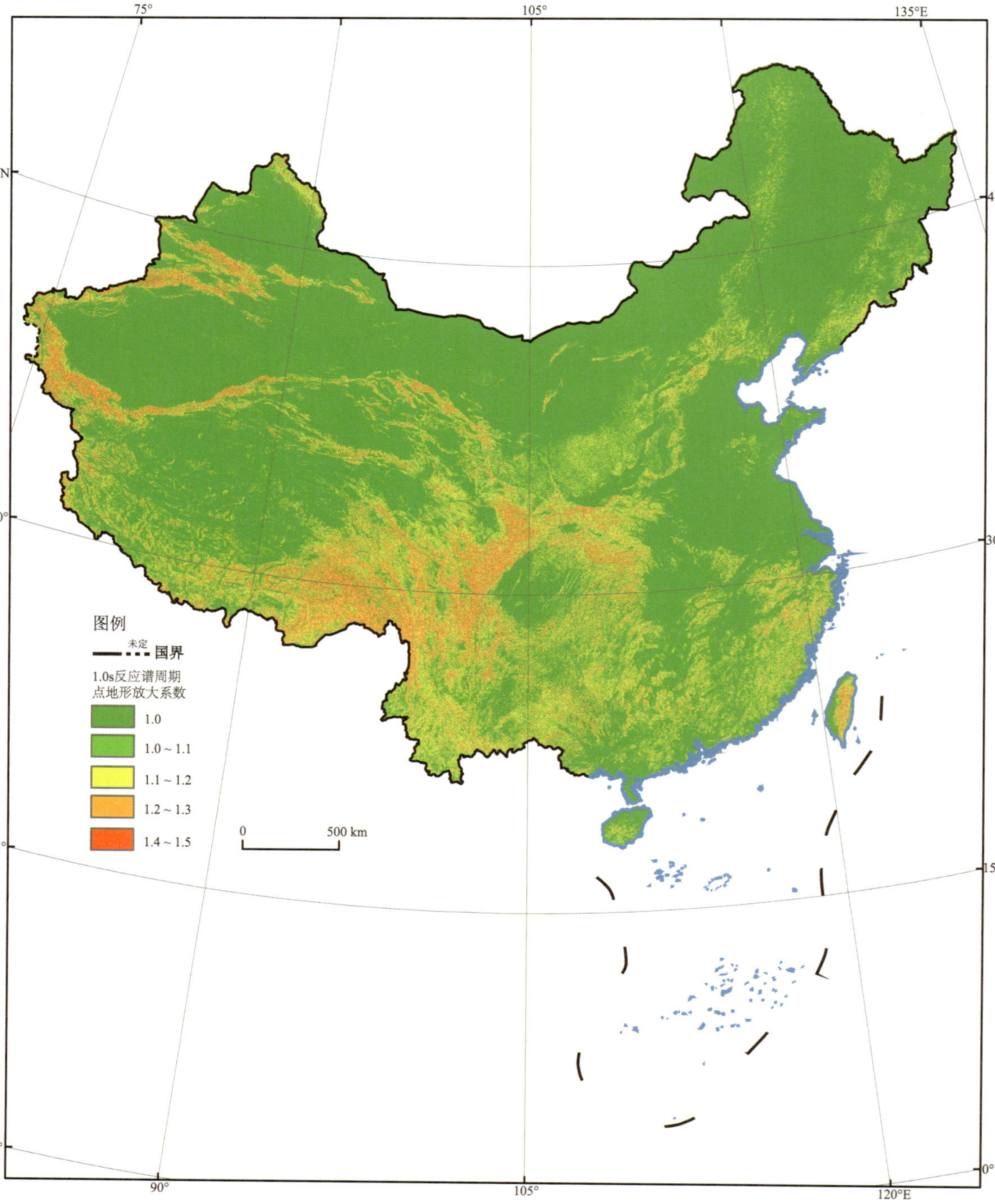

图 2－14　1.0s 处全国各点地形放大系数

2.3.4　基于场地条件宏观分类的地震动影响场生成技术

李小军等（2021）提出了利用美国地质调查局（United States Geological Survey，USGS）基于坡度的 V_{s30} 图和吕红山提出的 V_{s30} 与中国场地分类之间的关系生成基于坡度的中国场地分类图，进而结合区域第四纪沉积环境，形成基于地形地质及第四纪沉积环境等多因素融合的场地分类方法，编制了全国场地分类图。该方法在北京等局部地区基于第四系等厚线考虑了覆盖层厚度的影响，针对我国场地分类标准建立了基于多因素的场地分类模型，其分类结果对于较硬的Ⅱ类场地效果较好，但是对Ⅳ类场地辨识能力不足。

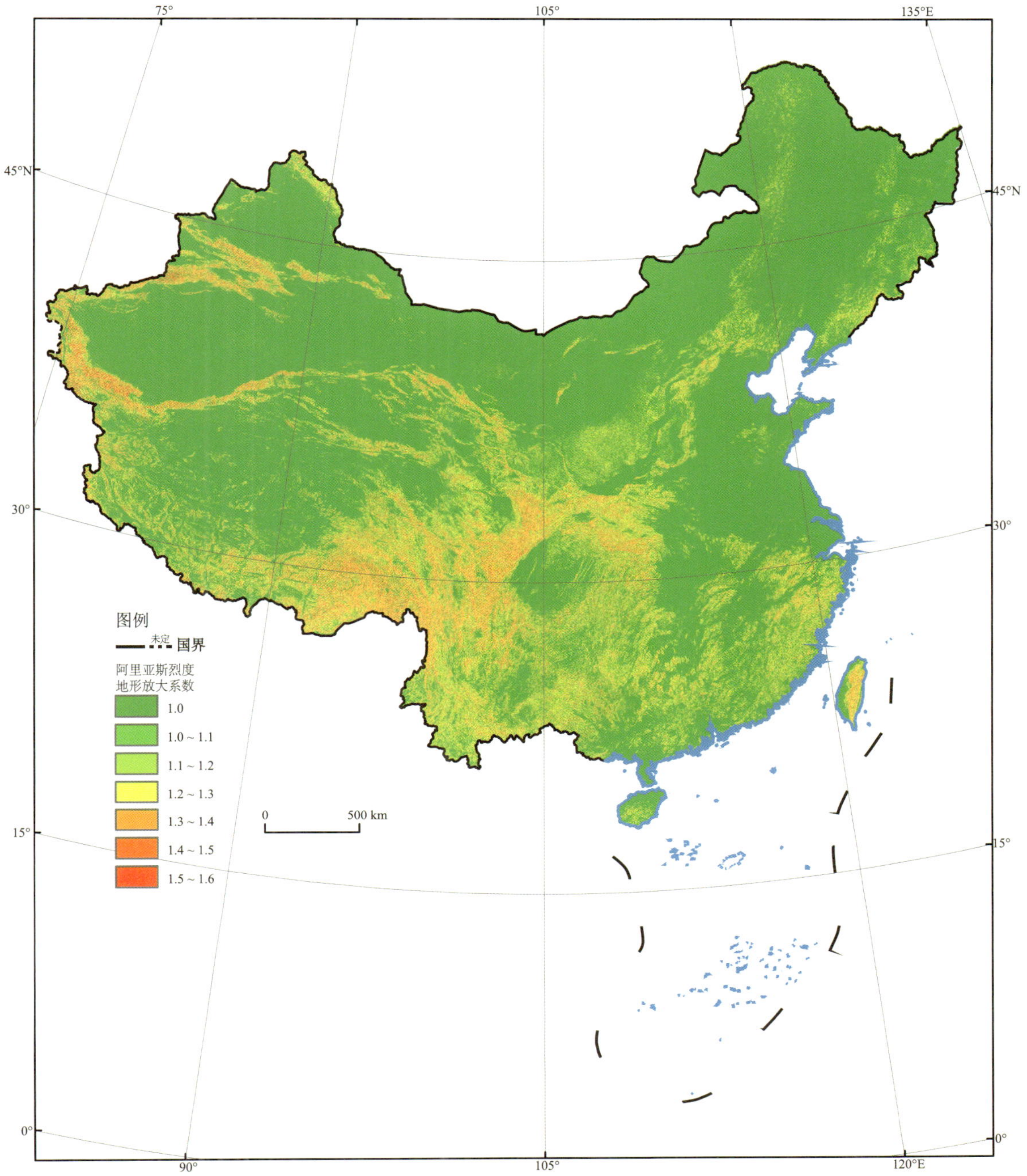

图 2－15　阿里亚斯烈度全国各点地形放大系数

本小节通过分析中国数字地貌图的地貌单元分类体系，在前述地形坡度、地质因素等场地分类指标的研究基础上，对基于地貌因素以及如何协调利用各种数据资源进行重点讨论，建立以“岩体坚硬程度－地貌单元－沉积物成因、年代－地形坡度”为指标体系的多因素融合场地类别划分方法。

考虑基于地质图中岩土体坚硬程度分级与我国《建筑抗震设计规范》（GB 50011—2010）中土的类型划分标准之间的对应关系，将岩体坚硬程度作为第一级，划分 I_0 类场地和 I_1 类场地。地貌纲和亚纲的基本形态是一种宏观描述，作为场地划分的第二级。将极坚硬岩体中的“（a）大型坚硬块状侵入岩：花岗岩、闪长岩、辉长岩、橄榄岩等”“（b）岩浆岩：流纹岩、安山岩、玄武岩等”地质单元直接划分为 I_0 类。将地质因素中其他极坚硬岩体“（c）坚硬块状变质岩：大理岩、石英岩、融合岩等”“（d）巨－厚层沉积岩：中－粗石英砂岩、含砾砂岩等、巨－厚层硫酸盐岩等”处于极大起伏山地或大起伏山地等地貌单元时直接划分为 I_0 类场地。其他极坚硬岩体和位于极大起伏山地或大起伏山地等地貌单元的坚硬岩体划分为 I_1 类场地。

将第四纪沉积物成因、地质年代、岩性、地形坡度及地貌类亚类作为场地划分的第三级指标。地貌纲、亚纲主要考虑了起伏度和海拔。起伏度在一定程度上考虑了坡度，但划分粗略，因此在地貌纲的第一级划分中增加坡度，进一步细分程度类别。地貌类、亚类主要考虑了地质成因和岩性等，未考虑地质年代，在地貌单元内进一步与地质单元结合进行划分。由于较软岩和软岩难以直接用岩体坚硬程度来界定其场地分类，并且通过对比可以发现较软岩和软岩大多分布于第四纪地质年代，符合地质年代越近岩性越软弱且其剪切波速越小的一般认识，因此从第四纪沉积物成因、年代和岩性角度，细化较软岩和软岩的场地类别划分，具体依据为本研究给出的地质因素－场地类别关系矩阵，坡度－等效剪切波速、坡度－覆盖层厚度关系模型。

参考《建筑抗震设计规范》，软弱土中剪切波速不大于 150m/s 的土，主要为淤泥和淤泥质土、松散的砂、新近沉积的黏性土和粉土，Ⅳ类场地基于地质岩性和地貌单元进行划分。岩性方面的“全新统湖积物、湖积沼泽和淤泥质沉积”，地貌单元方面的“河口海湾沉积平原、海积冲积三角洲平原、洼地，内部古湖泊，湖积冲积洼地”划分为Ⅳ类场地。

综上，融合分类方法实行分级指标划分，第一级指标为岩体坚硬程度，第二级指标为地貌单元纲和亚纲，第三级指标为沉积物成因、地质年代、岩性、地貌单元类和亚类、地形坡度，依据是地貌单元类和亚类、坡度－等效剪切波速/覆盖层厚度关系，地质因素－场地类别关系矩阵。最后，基于搜集到的全国场地分类资料和数据，对场地钻孔所在的场地类别单元进行修正。图 2－16 给出了本研究多因素融合的场地分类方法规则。图 2－17 给出了基于上述原则编制的全国宏观场地分类图（1∶100 万）缩略图。

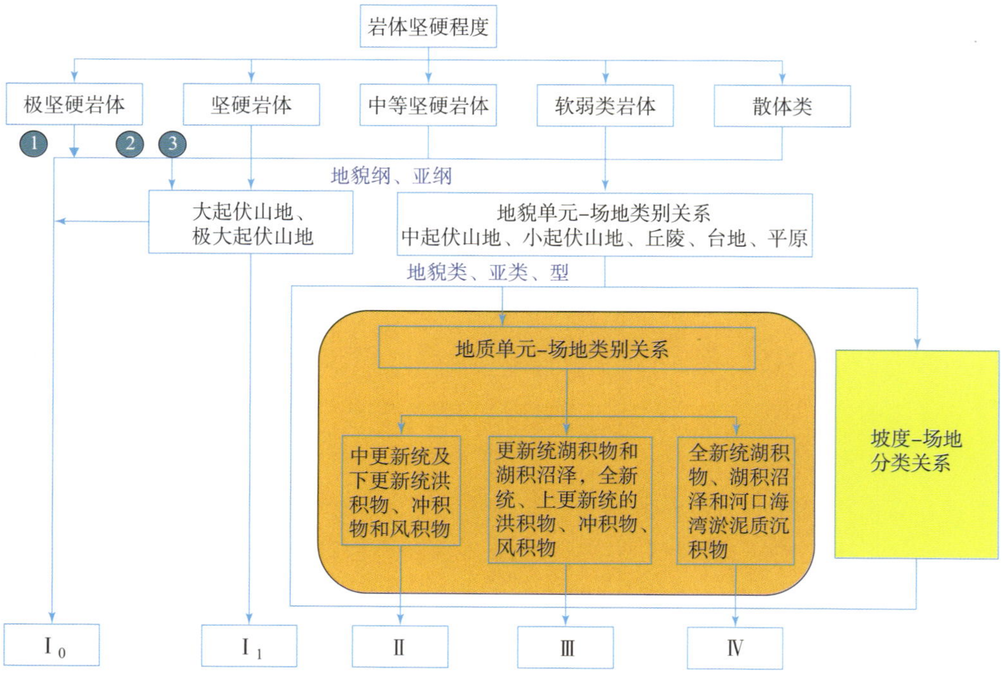

图 2－16　多因素融合的场地分类方法规则

根据场地条件的宏观分类给出的“基于多因素融合的全国场地分类图（1∶100 万）”，结合表 2－4 至表 2－7 给出的场地调整系数，编制了全国地震动参数场地调整系数分布图，其中 PGA 场地调整系数分布图与 $T=0.03$s 反应谱场地调整系数分布图相同。图 2－18 为 PGA＝0.10g 和 $T=0.03$s 反应谱的全国地震动参数场地调整系数分布图，作为示例。

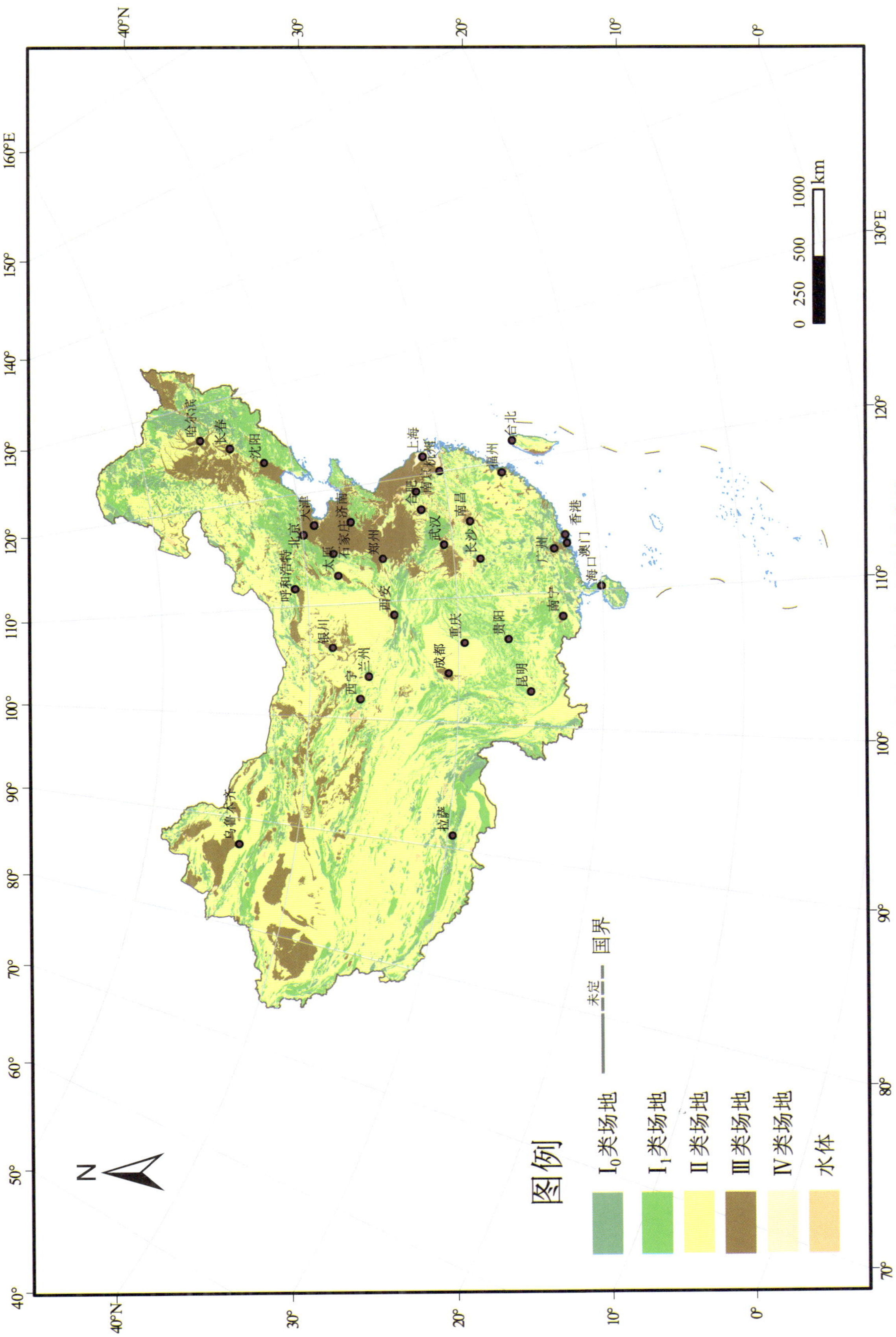

图2-17　基于多因素融合的全国宏观场地分类图

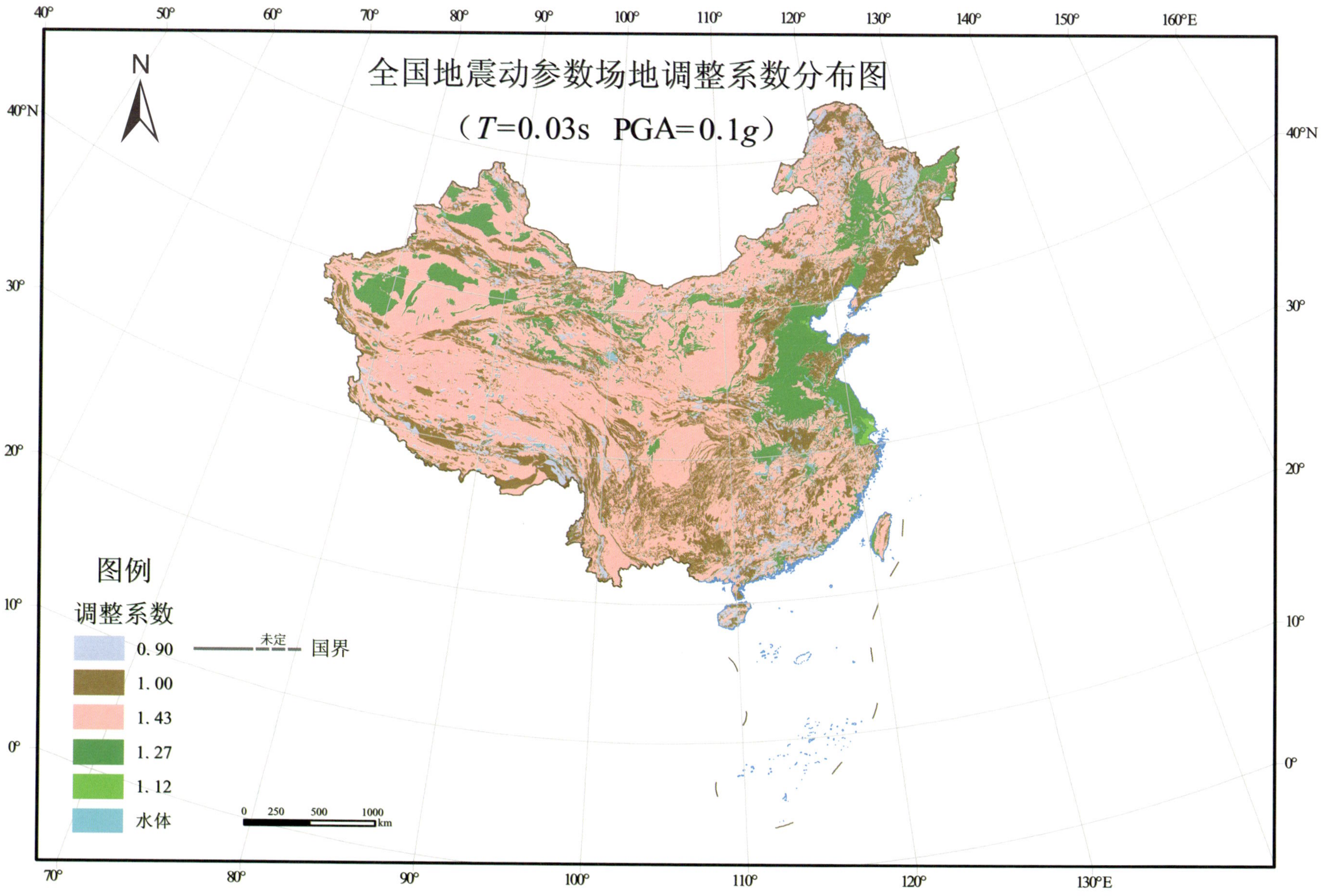

图2-18　全国地震动参数场地调整系数分布图示例（PGA=0.10g和T=0.03s反应谱）

2.4　地震引发的次生地质灾害

地震引发的次生地质灾害包括崩塌、滑坡、泥石流、堰塞湖、海啸、湖啸、砂土液化、喷水冒沙、地面沉降、地面塌陷、地裂缝等等，其中滑坡是一种强震过后常见的次生地质灾害。2008 年汶川地震中，以滑坡为主的次生地质灾害造成的损失占总损失的 1/3 左右。2022 年四川泸定地震造成 90 余人死亡，其中超过 70 人是因次生地质灾害死亡的。地震引发的次生地质灾害造成的严重破坏不容忽视。

定量化估计地震滑坡造成的财产损失、人员伤亡，必须基于地震事件建立定量化的损失估计体系，需要：①尽可能符合并反映地震滑坡发生的物理机制；②简化滑坡失稳及运动的过程模拟，尽可能用参数化方法实现大量数据和事件集的快速运算。因此，在地震滑坡风险评估过程中，可以通过耦合参数化地震滑坡危险性模型和参数化滑坡运动风险模型，运用统计学的方法实现岩土应力的变化分析和岩土运动及堆积分析，从而切实面向并融入保险业的应用。

本节主要介绍如何基于事件构建地震滑坡模型。2.4.1 小节介绍地震滑坡易发性评估；2.4.2 小节以全国地震滑坡临界加速度为地震易发性的输入，模拟基于事件的滑坡失稳过程；2.4.3 小节模拟滑坡的运动过程，对每一次地震事件的滑坡过程进行计算；2.4.4 小节介绍地震滑坡危险性评估。

2.4.1　地震滑坡易发性评估

地震滑坡主要表现为由地震产生的地震动引起不同工程地质条件的斜坡失稳，其生成与发展具有一定的规律性。影响地震滑坡的因素除了地震动，还有斜坡本身的内在因素，即地震滑坡的形成是多方面的因素综合作用的结果。按照不同因素在地震滑坡中的作用，可以将其分为外因和内因。外因为地震动，是其发育的诱发原因。内因则是斜坡的工程地质条件，是地质灾害形成的基础，即地形地貌、地层岩性及水文地质条件等因素。

鉴于我国工程地质条件的差异，各类因素对滑坡发育的贡献程度有别。为避免选取过多次要因素，影响整体评估结果的可靠性，本小节选取具有重要致灾意义的因素开展全国地震滑坡易发性评估（见表 2－9）。

表 2－9　地震滑坡危险性评估因素说明表

序号	分类	要素	致灾指示意义、数据说明及处理方法
一、地质灾害分布数据			
1	地质灾害	地质灾害点	全国县市地质灾害调查（1:10 万）灾害分布数据
二、地质灾害易发性评估因素（静态、缓变、斜坡属性）			
2	地质构造	与断裂的距离	指示地质体结构完整性。利用 1:250 万中国及邻近地区地震构造数据，将断裂归类为全新世断裂、更新世断裂及前第四纪断裂，影响距离分别设为 15km、10km、5km，并分别按 3km、2km、1km 等距分为 5 个区间
3	地形地貌	地形坡度	指示坡体几何形态。在保证评估结果精度的前提下，考虑计算量采用了两种数据精度：①信息量模型采用 SRTM DEM（90m 分辨率）获取坡度及地形起伏度，其中地形起伏度邻域分析窗口大小采用 3×3（即 270m×270m）的邻域栅格单元；②Newmark 模型坡度参数采用 ASTER GDEM（30m 分辨率）获取，对 ASTER 原始地形数据局部异常，利用 30m 分辨率的相关地形数据进行了修正
4		地形起伏度	
5	地层岩性	工程地质岩组	指示斜坡岩土体的物理力学强度特征。基于 1:50 万地质图（公开版）构建工程地质岩土体分组空间数据库，并对不同分组赋予相应的物理力学参数值。根据地层岩性成因类型、坚硬程度及结构构造等，将岩土体划分为坚硬岩组、较坚硬岩组、较软弱岩组、软弱岩组、土体、其他等 6 大类

续表

序号	分类	要素	致灾指示意义、数据说明及处理方法
6	河流	与河流的距离	指示坡脚侵蚀及坡体的水文地质特征。全国基础地理空间数据集中的河网分布数据（1∶100 万），将全国河流分为两级，一级河流为黄河、长江干流，影响距离设为 3km；二级河流为各级支流，影响距离设为 2km
三、地质灾害危险性评估因素（动态、突变、诱发因素）			
7	地震动参数	50 年超越概率 10% PGA	《中国地震动参数区划图》（GB 18306—2015）提供的一般场地条件下 50 年超越概率 10% 的基本地震动峰值加速度参数

基于上述评价指标，采用信息量模型和 Newmark 模型（王涛等，2021），分别开展了全国地震滑坡易发性评估，通过对比信息量模型和 Newmark 模型的地震滑坡易发性分区结果，获取了基于信息量模型的地震滑坡易发性分区（图 2－19）和基于 Newmark 模型的地震滑坡易发性分区结果（图 2－20）。

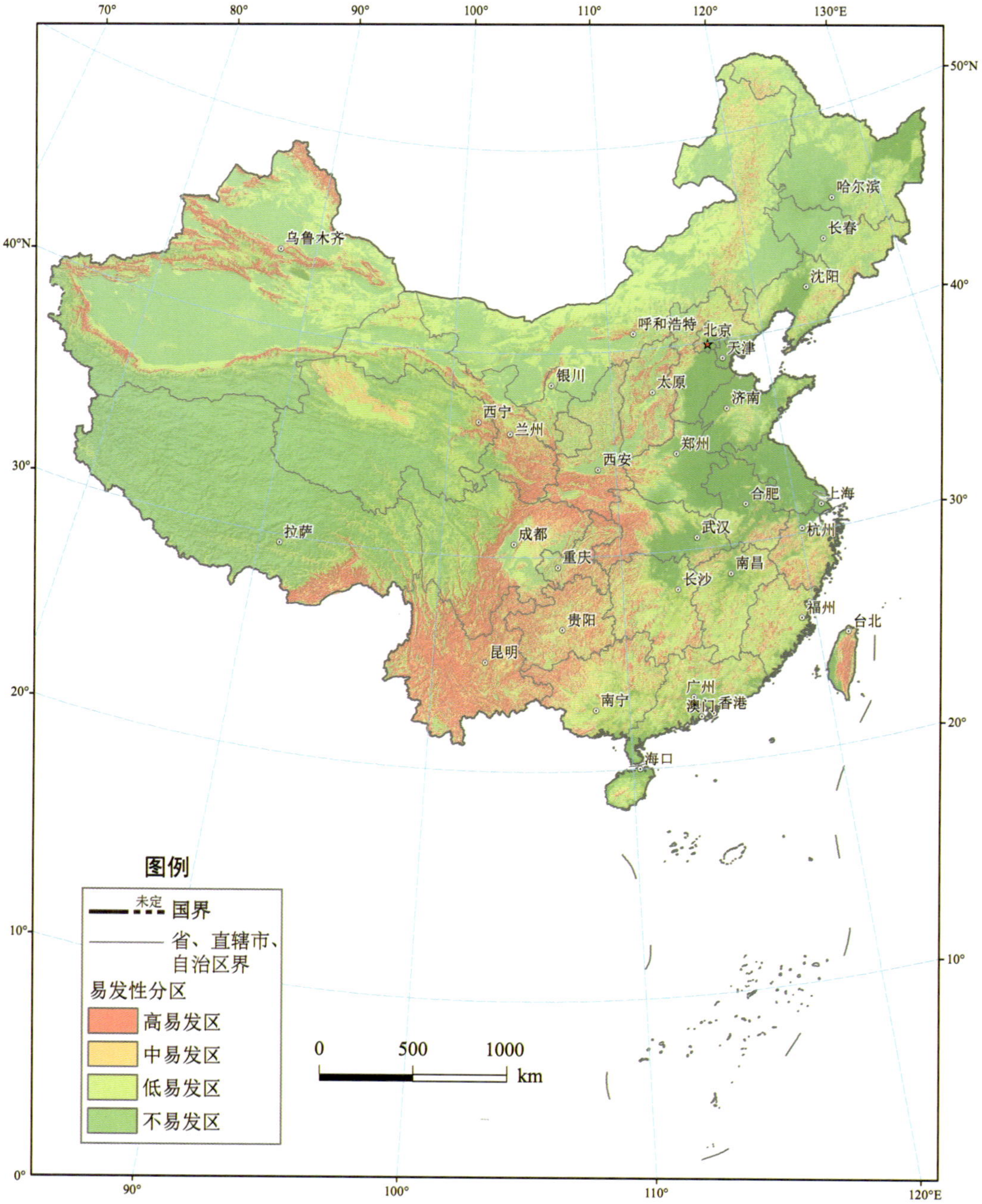

图 2－19　地震滑坡易发性分区

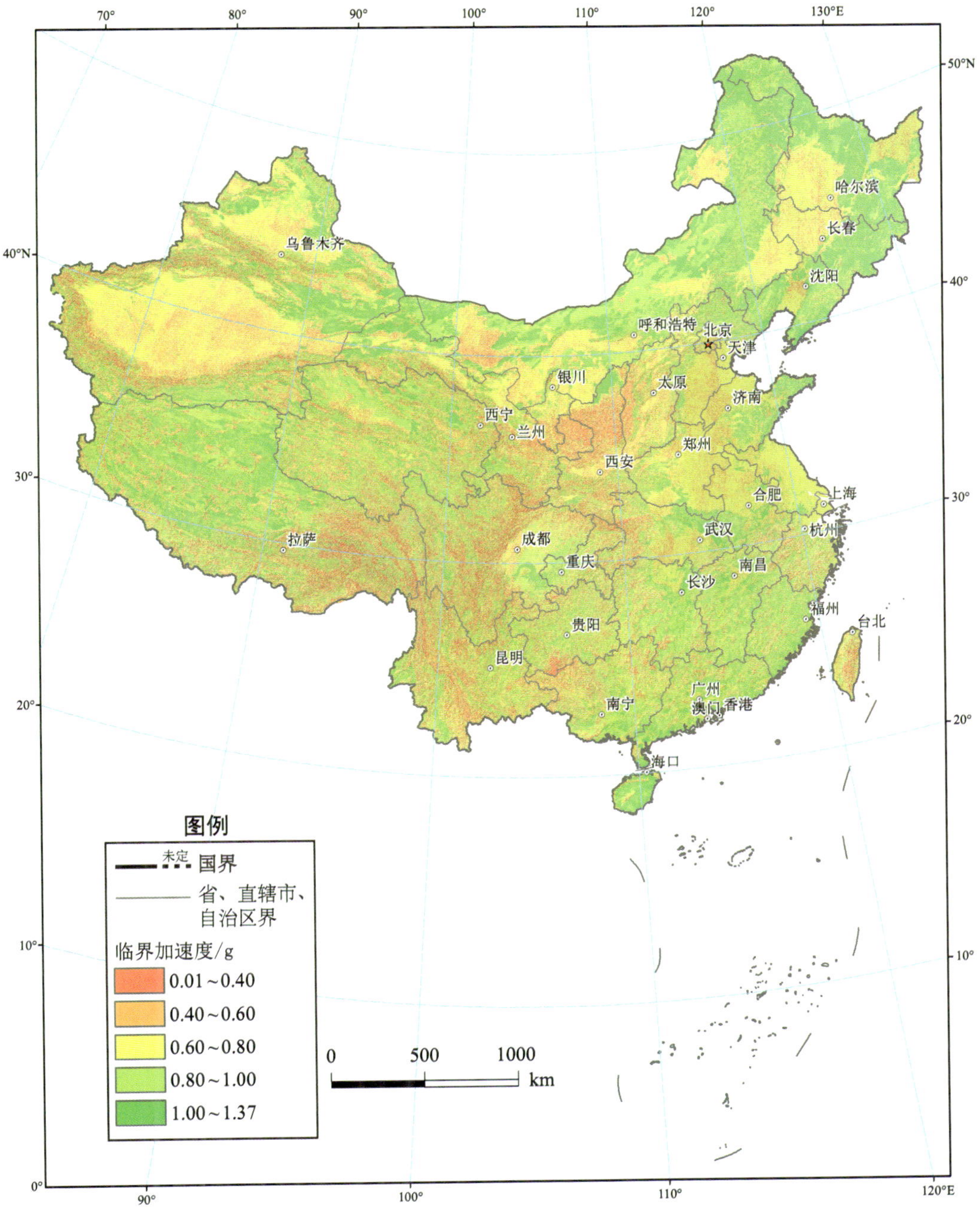

图 2-20　全国斜坡临界加速度分布

2.4.2　地震滑坡失稳模拟

地震促使坡体失稳的风险，研究的主体对象为地震动条件下斜坡的变形。在地震滑坡危险性评估研究中，首先要依据研究区域的范围及相关资料的详细程度选择适当的滑坡预测方法。当研究区域范围较大，且滑坡历史资料相对充分时，可采用统计模型研究滑坡孕灾因素（如地震动、断层、坡度、岩性等）对滑坡发生情况的综合影响。该类方法对地质环境与历史灾害地质环境相一致的区域，具有较好的适用性。如果能获取研究区域详细的岩土工程资料，可用滑坡稳定性模型来评价震后坡体稳定性，常用的方法有 Newmark 模型、Taylor 无限斜坡稳定模型、拟静力法等，该类方法在一定程度上考虑了坡体失稳的力学分析和物理机制。

安全性系数概念是滑坡稳定性模型的核心，它充分反映了边坡失稳的物理机制。对于历史资料相对不充分的情况，它亦能从失稳的力学角度出发，较好评估出坡体失稳的状况。安全性系数定义为下滑力和阻滑力的比值，一般需要定义安全性系数的阈值。如果安全性系数大于该阈值，则阻滑力大于下滑力；如果安全性系数小于该阈值，则下滑力大于阻滑力，存在较大的失稳可能性。

2.4.3 地震滑坡运动过程模拟

滑坡运动通常用 Runout 代称，它是对滑坡迁移、产出特征的简称。滑坡运动机制反映的基本问题是滑坡能够滑多远、危及多大范围、在潜在堆积区的堆积厚度等过程性问题，深入的问题包括滑坡的速度有多快、是否有伴生或次生灾害形成。一般来说，滑坡运动机理分析涉及滑坡破坏方式、滑坡运动过程等内容。

目前滑坡运动过程的主体研究方法为单体滑坡数值模拟方法，其计算公式复杂，对于区域地震事件集滑坡运动风险评估而言，实用性较差。部分关于滑坡体积与水平运动位移的统计关系研究，计算速度快，但基本上不考虑滑坡的具体运动方向及能量衰减。因此，研究耦合滑坡危险性和滑坡运动过程的，适用于区域范围快速评估的优化统计－数值模拟方法，是地震滑坡巨灾保险模型发展的方向和重点。

滑坡运动机理分析的关键在于针对具体的区域，结合典型的滑坡事件和滑坡诱发因素，开展 Runout 分析和建模。其涉及的主要内容包括最大滑移距离估算和滑移阻止条件计算。

滑坡最大滑移距离主要基于滑坡调查资料进行关系拟合后确定。而滑移阻止条件基于滑动面上的总斜率确定，具体示意图见图 2－21。

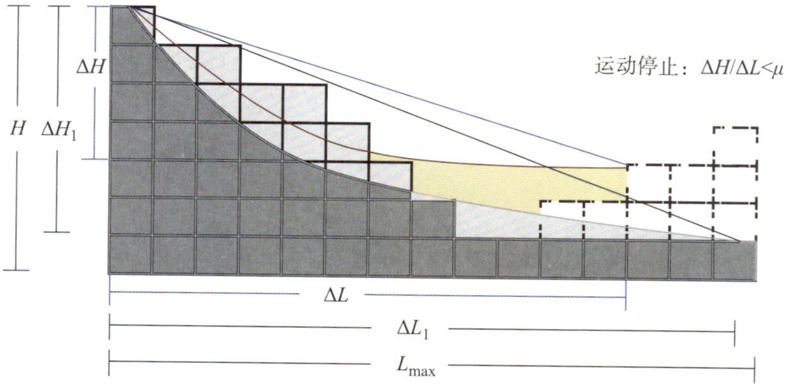

图 2－21 滑坡运动过程趋稳示意图

2.4.4 地震滑坡危险性评估

采用信息量模型和 Newmark 模型（王涛等，2021），本小节开展全国地震滑坡危险性评估。通过对比信息量模型和 Newmark 模型的地震滑坡危险性分区结果，兼顾两种方法的优势，基于最不利原则，按照同一位置的滑坡危险性就高定级的方法，综合确定了地震滑坡危险性最终分区结果（图 2－22）。结果显示：全国地震滑坡高危险区面积约 55.6 万 km²，约占陆域国土面积的 5.8%，呈现“一带、两周、两脉”分布特征，集中在南北构造带、青藏高原周缘、鄂尔多斯周缘、天山山脉、台湾山脉等 5 个活动地块边界或地貌过渡带。中危险区面积约 160.9 万 km²（占比约 16.8%），低危险区面积约 388 万 km²（占比约 40.4%），不危险区面积约 355.4 万 km²（占比约 37.0%）。地震滑坡高危险区分布特征如下。

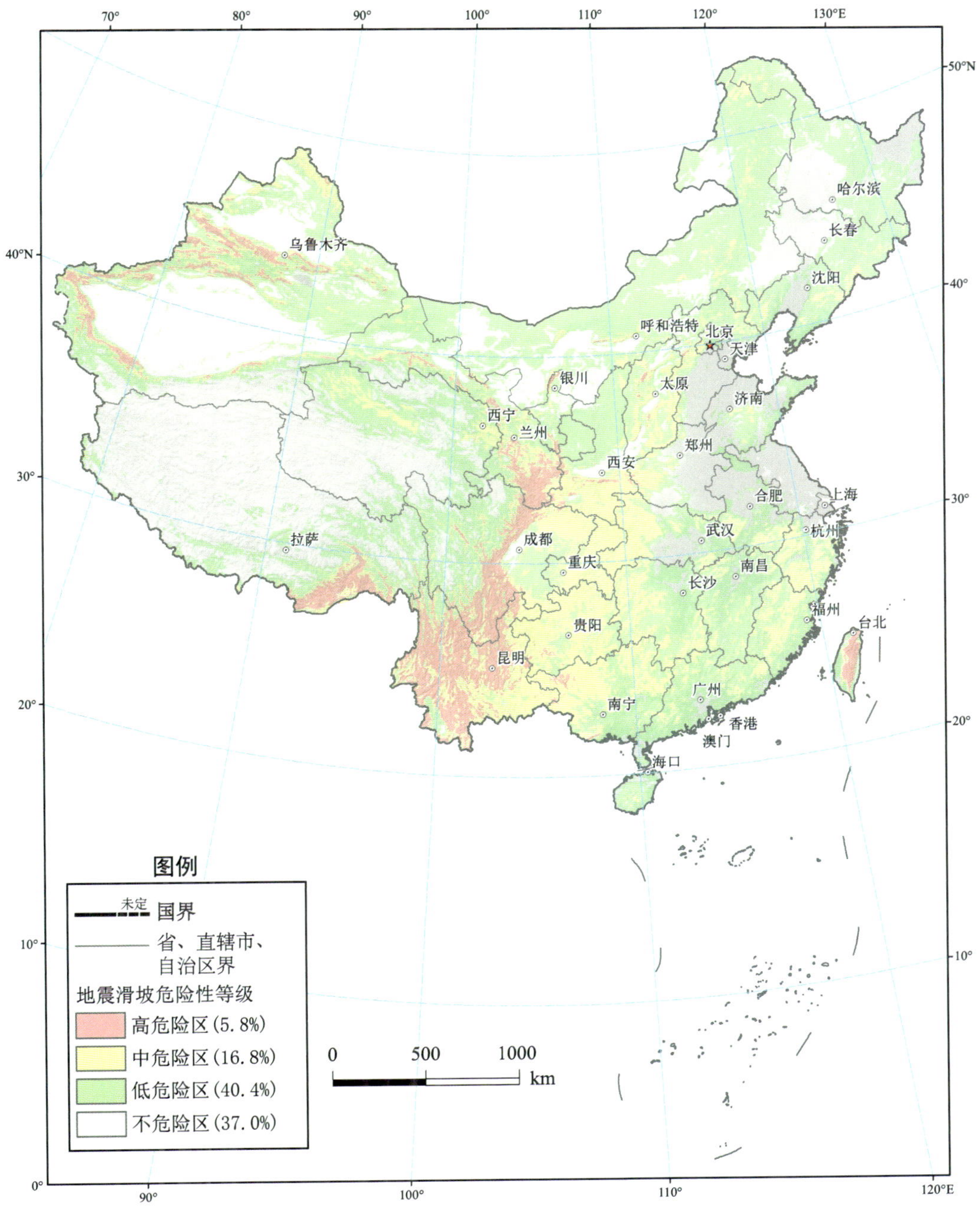

图 2－22　全国地震滑坡危险性综合分区图

（1）南北构造带分区。北段沿贺兰山—六盘山分布，涉及贺兰山东麓断裂带和六盘山弧形断裂带等，主要影响宁夏北部和南部，甘肃甘南东部、临夏大部、兰州南部、定西西部、天水北部地区。中段沿西秦岭—岷山分布，涉及西秦岭构造带和龙门山断裂带等，主要影响甘肃天水南部—陇南大部、四川阿坝东部岷山地区。南段沿大凉山—横断山脉—云南中西部高原分布，涉及鲜水河—安宁河—小江断裂带、金沙江—红河断裂带等，主要影响四川雅安大部、乐山西南部、凉山州—攀枝花大部、云南中西大部地区。

（2）青藏高原周缘分区。北缘沿昆仑山—阿尔金山—祁连山—乌鞘岭分布，涉及昆仑山断裂带、阿尔金北缘断裂带、祁连山断裂带等，主要影响南疆昆仑山—阿尔金山北麓沿线各州、甘肃祁连山北麓“河西走廊”地区。东南缘沿喜马拉雅山南麓断裂带分布，主要影响西藏山南—林芝南部地区。东缘与南北构造带中段重叠。

（3）鄂尔多斯周缘分区。南缘沿渭河断陷盆地与秦岭过渡带分布，主要涉及秦岭北缘断裂带、渭河盆地北缘断裂带等，主要影响陕西宝鸡—西安—渭南南部山区。东缘沿汾河断陷盆地与中条山、吕梁山、太行山的盆山过渡带分布，涉及汾河断陷盆地边界断裂带，主要影响山西临汾—太原—忻定—大同盆地东西侧山区、河北张家口中南部山区。北缘沿内蒙古中部阴山南麓分布，涉及狼山—乌拉尔山—大青山南麓山前断裂带，主要影响内蒙古巴彦淖尔—包头南部山区、呼和浩特北部山区。西缘与南北构造带北段重叠。

（4）天山山脉分区。沿新疆天山山脉分布，主要涉及天山北麓和南麓断裂带，影响克州大部、阿克苏—库尔勒—吐鲁番北部山区、乌鲁木齐、塔城地区南部山区、伊犁地区等。

（5）台湾山脉分区。沿台湾中部山区分布，涉及台湾中央山脉西麓车笼埔断裂、东麓池上断裂和玉理断裂等，主要影响台湾中部山区。

参考文献

薄景山，1998. 场地分类和设计反应谱调整方法研究 . 哈尔滨：中国地震局工程力学研究所 .

薄景山，李琪，齐文浩，等，2021. 场地条件对地震动和震害影响的研究进展与建议 . 吉林大学学报（地球科学版），51（5）：1295 – 1305.

卞方东，丁海平，2017. 基于 KiK – net 强震记录场地放大系数的深度校正因子估计及应用 . 苏州科技大学学报（工程技术版），30（4）：14 – 19.

郝明辉，张郁山，2019. 基于 DEM 数据的地形效应经验预测模型研究 . 土木工程学报，52（2）：86 – 96.

崔昊，丁海平，2016. 基于 KiK – net 强震记录的场地调整系数估计 . 地震工程与工程振动，36（4）：147 – 152.

程理，魏传义，苏刚，等，2021. 1996 年丽江 7. 0 级地震地裂缝新发现 . 震灾防御技术，16（4）：637 – 640.

丁毅，王玉石，王宁，等，2021. 地表/井下反应谱比值非线性统计特征与影响因素研究 . 震灾防御技术，16（2）：362 – 370.

樊晓一，2010. 地震与非地震诱发滑坡的运动特征对比研究 . 岩土力学，31（S2）：31 – 37.

樊晓一，乔建平，韩萌，等，2012. 灾难性地震和降雨滑坡的体积与运动距离研究 . 岩土力学，33（10）：3051 – 3058.

耿淑伟，2005. 抗震设计规范中地震作用的规定 . 哈尔滨：中国地震局工程力学研究所，44 – 69.

郭锋，吴东明，许国富，等，2011. 场地条件对抗震设计反应谱最大值的影响 . 土木工程与管理学报，28（1）：69 – 72.

胡聿贤，孙平善，章在墉，等，1980. 场地条件对震害和地震动的影响 . 地震工程与工程振动，0（试刊）：34 – 41.

胡聿贤，2006. 地震工程学 . 2 版 . 北京：地震出版社 .

兰景岩，吕悦军，刘红帅，2012. 地震动强度及频谱特征对场地地震反应分析结果的影响 . 震灾防御技术，7（1）：37 – 45.

李小军，廖振鹏，杜修力，1992. 有阻尼体系动力问题的一种显式差分解法 . 地震工程与工程振动，12（4）：74 – 80.

李小军，彭青，刘文忠，2001a. 设计地震动参数确定中的场地影响考虑 . 世界地震工程，17（4）：34 – 41.

李小军，彭青，2001b. 不同类别场地地震动参数的计算分析 . 地震工程与工程振动，21（1）：29 – 36.

李小军，2013. 地震动参数区划图场地条件影响调整 . 岩土工程学报，35（S2）：21 – 29.

李小军，李娜，王巨科，等，2021. 场地地震动水平/竖向谱比与地表/基底谱比差异及修正水平/竖向谱比法研究 . 震灾防御技术，16（1）：81 – 90.

李英民，王丽萍，赵耀，2010. 岩质坡地建筑设计水平地震动放大系数的确定 . 地震工程与工程振动，30（4）：11 – 17.

刘峥，沈建文，石树中，等，2009. 软土对基岩峰值加速度的放大作用. 同济大学学报（自然科学版），37（5）：607－611.

梁建文，张郁山，顾晓鲁，等，2003. 圆弧形层状凹陷地形对平面SH波的散射. 振动工程学报，16（2）：158－165.

吕红山，赵凤新，2007. 适用于中国场地分类的地震动反应谱放大系数. 地震学报，29（1）：67－76.

吕悦军，彭艳菊，兰景岩，等，2008. 场地条件对地震动参数影响的关键问题. 震灾防御技术，3（2）：126－135.

聂高众，郑建国，邓砚，2004. 地震诱发的堰塞湖初步研究. 第四纪研究，24（3）：293－391.

荣棉水，李小军，2007. 局部地形对入射P波谱特性的影响分析. 西北地震学报，29（4）：297－302.

孙崇绍，蔡红卫，1997. 我国历史地震时滑坡崩塌的发育及分布特征. 自然灾害学报，6（1）：25－30.

王玉石，李小军，赵雷，等，2016. 基于统计的核电厂地震裕量分析建议反应谱. 核动力工程，37（3）：43－46.

王玉石，李小军，刘爱文，等，2020. 基于统计数据的非基岩核电厂抗震设计谱研究. 核动力工程，41（3）：115－120.

王晓青，丁香，王龙，等，2009. 四川汶川8级大地震灾害损失快速评估研究. 地震学报，31（2）：205－211.

王秀英，聂高众，王登伟，2010. 汶川地震诱发滑坡与地震动峰值加速度对应关系研究. 岩石力学与工程学报，29（1）：82－89.

吴树仁，王涛，石玲，等，2010. 2008汶川大地震极端滑坡事件初步研究. 工程地质学报，18（2）：145－159.

吴树仁，石菊松，张春山，等，2009. 地质灾害风险评估技术指南初论. 地质通报，28（8）：995－1005.

徐伟进，2019. 面向地震巨灾模型的地震随机事件集生成方法研究. 北京：中国再保险（集团）股份有限公司.

徐伟进，高孟潭，左惠强，2020. 地震巨灾模型中的随机地震事件集模拟. 地震工程学报，42（04）：1024－1034.

徐光兴，姚令侃，李朝红，等，2012. 基于汶川地震强震动记录的边坡永久位移预测模型. 岩土工程学报，34（6）：1131－1136.

徐岳仁，张伟恒，李文巧，等，2018. 1556年华县地震同震黄土滑坡密集区的发现及意义. 地震地质，40（4）：721－737.

许冲，田颖颖，马思远，等，2018. 1920年海原8.5级地震高烈度区滑坡编录与分布规律. 工程地质学报，26（5）：1188－1195.

袁晓铭，廖振鹏，1996. 任意圆弧形凸起地形对平面SH波的散射. 地震工程与工程振动，16（2）：1－13.

原廷宏，冯希杰，2010. 一五五六年华县特大地震. 北京：地震出版社.

张郁山，2010. 圆弧状多层沉积谷地在Rayleigh波入射下动力响应的解析解. 地球物理学报，53（9）：2129－2143.

张业成，张立海，赵晓青，2012. 中国地震次生地质灾害分布特征与形成条件. 地震地质，34（4）：805－809.

赵艳，郭明珠，李化明，等，2009. 对比分析中国有关场地条件对设计反应谱最大值的影响. 地震地质，31（1）：186－196.

周成虎，程维明，2010.《中华人民共和国地貌图集》的研究与编制. 地理研究，29（6）：970－979.

全国地震标准化技术委员会，2016. 中国地震动参数区划图：GB 18306—2015. 北京：中国标准出版社.

中华人民共和国住房和城乡建设部，2010. 建筑抗震设计规范：GB 50011—2010. 北京：中国建筑工业出版社.

Aki K，1993. Local site effects on weak and strong ground motion. Tectonophysics，218（1－3）：93－111.

Ambraseys N N，Menu J M，1988. Earthquake-induced ground displacements. Earthquake Engineering and Structural Dynamics，16（7），985－1006.

Boore D M，1972. A note on the effect of simple topography on seismic SH waves. Bulletin of Seismological of America，62：275－284.

Boore D M，2004. Estimating $\overline{V}_S(30)$（or NEHRP Site Classes）from shallow velocity models（Depths < 30 m）. Bulletin of the Seismological Society of America，94（2）：591－597.

Borcherdt R D，1970. Effects of local geology on ground motion near San Francisco Bay. Bulletin of Seismological of America，1970，60：29－61.

Fuyuki M，MatsumotoY，1980. Finite difference analysis of Rayleigh wave scattering at atrench. Bulletin of Seismological of

America, 1980, 70: 2051 – 2069.

Ge Z X, Chen X F, 2008. An efficient approach for simulating wave propagation with the boundary element method in multi layered media with irregular interfaces. Bulletin of Seismological of America, 98 (6): 3007 – 3016.

Han L, Ma Q, Zhang F, et al, 2019. Risk Assessment of an Earthquake-Collapse-Landslide Disaster Chain by Bayesian Network and Newmark Models. International Journal of Environmental Research, Public Health, 16: 3330.

Jibson R W, Harp E L, Michael J A, 2000. A method for producing digital probabilistic seismic landslide hazard maps. Engineering Geology, 58 (3), 271 – 289.

Jibson R W, 1993. Predicting earthquake-induced landslide displacements using Newmark's sliding block analysis. Transportation Research Record, 1411: 9 – 17.

Matthews M V, Ellsworth W L, Reasenberg P A, 2002. A Brownian model for recurrent earthquakes. Bull Seism Soc Am, 92 (6): 2233 – 2250.

Newmark N M, 1965. Effects of earthquakes on dams and embankments. Geotechnique, 15 (2): 139 – 160.

Reid H F, 1910. The Mechanics of the Earthquake, the California Earthquake of April 18, 1906, Report of the State Investigation Commission 2. Carnegie Institution of Washington, Washington D C.

Seed H B, Idriss I M, 1969. Influence of soil conditions on ground motions during earthquakes. Journal of the Soil Mechanics and Foundations Division, 95 (1): 99 – 137.

Stewart J P, Seyhan E, 2013. Semi-empirical nonlinear site amplification and its application in NEHRP site factors. Berkeley: University of California.

Wen B P, Wang S J, Wang E Z, et al, 2004. Characteristics of rapid giant landslides in China. Landslides, 1 (4): 247 – 261.

Wieczorek G F, Wilson R C, Harp E L, 1985. Map showing slope stability during earthquakes in San Mateo County. California: U S Geological Survey Miscellaneous Investigations Series Map.

Zhang W, Chen X F, 2006. Traction image method for irregular free surface boundaries infinite difference seismic wave simulation. Geophysical Journal International, 167 (1): 337 – 353.

第3章 工程易损性模块

在地震巨灾模型中，工程易损性模块根据地震动影响场计算承灾体可能遭受的损失。地震发生后，不同类型的承灾体受地震破坏的状态各不相同，为使损失评估更为准确，工程易损性模块需根据承灾体抗震性能特点建立合理的易损性模型分类，并提供每一类承灾体的易损性曲线。本章首先介绍地震易损性分析的基本方法，然后分别对建筑结构、生命线系统和人员这三类承灾体的地震易损性模型进行阐述。

地震承灾体的易损性模型是地震损失评估理论框架和地震保险应用中不可或缺的一环。在地震巨灾模型中，工程易损性模块根据地震动影响场给出承灾体的损伤程度和相应的损失。

不同结构类型或不同用途的建筑物，在遭受相同地震动的情况下，受损程度和受损概率差别很大。其他类型的承灾体，也存在地震动相同但受损程度不同的情况。工程易损性模块的主要研究内容是，针对不同类型的承灾体，利用震害调查数据、实验数据或计算仿真数据，建立该承灾体的地震易脆性模型，并根据不同损失状态对应的损失率，得到该承灾体的易损性曲线。

表征建筑物在地震中遭受损失大小的易损性模型有两个重要的组成部分，一是承灾体的易脆性（Fragility）模型，二是不同损伤状态对应的损失比（Damage Loss Ratio）。根据这两部分内容可以计算得到承灾体的易损性（Vulnerability）模型。地震巨灾模型的工程易损性模块，内置了多种承灾体的易损性模型，包括：①建筑结构易损性模型，包含砌体结构、底框结构、框架结构、框架剪力墙结构、剪力墙结构、钢框架结构、筒体结构、单层厂房、大跨空间结构、非设防砌体结构等地震易损性模型；②生命线系统易损性模型，包含供水系统、燃气系统、交通系统、电力系统、通信系统的关键元件的地震易损性模型；③地震人员伤亡模型。

工程易损性模块很好地满足了地震灾害损失计算和地震风险量化评估的需求，是地震巨灾模型必不可少的重要组成部分。本章首先介绍地震易损性分析的基本方法，然后分别对建筑结构、生命线系统和人员这三类主要的地震承灾体的易损性模型，从易损性模型的建立、计算和验证等方面做出阐述。

3.1 地震易损性分析的基本方法

3.1.1 定义损伤状态

建（构）筑物的损伤状态可参考《建（构）筑物地震破坏等级划分》（GB/T 24335—2009）中关于破坏等级的相关规定，即划分为“基本完好”“轻微破坏”“中等破坏”“严重破坏”和“毁坏”等五个损伤状态。对于生命线系统，可参考《地震现场工作　第4部分：灾害直接损失评估》（GB/T 18208.4—2011）划分为“基本完好”“破坏”和“毁坏”等三个损伤状态。

对于特殊设施、设备、物品等承灾体，应对其地震损伤对应的经济损失后果进行合理分级，划分为两个或多个损伤状态。例如，发生脆性破坏的电力设备（如瓷柱套管等），可划分为完好和破坏两个损伤状态。

3.1.2 基本函数

除有特殊研究外，采用对数正态概率分布函数作为描述易脆性曲线的基本函数，即假设承灾体达到某一损伤状态的烈度指标服从对数正态分布。该函数见式（3－1）。

$$F_i(I) = \Phi\left[\frac{\ln(I/\theta_i)}{\beta_i}\right] \tag{3-1}$$

式中，$F_i(I)$ 是承灾体达到或超越第 i 损伤状态的概率；F 是正态分布累积函数；I 是承灾体达到第 i 损伤状态时的损伤指标；θ_i 是承灾体达到第 i 损伤状态时的损伤指标 I 的平均值；β_i 是相应的对数标准差。

3.1.3 数据的获取

建立易脆性模型的数据来源包括：①震害调查数据；②试验数据；③计算分析数据。

1）震害调查数据

根据我国震害调查方法，震害调查数据应给出不同烈度指标下处于不同损伤状态的承灾体的比例（即破坏比），通常表现为震害矩阵的形式。震害调查中的抽样和损失调查方法应符合《地震现场工作》（GB/T 18208）的相关要求。

关于上述基础数据，应至少提供以下信息：

①获取震害数据的地震信息，包括地震震级、名称、时间（年月日）和震中位置；

②调查点（区）的数量、位置、所在烈度区；

③调查点（区）内承灾体破坏等级调查的抽样方式和抽样点数。

2）试验数据

采用拟静力试验或振动台试验对承灾体的足尺或缩尺模型进行加载，通过逐渐增大加载中的烈度指标，得到使承灾体恰好达到某一损伤状态的烈度指标 I。进行多组试验（不少于 3 组），得到对应于某一损伤状态的多个烈度指标，作为拟合易损性曲线的数据。

关于上述基础数据，应至少提供以下信息。

①试验加载方法和加载制度。对于拟静力试验，给出加载制度；对于振动台试验，给出加载工况与相应的台面输入的时程记录和反应谱。

②对于设备、物品，提供产品型号；对于其他承灾体试件，提供几何尺寸和材料属性。

3）计算分析数据

为承灾体建立有限元模型或其他数值模型并进行动力时程反应分析，得到承灾体恰好达到某一损伤状态的烈度指标 I。采用多条时程记录（不少于 7 条）作为地面或楼面输入，得到对应于某一损伤状态的多个烈度指标，作为拟合易损性曲线的数据。

关于上述基础数据，应至少提供以下信息：

①数值模型采用的软件和建模方法；

②采用的地面或楼面输入的时程记录和反应谱；

③分析对象（承灾体）的详细信息。

4）函数拟合

（1）利用震害矩阵拟合易脆性曲线

记震害矩阵为［A_{ij}］，其元素通常满足以下关系，见式（3－2）：

$$\sum_j A_{ij} = 1 \tag{3-2}$$

式中，A_{ij}是第 i 烈度下承灾体处于第 j 损伤状态的破坏比。

注意，烈度由低到高排序记数，损伤状态由高到低排序记数。例如，某承灾体的震害矩阵见表 3－1。

表 3－1 某承灾体震害矩阵

烈度指标（烈度）	损伤状态				
	5. 基本完好	4. 轻微破坏	3. 中等破坏	2. 严重破坏	1. 毁坏
6	99.70	0.25	0.05	0.00	0.00
7	88.16	8.41	3.42	0.01	0.00
8	42.96	27.31	27.35	2.34	0.04
9	8.42	18.83	35.49	31.16	6.10
10	0.70	4.52	7.15	34.97	52.66
11	0.03	0.52	0.08	5.72	93.65
样本容量 M	120	100	90	90	80

注：表中除烈度、样本容量外的数字为破坏比，单位为%。

为得到易脆性曲线，需要将破坏比转换为某一烈度指标下某一损伤状态的超越概率。假设烈度 i 和烈度指标 I_i 之间为一一对应关系，则承灾体在烈度 i 下处于第 j 损伤状态的概率 $P_j(I_i)$ 即为破坏比 A_{ij}。相应地，承灾体在烈度 i 下达到或超越第 j 损伤状态的概率 $F'_j(I_i)$ 见式（3－3）：

$$F'_j(I_i) = \sum_{k=1}^{j} P_k(I_i) \tag{3-3}$$

可见，在任何烈度下，基本完好状态的超越概率总是 100%，因此不需要考虑基本完好状态的易脆性。

对于有限样本，记总样本中处于第 j 个损伤状态的样本个数为 M_j，采用公式对式（3－3）中的样本超越概率进行修正（Blom，1958），得到全局超越概率 F，公式见式（3－4）。

$$F_j(I_i) = \frac{F'_j(I_i)M_j - 3/8}{M_j + 1/4} \tag{3-4}$$

根据《中国地震烈度表》（GB/T 17742—2020）的建议，本章节采用烈度和 PGA 之间的以下对应关系，见表 3－2。

表 3－2 烈度和 PGA 的对应关系

烈度	6	7	8	9	10	11
PGA/(m/s^2)	0.63	1.25	2.50	5.00	10.00	20.00

以表 3－1 中的严重破坏状态为例，按照式（3－3）和式（3－4）以及表 3－2 中的对应关系得到的超越概率见表 3－3。

表 3-3 某承灾体严重破坏的概率 P 和超越概率 F

PGA/g	概率 P	样本超越概率 F'	全局超越概率 F
0.064	0	0.00	0.00
0.128	0.01	0.00	0.00
0.255	2.34	0.03	0.02
0.510	31.16	0.45	0.37
1.020	34.97	0.92	0.87
2.041	5.72	1.00	0.99

采用对数正态分布累积函数式（3-1）对由此得到的 $F-I$ 数据进行拟合，可以得到连续的 $F-I$ 曲线，即易脆性曲线。承灾体的易损性参数见表 3-4。表 3-4 中的数据点和拟合得到的严重破坏状态的易脆性曲线见图 3-1。

采用同样的方法可以根据震害矩阵得到其他损伤状态对应的易脆性曲线，见图 3-2。相应的易损性参数 θ 和 β 见表 3-4。可见，4 条易脆性曲线将全概率空间划分为五个区域，分别对应于震害矩阵中的五个损伤状态。而某一损伤状态对应的易脆性曲线相当于该损伤状态的下限。

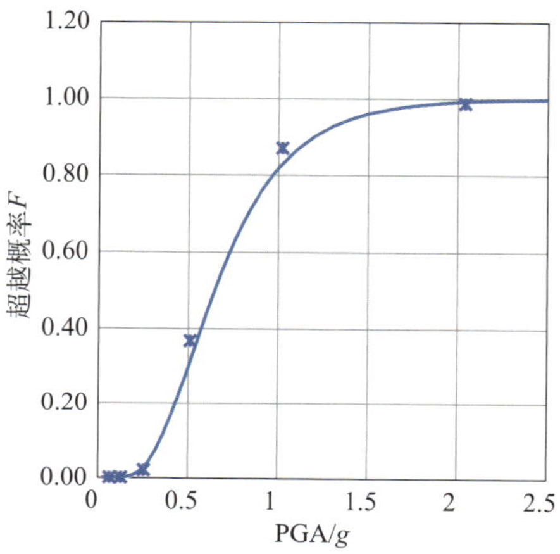

图 3-1 利用震害矩阵拟合得到严重破坏状态的易脆性曲线

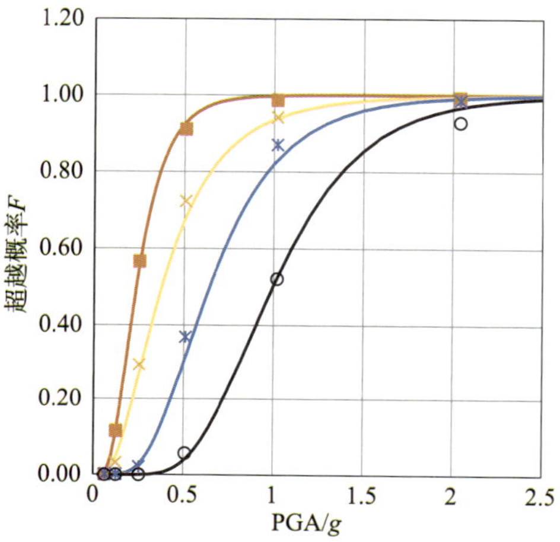

图 3-2 利用震害矩阵拟合得到的易脆性曲线

表 3-4 某承灾体的易损性参数

易损性参数	损伤状态			
	轻微破坏	中等破坏	严重破坏	毁坏
θ/g	0.237	0.378	0.645	0.997
β	0.53	0.65	0.48	0.38

（2）利用试验或计算分析数据拟合易脆性曲线

通过试验得到多个承灾体试件达到某一损伤状态时的烈度指标 I，或通过计算分析得到承灾体在不同地面或楼面运动作用下达到某一损伤状态时的烈度指标 I，并假设这些烈度指标 I 服从对数正态分布，可得到该损伤状态的超越概率和烈度指标之间的函数关系。

某承灾体的 9 个试件达到某一损伤状态的烈度指标 I 和超越概率 F 见表 3-5。以表 3-5 所示的某承灾体的 9 个试件达到某一损伤状态的烈度指标 I（在此例中为层间位移角）为例，计算均值公式见式（3-5），计算对数标准差的公式见式（3-6）。首先，分别按式（3-5）和式（3-6）

计算其均值 θ 和对数标准差 β_r。

$$\theta = e^{\frac{1}{M}\sum_{i=1}^{M}\ln I_i} \tag{3-5}$$

$$\beta_r = \sqrt{\frac{1}{M-1}\sum_{i=1}^{M}[\ln(I_i/\theta)]^2} \tag{3-6}$$

相应地，将作为烈度指标的层间位移角按升序排列，可以得到每个烈度指标对应的样本超越概率 $F'=n/M$。其中，n 为按升序排列的烈度指标的序号，M 为样本容量。进一步，利用式（3－4）对样本超越概率进行修正，得到全局超越概率 F。图 3－3 比较了上述得到的 θ 和 β_r 对应的易脆性曲线和表 3－5 中的 $F-I$ 数据点。二者是相互吻合的。

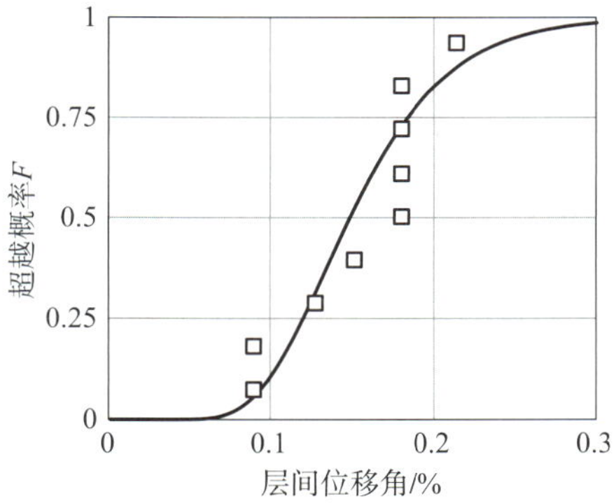

图 3－3　利用试验数据拟合得到的易脆性曲线

表 3－5　某承灾体达到某一损伤状态的烈度指标 I 和超越概率 F

试件号	升序排列层间位移角 I/%	$\ln I$	样本超越概率 F'	全局超越概率 F
1	0.090%	－7.017	1/9	0.07
2	0.090%	－7.017	2/9	0.18
3	0.127%	－6.670	3/9	0.28
4	0.151%	－6.496	4/9	0.39
5	0.180%	－6.321	5/9	0.50
6	0.180%	－6.321	6/9	0.61
7	0.180%	－6.321	7/9	0.72
8	0.180%	－6.321	8/9	0.82
9	0.214%	－6.148	9/9	0.93
均值 $\ln\theta$		－6.515		
对数标准差 β_r		0.319		

为了考虑试件体或计算模型本身的局限性带来的易脆性曲线的不确定性，需要在上述得到的反映不确定性的参数 β_r 的基础上进一步考虑可能存在的额外的不确定性 β_u，计算最终的易脆性曲线中的参数 β 见式（3－7）（FEMA－P58，2012）。

$$\beta = \sqrt{\beta_r^2 + \beta_u^2} \tag{3-7}$$

当满足以下条件之一时，取 $\beta_u=0.25$：

a. 试验或计算分析得到的同一损伤状态对应的烈度指标数量小于等于 5；

b. 易脆性曲线可能用于参数不同的承灾体，但试验或计算分析中所有承灾体试件的参数均相同；

c. 试验或计算分析中所有试件的加载制度均相同；

d. 承灾体的易脆性可能取决于多个烈度指标，而试验或计算分析时只考虑了一种烈度指标。

对于除上述以外的其他情况，可取 $\beta_u=0.1$。

对于上述例子，图 3－4 为考虑 $\beta_u=0.25$ 后的易脆性曲线的变化。

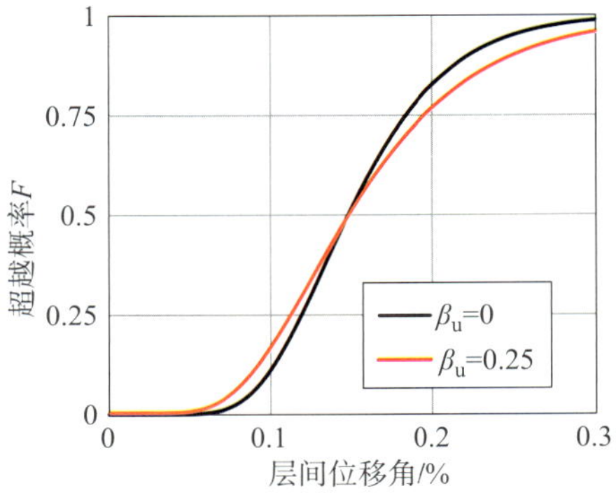

图 3－4　利用试验数据拟合得到的易脆性曲线

3.1.4 易脆性曲线的检验

1）拟合优度检验

以上得到的易脆性曲线应能通过具有 95% 置信率的拟合优度检验（Lilliefors，1967）。计算置信区间的限值 f 的公式见式（3－8）。

$$f = \frac{0.895}{M^{0.5} - 0.01 + 0.85M^{-0.5}} \tag{3-8}$$

式中，M 为样本容量。

将易脆性曲线 $F(I)$ 和 $F(I) \pm f$ 画在同一幅图上，由数据直接得到的全局超越概率 F 的数据点应落在 $F(I) \pm f$ 区间之内。上例通过试验数据得到的易脆性曲线的拟合优度检验见图 3－5。图中实线为易脆性曲线 $F(I)$，虚线为 $F(I) \pm f$，空心方块表示的全局超越概率均落在虚线区域以内。

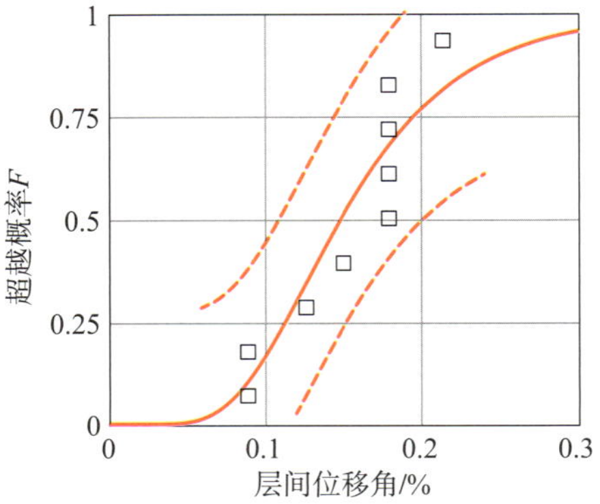

图 3－5 易脆性曲线的拟合优度检验

2）易脆性曲线的质量等级

判断易脆性曲线质量等级的条件见表 3－6（FEMA－P58，2012）。本章节要求所有易脆性曲线达到优级或良级。

表 3－6 易脆性曲线的质量等级判别标准

质量等级	数据来源	样本容量	其他条件
优	震害矩阵	承灾体个数≥25	通过 5% 显著水平的拟合优度检验 $0.2 < \beta < 0.6$
	试验数据	试件个数≥5	
	计算分析	输入记录数≥10	
良	震害矩阵	承灾体个数≥15	$0.2 < \beta < 0.6$
	试验数据	试件个数≥3	
	计算分析	输入记录数≥7	
差	除上述以外的其他情况		

3.1.5 单一承灾体的易损性曲线

1）选取损失比

对于房屋结构，当把损伤状态划分为 5 个等级时，每个损伤状态对应的损失比可参考《地震现场工作 第 4 部分：灾害直接损失评估》（GB/T 18208.4—2011）选取，具体分类见表 3－7。

表 3－7 房屋结构的损失比 D

类别	损伤状态				
	基本完好	轻微破坏	中等破坏	严重破坏	毁坏
范围	0～5%	6%～15%	16%～45%	46%～100%	81%～100%
本章节建议	0	11%	31%	73%	100%

对于上文利用震害矩阵进行易脆性分析的例子，4 条易脆性曲线将全概率空间划分成 5 个区域，与表 3－7 中 5 个损伤状态对应的损失比一一对应，见图 3－6。

对于其他情况，应根据具体情况合理确定每个损伤状态对应的损失比。注意，在任何情况下，完好或基本完好状态对应的损失比宜为零，否则会在损失计算中产生不合理的过大损失；毁坏状态或最严重的损伤状态对应的损失比宜为 1。

2）计算平均损失率

记承灾体处于第 j 个损伤状态对应的损失比为 D_j，计算承灾体的平均损失率 MLR，见式（3－9）。

$$\begin{aligned}\mathrm{MLR}(I) &= \sum_{j=1}^{N} D_j P_j(I) \\ &= D_1 F_1(I) + \sum_{j=2}^{N} D_j [F_j(I) - F_{j-1}(I)] \end{aligned} \quad (3-9)$$

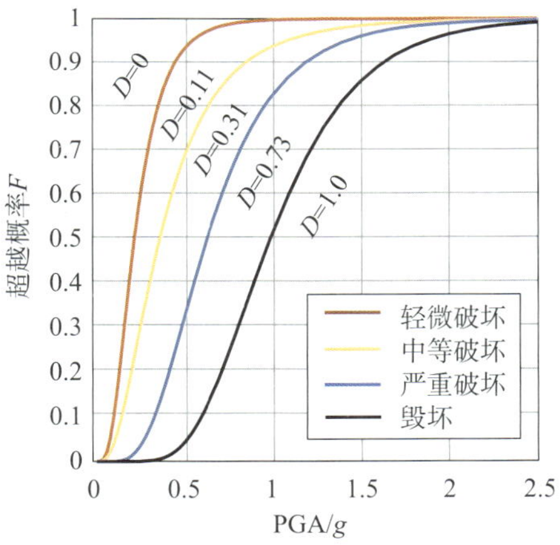

图 3－6　易脆性曲线和损失比的对应关系

对于 3.1.3 小节利用震害矩阵进行易脆性分析的例子，式（3－9）的意义见图 3－7。对于某一烈度指标 I，4 条易损性曲线将 100% 的概率划分为 5 部分，每部分对应于处于某个损失状态的概率 P。

平均损失率 MLR 和烈度指标 I 的相关关系曲线即易损性曲线。对于上例，易损性曲线见图 3－8。

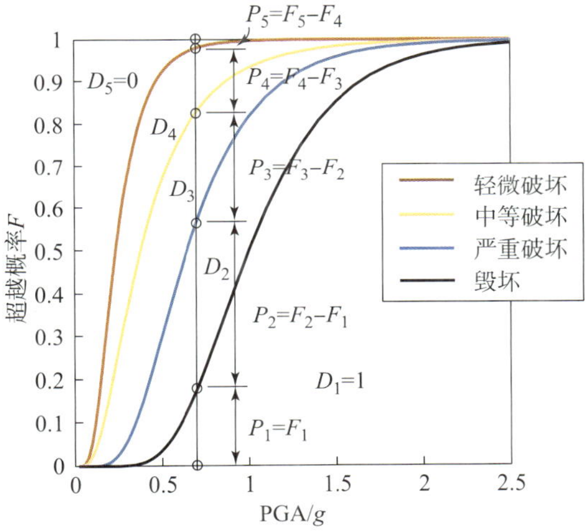

图 3－7　某一烈度指标对应的平均损失率的计算

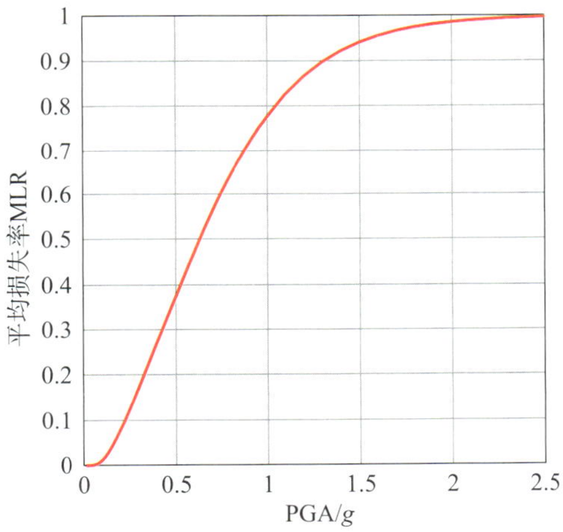

图 3－8　某承灾体的易损性曲线

3.1.6　复合承灾体的易损性曲线

当承灾体中包含地震损伤特性迥异的多种类型的构件或元件时，宜将承灾体视为复合承灾体，对不同类型的构件或元件分别采用符合其地震损伤特性的易脆性模型和损失比，以更加准确地计算承灾体的地震损失。

1）成本的分解

设承灾体包含 N 类构件或元件，记第 i 类构件或元件的重置成本与总重置成本之比为 C_{Ri}，且 C_{Ri} 满足的条件见式（3－10）：

$$\sum_i C_{Ri} = 1 \quad (3-10)$$

C_R 称为某类构件或元件的成本占比，应根据承灾体的具体情况分析确定。

2）计算平均损失率

将每类构件或元件视为一个单一承灾体，按3.1.3小节的方法为其建立易脆性曲线并得到易损性曲线，即 MLR_i 和烈度指标 I 的相关关系，其中 MLR_i 为第 i 类构件或元件的平均损失率，则各类构件或元件的平均损失率以成本占比为权重系数的加权平均即复合承灾体的平均损失率，见式（3-11）。

$$MLR(I)=\sum_i\left[C_{Ri}\cdot MLR_i(I)\right] \tag{3-11}$$

3.1.7 易损性数据库的数据标准

易损性数据库中的每一条易损性信息至少应包含以下信息：

①承灾体的定义（或本条易损性数据的适用范围）；

②损伤状态的定义；

③所有损伤状态对应的易脆性曲线及基础数据，具体要求详见3.1.2~3.1.4小节；

④所有损伤状态对应的损失比；

⑤易损性曲线。

3.2 建筑结构易损性模型

3.2.1 建筑结构分类

建筑结构是承灾体的重要组成部分。以我国常见的建筑结构为研究对象，研究人员分别研究了我国典型设防类建筑结构（砌体结构、底框结构、钢筋混凝土框架结构、框架剪力墙结构、剪力墙结构、钢框架结构、筒体结构、单层厂房结构和大跨空间结构共9种结构类型）的地震易损性，建立了各类结构的易损性模型；研究了典型非设防类建筑结构（非设防砌体结构、砖木结构和土木结构）的地震易损性，提出了构建非设防类建筑结构易损性矩阵的数学方法，并建立了地震易损性模型。

由于篇幅限制，下文中设防类建筑结构仅展示我国现有建筑结构中数量较多的四类结构（其中包括砌体结构、底框结构、钢筋混凝土框架结构和单层厂房结构）的易脆性和易损性结果。

3.2.2 砌体结构地震易损性

按照不同使用功能、不同建造年代、不同层数、不同设防烈度、不同区域的分类方式来设计代表性砌体结构，结构分类设计参数如表3-8所示。按照使用功能，将砌体结构分为住宅和非住宅。其中，住宅砌体结构的层高均为2.9m，非住宅砌体结构的层高均为3.3m。在前面分类设计的基础之上，将每一类结构的外墙厚分别设计为240mm、370mm、490mm，代表该类结构处于不同区域（Ⅲ区、Ⅱ区、Ⅰ区）。基于此，通过考虑不同使用功能、不同建造年代、不同层数、不同设防烈度、不同区域，共设计了48类代表性砌体结构，见表3-8。所有砖砌体结构的内墙厚均取为240mm，容重均取为18kN/m³，楼板厚度均取为100mm，构造柱截面尺寸均取为240mm×240mm。

表3-8 设防砌体结构分类设计参数

使用功能	住宅	非住宅
建造年代	1989，2001	1989，2001
设防烈度	6，7，8，9	6，7，8，9
外墙厚/mm	240，370，490	240，370，490

选取延伸系数作为损伤指标，限值见表 3－9。

表 3－9　延伸系数承载力

极限状态	未设构造柱砖墙		设构造柱砖墙	
	中值	对数标准差	中值	对数标准差
基本完好	1.0	0.3	1.0	0.3
严重破坏	1.6	0.3	2.6	0.3
毁坏	2.6	0.3	4.8	0.3

研究对象属于中低层砖砌体结构，此类结构以剪切变形为主，且对结构进行地震易损性分析时主要考虑结构的整体反应，所以采用多自由度层剪切宏观模型对砖砌体结构进行建模。

采用张令心在刘锡荟等提出的三线型刚度退化恢复力模型基础之上修正后的三线性恢复力模型，该模型在大量有/无构造柱的砖墙片试验基础上，考虑了砖墙片正反向加载时软化段的特性，结合卸载段刚度退化的规则，可以较精确地描述砖墙片的滞回关系。

采用上述方法计算，按照《建筑抗震设计规范》（GB 50011—2001）、《砌体结构设计规范》（GB 50003—2001）、《建筑结构荷载规范》（GB 50009—2001）7 度设防设计的外墙厚 370mm、内墙厚 240mm 的 6 层砌体结构的易脆性曲线及易损性曲线结果分别如图 3－9 和图 3－10 所示。

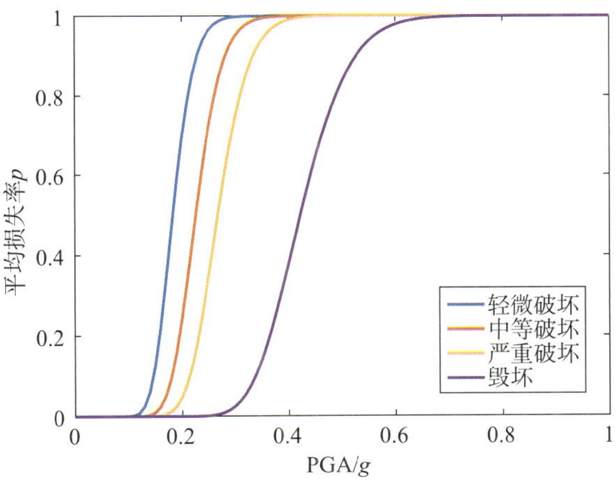

图 3－9　易脆性曲线

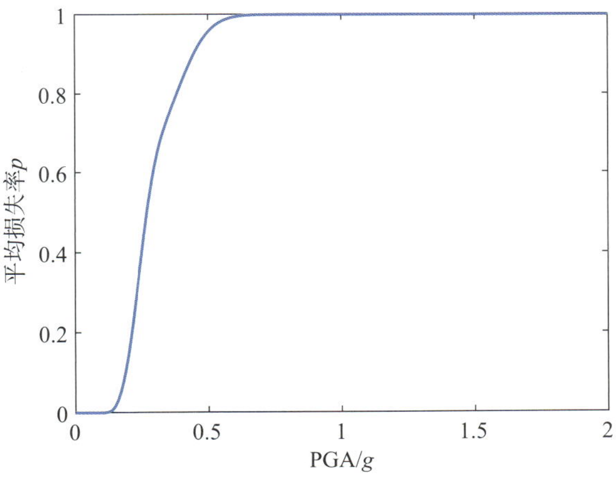

图 3－10　易损性曲线

3.2.3　底框结构地震易损性

根据收集的资料共设计了 16 类代表性底框结构，分别为按照 1989 规范 6 度、7 度设防的 6 层结构，6 度、7 度、8 度设防的 5 层结构，6 度、7 度、8 度设防的 3 层结构，按照 2001 规范 6 度、7 度设防的 6 层结构，6 度、7 度、8 度设防的 5 层结构和 6 度、7 度、8 度设防的 3 层结构。各代表性结构的总体布局均为长 32m，宽 10.5m；底层层高为 3.6m，上部砌体层层高为 3m；纵向 8 跨，横向 3 跨；墙厚为 240mm，框架柱尺寸为 400mm × 400mm。

选择层间位移角作为破坏指标，底框砌体结构的破坏等级分别判断，上部砌体使用砌体限值判断，框架部分采用框架限值判断，如表 3－10 和表 3－11 所示。按照首次超越破坏准则判别结构的整体破坏。选择经过调整后的田丽媛参考美国 FEMA365 和 FEM273 的相关文献提出的限值作为砌体的极限状态限值。

表 3-10　框架结构极限状态取值

损伤状态	轻微破坏	中等破坏	严重破坏	倒塌
取值	1/550	1/275	1/135	1/50

表 3-11　砌体结构极限状态取值

损伤状态	轻微破坏	中等破坏	严重破坏	倒塌
取值	1/2000	1/910	1/360	1/210

层间剪切模型形式简洁，计算效率高，能够满足计算精度需求和效率要求，因此采用该模型进行计算分析。

张令心等通过大量设构造柱和不设构造柱的大尺寸砖墙往复加载试验，提出砌体滞回模型。该模型考虑了反向加载时的软化特性，可以更精确地表示砌体的滞回关系，且考虑了构造柱对砌体的影响（张令心，2002）。选择 Takeda 模型作为钢筋混凝土的滞回模型，为了提高计算效率，简化计算，不考虑开裂前后的刚度变化，将屈服点作为曲线中第一个拐点。

采用上述方法计算，按照《建筑抗震设计规范》(GB 50011—2001)，7 度设防设计的墙厚 240mm 的 3 层底层框架结构的易脆性曲线及易损性曲线结果分别如图 3-11 和图 3-12 所示。

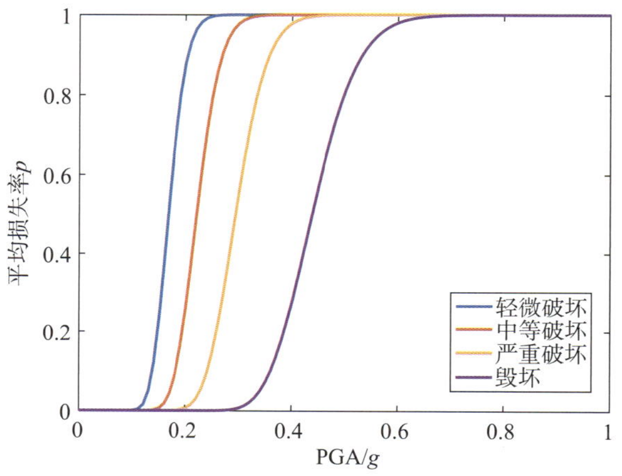

图 3-11　易脆性曲线

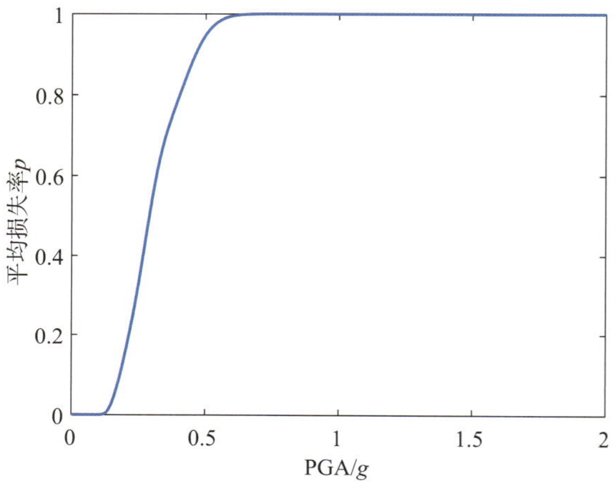

图 3-12　易损性曲线

3.2.4　框架结构地震易损性

选取了六个框架结构，分别进行设计、建模及地震易损性分析，选取结构详细信息见表 3-12。

表 3-12　代表性结构的选取

用途	结构体系	层数	抗震设防标准	设防烈度
非住宅类	RC 框架结构	低层（2 层）1~3 层 中层（6 层）4~7 层 高层（12 层）8 层及以上	1989 规范 2001 规范	7 度

2010 规范给出了 RC 框架结构"弹性层间位移角"限值取 1/550 和"弹塑性层间位移角"限值取 1/50。为了更好地与规范相结合，将规范给出的这两个限值作为轻微破坏状态和毁坏状态的下限值，假设$[\theta_e]$为弹性层间位移角限值，那么可以取 $2[\theta_e]$和 $4[\theta_e]$作为中等破坏状态和严重破坏状态的下限值，其中$[\theta_e]$取 1/550，最终确定的判别标准见表 3-13。

表 3－13　采用的破坏等级和层间位移角的关系

损伤状态	基本完好	轻微破坏	中等破坏	严重破坏	毁坏
层间位移角	≤1/550	1/550～1/275	1/275～1/135	1/135～1/50	>1/50

选择 MSC. MARC 非线性时程分析软件，以用户子程序 UBEAM 为接口，在采用 THUFIBER 程序建立纤维模型基础上进行结构建模和计算。混凝土的本构模型采用的是汪训流等在 Légeron & Paultre 模型的基础上开发的新的本构关系模型。钢筋的本构模型采用的是汪训流等在 Légeron 模型基础上进行修正获得的新模型。

采用上述方法计算，按照《建筑抗震设计规范》(GB 50011—2001)，7 度设防设计的 6 层某钢筋混凝土框架结构的易脆性曲线及易损性曲线结果如图 3－13 和图 3－14 所示。

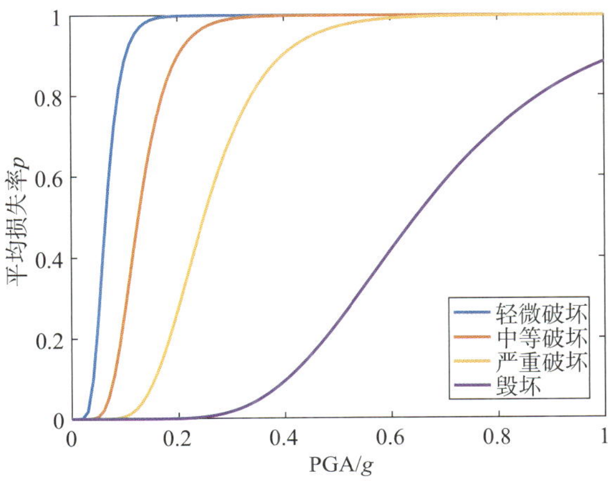

图 3－13　易脆性曲线

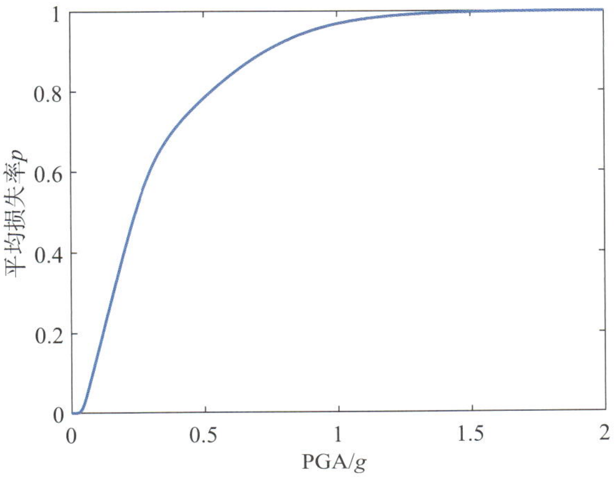

图 3－14　易损性曲线

3.2.5　单层厂房结构地震易损性

厂房为单层、单跨的钢筋混凝土柱排架厂房，轻型屋盖（圆管钢屋架、混凝土屋面板的有檩屋盖），跨度 18m，开间 6m，纵向总长 90m，下柱标高 8.1m，上柱高 3.9m，内部设置两台 20/5t 重级工作制桥式吊车。Ⅱ类场地，设计地震动分组为第二组。混凝土等级为 C30，钢筋等级为 HPB235。

按照《建筑抗震设计规范》(2008 年修订版)，结合《单层工业厂房设计选用图集 08G118》，分别设计了 6 度、7 度、8 度和 9 度抗震设防烈度下共 16 个具有代表性的单层钢筋混凝土柱厂房，作为易损性分析对象。

依据结构的使用功能，采用最大层间位移角作为结构极限状态的评价指标，通过五个极限状态临界值定义了结构的破坏状态，以定量地描述单层钢筋混凝土柱厂房的抗震能力和各级别的破坏形态，其限值如表 3－14 所示。

表 3－14　单层钢筋混凝土柱厂房的破坏等级划分限值

破坏状态	完好	轻微破坏	中等破坏	严重破坏	倒塌
层间位移角	$\theta \leq 0.25\%$	$0.25\% < \theta \leq 0.5\%$	$0.5\% < \theta \leq 0.83\%$	$0.83\% < \theta \leq 2.0\%$	$2.0\% < \theta$

选用了 SAP2000 对厂房进行非线性动力时程分析，根据单层钢筋混凝土柱厂房的受力特性，仅考虑了材料的非线性属性。在地震反应分析时，构件的滞变曲线选用 Takeda 三折线模型，因为该

模型能很好地模拟钢筋混凝土构件的刚度退化特征，使用范围很广，模型效果较好。

Takeda 三折线模型是根据构件试验结果得到的恢复力模型，卸载刚度由卸载点在骨架曲线上的位置和反向是否发生了第一屈服决定。对正向和负向可定义不同的屈服后的刚度折减系数，适用于钢筋混凝土梁、柱及支撑构件。

用上述方法计算，按《建筑抗震设计规范》（GB 50011—2001），7 度设防设计的单层厂房的易脆性曲线及易损性曲线结果如图 3－15 及图 3－16 所示。

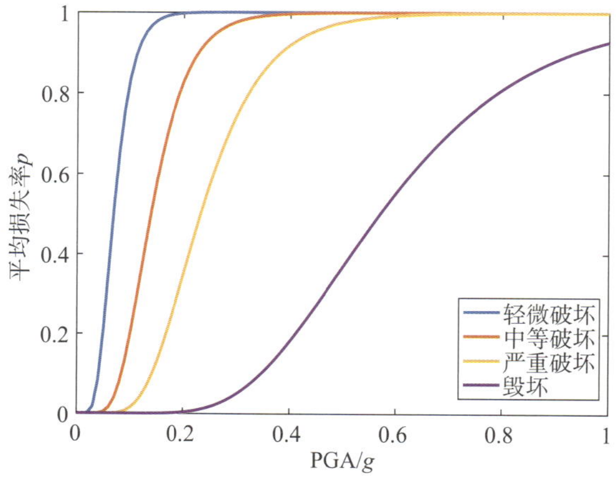

图 3－15　易脆性曲线

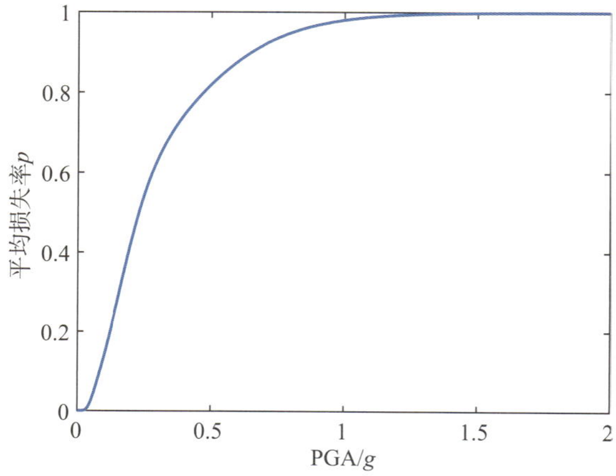

图 3－16　易损性曲线

3.2.6　非设防结构地震易损性模型

1）非设防结构基本概况

非设防结构，是指没有依据建筑设计标准，未按照抗震设计规范最低要求设计的建筑结构。该类结构多为居民自建房屋，在设计与施工中有很强的随意性，其抗震能力一般较差。本小节将非设防结构分为非设防砌体（砖混）结构、砖木结构和土木结构三类。

（1）非设防砌体（砖混）结构

非设防砌体（砖混）结构（图 3－17）主要指未按照抗震设计规范设置最低要求的钢筋混凝土构造柱（或芯柱）、钢筋混凝土圈梁及其他抗震构造的砌体结构。该类结构是由砖墙和部分钢筋混凝土框架构成的混合承重体系，即底层由砖墙、钢筋混凝土梁和柱共同承担水平荷载和竖向荷载，上部各层由砖墙承担水平荷载和竖向荷载，结构的墙体兼起承重和围护作用。

（a）　　（b）

图 3－17　非设防砌体（砖混）结构

（a）建造中的砖混结构；（b）典型砖混结构

非设防砌体（砖混）结构在我国有着悠久的历史，该类结构建造材料种类丰富，所用材料大多就地取材，造价较为低廉，大量使用于我国广大村镇地区，少量存在于城中村和城市区域。由于我国地域广袤，各地区自然环境、气候特征、地质地貌、民族习惯等有很大的不同，因此各地区房屋的建造特点有明显的区域特征，如北方由于比较寒冷，外墙较厚，一般为370mm，而南方地区外墙墙厚一般为240mm。同时，各地区建筑材料的选取一般因地制宜，导致非设防结构使用的建筑材料和施工工艺都有所不同。

（2）非设防砖木结构

非设防砖木结构（图3-18）的主要结构构件与砖混结构基本相同，二者的主要区别在于砖木结构采用硬山搁檩木屋盖。砖木结构在地震中顶层山墙易发生弯曲破坏，严重者山墙外闪，进而导致木屋盖塌落。

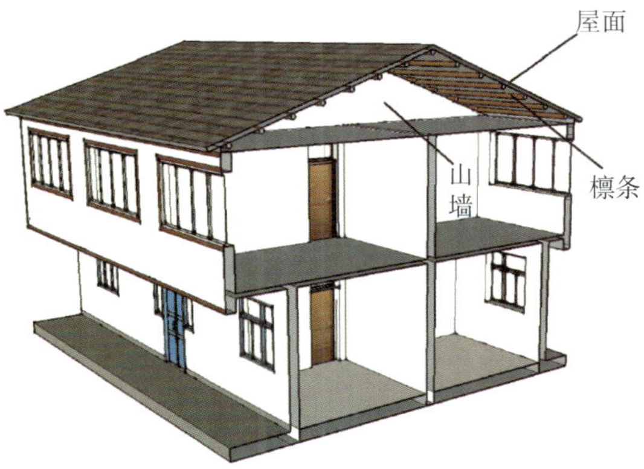

（a）

（b）

图3-18　非设防砖木结构

（a）硬山搁檩木屋盖结构组成；（b）典型砖木结构

在全国范围内，典型的砖木结构包括皖南的徽派古民居和北京、山西的四合院。各地砖木结构形式多样，富有地方特色。从结构承重的角度，可将砖木结构分为两类：木框架承重砖墙围护结构和木框架砖墙混合承重结构。

（3）非设防土木结构

非设防土木结构房屋（图3-19）是指建造材料主要为竹子、木材、夯土、稻草、干草、土坯砖和瓦的房屋。中国古代房屋主要是土木结构，当时由于生产技术水平低下，人们没有办法生产出大量的水泥、钢筋来满足人们的房屋需求，而土木结构所需要的材料在全国各地均可轻易地得到，

（a）　　（b）

图3-19　非设防土木结构

（a）土坯墙；（b）典型土木结构

这也是土木结构被人们广泛接受的原因。直到20世纪90年代末期，土木结构在中国的广大农村地区仍然广泛分布着。

其是农村居民普遍采用的结构形式，用竹条代替钢筋，黏土（有的还会加混稻草）代替混凝土，加以夯实，做成房屋墙体，以木头为梁，以瓦或是干草为盖。经济条件好的，可能会用颜料绘成美丽的图案加以装饰。

2）非设防结构地震易损性研究方法

非设防结构在地震中较容易损坏，数据积累较为丰富，因此其易损性模型主要依据震害调查数据构建。根据我国震害调查方法，震害调查数据应给出不同烈度指标下处于不同损伤状态的承灾体的比例（即破坏比），并用震害矩阵的形式表示。由震害矩阵生成易损性曲线的方法可参考3.1节。

3）非设防结构易损性分析

基于目前的地震现场和震害预测工作，本节已经收集整理了一定量的地震烈度与非设防结构各种破坏程度的发生概率对应关系的易损性矩阵数据。本节将非设防砌体（砖混）结构由北向南划分为Ⅰ类地区（43°N以北）、Ⅱ类地区（35°N～43°N）、Ⅲ类地区（35°N以南），每个地区的建筑又细分为2001年以前建造的房屋（分为1～3层和4层以上）和2001年以后建造的房屋（分为1～3层和4层以上）。表3－15为Ⅲ类地区某非设防砌体（砖混）结构的易损性矩阵。

表3－15　Ⅲ类地区某非设防砌体（砖混）结构易损性矩阵

地震烈度	破坏等级				
	基本完好	轻微破坏	中等破坏	严重破坏	毁坏
6	50.78	44.8	4.42	0	0
7	10.26	43.21	37.81	8.72	0
8	4.6	17	27.7	36	14.7
9	1.4	6.7	9.7	32.5	49.7
10	0	2	5.6	22.8	69.6

注：表中数字为破坏比，单位为%。

采用对数正态概率分布函数作为描述易脆性曲线的基本函数，即假设承灾体达到某一损伤状态的烈度指标服从对数正态分布。根据收集整理的基于烈度的非设防砌体结构易损性矩阵，通过累计计算得到相应非设防砌体结构的超越概率矩阵。通过最大似然估计法，求得该结构房屋超越概率，计算得到其对数正态分布的易损性函数双参数 θ 和 β，如表3－16所示。

表3－16　Ⅲ类地区某非设防砌体（砖混）结构的易损性参数

易损性参数	损伤状态			
	轻微破坏	中等破坏	严重破坏	毁坏
θ/g	0.06	0.15	0.27	0.49
β	0.820	0.697	0.590	0.576

采用易损性函数双参数 θ 和 β 即可绘制出基于地震动参数PGA的Ⅲ类地区某非设防砌体（砖混）结构房屋的超越概率易脆性曲线，如图3－20所示。

以上得到的易脆性曲线应能通过具有95%置信率的拟合优度检验。将易脆性曲线 $F(I)$ 和 $F(I)\pm f$ 画在同一幅图上，由数据直接得到的全局超越概率 F 的数据点落在 $F(I)\pm f$ 区间之内，即通过检验。上例通过试验数据得到的易脆性曲线的拟合优度检验如图3－21所示。

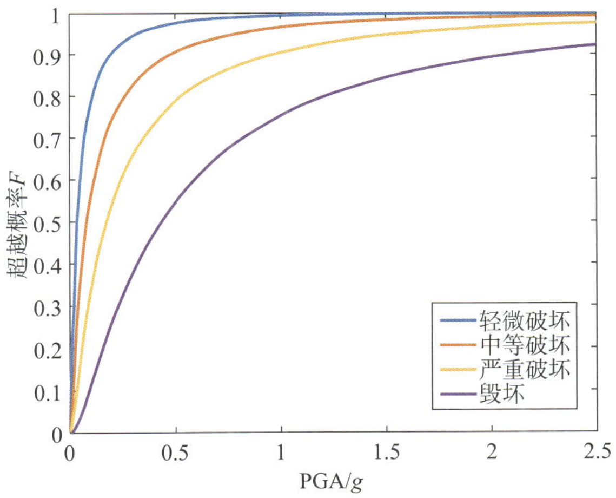

图 3－20　Ⅲ类地区某非设防砌体（砖混）结构易脆性曲线

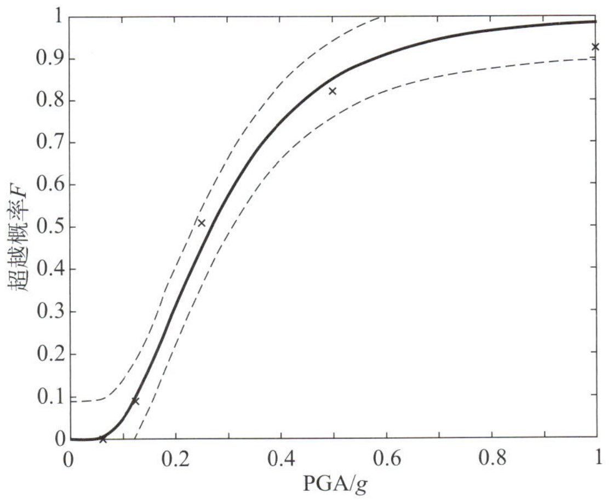

图 3－21　易脆性曲线的拟合优度检验

对于房屋结构，当损伤状态划分为 5 个等级时，每个损伤状态对应的损失比可参考《地震现场工作　第 4 部分：灾害直接损失评估》（GB/T 18208.4—2011）按表 3－17 选取每个损伤状态对应的损失比。对于上例，易损性曲线如图 3－22 所示。

表 3－17　房屋结构的损失比 *D*

类别	损伤状态				
	基本完好	轻微破坏	中等破坏	严重破坏	毁坏
范围	0～5%	6%～15%	16%～45%	46%～100%	81%～100%
本章节取值	0	11%	31%	73%	100%

其他地区的非设防砌体（砖混）结构易损性曲线的绘制方法也大致相同。图 3－23 为非设防砌体（砖混）结构在三类地区（43°N 以北、35°N～43°N 和 35°N 以南）的易损性曲线对比图。

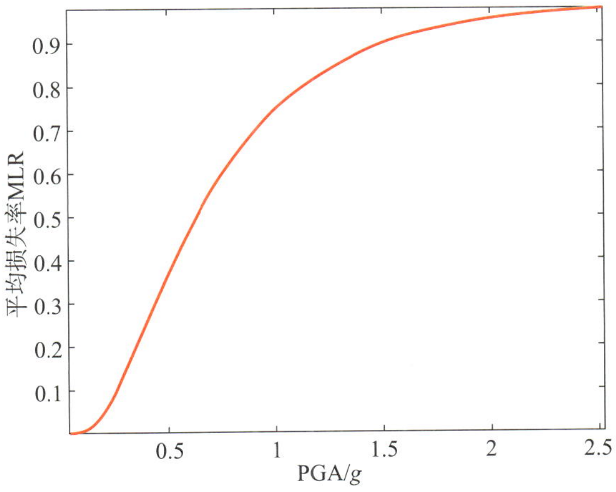

图 3－22　Ⅲ类地区某非设防砌体（砖混）结构易损性曲线

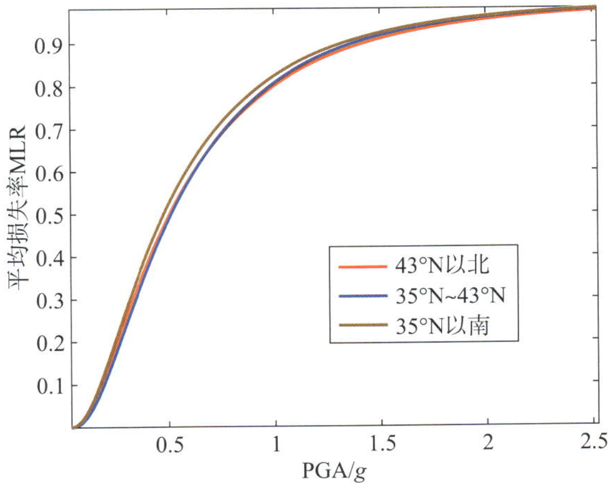

图 3－23　非设防砌体（砖混）结构易损性曲线对比

由图 3－23 可知，35°N 以南区域砖混结构的平均损失率略高于 35°N～43°N 区域，而 43°N 以北和 35°N～43°N 几乎重合，这说明 35°N 以南区域的砖混结构有着更高的地震易损性。这可能与建筑物墙体厚度、建造年代等因素有关。

砖木结构和土木结构的易损性计算方法与非设防砌体（砖混）结构基本相同。图3－24～图3－27分别展示了某砖木结构和某土木结构的易脆性曲线和易损性曲线。

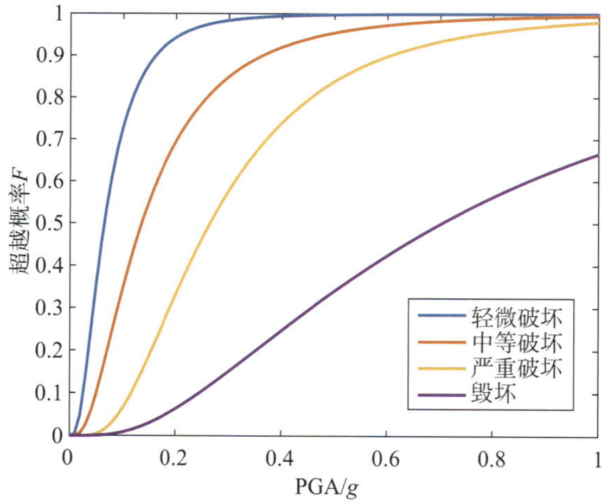

图3－24　某砖木结构易脆性曲线

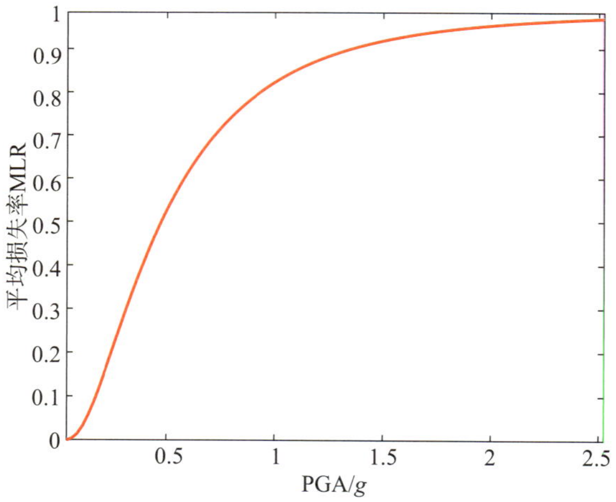

图3－25　某砖木结构易损性曲线

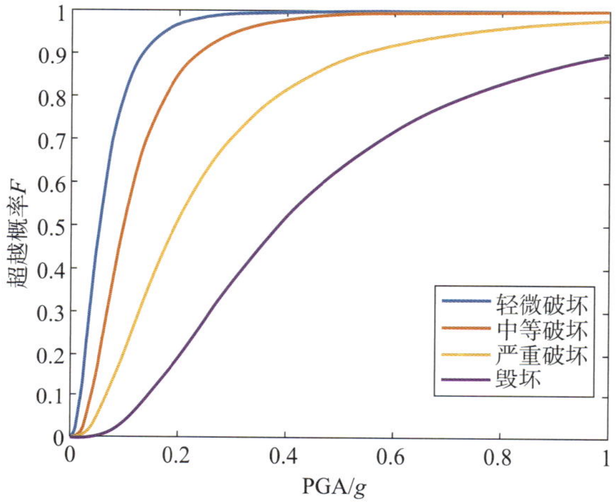

图3－26　某土木结构易脆性曲线

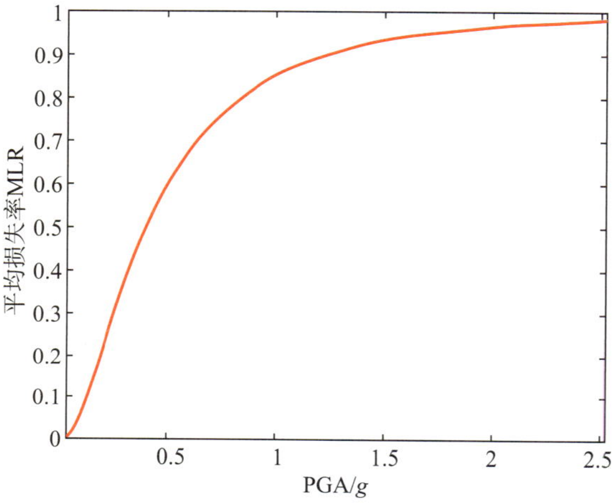

图3－27　某土木结构易损性曲线

图3－28、图3－29分别为某非设防砖木结构和某非设防土木结构在三类地区（43°N以北、35°N～43°N和35°N以南）的易损性曲线对比图。由图可知，35°N以南区域的非设防砖木结构的平均损失率与35°N～43°N区域的大致重合，而43°N以北区域的非设防砖木结构易损性曲线略低。这说明43°N以北区域的非设防砖木结构地震易损性相对较低，可能是北方地区建筑物墙体较厚造成的，也与建造年代、施工方法等因素有关。对于土木结构，三类地区的易损性曲线十分接近，说明该结构类型在南北方的地震易损性相差不大。

将三类非设防结构的易损性曲线进行对比，如图3－30所示，可以看出，三类非设防结构中土木结构具有较高的地震易损性，其次是砖木结构，而非设防砌体（砖混）结构的地震易损性在三类结构中相对较低。

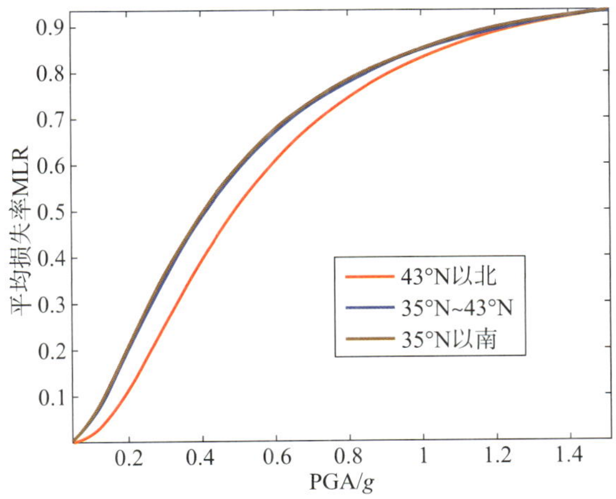

图 3－28　砖木结构易损性曲线对比

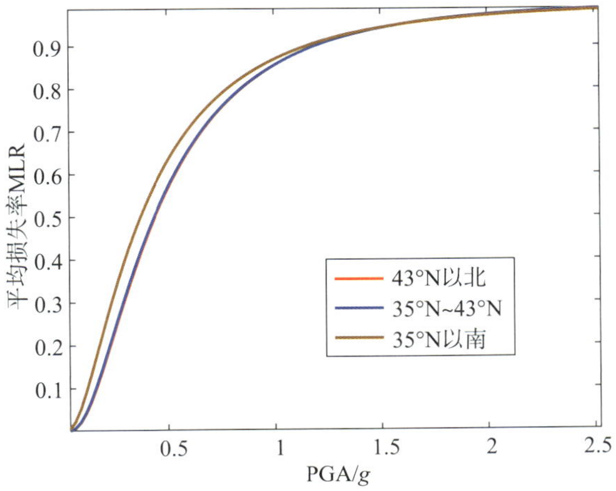

图 3－29　土木结构易损性曲线对比

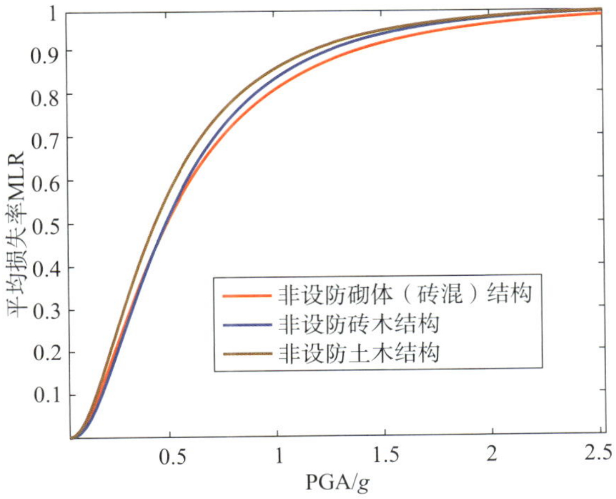

图 3－30　三类非设防结构易损性曲线对比

3.3　生命线系统易损性模型

生命线系统是指维系一个城市或地区人们日常生活和生产活动所必不可少的各类基础设施。本节所讨论的内容包括城市供水、燃气、交通、供电和通信共五类生命线系统。以下逐一介绍每一类生命线系统的基本架构、基本元件的地震易脆性曲线、损失比和地震易损性曲线，并给出该系统震后功能失效状态的评估方法。

3.3.1　供水系统地震易损性模型

1）供水系统架构

供水系统是由水源地取水、水厂制水、管网输水、加压送水和用户用水等环节组成的生命线系统之一。本节针对供水系统中的水池和不同材质供水管道进行地震易损性研究。供水系统架构如图 3－31 所示。

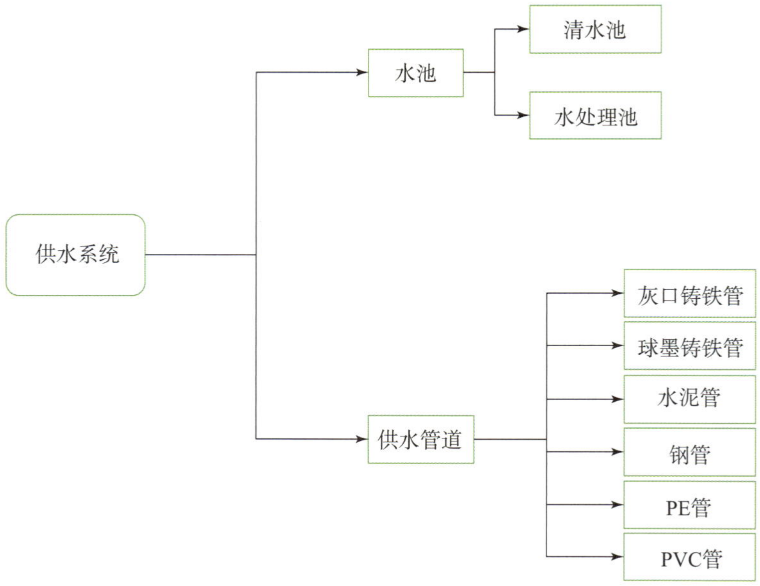

图 3－31　供水系统架构图

水池可以分为水处理池和清水池。水处理池的作用为对所获取的水源进行一系列物理和化学处理，起到净化水源的目的，根据功能不同分为滤池、反应池、沉淀池、絮凝池和澄清池等。清水池是水厂中处于最末端的调蓄构筑物，其作用为对水处理池处理过的水进行储存，然后配送给用户。清水池除具有储水功能外，还可以使加氯有足够的接触时间。清水池中储存的水还可用作消防用水。清水池一般为钢筋混凝土结构，少数为砖石砌体结构。按照结构形式，清水池可分为地上式、地下式及半地下式。

供水管道的作用是将经处理净化后的水配送至城市中有用水需求的地点。与水池不同，供水管道呈网状，分布于一个城市当中，其空间分布广阔。供水管道被埋于地下，主要分为 6 种材质的管道，分别为灰口铸铁管、球墨铸铁管、水泥管、钢管、PVC 管和 PE 管等。

2）供水系统基本元件的地震易脆性曲线

（1）水池地震易脆性曲线

整理海城地震、唐山地震、包头西地震、汶川地震、玉树地震和新疆于田—策勒地震中的 201 座清水池的震害资料，并结合实际震害经验得到清水池地震易脆性矩阵，如表 3－18 所示。

表 3－18　清水池地震易脆性矩阵

地震烈度	6 度	7 度	8 度	9 度	10 度
基本完好	0.85	0.76	0.19	0.08	0
轻微破坏	0.15	0.19	0.29	0.12	0
中等破坏	0	0.05	0.33	0.43	0.25
严重破坏	0	0	0.15	0.28	0.45
毁坏	0	0	0.04	0.09	0.3

整理唐山地震、包头西地震和汶川地震的 124 座水处理池的震害资料，并结合实际震害经验得到水处理池地震易脆性矩阵，如表 3－19 所示。

表 3－19　水处理池地震易脆性矩阵

地震烈度	6 度	7 度	8 度	9 度
基本完好	0.92	0.64	0.33	0
轻微破坏	0.07	0.21	0.26	0
中等破坏	0.01	0.12	0.22	0.35
严重破坏	0	0.03	0.13	0.45
毁坏	0	0	0.06	0.2

采用上文所述的方法，得到清水池和水处理池地震破坏超越概率矩阵，如表 3－20 和表 3－21 所示。

表 3－20　清水池各破坏等级的超越概率

地震烈度	轻微破坏	中等破坏	严重破坏	毁坏
6 度	0.15	0	0	0
7 度	0.24	0.05	0	0
8 度	0.81	0.52	0.19	0.04
9 度	0.92	0.8	0.37	0.09
10 度	1	1	0.75	0.3

表 3－21　水处理池各破坏等级的超越概率

地震烈度	轻微破坏	中等破坏	严重破坏	毁坏
6 度	0.08	0.01	0	0
7 度	0.36	0.15	0.03	0
8 度	0.67	0.41	0.19	0.06
9 度	1	1	0.65	0.2

依表 3－20 中的数据点拟合得到的各破坏等级的清水池地震易脆性曲线如图 3－32 所示。同理可得到水处理池地震易脆性曲线，如图 3－33 所示。

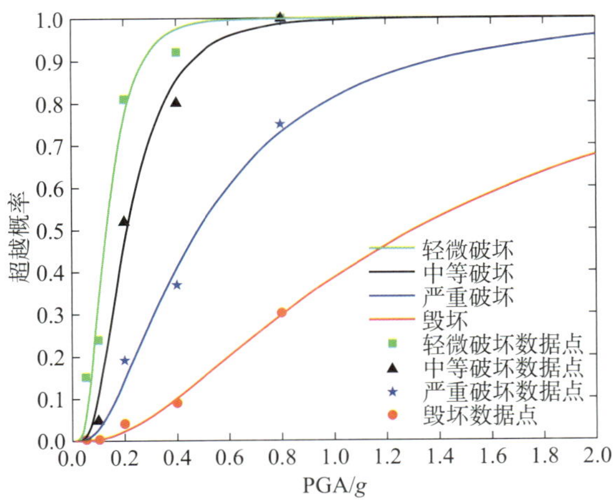

图 3－32　清水池地震易脆性曲线

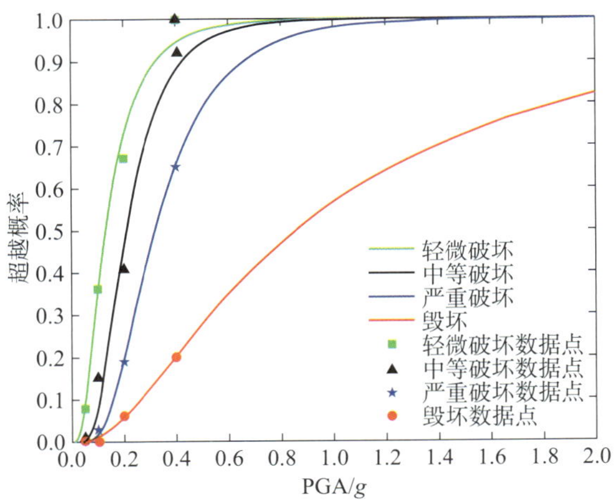

图 3－33　水处理池地震易脆性曲线

（2）供水管道地震易脆性曲线

通过收集大量的汶川供水管道震害资料，结合前人研究结果，提出了现役管道震害率模型，对其进行适当的修正，得到以下6种材质管道在地震烈度为6度、7度、8度、9度下的震害率，取地震烈度为6度、7度、8度、9度对应的地震强度为0.05g、0.1g、0.2g、0.4g，如表3－22所示。

表3－22 现役地下管道震害率模型 （单位：处/10km）

烈度区	管径300～800mm				管径75～300mm	
	灰口铸铁管	水泥管	钢管	球墨铸铁管	PVC管	PE管
6度区	0.03	0	0	0	0	0
7度区	3.1	8.3	0.6	0.4	6.2	3.0
8度区	26	20.4	22.3	1.2	25.0	8.0
9度区	52	40.8	45.0	2.4	50.0	16.0

供水管道的震害率与供水管道的损伤状态对应关系见表3－23。

表3－23 供水管道破坏等级划分

破坏等级	基本完好	轻微破坏	中等破坏	严重破坏	毁坏
λ	0	$0<\lambda\leqslant 2$	$2<\lambda\leqslant 5$	$5<\lambda\leqslant 12$	$\lambda\geqslant 12$

假定管道震害率服从泊松分布，见式（3－12）：

$$P(X=k)=\frac{\lambda^k}{k!}e^{-\lambda}\quad(k=0,1,2,\cdots)\qquad(3-12)$$

式中，λ 为通过经验公式或者大量统计得到的平均震害率；k 为供水管道长度为10km的管段内的破坏处数。

依据上式，结合表3－22和表3－23求解六种管材供水管道的易脆性矩阵，表3－24为球墨铸铁管的易脆性矩阵。

表3－24 球墨铸铁管地震易脆性矩阵

地震烈度	6度	7度	8度	9度
基本完好	1	0.6703	0.3012	0.0907
轻微破坏	0	0.3218	0.5783	0.479
中等破坏	0	0.0079	0.119	0.3946
严重破坏	0	0	0.0015	0.0357
毁坏	0	0	0	0

采用与水池超越概率矩阵同样的求解方法，得到六种管道不同破坏等级的超越概率矩阵，表3－25为球墨铸铁管的超越概率矩阵。

表3－25 球墨铸铁管各破坏等级的超越概率

地震烈度	轻微破坏	中等破坏	严重破坏	毁坏
6度	0	0	0	0
7度	0.3297	0.0079	0	0
8度	0.6988	0.1205	0.0015	0
9度	0.9093	0.4303	0.0357	0

采用对数正态分布累积函数，分别对不同材质管道的超越概率矩阵进行拟合，得到连续的灰口铸铁管易脆性曲线、球墨铸铁管易脆性曲线、水泥管易脆性曲线、钢管易脆性曲线、PE 管易脆性曲线、PVC 管易脆性曲线，其中球墨铸铁管地震易脆性曲线如图 3－34 所示。

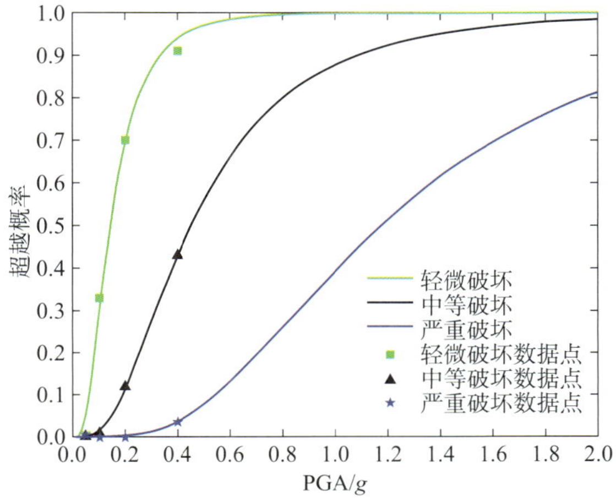

图 3－34 球墨铸铁管地震易脆性曲线

3）供水系统基本元件的损失比

（1）水池不同破坏等级损失比

从规范中可得到水池各破坏等级对应损失比的取值区间与损失比的中值，如表 3－26 所示。

表 3－26 水池地震破坏损失比

类别	破坏等级				
	基本完好	轻微破坏	中等破坏	严重破坏	毁坏
范围	0～10%	11%～20%	21%～40%	41%～70%	71%～100%
中值	5%	16%	31%	56%	86%
本书取值	0	16%	31%	56%	100%

（2）供水管道不同破坏等级损失比

规范中给出了供水管道地震破坏损失比的取值范围和中值，本书考虑地震保险业务中损失评估的一般做法，将供水管道破坏等级为基本完好时视作没有损失，损失比取为 0；破坏等级为轻微破坏时损失比取为 16%；破坏等级为中等破坏时损失比取为 31%；破坏等级为严重破坏时损失比取为 56%；破坏等级为毁坏时视作管道需要重建，损失比取为 100%，如表 3－27 所示。

表 3－27 供水管道地震破坏损失比

类别	破坏等级				
	基本完好	轻微破坏	中等破坏	严重破坏	毁坏
范围	0～10%	11%～20%	21%～40%	41%～70%	71%～100%
中值	5%	16%	31%	56%	86%
本书取值	0	16%	31%	56%	100%

4）供水系统基本元件的地震易损性曲线

本书中供水系统基本元件的地震易损性即其在地震作用下的平均损失率，计算公式见式

(3－13)：

$$LR = \sum_{i=1}^{5} (P_i \times \gamma_i) \tag{3-13}$$

式中，LR 为供水系统基本元件地震损失率；P_i 为供水系统基本元件第 i 个破坏等级发生的概率；γ_i 为供水系统基本元件第 i 个破坏等级对应的损失比。

(1) 水池地震易损性曲线

根据图 3－32、图 3－33 和表 3－26，利用式 (3－13) 绘制的清水池的平均损失率曲线如图 3－35 所示，水处理池的平均损失率曲线如图 3－36 所示。

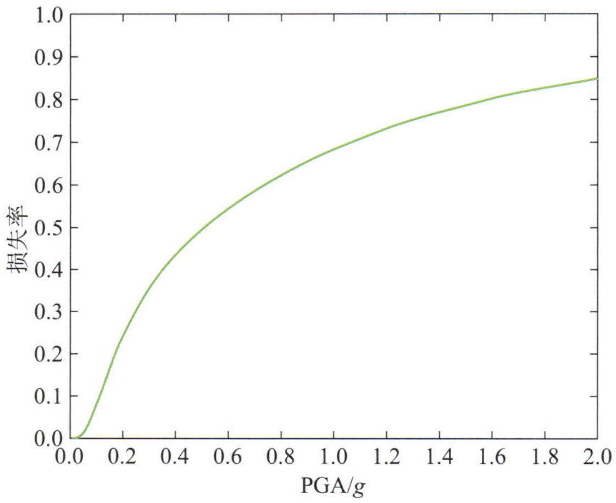

图 3－35 清水池地震损失率曲线

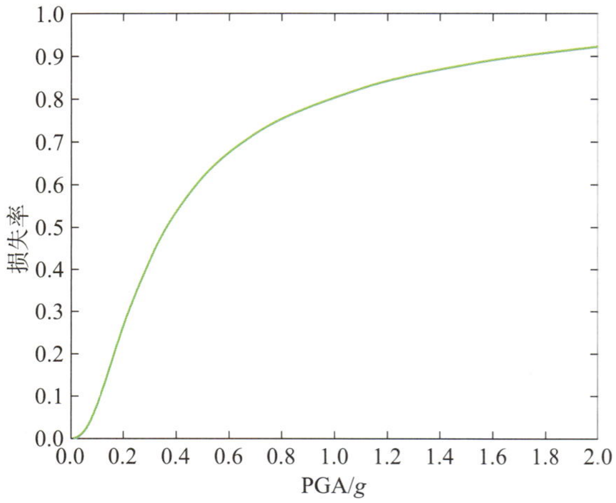

图 3－36 水处理池地震损失率曲线

(2) 供水管道地震易损性曲线

根据图 3－34 和表 3－27，利用式 (3－13) 绘制的球墨铸铁管的平均损失率曲线如图 3－37 所示。根据上述算法，同样可给出灰口铸铁管、水泥管、钢管、PE 管和 PVC 管的平均损失率曲线。

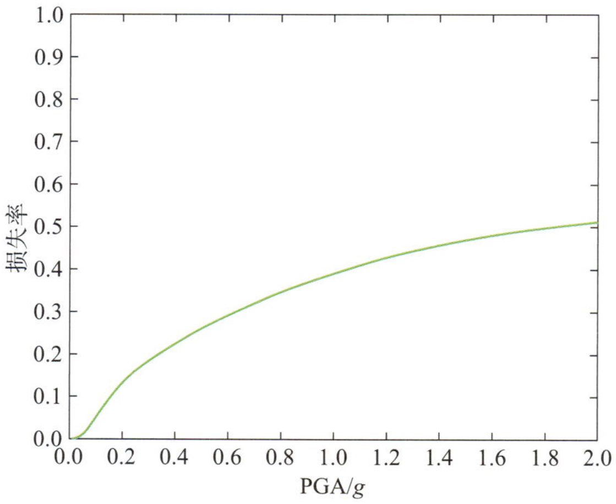

图 3－37 球墨铸铁管地震损失率与 PGA 的对应关系

5) 供水系统的功能失效状态经验估计

综合考虑现役供水设施的使用现状、震害经验及地震易损性等因素，给出不同地震影响烈度下供水系统的功能失效状态经验估计。

6 度时，供水系统中的清水池和水处理池绝大多数保持基本完好状态，少数发生轻微破坏，个别遭受中等破坏；供水管道中的绝大多数管道处于基本完好状态，只有个别老旧管道、管径较小的支线管道或抗震性能较差的灰口铸铁管道会出现破裂、渗漏现象；供水系统功能不受影响或轻微受影响。

7 度时，供水系统中的清水池和水处理池大多数保持基本完好状态，少数发生轻微破坏或中等破坏，个别遭受严重破坏；部分老旧管道、少数支线管道、多数灰口铸铁管道会出现破裂、渗漏现象；供水系统功能受到一定程度影响，局部停水或水压下降。

8 度时，供水系统中的清水池和水处理池多数保持基本完好状态，部分发生轻微破坏，部分发生中等破坏，少数遭受严重破坏，个别毁坏；大多数老旧管道、大多数灰口铸铁管道、多数支线管道、少数管径较大的干线会出现破裂、渗漏现象；供水系统功能受到较大影响，部分区域停水。

9 度时，供水系统中的清水池和水处理池个别保持基本完好状态，少数轻微破坏，多数遭受中等破坏或严重破坏，少数毁坏；各类供水管道破裂、渗漏广泛发生；供水系统功能受到很大影响，大范围停水。

10 度时，供水系统中的清水池和水处理池大多数遭受中等破坏或严重破坏，少数毁坏；供水管网毁坏，全区域供水中断。

3.3.2 燃气系统地震易损性模型

1）燃气系统架构

城市燃气系统主要包含配气管道网络和门站（或储配站），其中典型的元件有燃气管道和储气罐等。

2）燃气系统基本元件的地震易脆性曲线

（1）燃气管道

2008 年我国发生汶川 8.0 级地震，通过对四川 21 个市县燃气管道的科学考察，给出了不同材质燃气管道在不同地震烈度下的平均震害率，如表 3－28 所示，“—”表示需要重建。历史地震（如唐山地震、汶川地震等）震害表明：当地震烈度为 9 度以上时，受影响区域局部或全部地下管网可能需要重建；当地震烈度为 10 度以上时，受影响区域全部地下管网一般需要（异地）重建。

表 3－28 燃气管道的平均震害率 （单位：处/10km）

烈度	PGA/g	钢管	PE 管
6	0.0625	0.30	0.00
7	0.125	3.83	0.26
8	0.25	10.65	3.24
9	0.5	50.00	10.50
10	1.0	—	—

燃气管道震害率曲线采用二次多项式拟合，见式（3－14）：

$$y = y_0 + ax + bx^2 \tag{3-14}$$

式中，y_0、a 和 b 为拟合曲线对应的参数。

不同材质直埋燃气管道震害率曲线如图 3－38 所示。

（2）储气罐

从数量上看，储气罐无法与建筑物和其他生命线工艺设施设备相比，而且在历史地震中，所获得的储气罐震害实例也非常少，难以准确给出储气罐的震害统计分析结果。在唐山地震中，天津市的城市煤气设施和规模较小企业的煤热设施中有一些储气罐发生破坏，但相对而言震害样本实在太

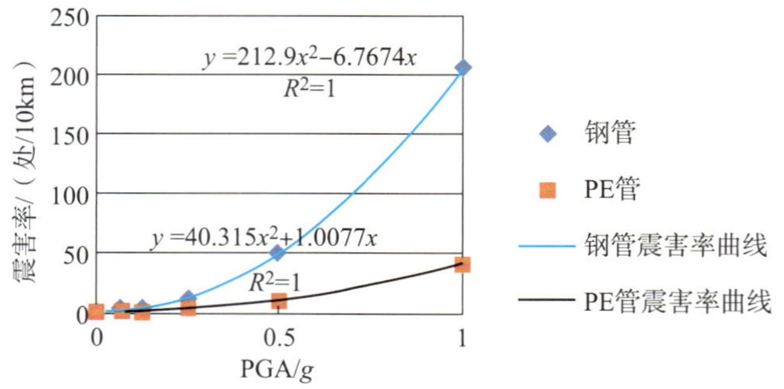

图 3-38 不同材质直埋燃气管道震害率曲线

少了。

燃气储气罐易损性曲线采用对数正态分布拟合，见式（3-15）：

$$F(a)=\Phi\left[\frac{\ln(a/c)}{\sigma}\right] \tag{3-15}$$

式中，$F(a)$ 为某破坏等级下的易损性函数；a 为 PGA 数值，服从对数正态分布，$Y=\ln a$ 服从正态分布，即 $Y\sim N(\mu,\sigma^2)$，μ 和 σ 为 Y 的均值和标准差，即 a 的对数均值和对数标准差；$\Phi(\cdot)$ 为标准正态分布函数；c 为易损性函数的中位值，其值为 e^{μ}。

燃气储气罐易脆性曲线如图 3-39 所示。

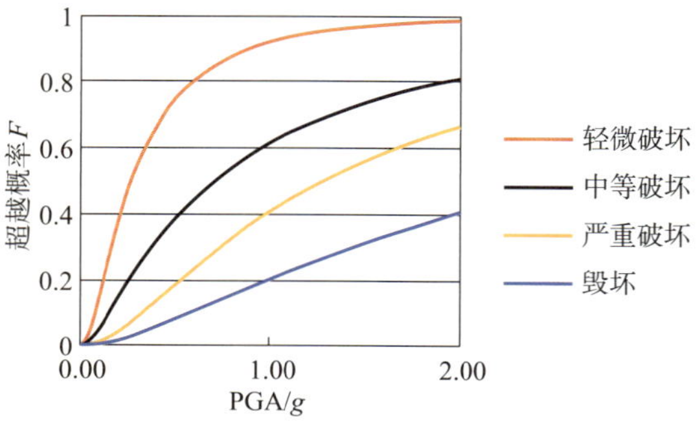

图 3-39 储气罐易脆性曲线

3）燃气系统基本元件的损失比

一般结构或构筑物的损失比是指某一破坏等级的工程结构修复单价与重置单价之比，用 0% ~ 100% 之间的百分数来表示其大小。

根据《地震现场工作　第四部分：灾害直接损失评估》(GB/T 18208.4—2011）中的生命线系统工程结构破坏损失比，结合燃气系统震后的实际震害及恢复重建情况，以燃气系统基本元件的破坏程度和燃气系统安全性要求为主要考虑因素，修订了燃气管道和储气罐的破坏损失比。

（1）燃气管道

燃气管道的损失比范围和中值的建议取值见表 3-29。

表 3-29 燃气管道损失比

破坏等级	基本完好	轻微破坏	中等破坏	严重破坏	毁坏
损失比范围	0 ~ 10%	11% ~ 30%	31% ~ 60%	61% ~ 99%	100%
中值	5%	21%	46%	80%	100%
取值	基于损失比范围和破坏等级划分上下限线性插值				

燃气管道地震破坏损失比取值为：

$$D=D_{\min}+\frac{D_{\max}-D_{\min}}{\lambda_{\max}-\lambda_{\min}}\times(\lambda-\lambda_{\min}) \tag{3-16}$$

式中，λ 为燃气管道的平均震害率（处/10km）；$\lambda_{\max}$ 和 $\lambda_{\min}$ 分别表示燃气管道地震破坏等级划分中某一破坏等级对应的最大和最小平均震害率（处/10km）；$D_{\max}$ 和 $D_{\min}$ 分别表示燃气管道某一破坏等级对应的最大和最小损失比（%）。

利用式（3－16）和表3－30中的地震破坏等级划分震害率上下限，可获得不同材质燃气管道在不同烈度下的平均损失率。

表3－30 燃气管道破坏等级划分

破坏等级	基本完好	轻微破坏	中等破坏	严重破坏	毁坏
λ	0	$0<\lambda\leqslant1.5$	$1.5<\lambda\leqslant5$	$4<\lambda\leqslant10$	$\lambda\geqslant10$

（2）储气罐

储气罐的损失比范围和中值的建议取值见表3－31。

表3－31 储气罐损失比

破坏等级	基本完好	轻微破坏	中等破坏	严重破坏	损坏
损失比范围	0～10%	11%～30%	31%～60%	61%～99%	100%
中值	5%	21%	46%	80%	100%
取值	0	21%	46%	80%	100%

4）燃气系统基本元件的地震易损性曲线

（1）燃气管道

利用二次多项式拟合公式式（3－14），对不同材质燃气管道的平均损失率进行拟合，获得不同材质燃气管道的易损性曲线和拟合参数。其他材质燃气管道的易损性曲线，可依据对应材质的供水管道给出。

（2）储气罐

记承灾体处于第j个损伤状态时对应的损失比为D_j，则承灾体的平均损失率MLR为：

$$\mathrm{MLR}(I)=\sum_{j=1}^{5}D_jP_j(I)=\sum_{j=1}^{4}D_j[F_j(I)-F_{j+1}(I)]+D_5F_5(I) \quad (3-17)$$

则可得到储气罐的易损性曲线。

5）燃气系统的功能失效状态经验估计

综合考虑现役燃气设施的使用现状、震害经验及地震易损性等因素，给出不同地震影响烈度下燃气系统的功能失效状态经验估计。

6度时，燃气系统中的储气罐绝大多数保持基本完好状态，个别发生轻微破坏；燃气管道中的绝大多数管道处于基本完好状态，只有个别老旧或抗震性能较差管道、管径较小的支线管道发生破坏而泄漏；燃气系统功能基本不受影响或轻微受影响，破坏管道处停气，维护维修。

7度时，燃气系统中的储气罐大多数保持基本完好状态，少数发生轻微破坏，个别发生中等破坏；燃气管道中部分老旧或抗震性能较差管道、管径较小的支线管道会发生破坏而泄漏；燃气系统功能受到一定程度影响，局部区域停气检修。

8度时，燃气系统中的储气罐多数保持基本完好状态，部分发生轻微破坏，少数发生中等破坏，个别遭受严重破坏；燃气管道中大多数老旧或抗震性能较差管道、管径较小的支线管道、少数管径较大的干线会发生破坏而泄漏；燃气系统功能受到较大影响，全部区域停气抢修。

9度时，燃气系统中的储气罐部分保持基本完好状态，部分发生轻微破坏，少数发生中等破坏，个别遭受严重破坏或毁坏；燃气管道中大多数管道会发生破坏而泄漏；燃气系统功能受到很大影响，全部区域停气，管网大修或局部管网重建。

10度时，燃气系统中的储气罐部分发生轻微破坏，少数发生中等破坏，少数遭受严重破坏或毁坏；燃气管道毁坏，全部区域停气，全部管网重建。

3.3.3 交通系统地震易损性模型

1）交通系统架构

交通系统作为一个城市生命线工程的重要组成部分，主要由道路、桥梁、隧道组成（图3－40）。

- 交通系统
  - 道路（线路）
    - 边坡
    - 支挡结构
    - 路基
  - 隧道（节点）
  - 桥梁（节点）
    - 拱桥
    - 梁桥

图3－40　交通系统架构

2）交通系统基本元件的地震易脆性曲线

公路结构不同于房屋与桥梁，其分布范围十分广泛，为了便于回归分析，将公路结构离散成一个个工点进行统计。卢大伟等（2010）对167个地震观测台站，总计501条强震记录，采用统计回归的方式获得了汶川地震的地震动衰减模型，见式（3－18）。

$$\lg PGA = c_1 + c_2 \lg(R + h) \tag{3-18}$$

式中，c_1、c_2为回归系数，见表3－32；R为断层距（km），代表工点距断层破裂面的最短距离；h为震源深度影响系数，计算时可取25，通过衰减关系获取桥址处的地震动参数。

经过计算发现，当R值小于130km时，按照N—S方向计算得到的PGA值要相对大一些，随着R值不断增加，N—S方向与E—W方向的PGA数值不断接近，本书选择N—S方向PGA作为公路工点处的地震动强度指标。

表3－32　PGA衰减关系回归系数

系数	N—S	E—W	U—D
c_1	4.78738	4.71815	4.84402
c_2	－1.31435	－1.28448	－1.44650

通过百度坐标拾取系统（Baidu Coordinate Picking System）对公路每处工点的经纬度进行采集，选用USGS给出的汶川地震断层模型，采用Campbell（1997）的方法，求解出每处工点到发震断层破裂面的最短距离，具体过程如下：首先计算断层上每一个点到地面上工点的球面距离；再将计算得到的球面距离与高度取平方和再开方，这样就得到了每个断层点的断层距；最后，求这些断层距中的最小值。在计算出工点断层距后就可依据式（3－18）给出的地震动衰减模型求出每个工点的PGA值。

选用双参数对数正态分布作为易损性函数，对应的易损性函数表达式如式（3－19）所示。

$$F(a) = \Phi\left[\frac{\ln(a/c)}{\zeta}\right] \tag{3-19}$$

式中，$F(a)$为结构某一损伤等级下的易脆性函数；a为PGA数值；$\Phi[\cdot]$为标准正态分布函数；c、ζ分别代表中位值与对数标准差。

为了能够求出c与ζ，采用独立估计的极大似然估计方法（陈力波，2012；Shinozuka，2001），似然函数可以写为式（3－20）的形式。

$$L(c,\zeta)=\prod_{i=1}^{N}[F(a_i)]^{x_i}[1-F(a_i)]^{1-x_i} \quad (3-20)$$

式中，$F[\cdot]$ 为某一损伤等级下的易脆性函数；N 为工点的总数；a_i 为第 i 处工点的 PGA；x_i 为伯努利随机事件 X_i 的取值，当 PGA $=a_i$ 时工点达到了某一损伤等级，x_i 取 1，反之取 0。

（1）道路地震易脆性曲线及参数

依据调查人员对四川、甘肃、陕西地震灾区内国省干道以及部分县乡道路的调研结果（陈乐生，2012），对 6 度 ~9 度烈度区、道路等级二 ~ 四级的共计 15 条道路进行了震害统计，道路总长 1114.06km。通过分析发现公路的震害可以按结构类型与所在位置分为路基本体震害、边坡震害、支挡结构震害三大类，破坏等级可为轻微、中度、严重、损毁四级。三类结构、四个震害等级的主要特征描述见表 3－33 至表 3－35（陈乐生，2012）。

表 3－33　支挡结构震害分级

等级	震害特征
轻微	支挡结构无明显破坏，破坏区域不超过支挡结构总体的 10%。仍可实现支挡目的，在不进行修复的情况下仍可使用
中度	支挡结构破坏较明显，破坏区域不超过支挡结构总体的 30%，结构上部发生明显移位。需对支挡结构进行局部修复，以实现支挡功能
严重	支挡结构破坏明显，破坏区域不超过支挡结构总体的 60%，结构上部发生明显移位，结构失稳。需立即对支挡结构进行修复
损毁	支挡结构完全破坏，没有修复的可能

表 3－34　边坡震害分级

等级	震害特征
轻微	有防护边坡的防护结构无明显破坏，破坏区域不超过防护结构总体的 5%。无防护边坡存在局部破坏现象，但未对路基造成破坏，未阻塞交通
中度	有防护边坡的防护结构发生了较明显破坏，破坏区域不超过防护结构总体的 20%。无防护边坡存在局部破坏现象，且滑塌体对路基造成了局部破坏，对道路进行基本处理后可以恢复交通
严重	有防护边坡的防护结构发生了明显的破坏，破坏区域不超过防护结构总体的 50%。无防护边坡发生了严重破坏，且滑塌体对路基造成严重破坏，需要对道路进行处理方可恢复交通
损毁	有防护边坡的防护结构发生了严重的破坏，破坏区域超过防护结构总体的 50%。无防护边坡产生大规模破坏，且滑塌体砸毁路基，阻塞交通，需要花大量时间处理方可恢复交通

表 3－35　路基本体震害分级

等级	震害特征
轻微	路基无明显破坏，未对交通产生影响
中度	路基存在明显破坏，开裂宽度不超过 10cm；路堤存在局部崩塌，滑塌体掩埋局部路面，阻塞交通，需对道路进行基本处理，以恢复交通
严重	路基存在明显破坏，开裂宽度超过 10cm；路堤存在局部崩塌，滑塌体掩埋大部分路面，阻塞交通，需要对道路进行处理方可恢复交通
损毁	路基存在严重破坏，开裂宽度过大，导致路基彻底失效，滑塌体完全掩埋路面，阻塞交通，需要花大量时间处理方可恢复交通

经过研究发现，统计路段总共发生 434 处公路震害，其中支挡结构震害 116 处，路基本体震害 142 处，边坡震害 176 处。各结构震害等级破坏数量如表 3－36 所示。

表 3－36　公路各结构震害等级破坏数量

破坏等级	结构/处		
	支挡结构	边坡	路基本体
轻微	32	48	28
中度	39	78	41
严重	24	34	55
损毁	21	16	18

在地震烈度为 9 度～11 度区路基震害较为明显，随着地震烈度的降低，路基震害数量和震害程度大幅度减小，路基震害多集中为路面沉陷、开裂与边坡滑塌所导致的路基掩埋。支挡结构震害绝大多数发生在重力式挡土墙处，占比达 95%，震害主要表现形式为垮塌、变形开裂、支挡结构倾斜与边坡滑塌体导致的掩埋。没有防护措施的边坡发生地震破坏的数量要大于有防护措施的边坡。采用上述方法，回归得到道路各主要部分及总体易脆性曲线，如图 3－41 所示。

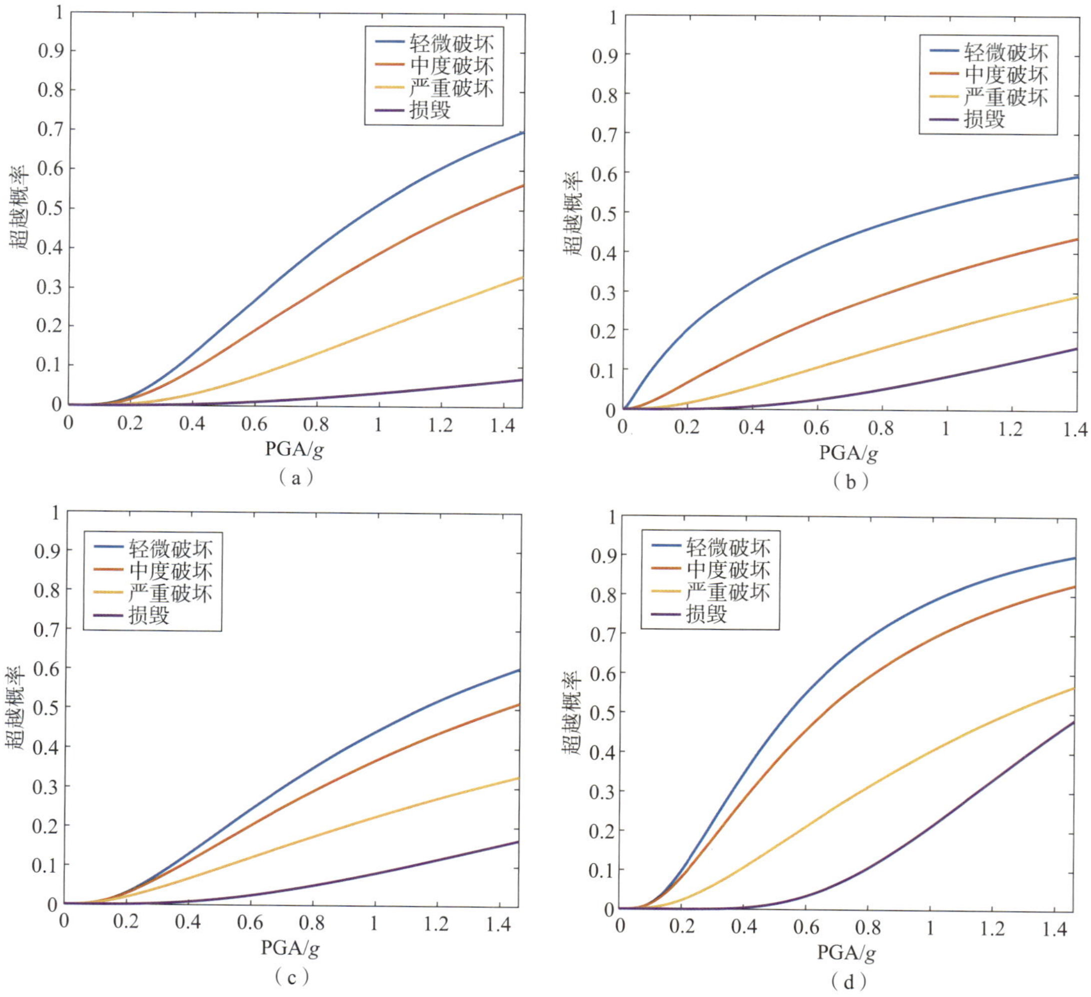

图 3－41　道路地震易脆性曲线

(a) 边坡地震易脆性曲线；(b) 支挡结构地震易脆性曲线；(c) 路基本体地震易脆性曲线；(d) 道路整体地震易脆性曲线

（2）隧道地震易脆性曲线及参数

隧道震害可以分为基本完好、轻微破坏、中度破坏、严重破坏与毁坏五个等级，见表 3－37。

表 3－37　隧道震害分级及震害特征

破坏等级	震害特征
基本完好	情况正常（无异常情况）
轻微破坏	施工缝开裂；二衬有少量离散裂缝，但裂缝宽度小于 1mm
中度破坏	二衬有少量离散裂缝，但裂缝较深，宽度大于 1mm
严重破坏	二衬裂缝较多，纵横交织呈网状；或者虽然裂缝较少，但裂缝为纵斜向，且延展长、宽度大、深入衬砌内部，甚至为贯通裂缝
毁坏	二衬混凝土纵向连续剥落、掉块，钢筋弯曲外露。洞室整体坍塌

本书整理了《汶川地震公路震害调查》及 ALA《Seismic Fragility Formulations for Water Systems》中提供的隧道震害资料，共计 124 座隧道，其中汶川地震 18 条线路 56 座隧道，ALA68 座隧道。隧道各破坏等级占比见图 3－42，回归得到隧道地震易脆性曲线，见图 3－43。

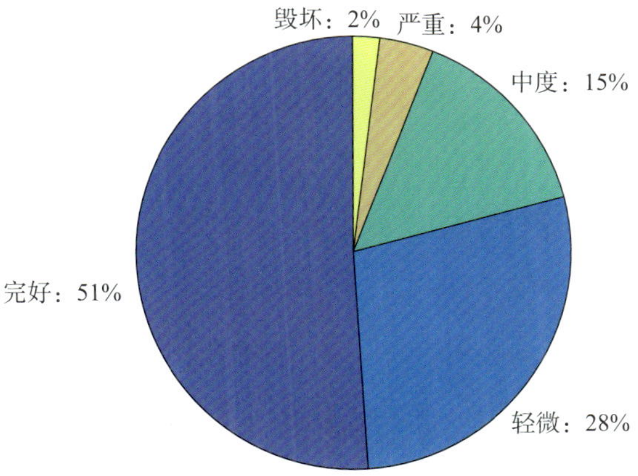

图 3－42　隧道不同破坏等级占比

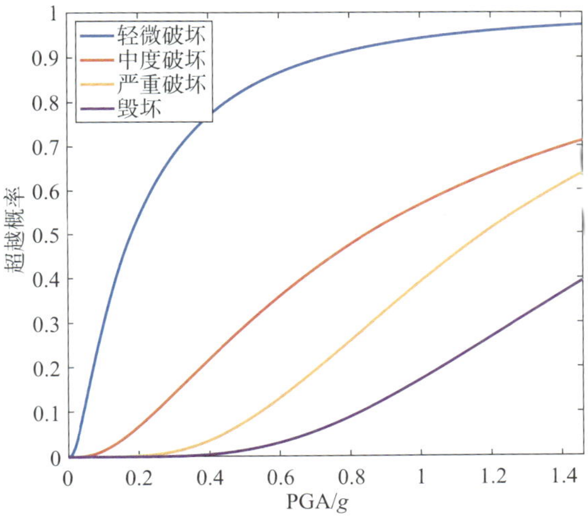

图 3－43　隧道地震易脆性曲线

（3）桥梁地震易脆性曲线及参数

通过对四川、甘肃、陕西地震灾区的震害统计，共得到 2092 座桥梁震害样本。灾区桥梁主要分为两种类型，一类为梁桥，一类为拱桥，其他桥型较少。根据陈乐生编写的《汶川地震公路震害调查》中所给出的桥梁震害等级评价体系（见表 3－38），统计回归得到拱桥及梁桥的易脆性曲线，见图 3－44、图 3－45。

表 3－38　桥梁震害分级及震害特征

破坏等级	震害特征
完好	无明显震害现象
轻微破坏	承载构件局部未受损伤，护栏（或栏杆）、伸缩缝、桥台锥坡等非承载构件受损
中度破坏	①主梁发生移位，但仍有可靠支撑，无落梁风险；②桥墩无明显倾斜，桥墩轻微开裂或保护层剥落，但未伤及核心区混凝土，桥墩承载能力无明显下降；③桥台轻度破坏，桥台背墙、翼墙开裂；④拱桥横向连接系开裂，拱上立柱轻微开裂

续表

破坏等级	震害特征
严重破坏	①梁发生严重移位，存在落梁风险；②桥墩明显倾斜，桥墩严重开裂，形成主裂缝或形成多条剪切缝并延伸至核心区，桥墩承载能力明显下降；③桥台破坏，背墙、翼墙垮塌或严重开裂，桥台台帽（帽梁）剪断；④拱桥主拱圈横向贯通开裂，拱上立柱断裂、横向连接系断裂
毁坏	①全桥或部分联跨发生整体垮塌；②主梁发生整跨落梁；③桥墩出现剪断或压溃

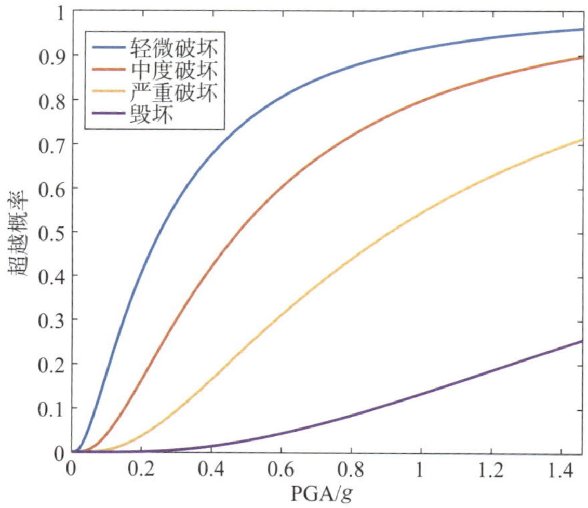

图 3－44　拱桥地震易脆性曲线

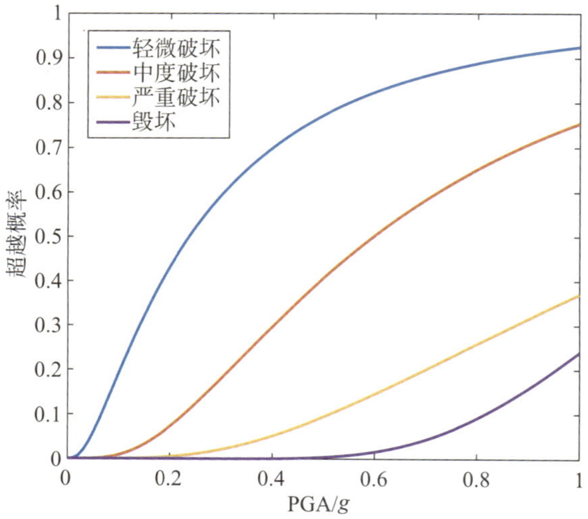

图 3－45　梁桥地震易脆性曲线

3）交通系统基本元件的损失比

概率易损性模型的表达形式为结构的损失比与概率易脆性曲线的乘积，如式（3－21）所示。损失比是指结构发生不同程度的破坏时，用来修复或重建的费用与原造价的比值。

$$R_M = \sum_{i=1}^{5} P_i \times R_i \tag{3-21}$$

式中，R_M为平均损失率；P_i为第i等级的破坏概率；R_i为第i等级的结构损失比；i取1至5，分别代表结构完好、轻微破坏、中度破坏、严重破坏以及毁坏。

本书选用《地震现场工作　第4部分：灾害直接损失评估》(GB/T 18208.4—2011）给出的公路系统工程结构的地震损失比，如表3－39所示。

表 3－39　公路系统工程结构破坏损失比　（单位:%）

类别		破坏等级				
		基本完好	轻微破坏	中度破坏	严重破坏	毁坏
公路、挡土墙	范围	0～10	11～20	21～40	41～70	71～100
桥梁、隧道	中值	5	16	31	56	86

4）交通系统基本元件的地震易损性曲线

结合道路、隧道、桥梁结构发生某一种破坏状态时的损失比，建立了道路、隧道、桥梁的平均损失率模型，依据建立的易损性模型及平均损失率模型，可以在将来发生类似地震时快速地进行地震损失评估（图3－46～图3－49）。

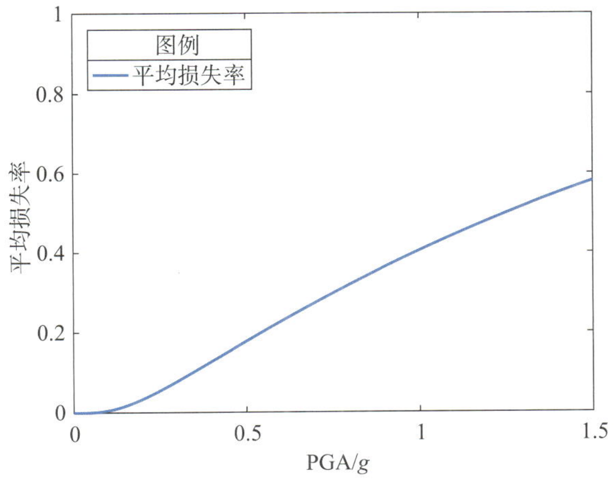

图 3-46　道路地震易损性曲线

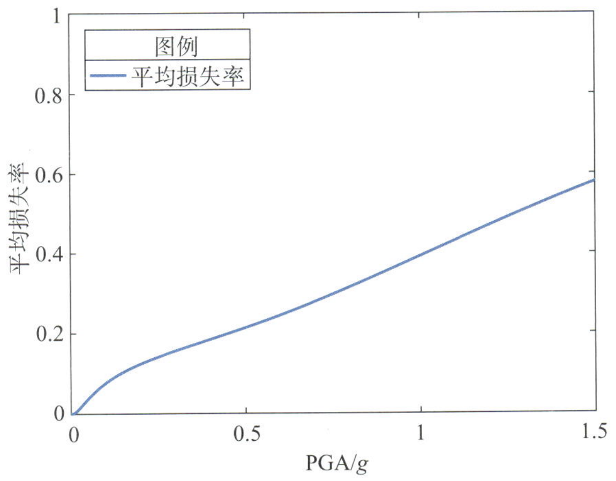

图 3-47　隧道地震易损性曲线

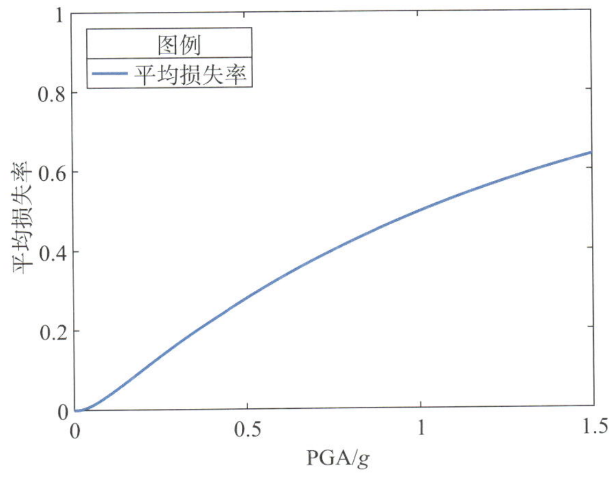

图 3-48　拱桥地震易损性曲线

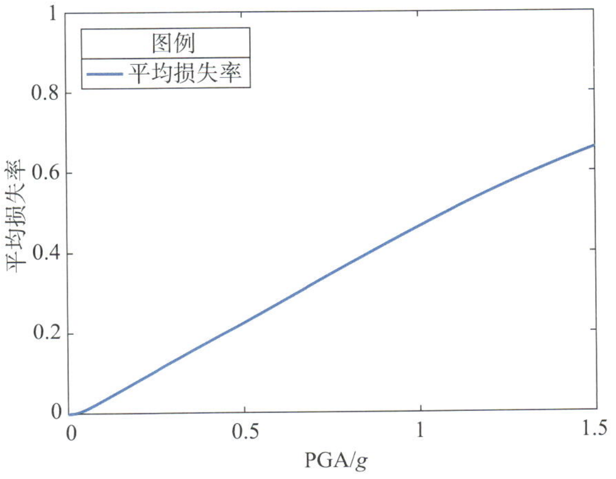

图 3-49　梁桥地震易损性曲线

5）交通系统的功能失效状态经验估计

根据道路、桥梁、隧道的易脆性分析结果，可以进一步分析交通系统功能失效情况。6 度时，道路、桥梁、隧道均处于基本完好状态，总体来看，对交通系统的整体功能基本没有影响，不会影响交通系统的正常使用；7 度时，道路个别路段发生轻微破坏，部分桥梁与隧道发生轻微破坏，总体来看，对整个交通系统的整体功能影响不大，基本还能保证交通系统的使用；8 度时，道路有少量路段发生中度破坏，桥梁部分发生轻微破坏和中度破坏，部分隧道发生轻微破坏，个别发生中度破坏，总体来看，对整个交通系统有较大的影响，需要进行较大的修复才可恢复交通系统的使用功能；9 度时，道路有少量路段发生严重破坏，大部分桥梁发生中度破坏和严重破坏，个别毁坏，隧道大部分发生轻微破坏和中度破坏，个别严重破坏，总体来看，对整个交通系统有很大的影响，即使通过大量的修复，也只可能恢复交通系统的部分使用功能，部分区域的系统功能无法恢复；10 度时，道路有少量路段发生毁坏，大部分桥梁发生严重破坏或毁坏，大部分隧道发生中度破坏和严重破坏，个别毁坏，虽然部分道路还可以使用，但由于桥梁破坏严重，公路交通接近瘫痪状态，对整个交通系统有巨大的影响，整个系统处于瘫痪或近于瘫痪状态，其使用功能必须进行大量重建才可恢复。

3.3.4 电力系统地震易损性模型

3.3.4.1 电力系统架构

电力系统包括发电系统、电网系统、配网系统三个子系统。发电系统主要指电厂，包括火电、水电、核电、风电等类型；电网系统包括高压输电线路、高压变电站等；配网系统则是指城乡内向用户输电的中、低压配电装置及线路。整个电力系统如图3－50所示。

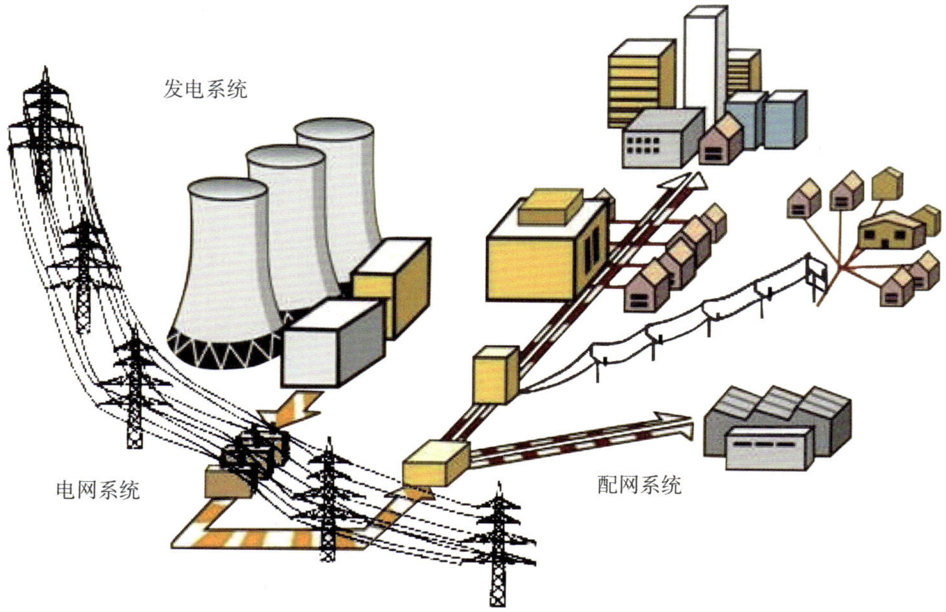

图3－50 电力系统架构示意图

本节的研究对象主要是发电系统和电网系统。配网系统不在研究范围之内。

发电系统和电网系统中有各类设备和建（构）筑物等土建设施。地震保险行业的投保对象不是某个具体的设备或某个建（构）筑物，应是由若干设备和各种设施或建（构）筑物组合而成的具有独立功能的元件。将电力系统基本单元、基本元件分为发电厂、变电站、输电线路三类，其架构如图3－51所示。

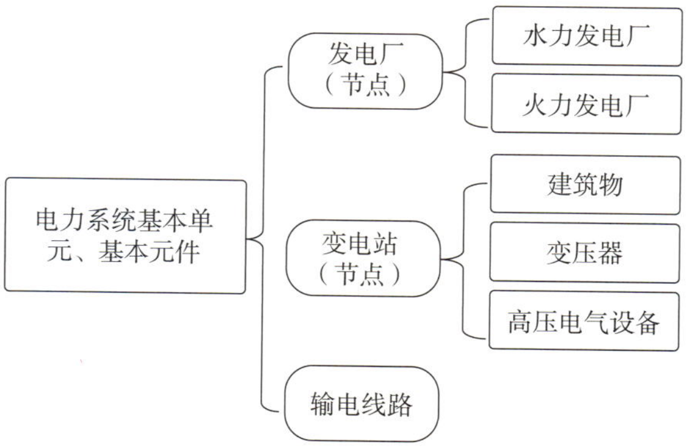

图3－51 电力系统架构图

3.3.4.2 电力系统基本单元、基本元件的地震易脆性曲线

1）变电站地震易脆性曲线

计算变电站地震易脆性曲线的步骤是：①将变电站分为室外设备、室内设备、房屋结构三大部

分，设定各部分的权重系数，构造变电站各部分的震害指数与变电站震害指数之间的关系式；②划分变电站震害等级，确定震害等级与变电站震害指数的关系；③根据变电站震害调查统计资料，通过变电站各组成部分的震害指数来计算变电站震害指数，进行与地震动强度的回归统计，结合烈度与加速度峰值的关系，求得变电站基于加速度峰值的地震易损性曲线。

（1）变电站震害指数计算

变电站由室外高压电气设备、主控室等建筑设施及室内控制设备组成，室外高压电气设备主要包括变压器、断路器、隔离开关、电流和电压互感器、避雷器等。变压器是变电站的核心设备，且与其他高压电气设备在地震易损性上存在明显差异，因此将室外高压电气设备划分为变压器和其他高压电气设备两类。室内控制设备的破坏与建筑设施的破坏密切相关，故将室内控制设备划分到建筑设施部分。

为量化变电站的损伤状态，本书选取变电站的震害指数作为划分变电站损伤状态的指标，震害指数的取值范围为［0，1］（薄景山等，2012）。

变电站的震害指数可以通过式（3－22）计算（舒荣星，2018）：

$$I_S = \sum_{m=1}^{3} w_m d_m \tag{3-22}$$

式中，I_S为变电站的震害指数；m 为变电站设施类别，$m=1$、2、3 分别代表建筑设施、变压器、其他高压电气设备；w_m为变电站三类设施的权重系数；d_m为变电站建筑设施的震害指数、变压器的破坏率和其他高压电气设备的破坏率。

综合考虑变电站各类设施的造价和重要程度，变电站建筑设施、变压器和其他高压电气设备的权重系数分别取 0.4、0.3 和 0.3（舒荣星，2018）。

（2）变电站破坏等级划分

依据国家标准《生命线工程地震破坏等级划分》（GB/T 24336—2009），考虑变电站的各类高压电气设备和建筑设施的破坏情况，将变电站的损伤状态划分为基本完好、轻微破坏、中等破坏、严重破坏、毁坏。

根据变电站的震害指数划分变电站的损伤状态，见表 3－40。

表 3－40 变电站损伤状态分级表

损伤状态	基本完好	轻微破坏	中等破坏	严重破坏	毁坏
震害指数	$0 \le I_S < 0.05$	$0.05 \le I_S < 0.30$	$0.30 \le I_S < 0.55$	$0.55 \le I_S < 0.80$	$0.80 \le I_S \le 1$

（3）变电站地震易脆性曲线拟合

对汶川地震中绵阳、德阳、广元、阿坝和成都部分地区的 120 座 110kV 及以上电压等级变电站进行震害指数计算，结合震害等级划分及变电站位置的地震烈度，得到以地震烈度为输入参数的变电站震害矩阵。

《建筑抗震设计规范》（GB 50011—2010）中地震烈度与地震动峰值加速度（PGA）之间的换算关系见表 3－41。

表 3－41 地震烈度和地震动峰值加速度换算表

地震烈度	6	7	8	9	10	11
PGA/*g*	0.05	0.10	0.20	0.40	0.80	1.60

将以地震烈度为输入参数的变电站震害矩阵转换为以地震动峰值加速度为输入参数的震害矩

阵，采用对数正态概率分布函数为描述地震易损性曲线的基本函数，通过最大似然估计法拟合的变电站的地震易脆性曲线如图 3-52 所示。

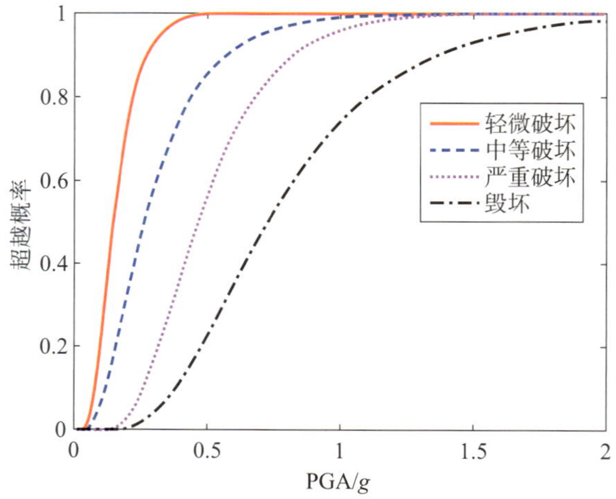

图 3-52　变电站地震易脆性曲线

2）输电线路地震易脆性曲线

本书中的输电线路主要指架空高压输电线路。输电线路的地震易损性分析方法与变电站是一致的。

（1）输电线路震害指数计算与破坏等级划分

输电线路的震害指数可以通过式（3-23）计算：

$$I_L = d_L \tag{3-23}$$

式中，I_L为输电线路的震害指数；d_L为输电线路的破坏率。

汶川地震中，输电线路的破坏率是通过线路的经济损失与线路造价的比值来计算的，事实上等于损失比。

（2）输电线路破坏等级划分

评价输电线路的破坏状态时，根据《生命线工程地震破坏等级划分》(GB/T 24336—2009)，考虑输电线、塔架和线杆，将输电线路的损伤状态分为五个等级。输电线路的震害指数与输电线路的损伤状态划分的关系见表 3-42。

表 3-42　输电线路损伤状态与震害指数的关系

损伤状态	基本完好	轻微破坏	中等破坏	严重破坏	毁坏
震害指数	$0 \leq I_L < 0.04$	$0.04 \leq I_L < 0.12$	$0.12 \leq I_L < 0.50$	$0.50 \leq I_L < 0.80$	$0.80 \leq I_L \leq 1$

（3）输电线路地震易脆性曲线拟合

与变电站计算方法相同，通过统计汶川地震中四川成都部分地区、绵阳、德阳、广元、阿坝地区电网的 222 条 35kV 及以上电压等级输电线路的震害指数，得到以地震烈度为输入参数的输电线路震害矩阵，经与地震动峰值加速度的换算，通过最大似然估计法计算得到的输电线路的地震易脆性曲线如图 3-53 所示。

3）发电厂地震易脆性曲线

本书只研究量大面广的火电厂和水电厂的地震易脆性曲线。

发电厂各类设备设施种类较多，国内将发电厂作为一个整体元件进行易损性方面的研究较少，并没有公开发表的关于发电厂的震害等级评估易脆性成果。本书通过借鉴国外的损失比曲线，构建

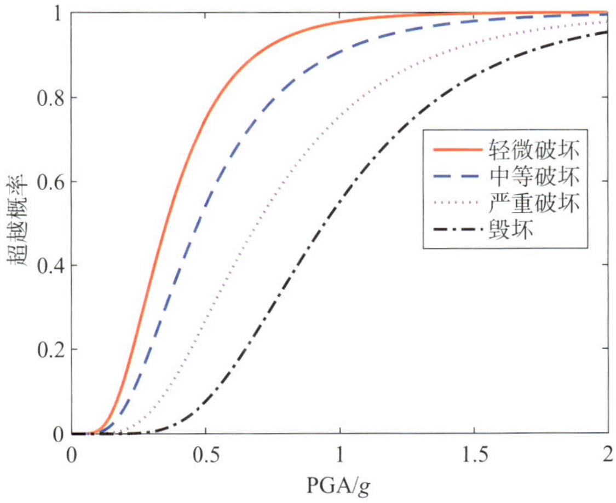

图 3-53 输电线路地震易脆性曲线

我国发电厂易脆性曲线函数。

发电厂地震易脆性分析方法：①根据美国技术委员会 ATC-25 报告中提出的发电厂损失比函数，计算不同地震烈度下发电厂的震害指数期望值；②假设发电厂和变电站在相同震害指数期望值时离散方差相同，通过线性插值获得不同地震动强度下发电厂震害指数值对应的方差；③以发电厂震害指数期望值和方差为参数，使用 Beta 分布函数拟合发电厂的地震易脆性矩阵，进而计算得到发电厂的地震易脆性曲线。

（1）火电厂地震易脆性曲线

ATC-25 报告将火电厂的设备分为土建设施、机电设备、电气设备。上述设施设备的地震破坏比均采用如下统一的函数形式：

$$\mathrm{DMG} = \mathrm{e}^{a} \cdot I^{b} \tag{3-24}$$

式中，DMG 为破坏比，可作为发电厂某类设备的易损性震害指数；I 为地震烈度；a、b 为回归系数。

火电厂的三类设施设备回归系数及各自占比如表 3-43 所示。

表 3-43 各类设施设备占比及回归系数

组成部分	设施分类（FC）		
	占比（权重系数）	a	b
中层钢支撑-钢框架结构	0.2	-12.02	4.526
电气设备	0.3	-14.05	5.61
机电设备	0.5	-14.81	5.778

由表 3-43 中各类设施设备占比和回归系数，结合式（3-25），可得火电厂总体破坏比函数为：

$$R(i) = 0.2 \cdot \mathrm{e}^{-12.02} \cdot i^{4.526} + 0.3 \cdot \mathrm{e}^{-14.05} \cdot i^{5.61} + 0.5 \cdot \mathrm{e}^{-14.81} \cdot i^{5.778} \tag{3-25}$$

式中，$R(i)$ 为 i 烈度下火电厂破坏比，可作为火电厂震害指数；i 为地震烈度。

为了获得火电厂地震易脆性曲线，使用前边变电站离散性分布，运用 Beta 函数，拟合火电厂地震易脆性矩阵。在 Beta 概率密度分布函数基础上，通过计算获得火电厂不同烈度下各个破坏等级的分布，得到火电厂地震易脆性矩阵，进一步通过拟合得到火电厂的地震易脆性曲线，如图 3-54 所示。

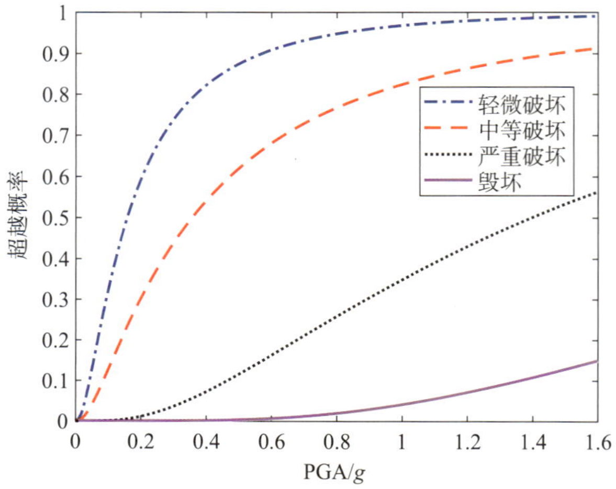

图 3－54　火电厂地震易脆性曲线

火电厂的震害指数与破坏等级间的关系见表 3－44。

表 3－44　火电厂震害指数与破坏等级的关系

破坏等级	基本完好	轻微破坏	中等破坏	严重破坏	毁坏
震害指数取值范围	$d \leqslant 0.04$	$0.04 < d \leqslant 0.08$	$0.08 < d \leqslant 0.35$	$0.35 < d \leqslant 0.70$	$d > 0.70$

（2）水电厂地震易脆性曲线

ATC－25 报告中，水电厂在震害评估时考虑了坝体、填土或填石料、机电设备这三大类设施设备的破坏情况，地震时水电厂的破坏情况主要取决于此三大类设施设备。三类设施设备的分类、权重系数以及破坏比参数如表 3－45 所示。水电厂的破坏比函数见式（3－26）。

表 3－45　水电厂各类设施设备占比及回归系数

设施设备分类	设施设备权重占比	回归系数	
		a	*b*
混凝土坝	0.35	－19.15	7.122
填土或填石料	0.35	－16.03	5.939
机电设备	0.30	－14.81	5.778

$$R(i) = 0.35 \cdot e^{-19.15} \cdot i^{7.122} + 0.35 \cdot e^{-16.03} \cdot i^{5.939} + 0.3 \cdot e^{-14.81} \cdot i^{5.778} \tag{3-26}$$

式中，$R(i)$ 为烈度 i 下水电厂的破坏比，可视为震害指数 d；i 为地震烈度。

与火电厂的地震易脆性曲线计算方法完全相同，借助 Beta 概率密度分布函数，利用变电站的震害指数的离散度，计算水电厂的地震易脆性矩阵，并通过对数正态分布函数曲线拟合出水电厂的地震易脆性曲线，见图 3－55。

水电厂的震害指数与破坏等级间的关系同火电厂，见表 3－44。

3.3.4.3　电力系统基本元件的损失比及地震易损性

1）电力系统基本元件的损失比

根据《地震现场工作　第 4 部分：灾害直接损失评估》（GB/T 18208.4—2011），综合考虑变电站、输电线路、发电厂的造价和震害情况，不同损伤状态对应的损失比取值见表 3－46。

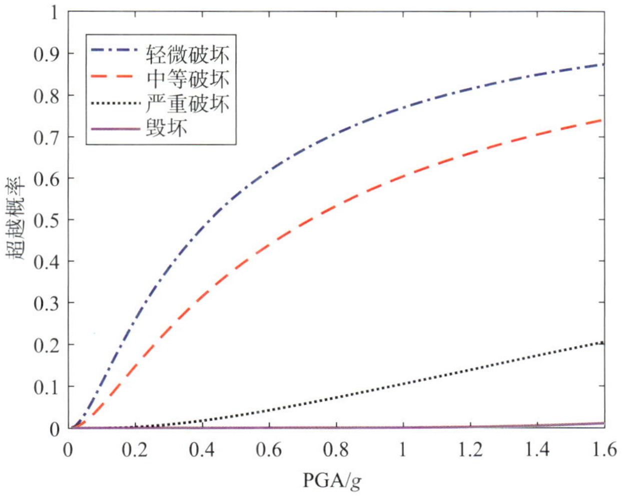

图 3－55 水电厂地震易脆性曲线

表 3－46 变电站损失比取值

电力设施单元	基本完好	轻微破坏	中等破坏	严重破坏	毁坏
变电站	0	18%	43%	68%	100%
输电线路	0	8%	31%	65%	100%
发电厂	2%	6%	21.5%	52.5%	85%

2）电力系统基本元件的地震易损性曲线

电力系统的平均损失比可以通过下式计算：

$$\mathrm{MLR}(I)=\sum_{i=1}^{5}D_iP_i(I) \tag{3－27}$$

式中，MLR(I) 为承灾体的平均损失率；D_i 为承灾体处于第 i 损伤状态时的损失比；$P_i(I)$ 为承灾体处于第 i 损伤状态的概率。

根据变电站、输电线路、火电厂、水电厂的地震易脆性曲线和表 3－46 中各设施单元不同破坏等级的损失比，利用式（3－27）计算得到的平均损失比曲线（易损性曲线）如图 3－56～图 3－59 所示。

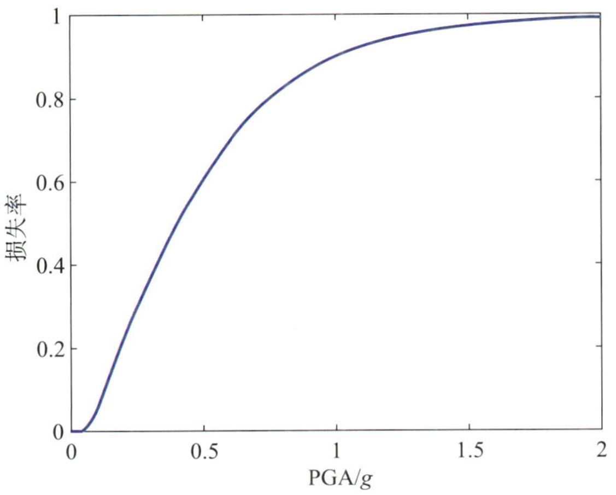

图 3－56 变电站地震易损性曲线

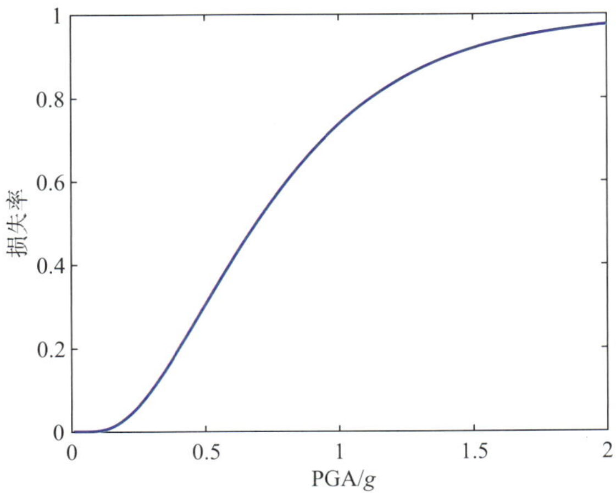

图 3－57 输电线路地震易损性曲线

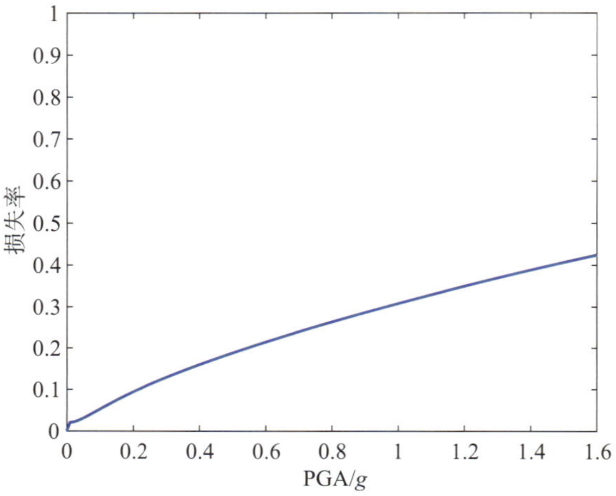

图 3-58　火电厂地震易损性曲线

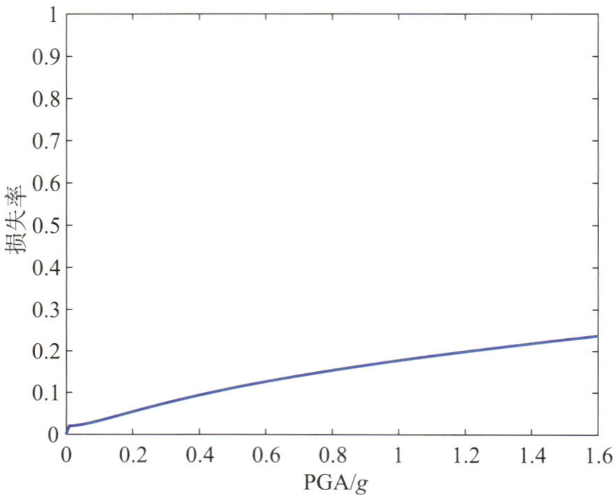

图 3-59　水电厂地震易损性曲线

3.3.4.4　电力系统的功能损失状态经验估计

1）电力系统功能损失分级

电力系统是由电源（发电厂）、变电站（含换流站）、输电线路组成的网络系统，以系统的形式发挥其功能，它的震害也通过系统功能损失的形式表现出来，因此，进行电力系统功能损失状态评价时，应首先确立电力系统功能损失的分级准则。

可以从三个方面评定地震震害对电力系统功能的影响：首先是对变配电功率的影响，变电站主控室等土建设施的破坏及电气设备等变配电设施的破坏，将导致变电站变配电能力的降低乃至丧失，从而直接影响供电工程功能的正常发挥；其次是对供电服务范围的影响，变配电能力的降低及输电线路的破坏等因素将使供电工程正常供电的服务范围减小，从而影响到社会生产和生活的正常运行；再次是恢复系统正常供电功能所需的时间造成的影响，一般说来，电力系统的震害越重，恢复其正常运行所需的时间就越长，社会生产和生活所受的影响也就越严重，因此，恢复系统正常供电所需的时间不仅反映了抢修工作的难易程度，也反映了地震破坏对系统功能损失的影响程度。

由上述三个方面出发，结合国内外一些大地震的网络震害资料，将电力系统功能损失划分为四个等级，见表 3-47。

表 3-47　电力系统功能损失等级

等级	系统功能损失程度
Ⅰ级	事故可及时排除，供电功能基本不受影响，当日即可保持全部供电服务范围内的正常供电
Ⅱ级	发电或变配电功率损失不超过 20%，供电服务范围内不超过 10% 的地区停止供电 2~3 天，一周内恢复正常供电
Ⅲ级	发电或变配电功率损失不超过 50%，供电服务范围内不超过 30% 的地区停止供电 10 天以下，经抢修，在一个月内恢复正常供电
Ⅳ级	发电或变配电功率损失超过 50%，供电服务范围内超过 30% 的地区停止供电 10 天以上，即使多方努力抢修，也需数月或更长的时间才能恢复正常供电

2）电力系统功能损失估计

根据电力系统中土建房屋和变配电设施的震害以及电力系统功能损失调查及总结，按系统功能损失分级准则，综合评定供电系统在不同烈度的地震作用下系统功能损失的程度。

在烈度为 6 度的地震作用下，系统基本完好，可保持正常的供电运行，震害等级为Ⅰ级。

在烈度为 7 度的地震作用下，除部分变电站土建房屋呈现轻微破坏外，其他房屋及电气设施均基本完好，供电系统仍可正常运行，供电功能基本不受影响，震害等级为Ⅰ级。

在烈度为 8 度的地震作用下，部分变电站土建房屋产生中等程度的震害，断路器、隔离开关等高压电气设备也有少数出现震害，使供电系统发生故障，其震害等级为Ⅱ级。

在烈度为 9 度的地震作用下，变电站的土建房屋发生中等至严重的破坏，多种型号的高压电气设施遭到破坏，部分电力变压器也有震害发生，系统功能出现严重故障，震害等级为Ⅱ～Ⅲ级。

在烈度为 10 度的地震作用下，各变电站土建房屋震害严重，部分房屋被毁坏，大多数高压电气设施遭到破坏，供电系统基本丧失了供电能力，处于瘫痪状态，震害等级为Ⅳ级。

3.3.5　通信系统地震易损性模型

1）通信系统架构

目前我国正在使用的是 2G、3G、4G、5G 混用，以 4G 为主的通信网络系统。语音传输仍然依靠 2G 和 3G 网，数据业务则依靠 4G、5G 网。图 3－60（a）给出了目前通信网络的架构示意图。

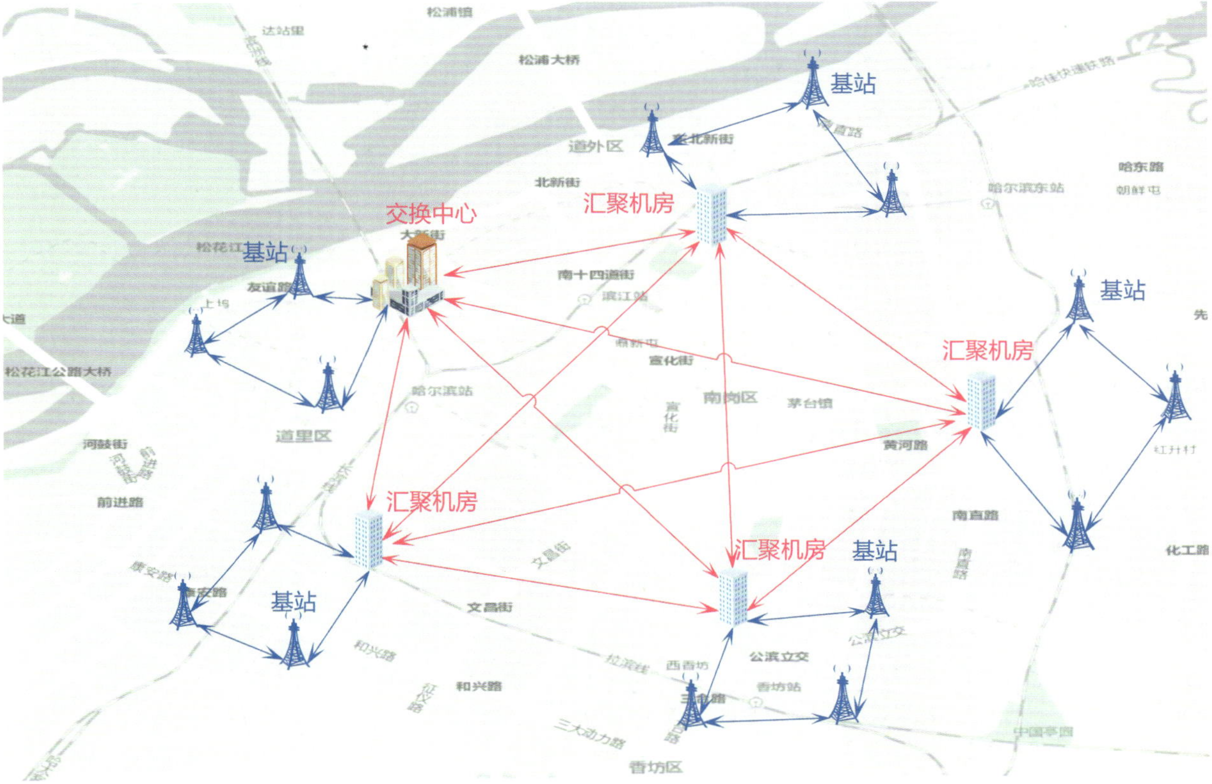

（a）

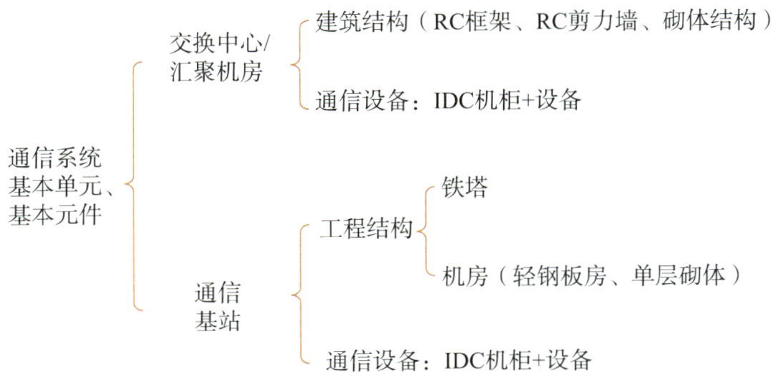

（b）

图 3－60　移动通信系统的构成

（a）通信系统架构示意图；（b）通信系统硬件构成

这一架构主要由交换中心、汇聚机房、通信基站以及将它们连接起来的光缆（埋地或架空）构成。交换中心是本地蜂窝移动通信系统的心脏，它控制着移动用户的互联，移动台的各种软切换、硬切换等；通信基站是与手机等移动终端之间进行信息传递的无线电收发信电台；汇聚机房则是二者之间的中间层，作用是将一定数量的基站业务汇聚到本地主干网。因此，移动通信系统实际上是一个以交换中心、汇聚机房、通信基站为节点，通过光缆网络依照一定的拓扑规则连接的庞大、复杂的网络体系。

图 3－60（b）总结了构成交换中心、汇聚机房、通信基站的关键结构/设施/设备。从物理构成上理解，交换中心和汇聚机房均是由一幢建筑结构（通常是钢筋混凝土结构或砌体结构）、其内部核心机房（内有大量供配电电源、通信和空调设备）构成，通信基站则是由通信铁塔、机房、机房内部的供配电与通信设备构成。

基于上述组成架构，从通信系统地震后经济损失评估的角度，可以将整个系统看作由如下四类基本元件组成：①交换中心/汇聚机房所在的建筑结构；②通信基站的机房建筑；③通信基站的通信铁塔；④典型的通信设备。本小节的主要内容是研究上述四类基本元件的地震易脆性、损失比和地震易损性。由于交换中心/汇聚机房所在的建筑结构的地震易脆性、损失比和地震易损性与普通建筑结构的相关结果一致，因而这里不做特殊研究，以下主要总结了基站机房、基站铁塔、通信设备的地震易脆性、损失比和地震易损性结果。

2）通信系统基本元件的地震易脆性

（1）基站机房的地震易脆性

目前，我国通信基站机房多采用单层砖砌体机房和彩钢板机房。2019 年四川宜宾 6.0 级地震和 2021 年云南漾濞 6.4 级地震后，科研人员分别组织了科考小组对震区的通信系统震害情况做了调研。从上述两次地震后通信基站的损坏情况看，彩钢板机房由于自身很轻，震后几乎未见严重的损坏；单层砖砌体机房则由于建造年代较早，建造不规范等原因，损坏较多。

对于单层砖砌体机房，本章未做专门研究，但其地震易脆性可以参考程明超等（2017）的工作。采用层间位移角作为损伤指标，来评估单层砖砌体机房的地震损伤。假设单层砖砌体机房发生某一损伤状态的概率与地震动强度之间的关系符合对数正态分布，通过 IDA 分析并整理其数据得到的单层砖砌体机房地震易脆性曲线如图 3－61 所示。

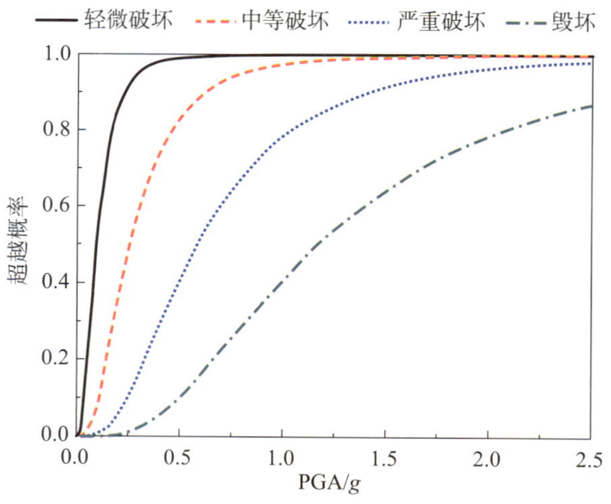

图 3－61　单层砖砌体基站机房地震易脆性曲线

（2）基站铁塔的地震易脆性

为了确定我国落地通信铁塔的主要形式，2016—2017 年，科研人员分别在黑龙江哈尔滨市和新疆克拉玛依市开展了对通信基站的实地调研，获得了两个城市落地通信基站铁塔的基础信息。根据调研结果，单管塔、角钢塔和三管塔是两个城市中数量最多的落地通信铁塔，同时，这也基本可以反映出我国其他城市落地通信铁塔的主要类型。

从中国铁塔股份有限公司发布的《通信铁塔标准图集 V1. 1》(Q/ZTT 1002—2015）中选定 30m 高单管塔、50m 高角钢塔和 50m 高三管塔的设计图纸，建立有限元模型。图 3 –62 给出了三座铁塔的设计图纸。

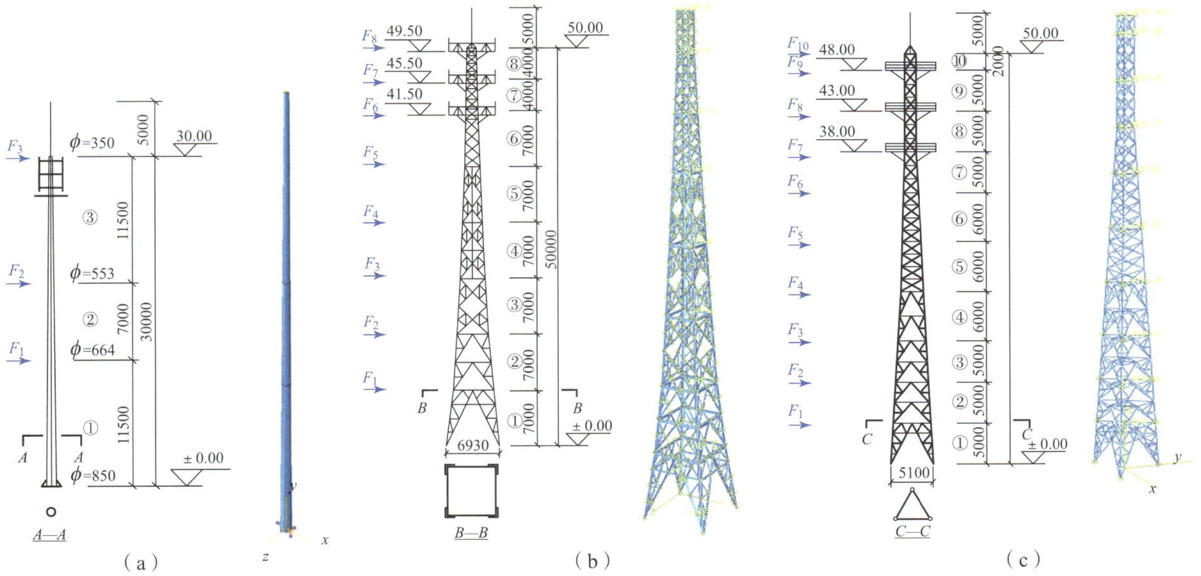

图 3 –62　典型落地铁塔设计图纸

（a）30m 单管塔；（b）50m 角钢塔；（c）50m 三管塔

采用 ABAQUS 建立了三座铁塔的有限元模型。单管塔的塔身材料为 Q345B，采用壳单元 S4R 模拟；角钢塔和三管塔的塔柱材料为 Q345B，其他横材和斜材的材料均为 Q235B，数值模型中采用梁单元 B31 模拟。在 ABAQUS 中采用双线性本构模型模拟钢材的力学特性。对于铁塔与基础的连接，采用简化的线性弹簧单元模拟，以考虑通信铁塔所在场地的土层特性对其地震反应的影响。

对于单管塔、三管塔和角钢塔，均选择铁塔顶端相对于基底的水平侧移角作为衡量铁塔地震损伤的指标，其数值按式（3 –28）计算：

$$\theta_{ta} = \Delta_{ta\_max}/H_{ta} \quad (3-28)$$

式中，θ_{ta}为通信铁塔顶端相对于基底的水平侧移角；Δ_{ta_max}为通信铁塔顶端在地震作用下的最大水平侧移；H_{ta}为通信铁塔的高度。

将单管塔、三管塔和角钢塔的地震损伤状态划分为三个水平，分别是基本完好、严重破坏、毁坏。

从 PEER 数据库和中国强震台网中心数据库中共选取了 58 条地震动记录。对每座铁塔进行增量动力分析，并基于增量动力分析得到铁塔地震响应，统计得到三座铁塔的地震易脆性曲线。

（3）通信设备的地震易脆性

交换中心、汇聚机房和通信基站内的通信设备种类繁多、作用各异，在本小节里，我们选择了上述机房内的 IDC 机柜作为研究对象，采用振动台试验的手段研究其地震易脆性。IDC 机柜是上述机房内最重要的设备之一，数量众多，内部安装服务器或交换、传输设备，是通信机房的最主要构成部分。

试验选用了一种在通信机房中常用的 IDC 机柜，尺寸为 600mm × 800mm × 2000mm。为了尽量模拟机柜的正常运行状态，试验时在机柜中安装了 2 个光纤配线架、2 台交换机，如图 3－63 所示。一个光纤配线架和一台交换机之间通过光纤连接，组成一组设备；两组“光纤配线架＋交换机”之间也用光纤连接，实现了两组设备间的互通。试验过程中保持设备供电。通过交换机上的 2 个指示灯，可以分别观察到设备是否维持通电状态，以及光纤是否保持连接。

试验中选择了材料、型号完全相同的 3 台机柜，每台机柜中均安装了 2 台光纤配线架和 2 台交换机。对每台机柜施加 3 条地震动，3 台机柜共施加了 9 条地震动，以充分考虑地震动的随机性对机柜抗震性能的影响。试验中每台机柜均通过底部螺栓与底板固定连接，底板与振动台也通过螺栓固定连接。选用机柜顶部相对柜底的位移角作为机柜的损伤指标。将机柜的损伤状态划分为三个水平：基本完好、轻微损伤、严重损伤。通过整理三台机柜在 9 条地震动作用下的反应数据，统计分析出机柜的地震易脆性曲线。

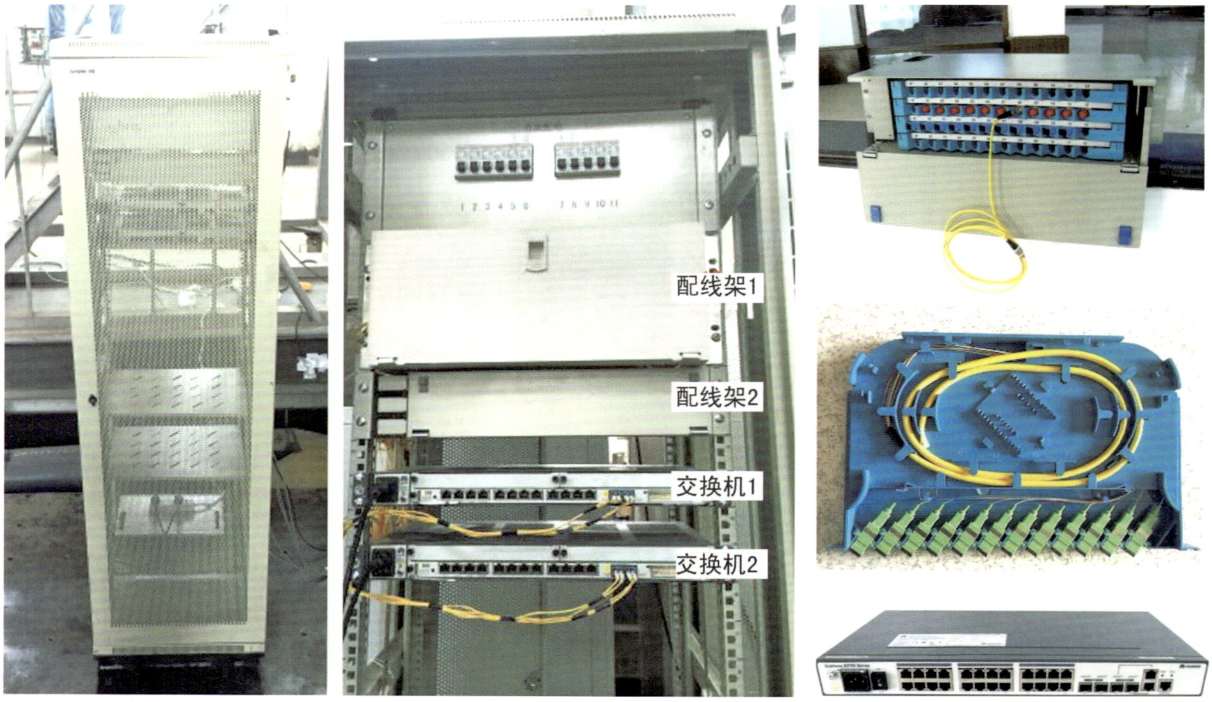

（a）　　（b）　　（c）

图 3－63　振动台试验中采用的通信机柜及其内部设备

（a）试验机柜；（b）内部设备；（c）光纤配线架及交换机

3）通信系统基本元件的损失比及地震易损性

（1）基站机房的损失比及地震易损性

对于单层砖砌体基站机房的损失比，本小节参考了《地震现场工作　第 4 部分：灾害直接损失评估》（GB/T 18208.4—2011）中对“城镇平房、农村房屋”的规定，并对“基本完好”“毁坏”两种损伤状态的损失比进行了调整，如表 3－48 所示。基于单层砖砌体机房的易脆性、损失比，得到其地震易损性曲线。

表 3－48　单层砖砌体基站机房的损失比

类别	损伤状态				
	基本完好	轻微破坏	中等破坏	严重破坏	毁坏
范围	0～5%	6%～15%	16%～40%	41%～100%	71%～100%
建议值	0	11%	28%	71%	100%

（2）基站铁塔的损失比及地震易损性

基于对铁塔公司相关人员的咨询调研，初步确定了如表 3－49 所示的基站铁塔的损失比。同样，基于铁塔的地震易脆性和损失比，得到基站铁塔的地震易损性曲线。

表 3－49　基站铁塔的损失比

类别	损伤状态		
	基本完好	严重破坏	毁坏
范围	0～20%	21%～70%	71%～100%
建议值	0	50%	100%

（3）通信设备的损失比及地震易损性

基于对中国信息通信研究院泰尔实验室所完成的大量通信设备的抗震性能检测试验数据的整理，以及对相关通信设备生产商的咨询，初步确定了如表 3－50 所示的通信设备的损失比。同样，基于设备的地震易脆性和损失比，得到通信设备的地震易损性曲线。

表 3－50　通信设备的损失比

类别	损伤状态		
	基本完好	轻微破坏	严重破坏
范围	0～5%	6%～50%	51%～100%
建议值	0	28%	100%

4）通信系统的功能失效状态估计

通信系统地震灾害后果评估的相关研究起步较晚，因而没有足够的震害调查数据。这里，采用网络连通性分析方法来估计通信系统的震后功能失效状态。

通信系统的震后功能水平取决于地震后仍能与交换中心保持通信的基站和互联网/固定电话入户端的比例。地震后，各通信基站和互联网/固定电话入户端是否经由汇聚机房与交换中心/备份中心保持连通，可以依据当地通信网络的拓扑结构建立合适的网络模型，并采用合适的各类连通性分析方法给出结果。

对于通信网络系统，其震后功能可以采用基于 Warshall 算法的网络连通性分析方法进行评估。该算法的基本思路是采用邻接矩阵来存储通信网络图，利用随机数发生器对通信系统进行多次地震破坏模拟，近似地再现网络中各节点的破坏状态。在每次模拟中，用 Warshall 算法计算每次模拟后的网络连通性矩阵，记录每次各节点与源点的连通状态。经过足够次数的模拟后，用节点和源点的连通频率来近似代替两节点间的连通概率。

基于 Warshall 算法的通信网络连通性分析方法的具体步骤如下。

①依据各类基本元件的地震易损性模型，通过随机采样的方式给出各基本元件震后损伤状态，并依据损伤状态判定各基本元件的功能状态。采用邻接矩阵来存储通信网络图。

②对网络中的每个节点单元，产生随机分布的随机数，并与网络中的节点单元进行匹配，模拟地震中节点破坏状态；在每次模拟后，若某一节点破坏，则认为与其相连的所有线路都失效，依据通信网络中各节点的震后功能状态，修改邻接矩阵。

③基于修改后的邻接矩阵，采用 Warshall 算法分析各通信基站、互联网/固定电话入户端机房经由汇聚机房与交换中心的连通性，得到连通性矩阵。

④存储每次模拟后的节点连通状态，重复②、③步骤，进行多次模拟，当模拟次数足够多时，用节点连通的频率代替两节点连通概率的近似值。

3.4 地震人员伤亡模型

3.4.1 研究背景

近些年，我国连续发生了几次破坏性地震，如 2008 年四川汶川 8.0 级地震、2010 年青海玉树 7.1 级地震、2013 年四川芦山 7.0 级地震、2014 年云南鲁甸 6.5 级地震等，造成了巨大的人员伤亡和财产损失。历次地震的震害经验表明，造成其灾害的主要原因是工程结构的破坏，其次是地质灾害等因素。相同强度的地震发生在城市还是农村，或者经济发展水平差异较大的地区等造成的灾害和损失也是不一样的。基于此，本小节将介绍考虑不同行政区属性及经济水平差异的人员伤亡的震害预测方法研究。

首先从地震致灾理论出发，阐述人员伤亡的成因和基本评估流程。区域灾害系统论（史培军，2002）指出致灾因子是灾害产生的充分条件，承灾体是放大或缩小灾害的必要条件，孕灾环境是背景条件。灾害损失（D）是孕灾环境的不稳定性（E）、致灾因子的危险性（H）和承灾体的易损性（S）综合作用的结果，其表达式可见式（3－29）。

$$D = E \cap H \cap S \tag{3-29}$$

可见，地震危险性、承灾体分布、建筑物易损性、人员伤亡率与地震人员伤亡情况间存在强相关性，其关系可见式（3－30）。现有人员伤亡评估方法基本符合此公式，只是受限于基础数据和技术手段，进行了不同程度的简化。

$$\text{地震人员伤亡} = \sum \text{地震危险性} \times (\text{承灾体分布} \times \text{建筑物易损性} \times \text{人员伤亡率}) \tag{3-30}$$

地震造成的人员伤亡除去地震强度的主要影响，与发震时间、震中距离、建筑物抗震能力、地区经济水平、人类行为习惯和医疗救援等紧密相关。目前，地震人员伤亡研究中被广泛认可的三类主要影响因素为地震、建筑环境和人口特征，见图 3－64。

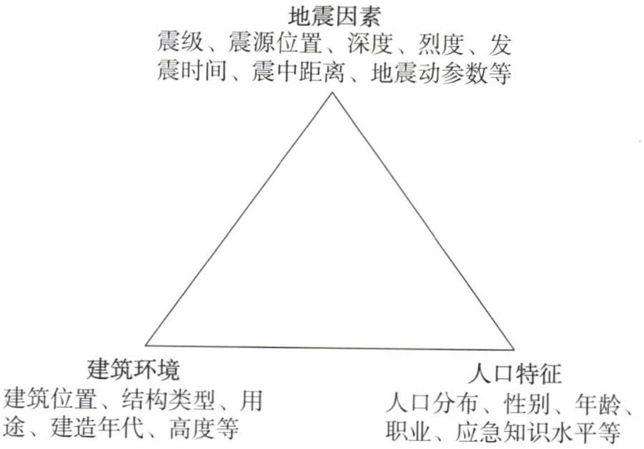

图 3－64 地震人员伤亡三类主要影响因素

地震因素包含震级、烈度、震源深度、发震时间、地震动参数等，建筑环境包含建筑位置、结构类型、用途、建造年代、高度等，人口特征包含人口分布、年龄、性别、应急知识水平等。影响因素间的相互作用增加了人员伤亡评估模型的复杂性，如：地震影响区域内人口特征对伤亡的影响往往与建筑环境有关，而建筑物的易损性也与地震强度紧密相关。根据其中某一或几项特征可以建立人员伤亡的评估模型，但是多数情况下三类特征的相互作用不可忽视。

不同领域的学者就地震人员伤亡问题展开了多角度研究，地球物理和地质领域的研究侧重于地震震源参数、地震动衰减、场地效应等，工程领域的研究侧重于建筑物抗震能力等级划分、房屋破坏致死率（死亡人数/倒塌建筑物数量）、生命安全比（每10000 人中死亡人数占比）等，社会学和公共卫生领域的研究侧重于受伤等级划分、医疗响应、受伤类别等，建筑和城市规划领域的研究侧重于如何提升搜救效率。

3.4.2　基于分区分类的地震人员伤亡评估模型

3.4.2.1　抗震能力分区分类

本小节针对我国不同区域建筑物抗震能力差异，以公里格网区域的建筑为单元开展分区分类抗震能力影响因子的研究，充分考虑不同因素对各区域建筑结构抗震能力的影响，建立不同区域抗震能力分区分类原则，对全国抗震能力进行分区分类，在此基础上，开展不同地区公里格网的建筑物地震灾害损失预测及人员伤亡研究。

1）基础数据收集与整理

（1）人口公里格网数据

本小节以第六次人口普查数据为基础，通过人口与土地利用的相关分析及各地级市、县级市、县的系数调整，建立模型，把人口向矢量化格网分配。依据中华人民共和国国家统计局网站发布的第六次全国人口普查数据、地震应急数据库数据等，通过购买数据、修正数据，对我国人口数据进行格网化。

（2）GDP 公里格网数据

区域抗震能力与 GDP 产值有着极为密切的关系，综合抗震减灾的质量和水平在很大程度上也取决于该地区的综合经济实力。抗震设防标准和《建筑物抗震设计规范》（GB 50011—2010）中建筑物抗震性能的高低都和 GDP 有着极为密切的关系。本小节中的 GDP 数据来源于中国科学院资源与环境数据中心。

（3）土地利用公里格网数据

土地利用数据是指基于 Landsat TM 数字影像，采用全数字化人机交互遥感快速提取方法，将全国土地利用类型划分为 6 个一级分类、25 个二级分类以及部分三级分类的土地利用数据产品。根据我国工程结构建设现状，省会城市、其他地级市、县城等不同行政划分的地区对工程结构的建设要求、监管力度有很大的区别，通常情况下，大中型城市对工程结构的监管要优于其他地区，乡镇以下区域几乎缺少监管。城镇建设用地占比能够在一定程度上反映出一个地区工程结构的建造质量和设防情况。本小节的数据来源于中国科学院资源与环境数据中心。根据 2005 年的 TM 影像，采用《1∶10 万土地利用/覆盖遥感制图分类系统》制成的中国 1∶10 万土地利用矢量数据，每小类存储为一个土地利用类型栅格图层，记录该土地利用类型占整个栅格面积的百分比。数据存储格式为 ArcGIS 的 GRID 格式。

（4）设防烈度

本小节采用第四代《中国地震烈度区划图》中我国各县设防烈度，并将其矢量化，利用 GIS 平台制作四川省设防烈度矢量分布图。

2）综合分区分类方法

考虑我国不同行政区划内（省会城市、其他地级市、县及县级市、乡镇、农村各级行政单位）人口密度、单位面积 GDP、城镇建设用地比例、当地设防烈度等影响因素，结合历史上和近些年的破坏性地震资料，分析各大城市、乡镇及农村等不同区域的相似性和差异性，研究给出不同影响因素对某一地区建筑物抗震能力的影响因子值，利用各影响因子之间的关联程度，通过统计学方法计算得到该地区综合影响因子值，对不同区域根据抗震能力影响程度进行分类，为建筑物地震易损性分析、地震直接经济损失和人员死亡空间分析奠定研究基础，见图 3－65。

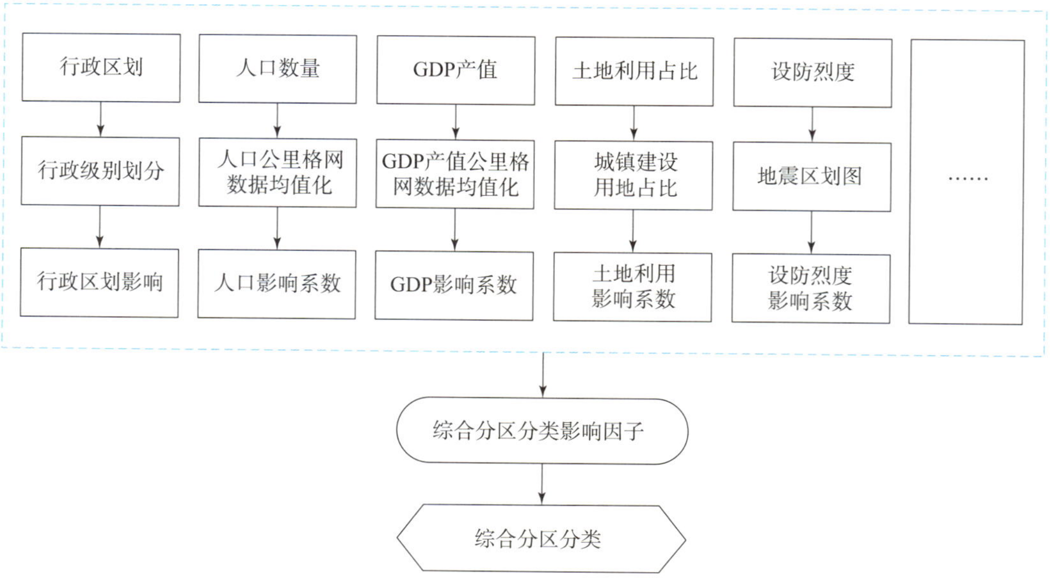

图 3－65　基于公里格网的分区分类方法基本思路

（1）数学模型

某个研究区域的综合影响因子，首先考虑该研究区域按照省会城市市辖区、其他地级市市区、其他三种行政区划进行划分。综合分析不同区域人口空间分布情况、GDP 空间分布情况、城镇建设用地空间占比情况和设防情况等影响因素，计算给出不同划分区域各影响因素的影响因子值，然后考虑不同影响因素对该区域建筑物抗震能力的影响程度，分别给出权重值，采用加权综合评价的方法，建立研究区域分区分类数学模型。加权综合评价法综合考虑了不同影响因子对研究区域的影响程度，即综合分析各影响因子的优劣，并用一个数量化指标加以集中，以此来表示整体研究对象的优劣。

（2）影响系数的计算

a. 人口公里格网数据影响系数。对于某个研究对象，在考虑不同因子的公里格网数据时，为了消除原始数据数量级和量纲的影响，以便对各影响因子值直接进行比较，需要对各个因素进行无量纲化的归一化处理。因此，在研究过程中必须将数据转换成可比较的数据序列。目前，原始数据的变换有均值化、初值化和标准化等方法，本书采用均值化变换方法。

b. GDP 公里格网数据影响系数。国内生产总值是一个国家或地区所有常住单位在一定时期内所有生产活动的市场价值，能够反映出一个地区的经济发展状态，是社会进步与否的重要标志。历年 GDP 中的第二产业数值可在一定程度上反映出工程结构质量的优劣，但是由于研究区域第二产业公里格网值较难获取，而 GDP 与第二产业数值有很强的相关性，因此采用公里格网 GDP 作为研究对象。

同样采用均值化无量纲方法，以研究区域省会城市市辖区 GDP 为参照，计算给出公里格网 GDP 平均值，将研究区域内所有公里格网 GDP 数据同市辖区 GDP 平均值之比作为一个新数列，即对每个公里格网 GDP 数据进行无量纲化处理，且其数据均大于或等于零，将其作为影响系数。

c. 城镇建设用地比例公里格网数据影响系数。土地利用数据是指基于 Landsat TM 数字影像，采用全数字化人机交互遥感快速提取方法，将全国土地利用类型划分为 6 个一级分类、25 个二级分类以及部分三级分类的土地利用数据产品。主要采用城镇建设用地数据占比情况作为影响因素进行分析。

城镇建设用地是指大、中、小城市及县镇以上建成区用地情况。根据近期我国各个区域城镇建设用地公里格网占比情况，综合考虑三级划分区域城镇建设用地对建筑结构类型、房屋质量等的影响程度，给出了影响系数值，具体见表 3－51。

表 3－51　城镇建设用地影响系数

行政区划分级	土地利用数据	影响系数
省会城市市辖区	城镇建设用地	1
	非城镇建设用地	0.25
其他地级市市区	城镇建设用地	0.75
	非城镇建设用地	0.17
其他	城镇建设用地	0.5
	非城镇建设用地	0.08

d. 设防烈度影响系数。我国《建筑抗震设计规范》（GB 50011—2010）第 105 条规定，抗震设防烈度可采用《中国地震动参数区划图》中的地震基本烈度，或与规范中设计基本地震加速度值对应的烈度值。整理统计第五代《中国地震烈度区划图》中不同地区抗震设防情况，并同历史地震震害比较，给出了设防烈度对建筑结构抗震能力的影响系数，具体见表 3－52。

表 3－52　设防烈度影响系数

设防烈度	8 度及以上	6 度 ~ 7 度	不设防
影响系数	1	0.625	0

（3）各影响因素权重 γ_{di} 的取值

研究区域中不同影响因子对整个研究对象的影响程度不同，因此每个影响因子对研究对象的影响不能一概而论，也不能取均值，如何科学地选取 γ_{di} 就直接决定了分区分类的可靠性。采用层次分析法定量分析各影响因素对抗震能力的贡献程度，并给出权重值。

将人口、GDP、城镇建设用地、设防烈度 4 个参数作为不同区域建筑结构抗震能力的主要影响因子，根据专家经验对各个影响因子的相对重要性构造判断矩阵，具体见表 3－53。

表 3－53　影响因子权重的两两比较矩阵

因子	人口 B1	经济 B2	城镇建设用地 B3	设防烈度 B4
人口 B1	1	1	1/6	3
经济 B2	1	1	1/6	3
城镇建设用地 B3	6	6	1	5
设防烈度 B4	1/3	1/3	1/5	1

为保证判断矩阵的准确性，需要进行一致性检验计算。按照一致性检验计算步骤，得出一致性检验表，见表 3－54。

表 3－54　构造矩阵的一致性检验表

λ_{max}	n	RI	CI	CR
4. 1548	4	0. 89	0. 0516	0. 058

从表中得知，CR 小于 0. 1，故构建的判断矩阵符合一致性要求。采用几何平均法计算目标层影响因子的组合权重，见表 3－55。

表 3－55　权重系数 γ_{d_i} 的取值

影响因子	人口	GDP	城镇建设用地	设防烈度
权重系数	0. 16	0. 16	0. 6	0. 08

3. 4. 2. 2　地震人员伤亡评估模型

1）人员伤亡影响因素分析

本小节通过收集统计《中国大陆地震灾害损失评估汇编》《中国古今地震灾情总汇》《中国地震年鉴》等相关基础数据，建立人员伤亡基础数据库。

基于历史震害统计数据，分析影响伤亡的关键因素，主要考虑建筑破坏、地区人口分布等，建立人员伤亡空间分布模型。

（1）人员伤亡比

1975 年美国的 Whitman 等人提出了人员伤亡比同房屋破坏程度的关系，ATC－13 提出了人员伤亡比同房屋完好、基本完好等 7 种破坏程度的关系，具体见表 3－56。

表 3－56　人员伤亡比和建筑破坏等级的关系

伤亡比		完好	基本完好	轻微破坏	中等破坏	严重破坏	极重破坏	倒塌
1975 年 Whitman	受伤比	0	—	0	1/100	1/50	1/10	1
	死亡比	0	—	0	0	1/400	1/100	1/5
ATC－13	轻伤比	0	3/100000	3/10000	3/1000	3/100	3/10	2/5
	重伤比	0	1/250000	1/25000	1/2500	1/250	1/25	2/5
	死亡比	0	1/1000000	1/100000	1/10000	1/1000	1/100	1/5

由于国外的房屋结构类型、建造标准等同我国有着很大的区别，上述关系不适用于我国。本小节对不同烈度区人员死亡的统计结果进行分析，得到不同破坏状态下的人员死亡比及其上下限值，见表 3－57。

表 3－57 人员死亡比与房屋破坏状态的关系

房屋破坏状态		基本完好	轻微破坏	中等破坏	严重破坏	倒塌
死亡比	上限值	0	0	1/100000	1/800	1/15
	中值	0	0	1/120000	1/1000	1/25
	下限值	0	0	1/140000	1/1200	1/35

（2）室内人员影响系数

a. 城市人口在室率。城市居民一年的活动时段可以分为工作日和节假日，城市居民可分为就业人口和非就业人口。城市居民在工作日一天 24h 的活动可以分为以下几个时段：（a）工作日 6—8 时和 16—19 时，大部分上班族和学生在通勤，处于上下班路上，老人、学龄前儿童等大部分处于室内，此阶段办公场所和工厂人员很少；（b）8—16 时大部分上班族和学生都处于室内，商场、超市等也是顾客最多的时间段；（c）19 时至次日 6 时，绝大部分人员处于室内。节假日居民活动时间和范围离散性很大。因此，如果地震发生在第三个时间段（19 时至次日 6 时），由于几乎所有的居民都处于房间内，伤亡最重。在第二个时间段（8—16 时），有一定比例的人员处于室内，室内人员密度总体比第三个时间段低，这个时间段里发生地震，造成的伤亡要次于第三个时间段（19 时至次日 6 时），且高于第一个时间段（6—8 时和 16—19 时）。

b. 农村人口在室率。根据农村居民活动特点，可分为两个时段：（a）6—19 时，大部分农民在室外劳作；（b）19 时至次日 6 时，这段时间内大部分人员处于房间内。

（3）结构类型影响系数

震害表明，房屋结构类型对地震人员伤亡的影响极大。为表征建筑结构类型对地震人员伤亡的影响，表 3－58 给出了 11 种结构的倒塌死亡率。

本小节考虑了结构类型对人员死亡情况的影响，通过统计历次地震中各类建筑破坏情况同人员死亡的关系，给出了不同建筑结构倒塌死亡率。

表 3－58 建筑结构倒塌死亡率（尹之潜，1995）

序号	建筑结构类型	倒塌死亡率/%
1	碎石结构	30
2	土坯结构	15
3	石砌结构	17. 5
4	砖砌结构	25
5	土框架结构（差的填充墙）	15
6	土框架结构（好的填充墙）	10
7	土框架结构（土壤板墙）	5
8	低质量钢筋混凝土结构	15
9	低质量钢筋混凝土剪力墙结构	10
10	高质量钢筋混凝土剪力墙结构（填充墙）	7. 5
11	高质量钢筋混凝土剪力墙结构	2. 5

2）数学模型

给定地震动强度下，某个公里格网中人员伤亡数量计算如下：

$$PL = \sum_{r}^{\text{Loc}} \sum_{j}^{\text{Const}} \sum_{i}^{\text{State}} D_i \times C_r \times S_j \times (P_{ji} \times A_j) \times \left(\rho \frac{M_r}{A_r}\right) \tag{3-31}$$

式中，PL 为地震人员伤亡数量；r 为标的所在位置（模型共分为 6 个区域：省会城市市辖区，其他地级市市辖区、郊区，县和县级市，乡镇，农村）；j 为建筑结构类型［模型共分为 6 种结构：高层建筑、多层钢筋混凝土结构、多层砌体结构（设防和未设防）、土木结构、其他］；i 为建筑结构的破坏等级，分为基本完好、轻微破坏、中等破坏、严重破坏、毁坏；D_i 为建筑结构在破坏等级 i 下的人员伤亡率；P_{ji} 为第 j 类建筑结构在破坏等级 i 下的破坏发生概率（破坏比）；C_r 为区域 r 分区分类的修正系数（修正伤亡率）；S_j 为第 j 类建筑结构的修正系数（修正伤亡率）；A_j 为第 j 类建筑结构的总面积（m^2）；$\rho\frac{M_r}{A_r}$ 为室内人口密度（人/m^2），ρ 为不同时段室内人员的影响系数，M_r 为该区域的总人口数，A_r 为该区域的总建筑面积。

3）概率模型

《国家地震应急预案》(2012 年修订）根据死亡人数实行分级响应制度：当死亡人数在 10 人以下时，确定为一般地震灾害，启动Ⅳ级响应；当死亡人数在 10 ~ 50 人时，为较大地震灾害，启动Ⅲ级响应；当死亡人数在 50 ~ 300 人时，为重大地震灾害，启动Ⅱ级响应；当死亡人数在 300 人以上时，为特别重大地震灾害，启动Ⅰ级响应。

在已知地震后建筑物震害矩阵、灾区建筑物面积和人口分布时，我们即可估算出地震可能造成的死亡人数，为政府的应急备灾提供参考。但在实际应用中，由于本模型仅考虑由建筑物破坏所造成的人员死亡，估算出的死亡人数与实际死亡人数有差异，这给应急决策带来了一定的难度。

如果我们能知道死亡人数在某一范围的概率，则能减少这种不确定性。因此，本小节的目标是利用历史地震数据，估计模型对未来地震造成死亡人数预测的不确定性，计算死亡人数在某一区间的概率。

《中国大陆地震灾害损失评估汇编》（1990—1995、1996—2000、2001—2005、2006—2010）详细记录了基于实际调查的震害资料、建筑物的破坏面积、灾区人口分布等。我们选取了其中 109 条地震记录，用来确定死亡人数的概率模型。

将死亡人数转换为自然对数有助于在对数尺度上找到线性关系，因此将死亡人数做如下变换：

$$y = \ln(D + 0.5) \tag{3-32}$$

$$x = \ln(E + 0.5) \tag{3-33}$$

式中，D 为实际死亡人数；E 为模型估计的死亡人数。

为所有的观测值加入 0.5 的常数，以避免在取 0 的自然对数时，即在没有死亡的情况下，出现负无穷大。假设方程的形式如下：

$$y = c + mx \tag{3-34}$$

则参数 c 和 m 可通过下式计算：

$$c = \bar{y} - m\bar{x} \tag{3-35}$$

$$m = \frac{\sum (x_i - \bar{x})(y_i - \bar{y})}{\sum (x_i - \bar{x})^2} \tag{3-36}$$

式中，$\bar{x}$ 和 $\bar{y}$ 为样本的平均值。

样本的条件方差可由下式计算：

$$\zeta = \sqrt{\frac{1}{N-2}\sum_{i=1}^{N}(y_i - y_{|x_i})^2} \tag{3-37}$$

通过计算可得，$c=-0.83$，$m=0.49$，$\zeta=1.28$。

我们假定 $r=\ln(D+0.5)-y_{|x}$ 服从标准差为 ζ 的正态分布，其中 D 为实际死亡人数，$y_{|x}$ 为预期实际死亡人数，由回归方程计算。对于该假设是否合适，我们拟在 0.05 的显著性水平下采用 K－S 检验确定拟合优度（图 3－66）。

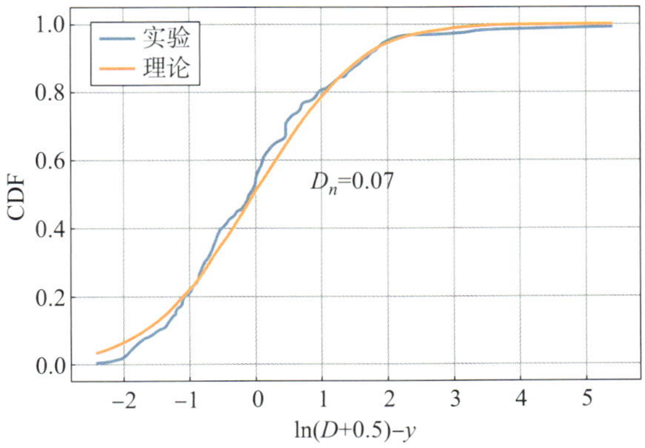

图 3－66　K－S 检验的理论频度与理论概率分布

K－S（Kolmogorov－Smirnov）检验法主要是将样本数据的经验分布与特定的理论分布相比较，若两者之间的差距很小，则在显著性水平 α 下可推断该理论分布是可以接受的。对大小为 n 的样本，将观测数据按升序重新排列。从该有序样本数据集中，可得到阶梯式的经验累计频度函数如下：

$$S_n(x)=\begin{cases}0 & x<x_1\\ i/n & x_i\leqslant x<x_{i+1}\\ 1 & x\geqslant x_n\end{cases} \tag{3-38}$$

式中，x_i 为有序数据集的观测值；n 为样本大小。

如果 $F_x(x)$ 为理论概率分布函数，则 K－S 统计量为：

$$D_n=\max|F_x(x)-S_n(x)| \tag{3-39}$$

如果观测值 D_n 小于临界值 D_n^α，则在指定的显著性水平 α 下假定的理论分布是可接受的，否则，将拒绝假设的理论分布。

$D_n^\alpha=1.36/\sqrt{n}=0.13$，显然 D_n 小于临界值 D_n^α，故在显著性水平 0.05 下，我们可以认为 r 服从标准差为 ζ 的正态分布。进一步，当我们通过模型估算出可能的伤亡人数时，实际死亡人数的概率可由下式计算：

$$P(x\leqslant D)=\Phi\left[\frac{\ln(D+0.5)-y}{\zeta}\right] \tag{3-40}$$

实际死亡人数在 a 和 b 之间的概率为：

$$P(a\leqslant x\leqslant b)=\Phi\left(\frac{\ln b-y}{\zeta}\right)-\Phi\left(\frac{\ln a-y}{\zeta}\right) \tag{3-41}$$

3.4.3　地震人员伤亡模型应用实例

1）震例选取

为了对直接经济损失和人员伤亡评估模型进行验证，本小节以 2008 年四川汶川地震为例对模型进行验证。

2008 年四川汶川 8.0 级地震的极震区烈度达 11 度，如图 3－67 所示，而且同时有两个极震区（汶川县和北川县），强震导致断层错动，出露地表数百千米，其地震烈度远远超过当地的设防烈度（7 度），因此造成大量的房屋倒塌和毁坏，以及大量的地质灾害（滑坡、崩塌等）。两个因素同时作用，造成了 8452 亿元的直接经济损失和 69227 人死亡、17923 人失踪。汶川地震震动强度大，影响范围广（覆盖了城市、乡镇和农村），导致巨大经济损失和人员伤亡的原因众多，许多学者对此次地震灾害做过详细研究，是用于本小节地震直接经济损失和人员伤亡模型检验的典型震例。

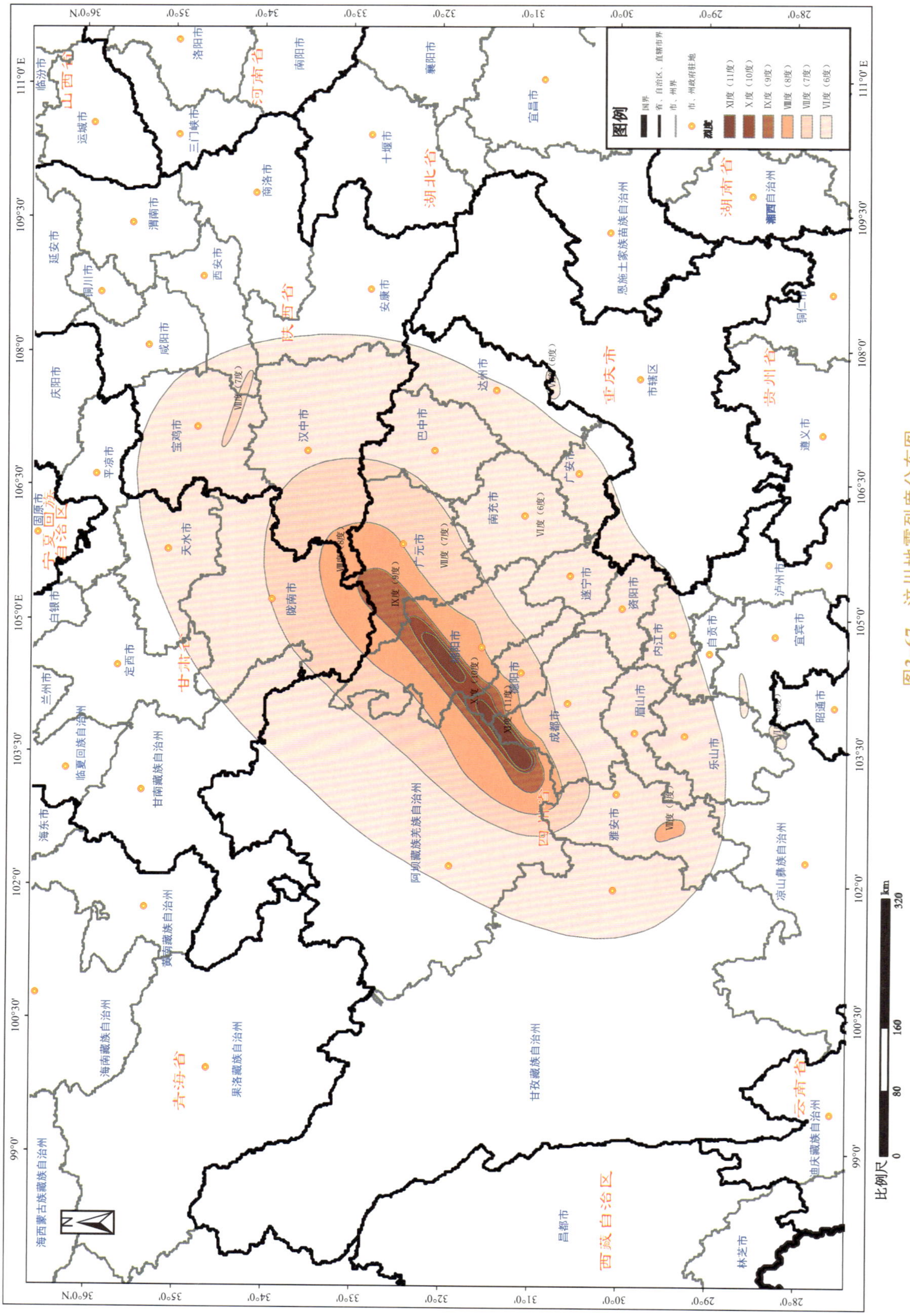

图3-67 汶川地震烈度分布图

2）基础数据

本小节分别阐述经济损失和人员伤亡模型验证所采用的基础数据，包括地震烈度影响场、人口数据、建筑物公里格网数据、建筑物地震易损性数据。

（1）地震烈度影响场

地震烈度影响场采用地震现场调查烈度，其版本采用中国地震局向公众发布的最终版本，如图3－67所示，并基于GIS对其矢量化。现场调查的地震烈度图是依据《中国地震烈度表》（GB/T 17742—2020），根据地震现场震害情况计算并绘制而成的，其分布直接反映的是实际地震灾害的轻重程度。采用现场调查烈度检验地震直接经济损失和人员伤亡模型的地震输入是最为科学合理的。

（2）人口数据

人口数据采用以公里格网为单元的分布数据（格网实际大小为30″×30″），数据来源为中国科学院地理科学与资源研究所基于第六次人口普查数据研发的人口公里格网数据，数据时效性为2010年。人口密度是直接影响人员伤亡评估的数据，其他条件一致的情况下，人口密度越高，地震造成的人员伤亡数量越大。

汶川地震震区人口分布图见图3－68，各烈度区人口分布见表3－59。

表3－59　汶川地震各烈度区人口分布　（单位：万人）

地震烈度	6	7	8	9	10～11
人口	4776	2695	376	95	28

（3）建筑物公里格网数据

本小节的经济损失和人员伤亡评估模型主要研究的是由房屋结构破坏倒塌而导致的经济损失和人员伤亡，其他因素（如地震地质灾害等）所造成的经济损失和人员伤亡不在本小节的研究范围内。因此，作为地震最主要承灾体的建筑物的数据是核心数据之一。本小节采用以公里格网为单元的建筑物分布数据（格网实际大小为30″×30″），建筑物结构类型为高层建筑、多层钢筋混凝土结构、多层砌体结构、单层砌体结构、其他结构，每种结构类型的建筑为一个图层，数据为栅格数据，每个格网内为建筑物面积，单位为m^2。图3－69为计算所有建筑结构的汶川地震建筑面积空间分布图。

（4）建筑物地震易损性数据

建筑物地震易损性数据是为了计算建筑物在不同地震烈度下不同破坏等级的建筑面积，地震造成人员伤亡主要是由于倒塌和严重破坏的房屋，极少量的中等破坏的房屋也会造成人员伤亡。该部分数据采用研究成果“基于分级评价的群体建筑物易损性矩阵模拟结果”，其采用分级评价的研究方法，可较好地模拟震区建筑结构的地震易损性。

3）结果分析

通过查阅资料，得出汶川8.0级地震的死亡人数和直接经济损失统计数值，其基本信息如表3－60所示。

表3－60　汶川地震基本信息及损失统计

地点	震级（M_S）	震源深度/km	震中烈度	死亡人数/人	直接经济损失/万元
汶川县	8.0	14	11度	69227	84521500

基于上述基础数据，采用本小节研究的地震人员伤亡评估模型，计算得到汶川地震人员死亡及空间分布情况，模型计算结果与实际直接经济损失和人员死亡数据对比如表3－61所示。汶川地震人口死亡空间分布图见图3－70。

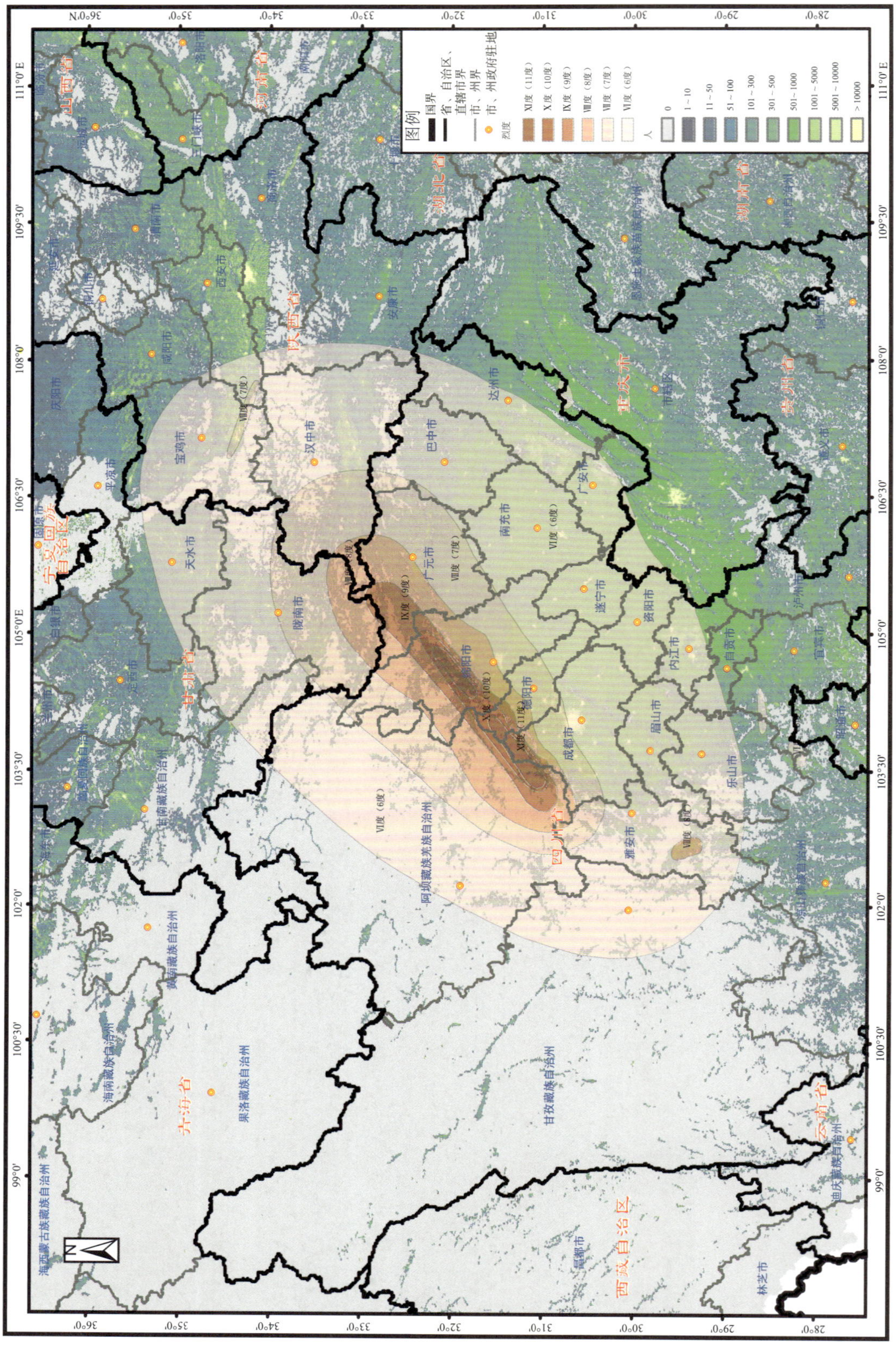

图3-68 汶川地震灾区人口分布图

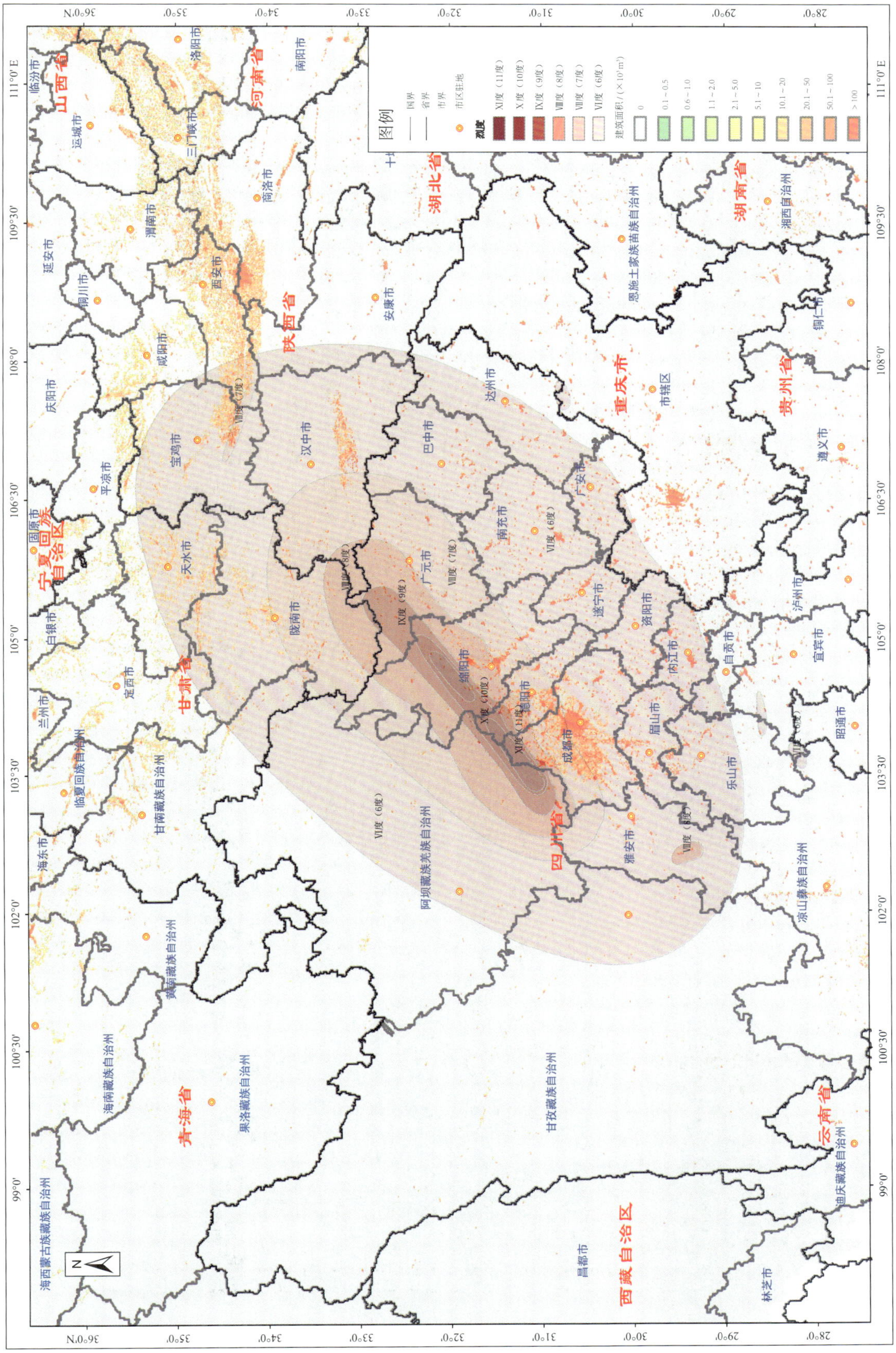

图3-69　汶川地震建筑面积空间分布图（所有建筑）

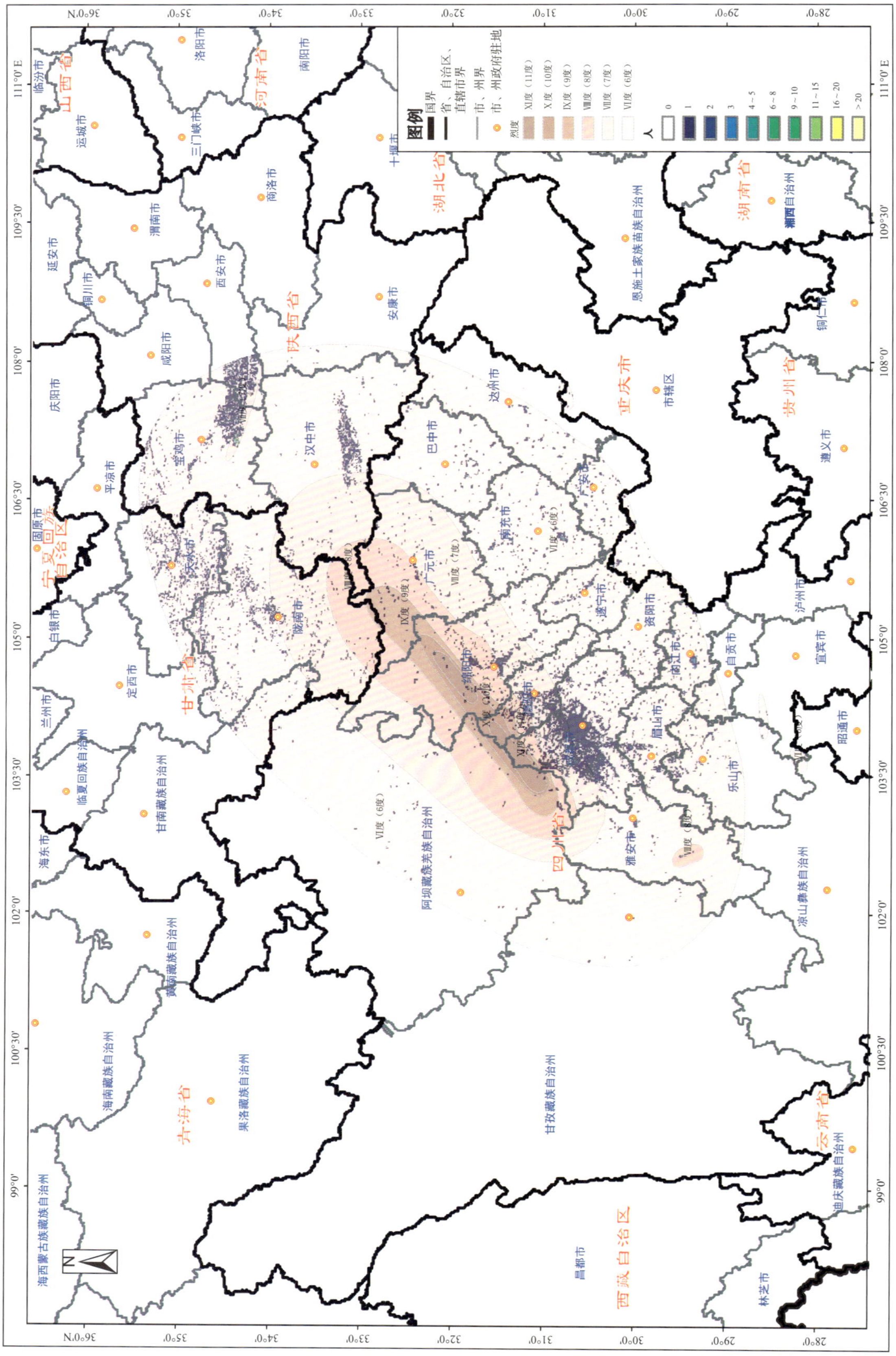

图3-70 汶川地震人口死亡空间分布图

表 3-61　本方法与实际直接经济损失和人员死亡数据对比

地震事件	预测损失/万元	实际损失/万元	预测死亡人数/人	实际死亡人数/人
汶川地震	56368004	84521500	50659	69227

从人员伤亡计算模型分析结果中可以看出，汶川地震预测死亡人数为 50659 人。该预测结果只考虑了因建筑物破坏和倒塌所造成的死亡人数，与实际死亡人数吻合得非常好，因为汶川地震中地质灾害造成的死亡人数约 2 万人，建筑物破坏和倒塌造成的死亡人数大约就是 5 万人。此外，汶川地震中极震区有两个 11 度区，而本小节所研究的建筑物地震易损性矩阵只做到了 10 度地震作用。汶川地震是一个特别典型的震例，其工程结构破坏、地质灾害、次生灾害等各种灾害类型特别丰富，本小节对汶川地震预测的合理性从一定程度上证明了人员伤亡评估模型所考虑的因素以及参数取值的合理性。

参 考 文 献

白仙富，戴雨芡，余庆坤，等，2015. 地震滑坡危险性评估模型及初步应用．地震研究，38（02）：301-312.

白仙富，聂高众，戴雨芡，等，2021. 基于公里网格单元的地震滑坡人员死亡率评估模型——以 2014 年鲁甸 M_S6.5 地震为例．地震研究，44（01）：87-95.

陈棋福，陈凌，1997. 利用国内生产总值和人口数据进行地震灾害损失预测评估．地震学报，(06)：83-92.

陈相兆，2016. HAZChina 地震应急快速评估技术研究及系统建设．哈尔滨：中国地震局工程力学研究所．

陈颙，刘杰，陈棋福，等，1999. 地震危险性分析和震害预测．北京：地震出版社．

程家喻，杨喆，1996. 评估地震人员伤亡的软件系统．地震地质，(04)：462-470.

程庆乐，曾翔，熊琛，等，2017. 区域建筑震害模拟方法分析对比．工程力学，34（S1）：105-110，128.

黄佩蒂，2018. 境外地震人员伤亡影响因素研究．哈尔滨：中国地震局工程力学研究所．

李海华，1987. 震灾最大伤亡率的初步分析．灾害学，(02)：41-47.

李爽，2014. 基于 CA 方法的建筑结构倒塌模拟与人员疏散及伤亡分析研究．哈尔滨：哈尔滨工业大学．

李媛媛，苏国峰，翁文国，等，2014. 地震人员伤亡评估方法研究．灾害学，29（02）：223-227.

刘吉夫，陈颙，史培军，等，2009. 中国大陆地震风险分析模型研究（Ⅱ）：生命易损性模型．北京师范大学学报（自然科学版），45（4）：404-407.

陆伟东，邓大利，居兴鹏，等，2011. 中国木结构建筑分布及其震害．西安建筑科技大学学报（自然科学版），43（4）：6.

马玉宏，谢礼立，2000. 关于地震人员伤亡因素的探讨．自然灾害学报，(03)：84-90.

马玉宏，谢礼立，2000. 地震人员伤亡估算方法研究．地震工程与工程振动，(04)：140-147.

马玉宏，谢礼立，2001. 我国社会可接受地震人员死亡率的研究．自然灾害学报，(03)：56-63.

任军宇，潘鹏，王涛，等，2021. GB/T 38591—2020《建筑抗震韧性评价标准》解读．建筑结构学报，42（01）：48-56.

钱芳芳，钱凯，2011. 砖木结构分类及抗震构造研究．中外建筑，(11)：2.

史培军，2002. 三论灾害研究的理论与实践．自然灾害学报，(03)：1-9.

孙柏涛，张桂欣，2012. 汶川 8.0 级地震中各类建筑结构地震易损性统计分析．土木工程学报，45（5）：5.

孙柏涛，闫培雷，王明振，2014. 四川省芦山“4·20”7.0 级强烈地震建筑震害图集．北京：地震出版社．

孙柏涛，李洋，2021. 中国震害预测工作的沿革与发展．工程力学，38（01）：1-7，51.

孙柏涛等，2022. 农村房屋抗震实用手册．北京：地震出版社．

王东明，高永武．2019. 城市建筑群概率地震灾害风险评估研究．工程力学，36（07）：165-173.

王晓青，丁香，王龙，等，2009. 四川汶川 8 级大地震灾害损失快速评估研究. 地震学报，31（02）：205－211，235.
肖东升，2009. 基于 GIS 和 CA 的地震灾害压埋人员情景分析与评估理论. 成都：西南交通大学.
肖光先，1991. 震后灾害损失快速评估. 灾害学，(04)：12－17.
谢礼立，张晓志，周雍年，1996. 论工程抗震设防标准. 地震工程与工程振动，(01)：1－18.
杨天青，姜立新，杨桂岭，2006. 地震人员伤亡快速评估. 地震地磁观测与研究，(04)：39－43.
尹之潜，1991. 地震灾害损失预测研究. 地震工程与工程振动，(04)：87－96.
余世舟，2004. 地震次生灾害的数值模拟. 哈尔滨：中国地震局工程力学研究所.
张戈，2015. 东北地区生土民居地震易损性及空间分布研究. 哈尔滨：中国地震局工程力学研究所.
张桂欣，孙柏涛，2018. 基于模糊层次分析的建筑物单体震害预测方法研究. 工程力学，35（12）：185－193，202.
张桂欣，2020. 基于多元数据融合的区域地震灾害风险分级评价方法研究. 哈尔滨：中国地震局工程力学研究所.
赵振东，郑向远，钟江荣，1999. 地震人员伤亡的动态评估. 地震工程与工程振动，(04)：149－156.
赵振东，郑向远，2000. 地震人员伤亡研究的回顾与进展. 自然灾害学报，(01)：93－99.
郑山锁，张睿明，陈飞，等，2019. 地震人员伤亡评估理论及应用研究. 世界地震工程，35（01）：87－96.
周颖，吴浩，顾安琪，2019. 地震工程：从抗震、减隔震到可恢复性. 工程力学，36（06）：1－12.
周雍年，张晓志，1999. 社会可接受的地震人员死亡率研究. 自然灾害学报，(04)：35－40.
诸井孝文，宫村正光，许晏萍，1999. 地震人员伤亡预测与研究现状. 国际地震动态，(03)：27－32.
韩小雷，庄朝禄，季静，等，2020. 基于构件变形的 RC 剪力墙结构地震抗倒塌准则对比研究. 土木工程学报，53（S2）：41－46.
全国地震标准化技术委员会，2020. 中国地震烈度表：GB/T 17742—2020. 北京：中国标准出版社.
全国地震标准化技术委员会，2009. 建（构）筑物地震破坏等级划分规范：GB/T 24335—2009. 北京：中国标准出版社.
全国地震标准化技术委员会，2011. 地震现场工作　第 4 部分：灾害直接损失评估：GB/T 18208.4—2011. 北京：中国标准出版社.
全国地震标准化技术委员会，2020. 建筑抗震韧性评价标准：GB/T 38591—2020. 北京：中国标准出版社.
Armenian H K，Noji E K，Oganesian A P，1992. A case-control study of injuries arising from the earthquake in Armenia，1988. Bulletin of the World Health Organization，70（2）：251.
ATC（Applied Technology Council），1985. Earthquake damage evaluation data for California（ATC－13）. Redwood City：Applied Technology Commission.
Blom G 1958. Statistical estimates and transformed beta-variables. New York：Wiley.
BRUYCKER M D E，GRECO D，LECHAT M F，1985. The 1980 earthquake in Southern Italy—morbidity and mortality. International journal of epidemiology，14（1）：113－117.
Coburn A，Spence R，2003. Earthquake Protection. John Wiley & Sons.
Coburn A W，Spence R J S，Pomonis A，1992. Factors determining human casualty levels in earthquakes：mortality prediction in building collapse [C]//Proceedings of the 10th world conference on earthquake engineering. Balkema，Rotterdam，the Netherlands：5989－5994.
De Bruycker M，Greco D，Annino I，et al，1983. The 1980 earthquake in southern Italy：Rescue of trapped victims and mortality. Bulletin of the World Health Organization，61（6）：1021.
FEMA P－58，2012. Seismic performance assessment of buildings volume 1：Methodology. Washington，DC：Federal Emergency Management Agency.
Jaiswal K S，Wald D J，2010. An empirical model for global earthquake fatality estimation. Earthquake Spectra，26（4）：1017－1037.
Lilliefors H W，1967. On the Kolmogorov-Smirnov test for normality with mean and variance unknown. Journal of the American Statistical Association，62（318）：399－402.

Liang N J, Shih Y T, Shih F Y, et al, 2001. Disaster epidemiology and medical response in the Chi-Chi earthquake in Taiwan. Annals of Emergency Medicine, 38 (5): 549 – 555.

Marano K D, Wald D J, Allen T I, 2010. Global earthquake casualties due to secondary effects: a quantitative analysis for improving rapid loss analyses. Natural Hazards, 52 (2): 319 – 328.

M Erdik, K Sesetyan, M B Demircioglu, et al, 2011. Rapid earthquake loss assessment after damaging earthquakes. Soil Dynamics and Earthquake Engineering, 31: 247 – 266.

Nachi N, Okada S, 2007. Provabilistic Seismic Casualty Models and Simplified Method to Evaluate Seismic Casualty Risk. Japan Construction Society, 616: 97 – 104.

NIBS, FEMA (National Institute of Building Sciences and Federal Emergency Management Agency), 2003. Multi-hazard loss estimation methodology, earthquake model, HAZUS @ MH technical manual. Washington, DC: Federal Emergency Management Agency.

Noji E K, Kelen G D, Armenian H K, et al, 1990. The 1988 earthquake in Soviet Armenia: A case study. Annals of Emergency Medicine, 19 (8): 891 – 897.

Okada S, Nachi N, Tamori S, et al, 2006. An intensive hearing investigation to households damaged in the 2004 Niigata-Ken Chuetsu earthquake. Rep Tono Res Inst Earthquake Sci, 18: 65 – 157.

Peek-Asa C, 2003. Seismic, structural, and individual factors associated with earthquake related injury. Injury Prevention, 9 (1): 62.

Ramirez M, Peek-Asa C, 2005. Epidemiology of Traumatic Injuries from Earthquakes. Epidemiologic Reviews, 27 (1): 47 – 55.

Robin Spence, Emily So, Charles Scawthorn, 2011. Human casualties in earthquakes. Springer Dordrecht Heidelberg London New York: 13 – 24.

Samardjieva E, 2002. Estimation of the Expected Number of Casualties Caused by Strong Earthquakes. Bulletin of the Seismological Society of America, 92 (6): 2310 – 2322.

Shapira S, Aharonson-Daniel L, Shohet I M, et al, 2015. Integrating epidemiological and engineering approaches in the assessment of human casualties in earthquakes. Natural Hazards, 78 (2): 1447 – 1462.

Tabata N, Okada S, 2006. Seismic death risk function for casualties per house. J Struct Construct Eng Trans AIJ, 605: 71 – 78.

Tiedemann H, 1989. Casualties as a function of building quality and earthquake intensity [C]//Proceedings of the international workshop on earthquake injury epidemiology for mitigation and response. Baltimore: Johns Hopkins University: 10 – 12.

Trendafiloski G, Wyss M, Rosset P, et al, 2009. Constructing city models to estimate losses due to earthquakes worldwide: Application to Bucharest, Romania. Earthquake Spectra, 25 (3): 665 – 685.

Yiing-Jenq C, Nicole H, Cheng-Hua L, et al, 2004. Who is at risk of death in an earthquake? . American Journal of Epidemiology, (7): 688 – 695.

第4章 风险暴露模块

中国地震巨灾模型开展地震模拟计算时，需了解“承灾体在哪里”“承灾体状态如何”。为了提供承灾体的位置与状况信息，科研人员研发了风险暴露模块。风险暴露模块具有全国范围内的精确人口分布数据、国内生产总值（GDP）格网数据和房屋建筑数据。本章介绍了上述数据的采集、处理和建立数据库的过程，并展示了相应的应用案例。

多元风险暴露信息标准化技术是承灾体风险暴露度模型的基础。一方面，精准的地震灾害人口伤亡及经济损失评估，需要精细化的空间人口及经济风险暴露数据作为数据基础；另一方面，在实际的保险业务中，鉴于保险初始数据多为区域范围的聚合保单数据，精细化的保险损失分析和费率计算，需要依据空间风险暴露数据库进行保单信息的空间位置和价值分配，以实现区域内聚合保险数据转化为清单保单，进行保险损失分析。

风险暴露模块，包含全国易损性风险暴露数据，这些数据的获取与调查需要巨大的工作量，需要花费大量的人力、物力。由于地震灾害损失评估和地震保险保障范围主要包括人员伤亡及社会经济损失等，本章充分使用统计数据、遥感、夜光、手机信令等多源数据，构建了人口、GDP承灾体暴露度格网化模型以及行业（房屋建筑）承灾体暴露度反演模型，通过技术成果在全国或区域范围内应用，形成了全国风险暴露数据库。与国外已有模型对比，本模型具有高空间粒度、高时间粒度的数据输入的保障和高度耦合多源空间数据对承灾体进行空间再分配的模型优势，较国外现有模型，本模型的空间异质表达更翔实，空间分布更科学。本章将就人口、GDP及行业（房屋建筑）风险暴露数据库的构建方法进行介绍。

4.1 多元风险暴露信息标准化方法

多元风险暴露信息标准化技术是承灾体风险暴露度模型的基础，通过技术研究，形成了一套针对遥感影像、人口、GDP、兴趣点（POI）等多源数据的标准化方法，解决了模块所需数据的标准化问题，保证了试验数据的综合性、现势性、开放性以及不重复性等，使得输出成果达到便于后续计算和对比研究的目的，为后续相关研究提供了数据标准化的理论基础和实操指导。研究方法在全国及示范区进行了标准化实践，完成了一套涵盖统计数据、空间数据、社交媒体数据、手机信令数据四类数据的标准化数据库。

4.1.1 多元风险暴露信息的构成

多源数据划分为统计数据、空间数据、社交媒体数据以及手机信令数据（表4－1）。其中统计数据包括人口和GDP统计数据，空间数据包括地理信息数据、光学遥感数据及其衍生产品栅格数据、土地覆盖数据和数字地表模型（DSM）数据，社交媒体数据主要指 POI 数据。空间分辨率（见本书“附录　术语”）2 ~ 250m，时间跨度为 2010—2020 年。针对不同数据提出不同的标准化方法。

表 4 – 1　数据体系

序号	数据分类	数据名称	清洗后状态	
			状态	坐标系
1	统计数据	人口数据	行政级（乡镇）	WGS84
2		GDP 数据	行政级（县级）	
3	空间数据	光学遥感数据	像元级	
4		地理信息数据		
5		DSM 数据		
		灯光指数数据		
6		土地覆盖数据		
7	社交媒体数据	POI 数据	格网级	
8	手机信令数据	手机信令	格网级	

4.1.2　统计数据标准化方法

1）人口数据标准化

以乡镇为基础单元，以全国第六次人口普查乡镇人口和县级人口总数，及第七次人口普查县级人口总数为基础，根据区县级的年增长率内插计算中间年份 2019 年乡镇级人口总数。假设乡镇人口增长率与所在区县增长率相同。依据两次人口普查的推算增长率计算最新普查年份后的特定年份的行政单元人口数量。目前政府公开了第六次人口普查乡镇级别及以上行政级别的人口数据和第七次人口普查的县级人口数据，因此可采用人口内插方法得到两个人口普查年份间特定年份的人口数据。以 2019 年为例，采用 2010 年和 2020 年的人口数据，内插得到 2019 年县级人口数量，继而获得各县区的人口年均增长率和特定年份 2019 年的县区总人口和乡镇总人口，通过行政单元匹配、空间相关联、县级人口总量控制完成特定年份 2019 年示范区乡镇级人口标准化。

技术流程如图 4 – 1 所示。

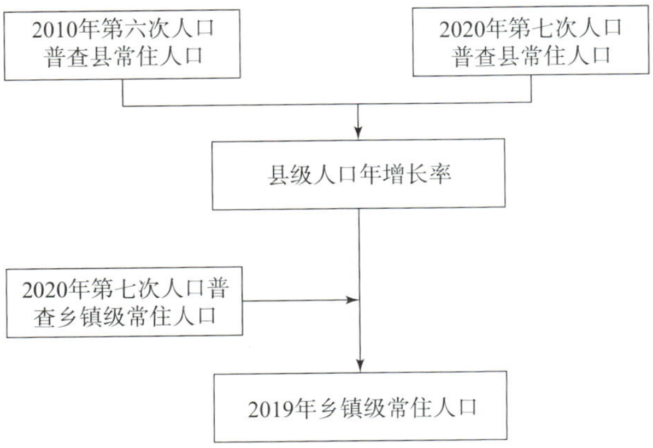

图 4 – 1　人口数据标准化流程图

2）GDP 数据标准化

国内生产总值（Gross Domestic Product，GDP）是指国家或地区在一定时期内运用生产要素所生产的全部最终产品和服务的市场价值总和。以 2016 年县级分产业 GDP 数据为基础资料，通过行政单元匹配、空间相关联将表格样式 GDP 空间化到县级区划上，将矢量数据转为栅格数据，完成县级 GDP 数据标准化。

技术流程如图 4－2 所示。

4.1.3 空间数据标准化方法

1）光学遥感数据标准化

高分辨率遥感数据标准化处理是生产产品的必要过程，最终目的是生成正射影像数据，即对遥感数据进行必要的数据预处理，以保证遥感影像的正常使用和目标地物的最佳表达。遥感数据预处理主要包括辐射定标、几何校正、正射校正、全色和多光谱波段融合等步骤，最终得到标准化的遥感数据产品。标准化过程可采用 PCI Geomatics GXL 软件进行处理，技术流程如图 4－3 所示。

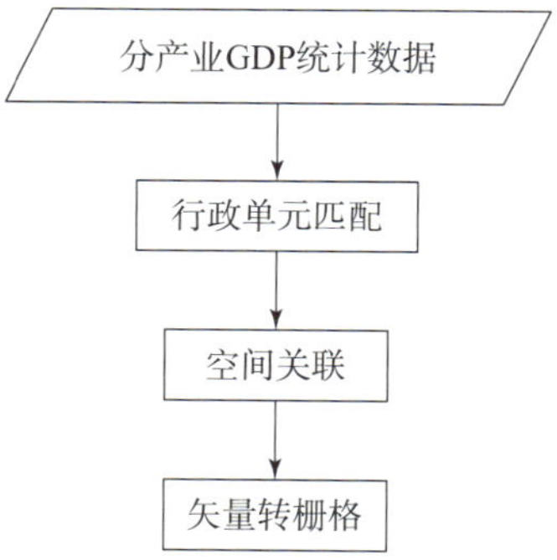

图 4－2 GDP 数据标准化流程图

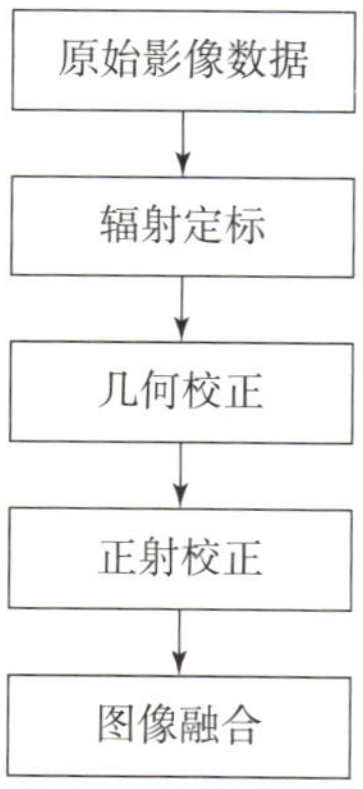

图 4－3 高分辨率遥感数据标准化技术流程图

正射校正后的影像需要与基础底图叠加显示，利用“拉窗帘”方法逐屏检查，如发现有明显抖动或地物扭曲、错位现象，可量测该同名点误差，开展相对误差与重叠误差的测量。相对误差指 DOM 地物点相对于基础底图上同名地物点的误差，重叠误差是指纠正后相邻两景影像重叠区域的同名地物点误差。相对误差应满足表 4－2 中的要求。

表 4－2 相对误差限差

地形类别	平地、丘陵地（像素）	山地、高山地（像素）
相对误差	2 倍	8 倍

2）地理信息数据标准化

河流、道路数据来自 OSM（Open Street Map）官方网站的 2019 年中国区域数据集，将线状矢量数据经过长度阈值筛选，剔除非道路数据，与格网叠合，用 ArcGIS 10.2 中的 Identity 工具标记落在每个格网中的线段 ID。

技术流程如图 4－4 所示。

①裁剪：利用行政区划矢量裁剪，得到研究区域的道路网水系网数据。

②统一坐标系：为保持数据坐标系的一致性，统一设定为 WGS84 坐标系。

③去噪：以 250m 为阈值，筛选所有单个路段、河流，移除不满足阈值的悬挂路段、河流。

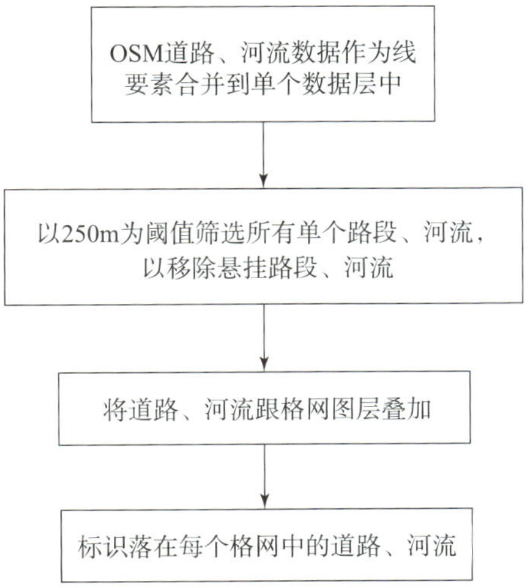

图 4－4　道路、河流数据标准化处理流程

④格网标记：利用 ArcGIS Identity 工具标识落在每个格网中的道路、河流。

3）灯光指数数据标准化

NPP－VIIRS 夜间灯光数据，来自 Suomi NPP（Suomi National Polar－orbiting Partnership）卫星上搭载的可见光红外辐射成像仪（Visible Infrared Imaging Radiometer Suite，VIIRS）。此传感器于 2011 年 10 月发射，旨在收集高质量的卫星辐射数据。VIIRS 具有 22 波段可见光红外传感器，具有相同的条带宽度（3000km），其中 VIIRS 传感器的日/夜（Day and Night，DNB）波段，光谱范围为 0.5～0.9μm，可以收集微弱灯光源，具有非常清晰的夜间观察能力，能清晰反映夜间灯光亮度情况。VIIRS DNB 波段由 NASA 和 NOAA 联合提供，动态范围广，辐射定量精细。VIIRS 数据的空间分辨率为 15″，NPP－VIIRS 夜间灯光图像亚卫星点分辨率为 400m，中国区域的格网分辨率为 500m，辐射分辨率 14 位。

以 NPP－VIIRS 夜间灯光为数据源，经过裁剪、统一坐标系、去噪（例如首都机场灯光值过高）、重采样等步骤将灯光值统计到百米格网中。

技术流程如图 4－5 所示。

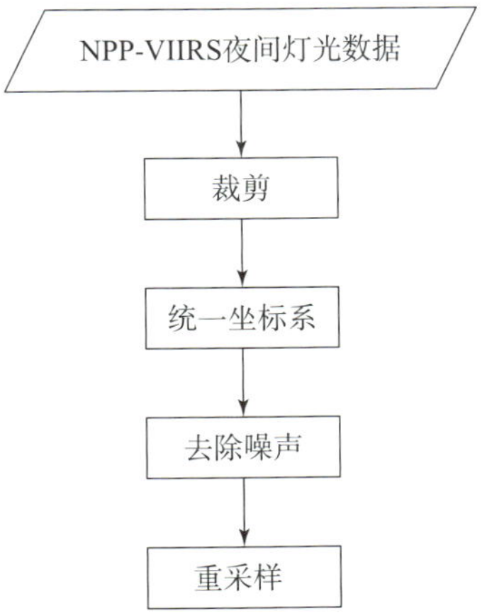

图 4－5　夜间灯光数据标准化流程图

①裁剪：利用行政区划矢量裁剪，得到研究区域的夜间灯光数据。

②统一坐标系：为保持数据坐标系的一致性，统一设定为 WGS84 坐标系。

③去噪：对于噪声值较高的像元，用所在区域的平均灯光进行平滑，将高于所在区域平均值的像元用平均值代替。

④重采样：利用 ArcGIS 重采样工具进行双线性内插，将灯光影像重采样至百米格网内。

4）土地覆盖数据标准化

以 FROM－GLC10－2017 土地覆盖产品为基础，进行耕地、林地、草地、水体、不透水面五种土地覆盖类型的提取，同时，统计在 100m 格网范围内不同土地覆盖类型的面积占比，最终将统计结果以栅格形式存储，以便多源数据整合处理工作的开展。

技术流程如图 4－6 所示。

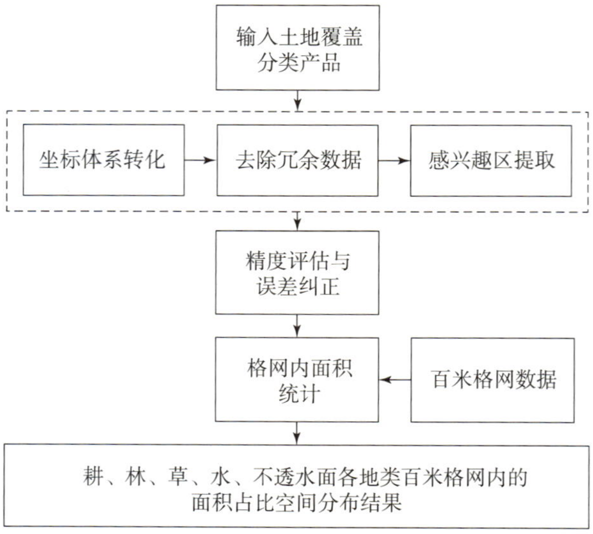

图4-6 土地覆盖数据标准化流程

（1）坐标体系转换

将坐标参考信息缺失及坐标参考非 WGS84 的数据统一转换为 WGS84 数据。

（2）去除冗余数据

自动化统一去除冗余数据，冗余数据包含无效数据与其他地类数据两种。其中，无效数据主要包含产品中的空值，其他地类数据主要包含除耕地、林地、草地、水体以及不透水面的其他地类数据。对于此类数据，统一设置为空值。

（3）误差纠正

土地覆盖产品中提供了研究所需的地类信息，但仍有误差存在。为了保证获取的各地类面积占比的准确性，在完成土地覆盖产品的预处理后，对研究区的土地覆盖类型进行逐一核查，对土地覆盖类型标记错误的像素进行调整，完成误差纠偏。

（4）面积统计

统计在 100m 格网范围内不同土地覆盖类型的面积占比，最终将统计结果以栅格形式存储，包含 5 波段，空间分辨率为 100m，分别代表耕地、林地、草地、水体以及不透水面 5 种地表类型的面积占比。

5）数字地表模型（DSM）数据标准化

数字地表模型（Digital Surface Model，DSM），指包含了地物建筑、桥梁和树木等物体表面高低形态的数据集，在地面高程模型（Digital Elevation Model，DEM）的基础上表达更加精确的地面起伏信息。数据来源为高分辨率测绘卫星采集的立体影像，常见卫星包括国产资源三号、高分七号，以及商业卫星 WorldView 等。本小节规定了高分辨率卫星影像生成 DSM 数据的输入输出要求、图像处理技术流程、具体步骤及相关要求。

DSM 数据生产流程如图 4-7 所示。

生产步骤主要包括以下几步。

①影像预处理：影像去噪、增强、金字塔搭建和分割；

②建立空中三角工程：输入立体像对，定义控制点，通过空中三角测量方式解求立体影像对定位所需的控制点坐标和定向所需的外方位元素；

③局域网平差：使区域内像对间定位精度保持均匀一致；

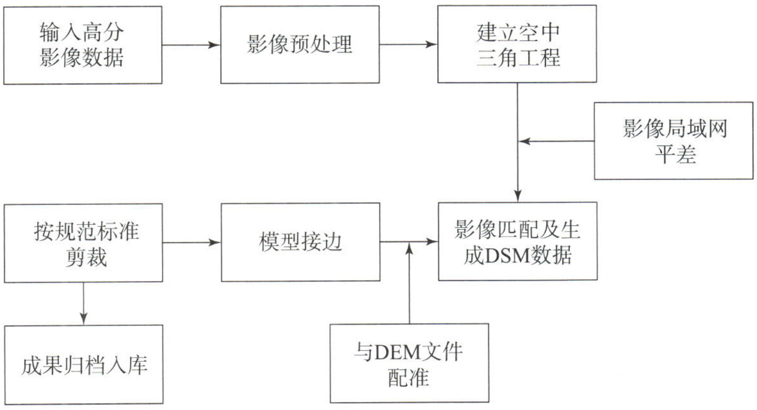

图 4－7　基于多源高分数据的 DSM 数据生产流程图

④影像匹配：通过特征点与格网点、特征线匹配影像，必要时需人工识别未匹配点，生成 DSM 数据，检查相对定向、绝对定向精度；

⑤DEM 配准：生成 DEM 文件，并与 DSM 数据进行配准；

⑥成果归档：模型接边平滑处理，并按规范标准裁剪，入库保存。

4.1.4　社交媒体数据标准化方法

兴趣点（Point of Interest，POI）是地理信息系统中的一个术语，泛指一切可以抽象为点的地理对象，尤其是一些与人们生活密切相关的地理实体，如学校、银行、餐馆、加油站、医院、超市等。POI 通过百度地图 API（应用程序编程接口）获得（http://map.baidu.com）。POI 数据的属性包括多个字段，例如 POI 名称，分类代码，类型，省、市、县（区）代码，联系方式，经度，纬度，具体地址，邮政编码和门牌号等丰富的信息。具体技术流程如图 4－8 所示。

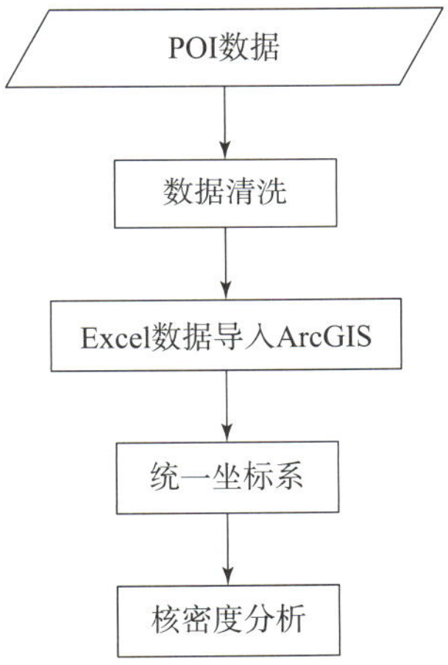

图 4－8　社交媒体数据标准化流程图

①数据清洗：POI 数据初始为 Excel 格式，其中含有一些冗余和错误数据，需要将没有完整名称或类别信息的内容删除，删除重复数据，完成一系列数据清洗工作。

②数据导入：为了实现地理数据在空间上的应用，根据 Excel 中每个点包含的经纬度信息，将 Excel 数据导入到 ArcGIS 中，进行空间化。

③统一坐标系：为保持数据坐标系的一致性，统一设定为 WGS84 坐标系。

④核密度分析：如果每个 POI 被视为功能单位，POI 密度越高，则 POI 越集中，所以基于核密度估计方法（Kernel Density Estimation，KDE），利用 ArcGIS 核密度分析工具将点转化为连续的密度图层。

4.1.5　手机信令数据标准化方法

手机信令是手机用户在网络中活动时的位置信息，属于非自愿被动无感式采集的信息。当手机发生开机、关机、主叫、被叫、收发短信、切换基站或位置更新等时，手机识别号、信令发生时间、当时所处的基站编号、机主身份信息均会保存在手机信令数据中。经过脱敏、关联处理及扩样处理，可获得每个格网拥有年龄分段属性，及不同时间切片下的到来和离开行为的人口总数。

具体技术流程如图 4 -9 所示。

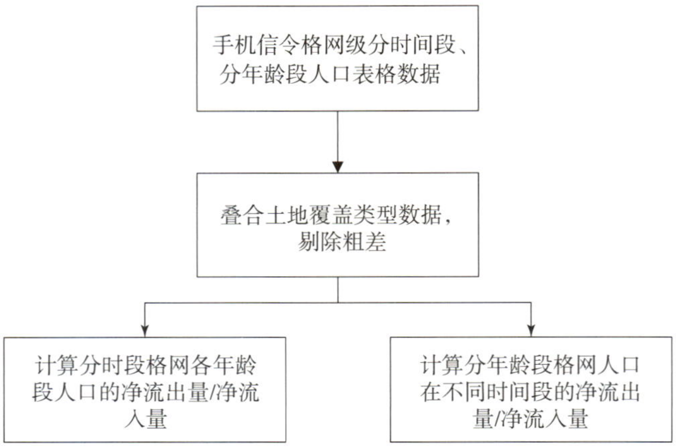

图 4 -9　手机信令数据标准化流程图

①统一坐标系：统一设定为 WGS84 坐标系的行政区划内生成 250m 格网，与手机信令 table 数据按经纬度关联。

②表格汇总：不同年龄段、时间段及到达和离开的表格根据唯一标识码匹配，并与矢量格网关联。

③粗差剔除：叠合土地覆盖类型数据，对于落在非不透水层覆盖类型的格网上人口总数超过 30 的格网进行均值平滑。

④特征计算：采用 Python 中求和、求差函数计算每个格网分时间段各年龄段人口的净流入和净流出量，计算每个格网分年龄段人口在不同时间段的净流入和净流出量，并将计算结果与矢量格网空间关联。

4.2　人口暴露度空间化

人口暴露度空间化模型包括：应用夜间灯光和土地覆盖类型数据有强线性关系，引入夜间灯光为因子权重进行研究，获得全国 100m 格网人口分布结果；进一步借鉴最新的多因子加权数据融合理论，基于土地覆盖数据，以及各因子和人口分布的相关性，采用权重配分系数法进行人口分配，并在示范区得到应用；随着手机渗透率的提高，将手机作为研究人口的替代，成为一种新的研究思路，详细的手机信令为昼夜人口差异分布研究提供了数据支持。结合上述数据，本节提出了耦合多源空间数据的昼夜人口空间分布模型，并在示范区应用。

4.2.1　全国 100m 人口格网化模型

人口空间化一般指将行政单元统计的数据按照一定的分配规则分配到一定大小的地理格网上，完成行政单元数据与地理格网数据的转换。人口是地震承灾体所具有的重要人文属性之一，已有研究结果证明，夜间灯光数据和土地覆盖类型中的不透水层与人口存在显著的相关关系。本小节使用夜间灯光数据作为权重因子，结合全国土地利用分类数据，将全国乡镇人口空间化。

本小节选取全国除香港、澳门、台湾外的地区作为灯光单因子人口空间化研究区。使用的数据、文件为 2016 年 NPP - VIIRS 夜间灯光数据、2016 年全国土地覆盖数据、2016 年全国乡镇人口统计数据和全国县级行政单位矢量文件。

结合乡镇人口统计数据、基础地理数据和遥感灯光指数产品及土地利用现状等多源数据，利用人口与灯光数据存在的显著线性关系对人口进行分配，完成全国范围 2016 年人口 100m 格网空间分配。具体技术方法如图 4－10 所示。

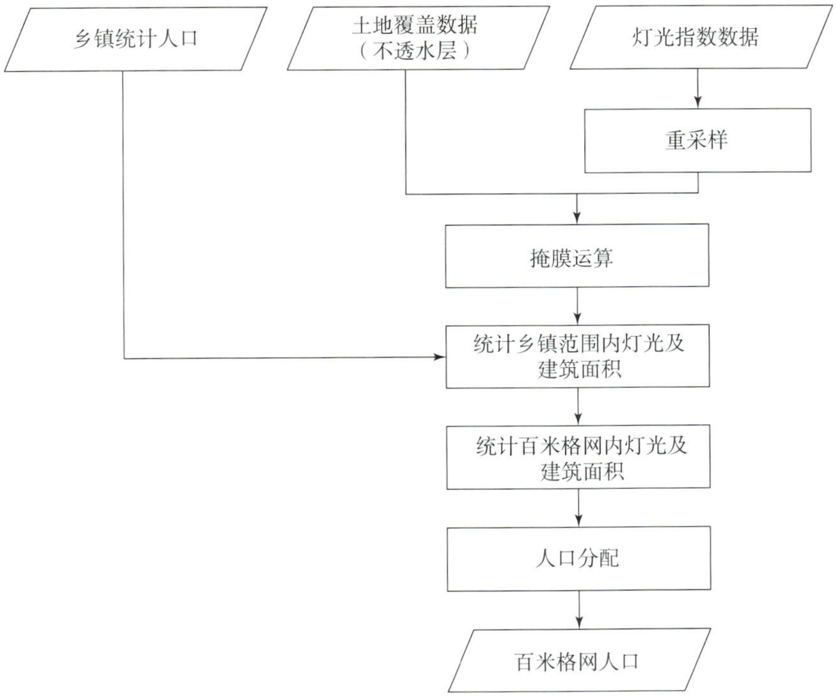

图 4－10　全国人口空间化数据生产技术流程

用不透水层提取夜间灯光数据，制作不透水层覆盖区域的灯光指数数据，对 500m 分辨率的夜间灯光数据进行重采样，根据乡镇级行政区划边界矢量数据进行分区统计，计算乡镇总的平均灯光强度，并统计每个 100m 格网的夜间灯光，以夜间灯光的平均强度及建筑面积为指标，将乡镇总人口分配到不透水层的格网中。

$$\mathrm{pop}_i = \mathrm{light}_i \frac{\mathrm{pop}_{\mathrm{town}}}{\mathrm{light}_{\mathrm{town}}} \tag{4-1}$$

式中，pop_i 为 100m 格网的人口值；light_i 为每个 100m 格网夜间灯光的平均统计值；$\mathrm{pop}_{\mathrm{town}}$ 为每个乡镇行政区的人口统计值；$\mathrm{light}_{\mathrm{town}}$ 为乡镇总的平均灯光强度之和。

灯光单因子结合土地覆盖类型中的不透水层数据模拟全国人口 100m 格网空间化结果如图 4－11 所示。

4.2.2　区域人口精细化模型

本小节基于土地覆盖数据，选择夜间灯光数据、道路网数据、POI 数据作为相关因子分配指标，通过人工神经网络模型训练得到各因子相关性权重，利用权重分配系数法，实现 2016 年北京市 30m×30m 格网的人口空间化，并与不引入 POI 数据作为分配指标所得到的人口空间化结果进行精度验证对比，验证引入 POI 数据是否可以提高人口分配精度，对人口分布是否具有一定的指示能力。本小节的研究区为北京市。北京市是我国的首都，研究其精细尺度上的人口分布不仅有利于多学科的融合应用，更有利于国家对北京未来发展的协调控制。

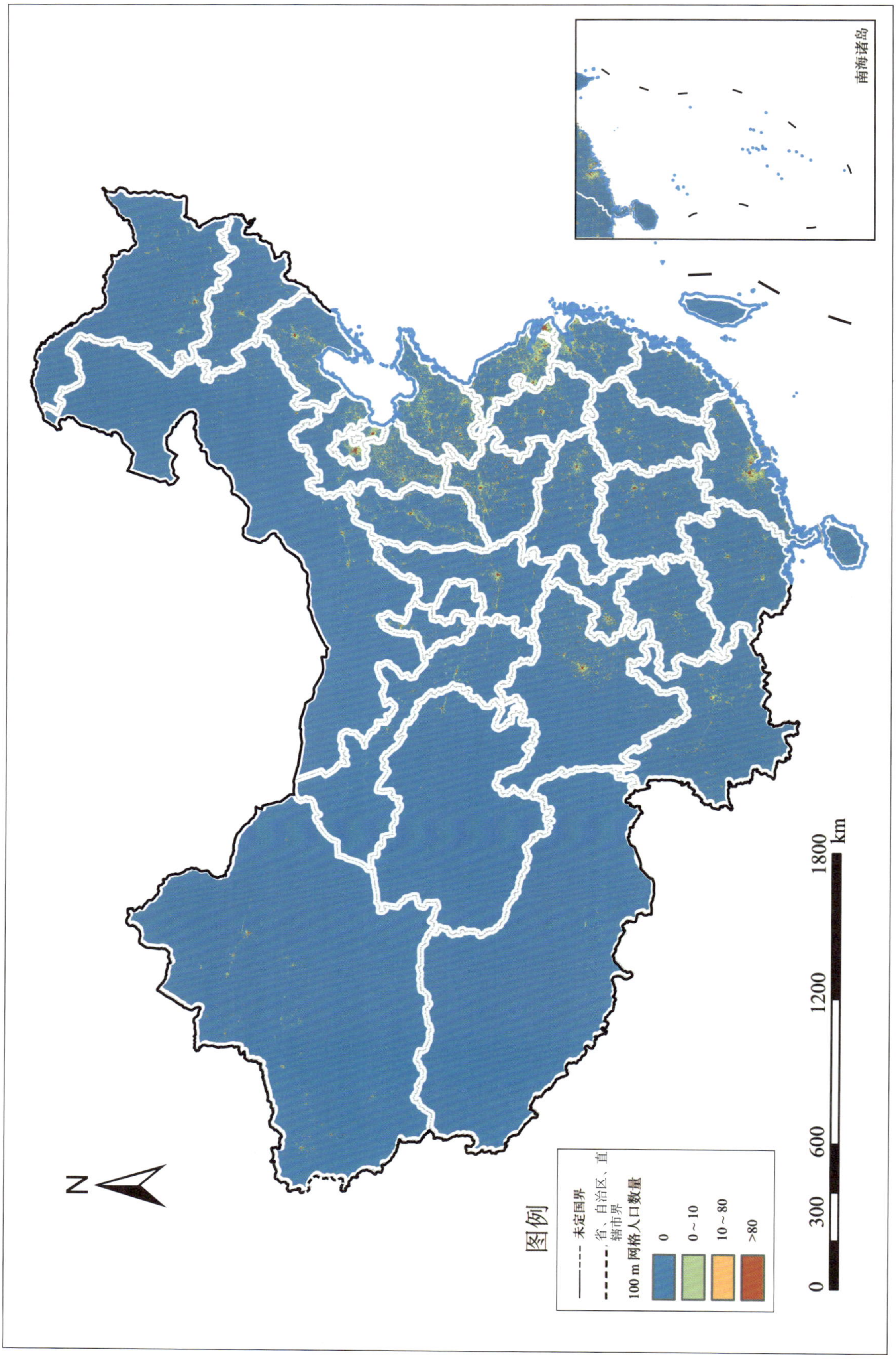

图4-11 全国人口空间化模拟结果

4.2.2.1　基础数据

本小节所用数据如下。

①2016 年 NPP/VIIRS 年合成夜间灯光影像数据。

②北京地区城市 POI 数据。

③2017 年全球 30m 土地覆盖数据。

④人口数据，包括北京市 2010 年乡镇级人口统计数据、北京市 2016 年区县级人口统计数据。

⑤地理基础数据，包括北京市行政边界矢量数据以及道路网数据。

基础数据类型与来源见表 4－3。

表 4－3　基础数据类型与来源

数据名称	数据类型	数据时相	数据来源
乡镇级人口数据	表格	2010 年	2010 年第六次人口普查数据
区县级人口数据	表格	2016 年	北京市统计年鉴
行政边界数据	矢量	—	国家基础地理数据
全球 30m 土地覆盖数据	栅格	2017 年	清华大学
NPP/VIIRS 夜间灯光数据	栅格	2016 年	http://ngdc. noaa. gov/eog/viirs/download_monthly. html
道路网数据	矢量	2016 年	国家基础地理数据
POI 数据	矢量	2016 年	百度地图

4.2.2.2　技术方法

（1）数据预处理

将上述所有空间数据统一空间坐标系及空间分辨率，并分别统计计算人口分布各相关因子的值。

①从 2017 年全球 30m 土地覆盖数据中提取北京市的建筑区域，作为人口分配的区域，并将其转换为 30m×30m 的栅格数据。

②依据北京市行政区划矢量图裁剪 500m×500m 的 NPP－VIIRS 夜间灯光数据，得到北京市范围内的夜间灯光强度。将灯光数据重采样成 30m 格网，与北京市建筑用地数据保持一致。利用北京市区县级行政区划矢量边界分区统计每个区县建筑用地范围内夜间灯光强度总和，作为夜间灯光因子统计值。

③将 7 个图层的道路网矢量数据合并，构成北京市道路网数据，按照 0. 1km、0. 2km、0. 4km、0. 8km、1. 6km 的距离建立缓冲区，并将其转换成 30m×30m 的栅格数据并裁剪，与北京市建筑用地数据保持一致，按照区县级行政区划矢量边界分区统计每个区县建筑用地范围内道路值总和，作为道路网因子统计值。

④根据商业类别的定义将获取的北京市 21 类 POI 数据按照功能分为 5 类，分别为生活类、休闲娱乐类、金融商务类、公共服务类、汽车相关类，如表 4－4 所示。按照区县级行政区划矢量边界分区统计每个区县建筑用地范围内 5 类 POI 矢量数据的个数，作为 POI 因子统计值。

表 4－4　北京市 POI 数据分类

POI 分类	分类内容	数量	占比/%
生活	居民小区、餐饮、购物、医院、大厦	127965	60. 18
休闲娱乐	休闲娱乐	8935	4. 20

续表

POI 分类	分类内容	数量	占比/%
金融商务	金融商务	9768	4.60
公共服务	科研教育、医疗服务、政府单位、汽车站、火车站、公安交警、机场、服务区、风景名胜、宾馆	54983	25.86
汽车相关	停车场、加油站、收费站	10975	5.16
合计	—	212626	100.00

（2）基于感知器神经网络模型的权重确定

POI 数据的权重确定，利用 Clementine 软件中的感知器神经网络模型，将区域统计得到的市辖区内 5 类 POI 矢量点个数，作为输入值，2016 年市辖区的人口统计数据作为期望输出值，将其一起作为训练样本进行模型训练，得到 5 类 POI 变量因子的贡献量，即 5 类 POI 权重。以北京为例，16 个市辖区三类因子权重如表 4-5 所示。

表 4-5　各类 POI 权重

POI 分类	生活	休闲娱乐	金融商务	公共服务	汽车相关
权重	0.2433	0.1992	0.1703	0.1728	0.2145

POI 综合值计算：

$$\mathrm{POI}_i = \sum_{k=1}^{5} (W_k \times Q_{ki}) \tag{4-2}$$

式中，POI_i 为经分配权重后第 i 个栅格的 POI 值；W_k 为第 k 类 POI 的权重；Q_{ki} 为原始第 i 个栅格中第 k 类 POI 值。

（3）多因子的权重确定

将区域统计得到的灯光值、道路网值、POI 综合值作为输入值，2016 年市辖区的人口统计数据作为期望输出值，将其一起作为训练样本进行模型训练，得到 3 个变量因子的贡献量，即 3 类因子权重。以北京为例，16 个市辖区三类因子权重如表 4-6 所示。

表 4-6　三类相关因子权重

相关因子	夜间灯光数据	道路网数据	POI 数据
权重	0.345	0.196	0.459

根据已经得到的各因子权重以及 2016 年北京市各区县人口总数建立人口密度模型，公式如下：

$$\mathrm{POI}_{ij} = \mathrm{pop}_j \times \sum_{n=1}^{3} (Z_n \times S_n) \tag{4-3}$$

$$S_1 = L_{ij}/L_j;\ S_2 = R_{ij}/R_j;\ S_3 = \mathrm{POI}_{ij}/\mathrm{POI}_j \tag{4-4}$$

式中，i 为第 i 个栅格；j 为第 j 个县区；pop_j 为第 j 个县区人口总数；Z_1、Z_2、Z_3 分别为灯光数据、道路数据、POI 数据分配的权重；L_{ij}、R_{ij}、POI_{ij} 分别为第 j 个县区第 i 个栅格内的灯光值、道路值、POI 值；L_j、R_j、POI_j 分别为第 j 个县区灯光总值、道路总值、POI 总值；S_1、S_2、S_3 分别为第 i 个栅格内灯光值、道路值、POI 值所占比重。

（4）精度验证方法

①人口推算：由于数据条件限制，无法得到 2016 年北京市各乡镇人口统计数据，进行精度验证，因此本小节选择相对精度验证方法，用 2010 年全国第六次人口普查数据中的北京市乡镇人口

统计数据，根据北京市各区县的人口增长比例推算出 2016 年北京市乡镇人口统计数据，进行精度的验证。

$$E = \frac{P_2}{P_1} \tag{4-5}$$

式中，E 为从 2010 年到 2016 年某区县的人口增长比例；P_1 为 2010 年某区县人口；P_2 为 2016 年某区县人口。

$$P_g = E_i \times P_s \tag{4-6}$$

式中，P_g 为根据 2010 年北京市真实人口推算得到的 2016 年 i 县区内某乡镇人口；E_i 为 i 县区的人口增长比例；P_s 为 2010 年北京市 i 县区内某乡镇人口。

②误差计算：

$$N = \frac{|P_t - P_g|}{P_g} \times 100\% \tag{4-7}$$

式中，N 为人口相对误差；P_t 为本试验建立格网分区统计得到的人口数；P_g 为根据 2010 年北京市真实人口推算得到的 2016 年北京市某乡镇人口。

$$W = \frac{1}{n}\sum_{i=1}^{n} N_i \tag{4-8}$$

式中，W 为平均相对误差；n 为参与精度验证的乡镇数；N_i 为某乡镇人口相对误差。

4.2.2.3 模型结果

1）人口空间分布

北京常住人口南北差异大、东西差异大，呈现集中在东、南部的分布特点。作为中国少数几个国际性巨型城市之一，北京市人口分布自市中心向外围波动性递减并且具有多中心分布的典型特征。北京市五环内人口分布密集，由于交通、经济、科研、就业、教育等各方面的优势，人口密度高的区域大都集中在东城、西城、朝阳、海淀等中心城区，其中人口密度最高的为东城区，可达 214 人/900m^2。

北京市人口空间密度图见图 4－12。

2）相关性分析

利用 SPSS 软件对人口统计数据与夜间灯光数据、道路网数据、5 类 POI 数据分别进行相关分析，结果如表 4－7 所示。从表中可看出，人口统计数据与夜间灯光数据、POI 数据相关性都很高，与道路网数据的相关性稍低一些，且 5 类 POI 数据综合值与人口统计数据的相关性均高于单独 5 类 POI 数据与人口统计数据的相关性，证明本小节将 5 类 POI 数据作为一个综合因子参与权重分配是合理的。

表 4－7　人口统计数据与相关因子的相关系数（*R*）

相关因子（POI 类别）	相关系数（*R*）	相关因子	相关系数（*R*）
生活类	0.879	夜间灯光	0.852
休闲娱乐类	0.896	道路网	0.572
金融商务类	0.861	综合 POI	0.921
公共服务类	0.890		
汽车相关类	0.887		

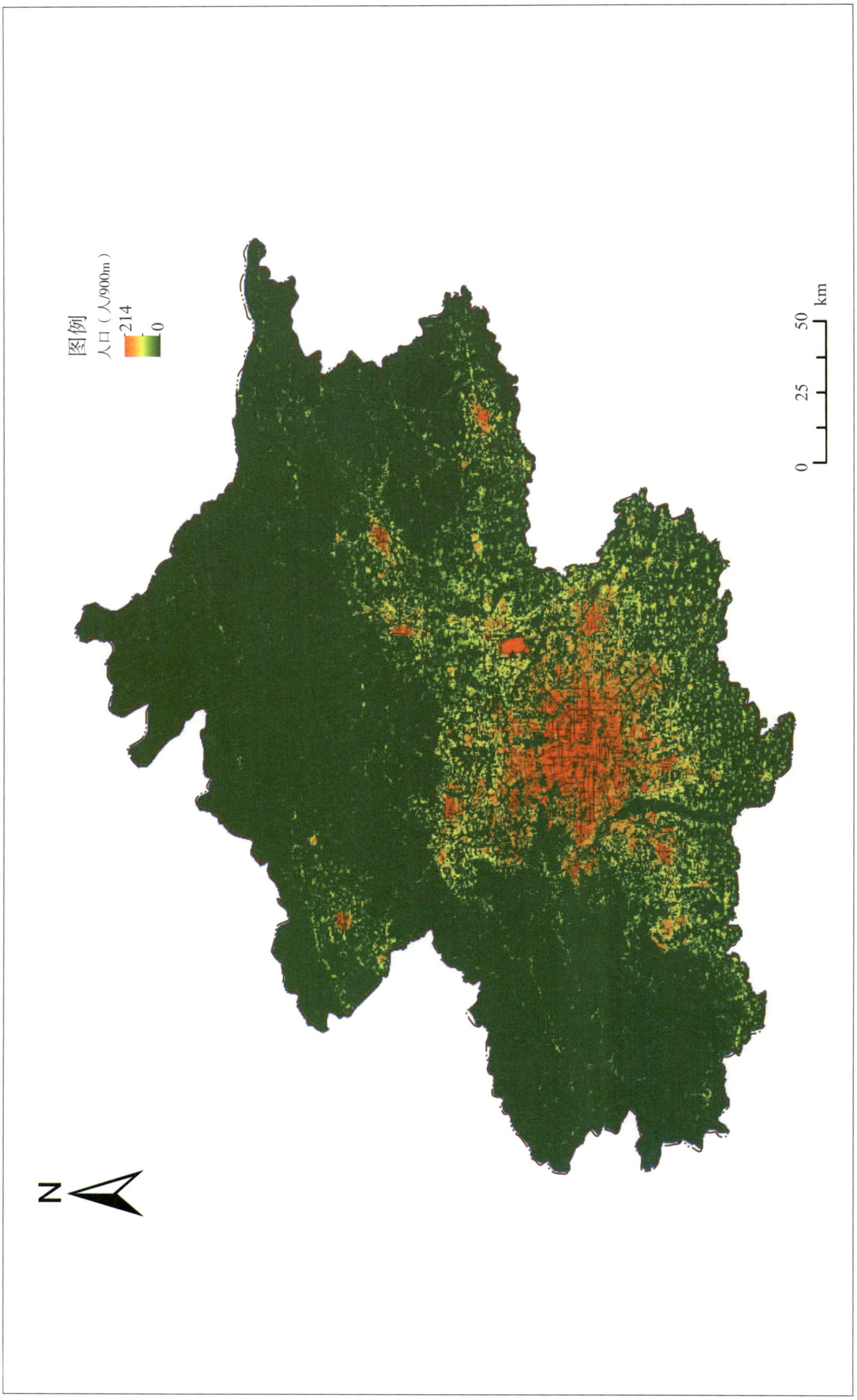

图4-12 北京市人口空间密度图

3）精度验证

为进一步定量评估本小节中的人口空间估算精度，选择了比估算数据小一级的乡镇人口数据进行精度验证。本小节考虑的是一般性规律，由于北京市 2010—2016 年行政区划有所变动，许多乡镇地区被合并或拆分，另外由于国家政策、经济发展等各方面原因，有些乡镇地区（如工业开发区、旅游景点区）出现流动人口暴增的情况，因此选择去除了这些特殊地区的其他 101 个乡镇作为精度验证的区域。分别验证引入 POI 因子前后两个模型的平均相对误差，结果如表 4-8 所示。结果表明，引入 POI 因子前得到的人口空间化结果平均相对误差值为 26.88%，引入 POI 因子后实验结果的平均相对误差为 19.92%，精度有所提高。

表 4-8　引入 POI 因子前后误差分布范围统计表

误差范围	引入 POI 因子前		引入 POI 因子后	
	乡镇的数量	占乡镇的比例	乡镇的数量	占乡镇的比例
0～10%	28	27.72%	27	26.73%
10%～20%	17	16.83%	25	24.75%
20%～30%	18	17.82%	22	21.78%
30%～40%	15	14.85%	23	22.77%
>40%	23	22.77%	4	3.96%
平均误差	26.88%		19.92%	

以往以行政区划为人口统计单元的方法费时费力，社会的可持续发展使得其在应用范围方面具有极大的局限性，迫切需要一种更灵活、精度更高的新方法。人口统计数据空间化现已成为研究人口分布的重要方法之一。在大量收集基本数据后，选择了研究人口分布最有意义且最具代表性的北京市作为研究区，借鉴最新的多因子加权数据融合理论，基于土地覆盖数据，以及各因子和人口分布的相关性，采用权重分配系数法进行人口分配，得到北京市 30m×30m 小尺度的空间化人口格网，为人口统计数据的空间化提供新的方法和思路。

4.2.3　昼夜人口模型

昼夜人口及其空间分布对承灾体暴露度（见“附录　术语”）的研究具有重要意义。由于目前的人口统计无法区分城市白天和夜间的人口，因此该领域的现有研究非常有限。本小节通过建立“人口（白天和夜间）、自然因素和社会经济因素”组成的机器学习模型来探索不同类型人口的时空特征，从而推进这方面的研究，目的是估计白天和夜间的城市人口。

1）研究区及基础数据

选取唐山市为研究区，唐山市（117°31′E～119°19′E，38°55′N～40°28′N）位于河北省东部，是京津冀城市群东北部副中心城市，也是京津唐工业基地中心城市，总面积 13472km^2。

本小节采用的数据包括 5 大类：①统计数据；②行政区划数据；③手机信令数据；④影响因子数据；⑤验证数据。其中行政边界以乡镇行政单元为基础，统计数据将以第六次和第七次人口普查为基础计算的 2019 年乡镇常住人口数作为分配总数据、POI 数据、道路、夜间灯光、土地覆盖类型及地形地貌数据均为影响人口空间分布的参考因子，手机信令数据作为昼夜人口的动态层主要的数据依据，来源于运营商中国联通。地理信息矢量数据包含遥感数据、夜间灯光数据、河流网、道路网和乡镇级别的行政边界数据。数据的存储形式及来源信息如表 4-9 所示。

表 4-9 基础数据类型与来源

名称	类型	来源
第六次人口普查（2010） 第七次人口普查（2020）	表格，乡镇	国家统计局
乡镇行政边界	矢量，乡镇级	地理信息局
手机信令	表格，250m 格网	中国联通运营商
路网	矢量，1∶10000	Open Street Map（OSM）Data 中国
POI	矢量，1∶10000	百度地图服务，中国
Night - light Data	栅格，500m	NPP/VIIRS
土地覆盖类型	栅格，30m	全球土地覆盖的更高分辨率观测和监测（FROM - GLC）2017
DEM 数据	栅格，30m	ALOS
DSM 数据	栅格，30m	ALOS

①根据唐山市第六次人口普查结果乡镇单元、县级单元的常住人口总数及第七次人口普查结果县级人口总数进行处理，形成附有常住人口（2019 年）统计数据的乡镇级行政矢量边界，作为常住人口格网化的输入数据。

②2016 年 NPP/VIIRS 年合成夜间灯光影像数据。

③唐山市城市兴趣点（Point of Interest，POI）数据。

④2017 年全球 30m 土地覆盖数据。

⑤DSM、DEM 数据，将其转换成坡度栅格数据，计算每个格网 DEM 的值与坡度 Slop，DSM 统计值及表征建筑体量的 DSM - DEM 的统计值。

⑥地理基础数据，包括唐山市行政边界矢量数据以及道路网数据。

⑦手机信令是手机用户在网络中活动时的位置信息，基于基站工参数据，划分格网（250m），数据推算到全部人口，联通采用了专门的数据扩样技术。扩样方案概述：在明确有效用户的基础上，采用联通区县一级的市场占比进行一次扩样，再参考各城市的手机普及率进行二次校核，得到格网区域内的总人数（工作日）。

2）技术方法

美国人口普查局对昼夜人口描述为：

Nighttime Population = Nighttime Workers + Tourists + Businesstravelers +
Nighttime Residential Population

Daytime Population = Workers + Tourists + Businesstravelers +
Residential Nighttime Population + Schoolchildren

可以简化为：

Nighttime Population = Nighttime Active Population + Static Population

Daytime Population = Daytime Active Population + Static Population

我们进一步将昼夜人口分解为静态层和动态层，人口普查作为静态人口分布数据源，手机信令作为动态人口数据源。为有效融合动静态信息，我们将人口普查与手机信令数据降尺度到格网基础。

将昼夜人口抽象为公式：

$$F(x) = f(t) + c \tag{4-9}$$

式中，$f(t)$ 为随时间位移的工作、娱乐临时访问人口；c 为常态下不随时间位移人口。

昼夜人口格网化方法凝练为静态人口 c 的格网化和动态人口格网化，因此该方法分为三个主要步骤：基于随机森林回归的静态人口格网化和手机信令数据的动态人口识别及格网化，动静态人口格网融合，具体模型见图 4－13。

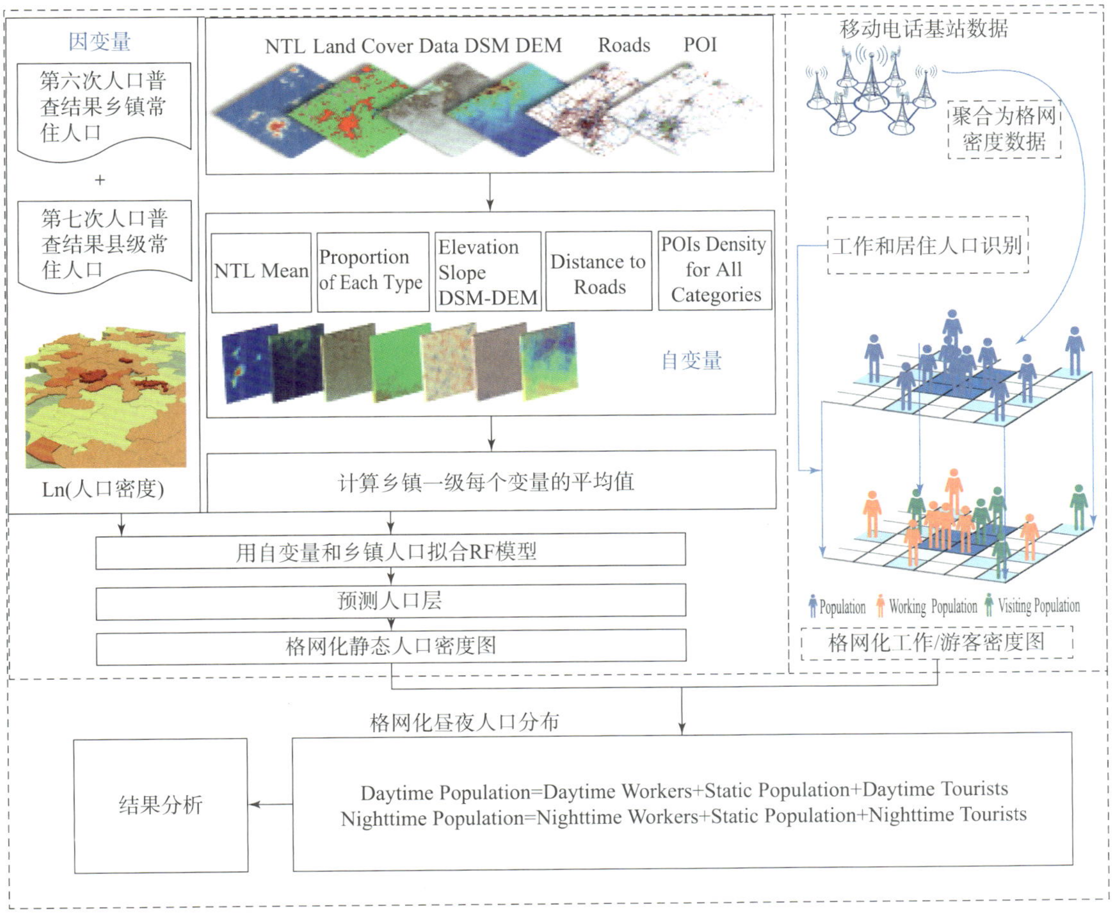

图 4－13　昼夜人口格网化模型

（1）静态人口格网化（图 4－14）

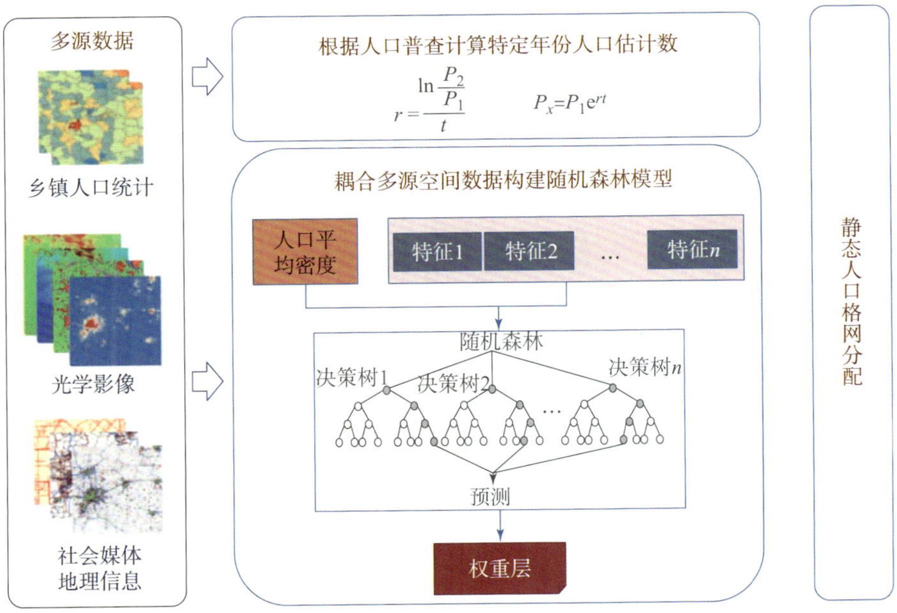

图 4－14　静态人口格网化模型

本小节采用基于随机森林回归的人口空间化方法。人口分解的首要任务是构建随机森林模型，本小节采用了在 Scikit-learn Python 库中实现的随机森林。随机森林是基于 CART（分类和回归树）的树预测器集合。这些树取决于采样的随机向量的值独立。RF 回归有四个主要步骤，来模拟社会感知特征与人口分布之间的关系。训练数据的准备：人口密度类型和城市高度作为训练数据的自变量。样本和生长：为了构建 b 回归树，基于自举方法从 n 个原始数据集中提取 b 个训练样本。其余样品用作袋外（OOB）进行验证。预测：通过对随机森林回归模型的预测进行平均来预测像素总体。结果：基于 RF 模型生成了研究区域的 250m 人口分布数据。

（2）动态人口格网化

工作人口的识别算法见图 4-15。动态层人口格网化方法是应用手机信令丰富的标签特征，累计观测一个月全部工作日。按设定判别条件，标记每个用户的潜在工作地，在此基础上进行工作人口格网统计。工作人口识别的核心是对工作时间区段内驻留时长最长的格网进行识别，如果出现与

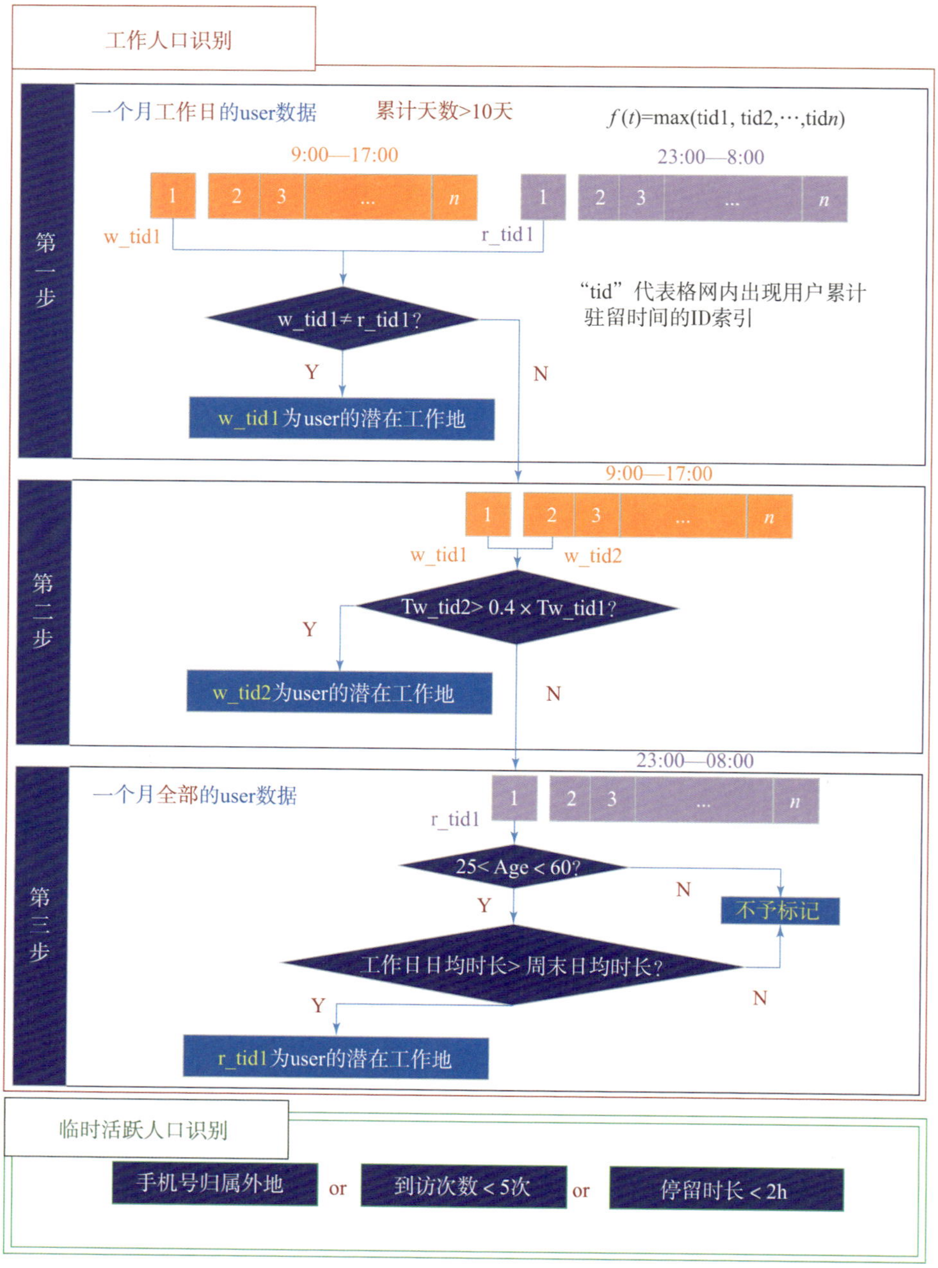

图 4-15 动态人口格网化模型

休息时间区段驻留时长最长格网 ID 一致，进一步判别工作时间区段内累计驻留时长排名第二的格网是否满足成为潜在工作地的条件；如果依然不满足，则引入年龄信息，以及工作日和周末的累计驻留时长的差异，做进一步判别；如果依然不满足，则确定为居家办公人群，不予标记。临时活跃人口的识别，是根据手机号归属外地或者一个月内到访次数小于 5 次，或者驻留时长小于 2h。通过上述算法规则的，可以估算出 250m 格网不同时段的工作人口和临时活跃人口。

具体算法分为三步。

第一步：取一个月数据，如果用户出现超过 10 天，将用户工作日上午 9 点到下午 5 点停留时间最长的格网记为用户潜在工作地。如果该格网未被标记为居住地，则确认此时间最长的格网为工作地，在工作地与居住地重合的情况下执行第二步。

第二步：计算时长排名前二的工作地候选格网，如果用户在被观测的总时长排名第二的格网内的时长高于排名第一格网时长的 40%，则排名第二的格网作为用户的工作地。

第三步：对于第一步中潜在工作地与居住地重合的用户，如果在第二步中也没有生成新的工作地，取年龄 25～60 岁，并且满足其在该居住地停留的工作日日均时长大于周末日均时长（即假定职住重合用户周末会有一定的时间外出），则将其居住地认定为工作地。

临时人口识别算法：取一个月数据，根据用户周末在非工作地和非居住地的停留状况——该停留地周末总到访次数不大于 5 次，且白天或者夜间的总停留时长不小于 2h，判断用户在该格网的停留为娱乐地停留，用户在非工作地和非居住地的格网停留作为过路（到访，非职非住）。

（3）昼夜人口计算

昼夜人口区分时间段定义为：白天代表时间段 9∶00—17∶00，夜间代表时间段 20∶00—22∶00。分别计算上述时间段每个格网平均动态人口数。在相同 250m 格网基础上，对每个格网静态人口与上述动态人口求和，即可获得昼夜人口格网化结果。

3）模型结果

昼夜人口空间化结果如图 4－16 所示。白天人口密集的高值区域，比夜间人口密集的高值区域多。从空间上看，白天人口高值区域比夜间人口高值区域在空间上分布更广。

分别选取 500 个纯净商业区格网和住宅格网，对其进行特征分析，如图 4－17 所示。商业区白天和夜间人口相较于住宅区表现出高值聚集，住宅区昼夜及静态人口与商业区数值分布表现出一致性。

如图 4－18 所示，分别与静态人口进行相关性分析，整体夜间人口与静态人口相关性更强，与静态人口相关性最弱的是商业区，白天人口只有 0.452，说明商业区受到活跃的工作人口影响比较大。与静态人口相关性最强的是住宅区，夜晚的人口高达 0.944。上述对最具昼夜分异特征的商业区和住宅区的昼夜对比分析，说明该方法能够区分出静态及昼夜人口的分布差异。

采用同样的方法，对云南玉溪市和雄安新区的昼夜人口进行空间化计算，结果见图 4－19。

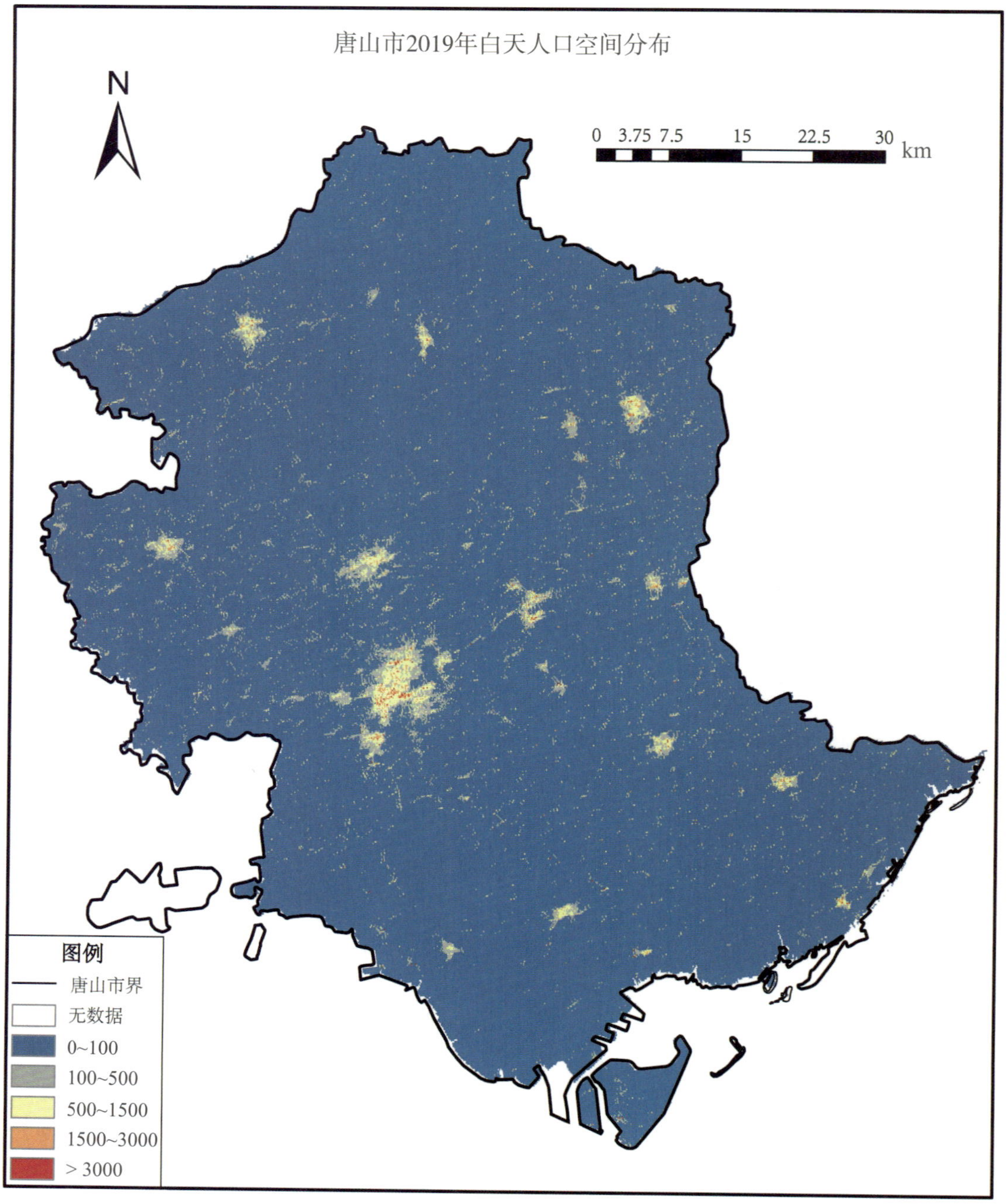

(a)

图 4-16　昼夜人口空间化结果

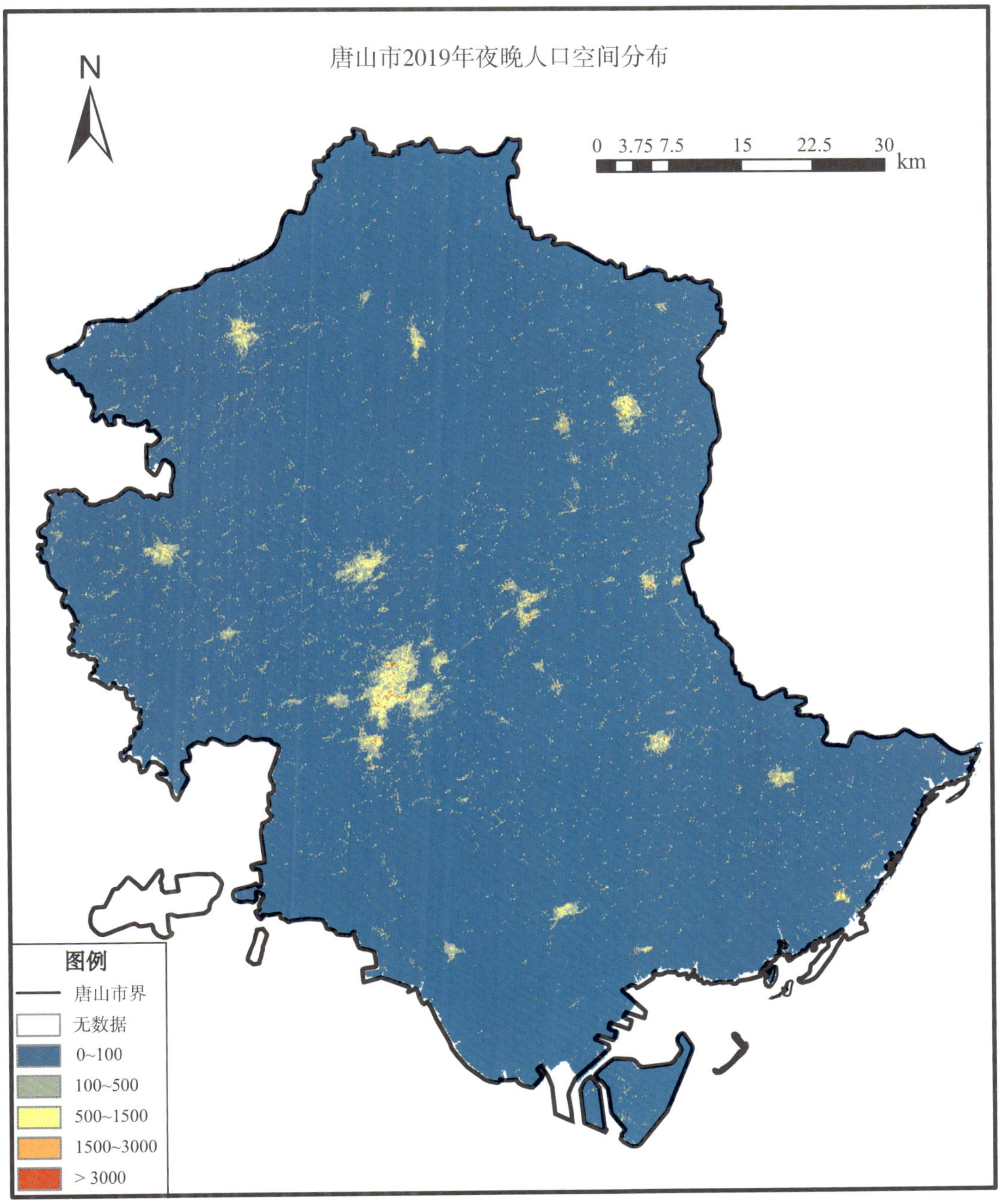

(b)

图 4－16　昼夜人口空间化结果（续）

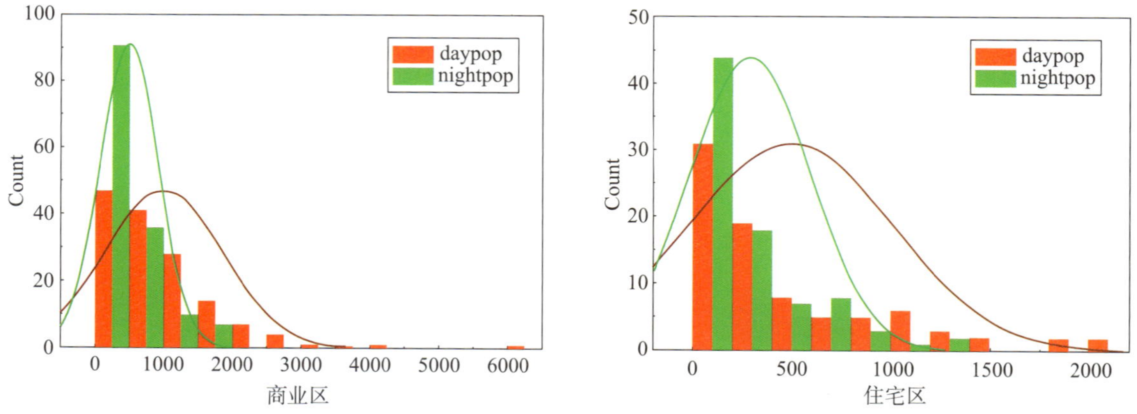

图 4－17　商业区和住宅区格网昼夜人口正态分布

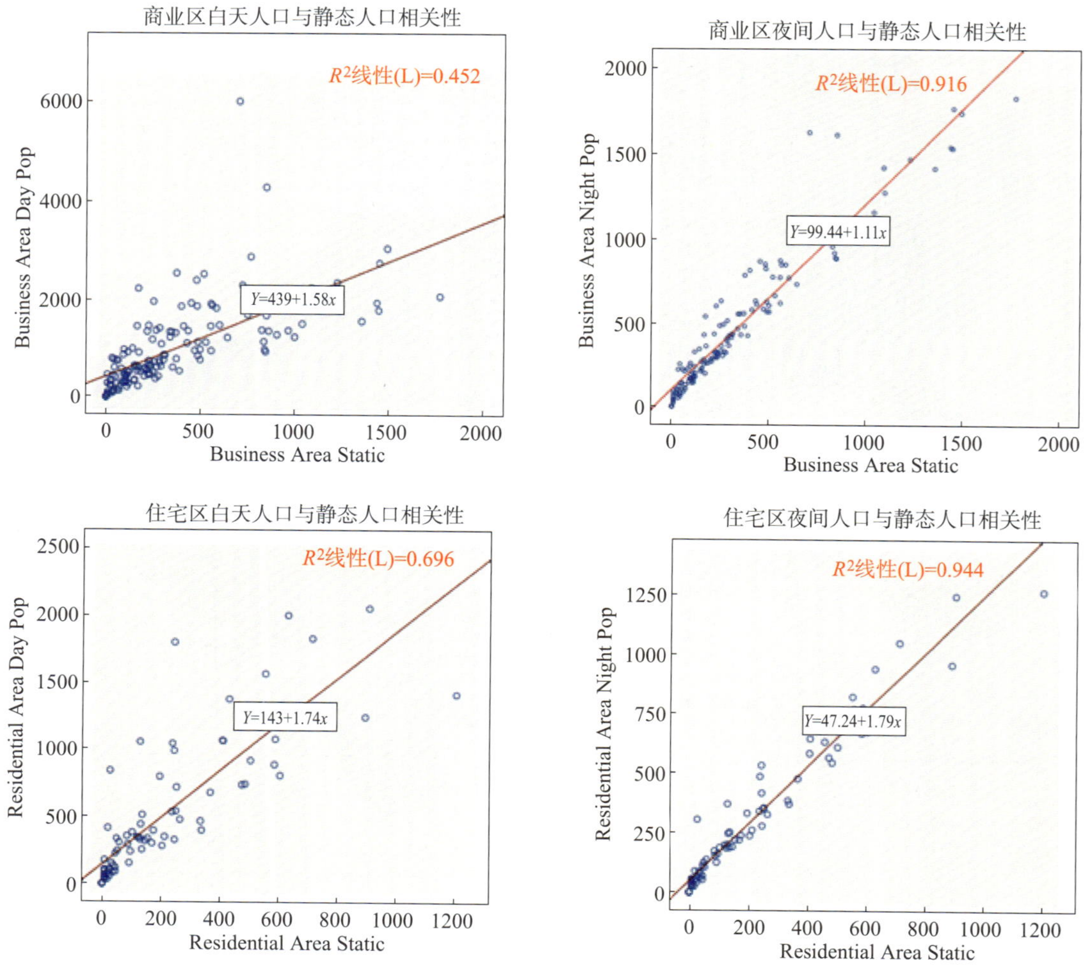

图 4－18　商业区和住宅区格网昼夜人口与静态人口线性拟合

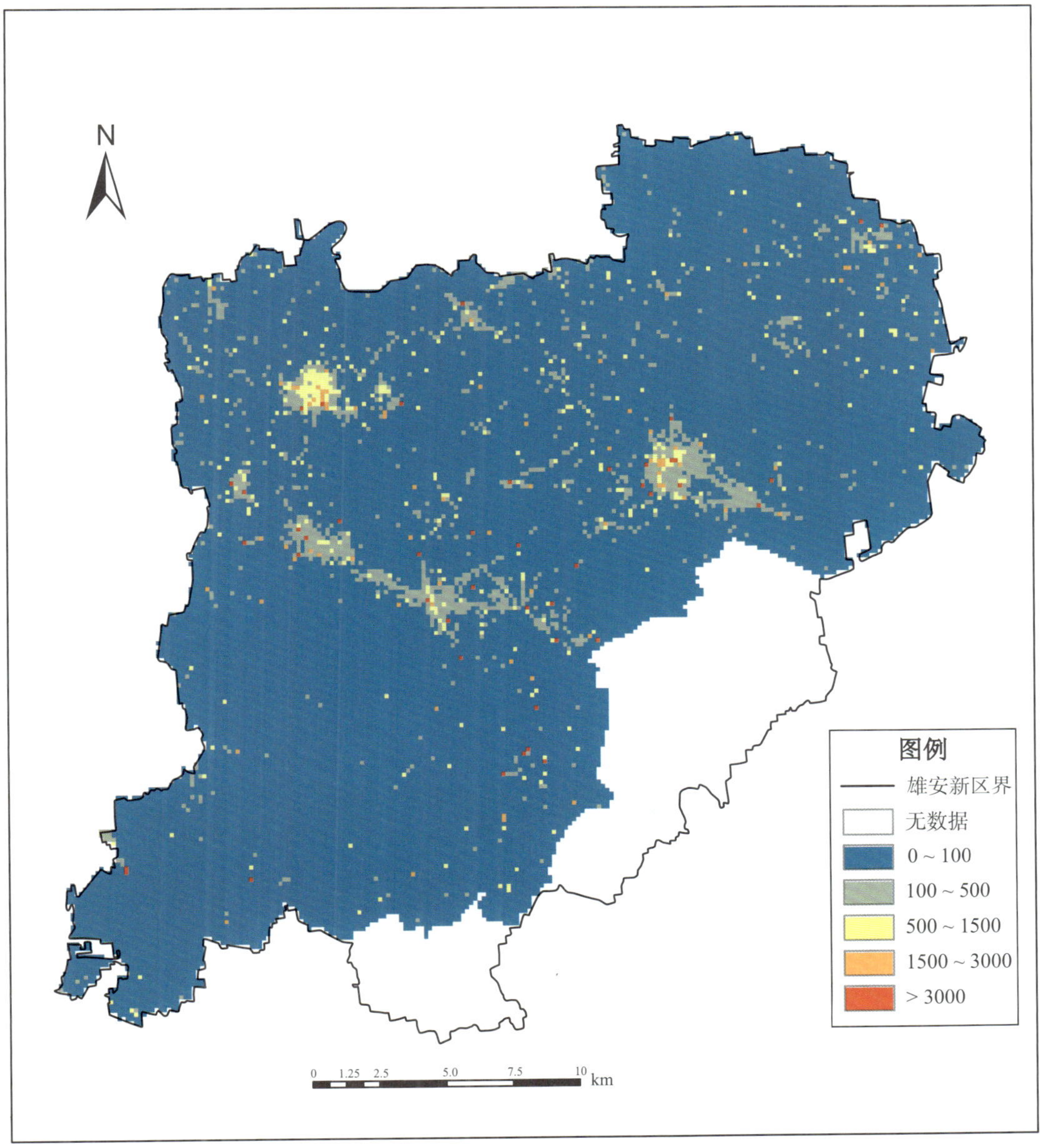

（a）

图 4－19　雄安新区、玉溪昼夜人口分布

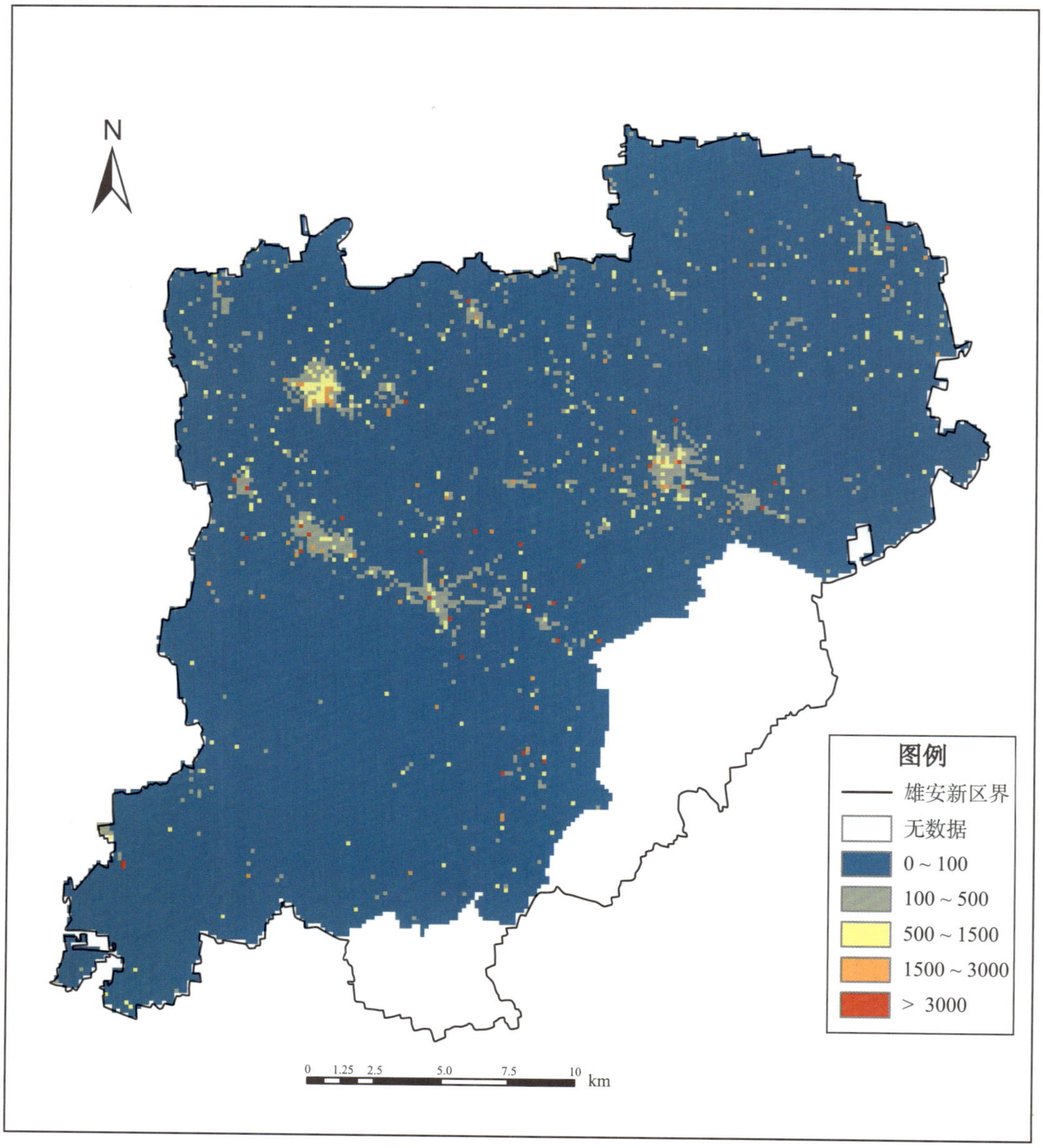

(b)

图 4－19　雄安新区、玉溪昼夜人口分布（续）

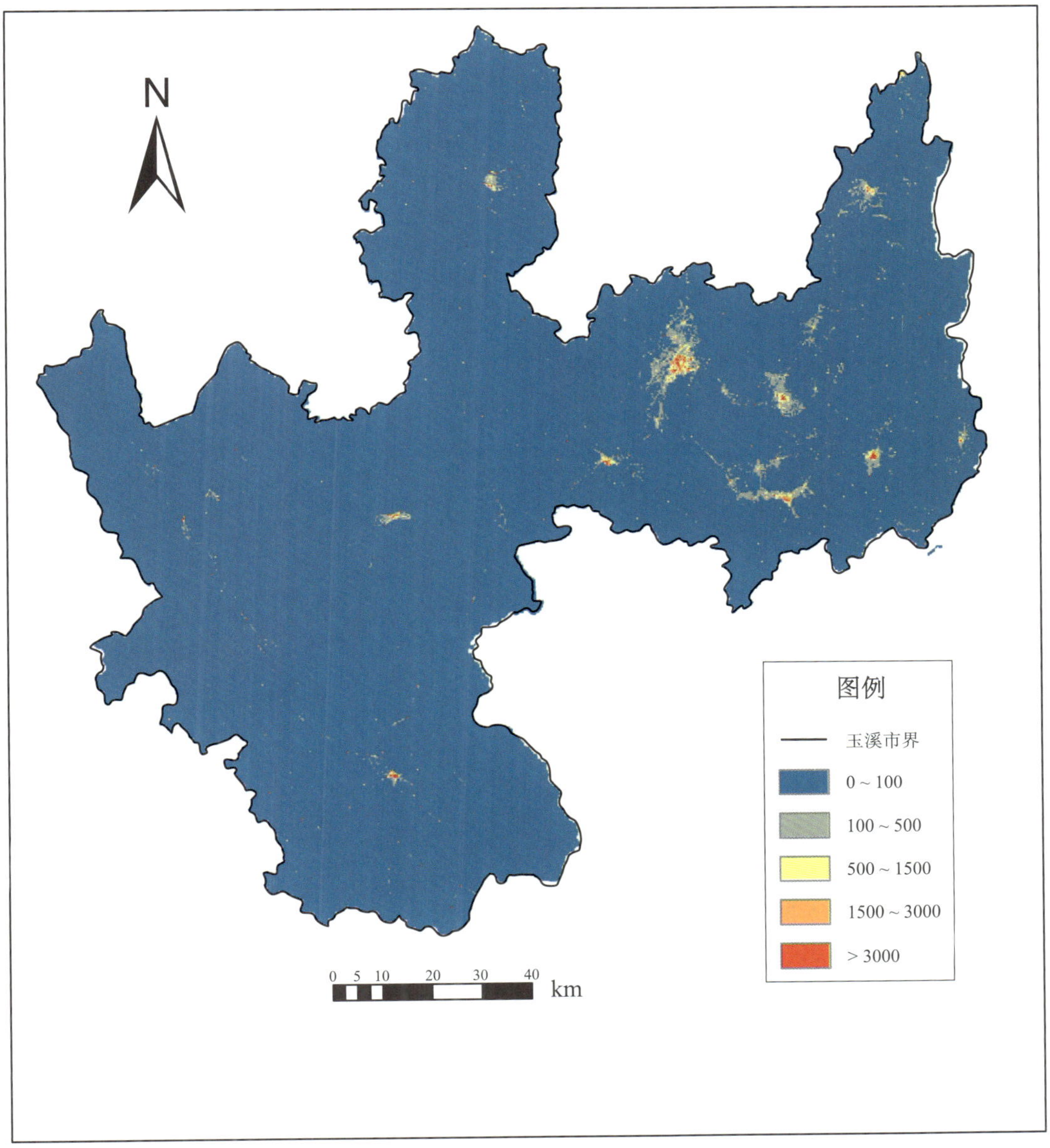

（c）

图 4 - 19 雄安新区、玉溪昼夜人口分布（续）

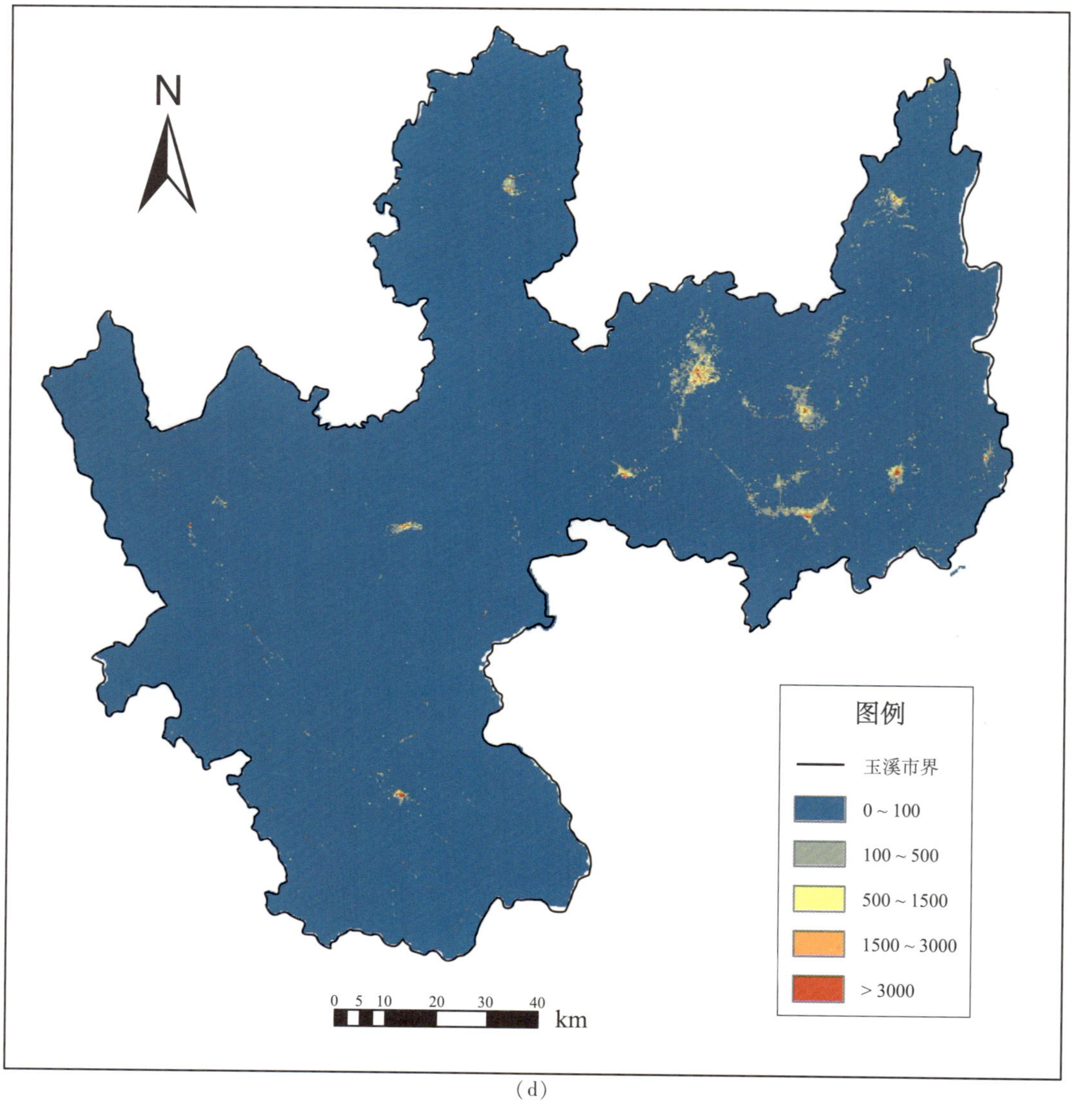

(d)

图 4-19 雄安新区、玉溪昼夜人口分布（续）

(a) 雄安新区白天人口空间分布；(b) 雄安新区夜晚人口空间分布；(c) 玉溪白天人口空间分布；(d) 玉溪夜晚人口空间分布

4.3 GDP 暴露数据库构建

在 GDP 空间化过程中，夜间灯光数据与经济发展状况关系密切。本节应用夜间灯光和区域 GDP 拟合模型实现 GDP 空间化，并以此为基础，完成全国 100m 格网 GDP 分产业空间分布数据，建立了全国除香港、澳门、台湾外的其他各省级行政区的第一产业及第二、三产业 GDP 模型。模型使用的土地利用覆盖数据，区分人造地表和农、林、牧、渔四种用地，按照格网的 NPP－VIIRS 灯光数据的灯光强度分配第二、三产业，根据格网内第一产业相关用地占地面积比例分配第一产业 GDP 数值，经过线性纠正，保证回归模型分配前的数据总值与分配后的数据加和一致，完成各省级行政区 GDP 100m 格网数据生产。进一步将 POI 数据作为参数加入模型中，最终耦合土地利用数据、POI 数据和夜间灯光数据，生成了云南玉溪、河北唐山、雄安新区三个示范区的 100m GDP 密度结果格网图。

4.3.1 全国 100m GDP 格网化模型

GDP 是地震承灾体所具有的重要人文属性之一。已有研究结果证明，夜间灯光数据与 GDP 和人口间存在显著的相关关系。为了探索遥感卫星数据在 GDP 空间化过程中的应用，本小节使用夜间灯光数据作为因子，使用全国土地利用数据对数据进行校正，将全国 GDP 进行了空间化处理，并将中国科学院 2015 年发布的全国 GDP 空间化公里格网数据集作为真值进行回归计算矫正。

1） 研究区及基础数据

选取全国除香港、澳门、台湾外的地区作为灯光单因子 GDP 空间化研究区。使用的数据、文件为 2016 年 NPP – VIIRS 夜间灯光数据、2016 年全国土地覆盖数据、2016 年全国县级分产业 GDP 统计数据和全国县级行政单位矢量文件。

2） 技术方法

在建立相关数据库前，将所需数据进行标准化预处理。由于第一产业与农作物种植有关，与灯光及其他社会影响因素相关性差，因此在此实验中，将 GDP 空间化分为两部分，第一产业 GDP 和土地利用类型进行相关性计算，而第二、三产业 GDP 使用灯光进行模拟。具体技术方法如图 4 – 20 所示。

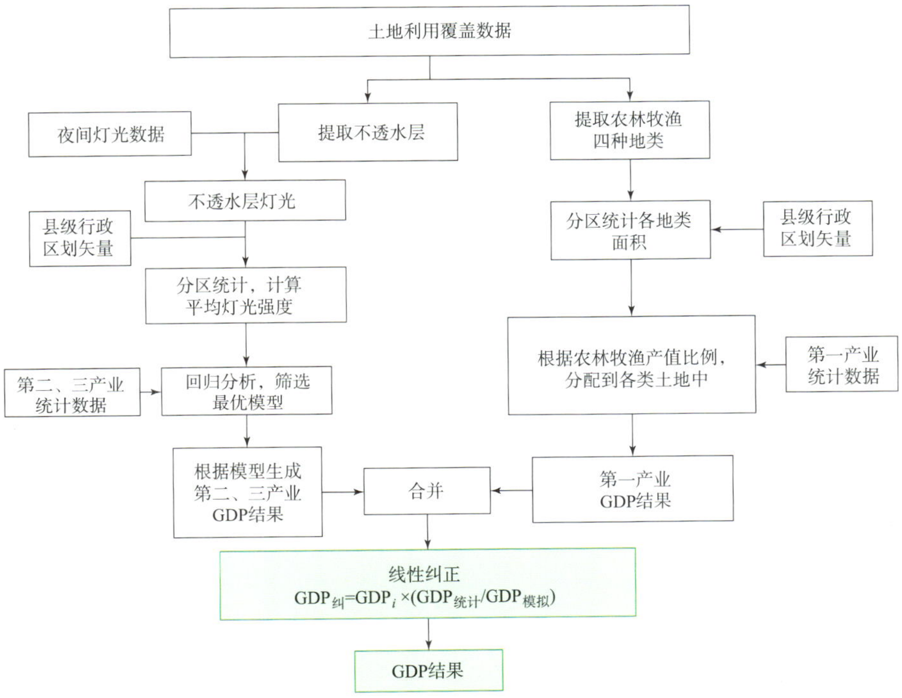

图 4 – 20　全国 GDP 空间化数据生产技术流程

首先，用不透水层提取夜间灯光数据，制作不透水层灯光数据，根据县级行政区划边界矢量数据进行分区统计，计算平均灯光强度，并与对应产业的统计数据进行回归分析，选择最优模型，计算各县级行政区第二、三产业 GDP 结果。另一方面，将第一产业相关用地按照不同类型面积占比计算产业占比，根据对应产值计算各县级行政区第一产业 GDP。之后，将县级第二、三产业 GDP 结果和第一产业 GDP 结果进行合并，将模拟结果按县级行政单元裁剪，分别按照下述校正模型进行校正：

$$GDP_c = GDP_i \times (GDP_s / GDP_g) \tag{4-10}$$

式中，GDP_c 为 GDP 校正后的格网的 GDP 值；GDP_i 为拟合估算的每个栅格格网的 GDP 值；GDP_s 为每个行政区的统计 GDP 值；GDP_g 为该县域模型模拟的 GDP 之和。

经过线性纠正，保证回归模型分配前的数据总值与分配后的数据加和一致，完成各省级行政区 GDP 第二、三产业 100m 格网空间化生产。

3） 模拟结果

灯光单因子模拟全国第一产业与第二、三产业 GDP 结果如图 4 – 21 所示。

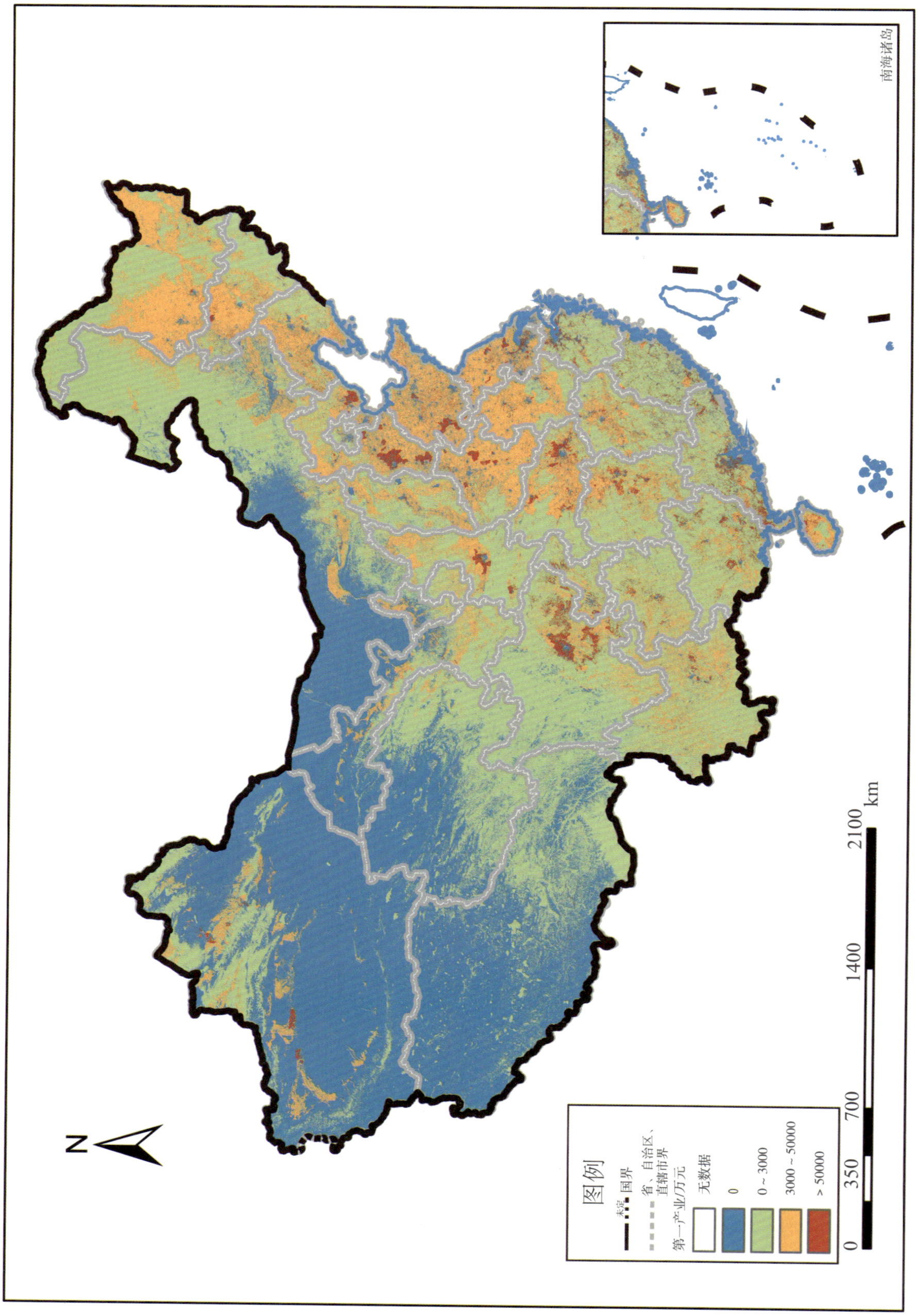

（a）

图4-21 全国分产业GDP模拟结果

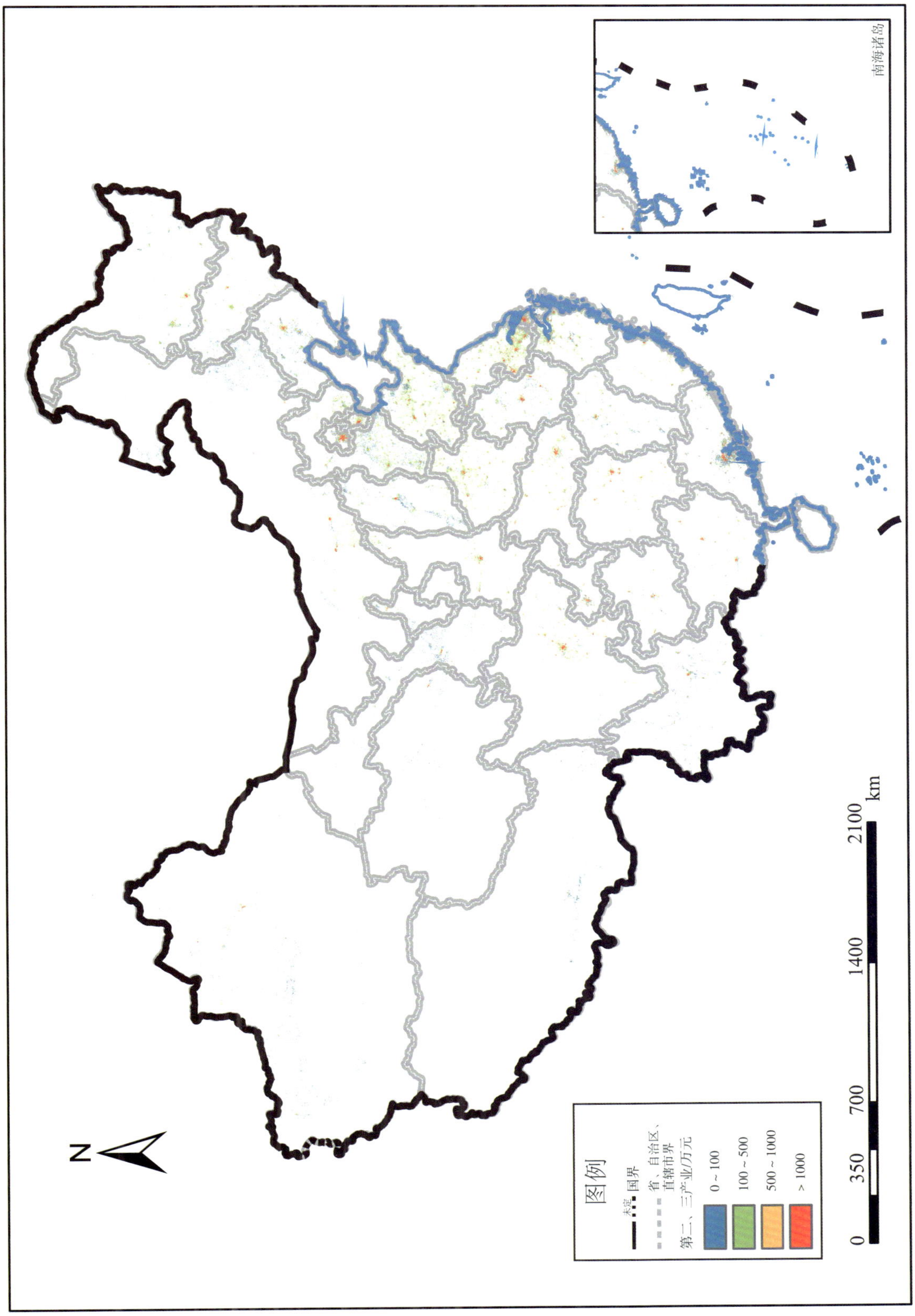

（b）

图4-21　全国分产业GDP模拟结果（续）

（a）第一产业；（b）第二、三产业

部分省级 GDP 模型结果如图 4－22 所示。

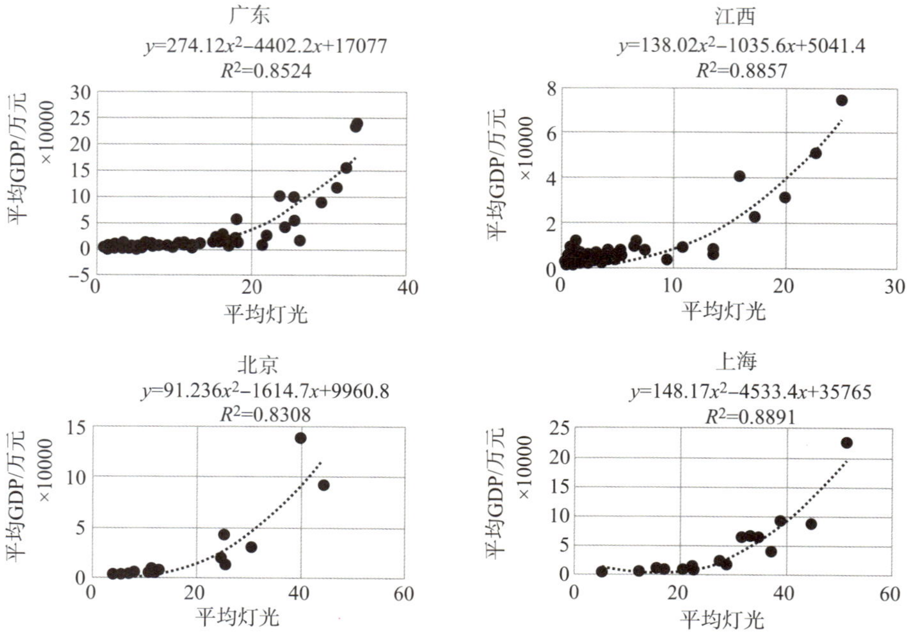

图 4－22　部分省级 GDP 模型结果

在东南沿海城市化程度相对较高的地区模型拟合度较高，说明灯光在该区域与 GDP 更相关，在我国西部则相反。

4.3.2　区域 GDP 精细化模型

GDP 的空间分布受诸多要素影响，也与多要素存在关联性。一般而言，在 GDP 空间化的反演模型中，考虑的权重因子更全面，结果将更精准。本小节探索耦合 POI 数据和 NPP－VIIRS 夜间灯光数据在 GDP 空间化中的应用方法，具体内容如下：基于分产业模拟 GDP 空间分布，将土地利用覆盖数据与第一产业 GDP 结合；另外利用 POI 的数据特点，衍生出合适的 POI 核密度数据，和 NPP－VIIRS 夜间灯光数据耦合，建立第二、三产业 GDP 拟合模型，寻求精度最高的模型，最终完成分辨率为 100m 的 GDP 空间化格网。检验 POI 数据在耦合过程中对数据精度的影响，观察 GDP 空间化效果的准确性。

4.3.2.1　研究区及基础数据

选取河北唐山主城区、云南玉溪主城区和雄安新区作为探索 GDP 空间化方法的研究区域，将东南沿海 5 省市作为探索新兴数据源珞珈一号夜间灯光数据在 GDP 空间化中适用性的研究区域。

选择 NPP－VIIRS 夜间灯光数据、POI 数据、珞珈一号夜间灯光数据和统计年鉴数据进行实验，以 SPOT6 卫星数据解译的北京市土地利用类型数据、行政区划矢量数据以及中国科学院资源环境科学数据中心的 GDP 公里格网数据为辅助。

（1）NPP－VIIRS 夜间灯光数据

NPP－VIIRS 夜间灯光数据，来自 Suomi NPP（Suomi National Polar-orbiting Partnership）卫星上搭载的可见光红外辐射成像仪（Visible Infrared Imaging Radiometer，VIIRS）。

（2）POI 数据

使用 POI 代表社会感知数据，通过百度地图 API（应用程序编程接口）获得（http://map.baidu.com）。

（3）经济统计数据

研究区夜间灯光数据、POI 数据与经济的定量关系实验中，使用的统计数据来源于 2016 年各省（自治区、直辖市）发布的国民经济和社会发展统计公报，分别收录对应各区县的三个产业以及第一产业中具体的农、林、牧、渔四类产业的 GDP 增加值作为实验数据。

我国的行政区划等级划分为中央、省、地市、区县、乡镇五级，现有的统计年鉴统计的 GDP 最小单元为县级，为了获取更多的实验数据，同时将 GDP 空间化到更小的空间单元，选取县级的 GDP 作为实验数据。但不可避免地，不是所有县级行政单位都有公示的准确统计数据，针对某些区县和地级市包含的市辖区没有数据的情况，对数据进行归纳整合，对于没有数据的县级单位，合并产生新的县级单位和数据进行分析。统计各个区县的第一产业的 GDP，第二、三产业的 GDP。

（4）辅助数据

①土地利用数据：土地利用数据在本实验中用于模拟研究区第一产业的经济分布情况，来源于统计数据。本数据源由 2016 年 SPOT 6 卫星数据经过目视解译获得，空间分辨率为 1.5m。土地利用类型被分为 10 类。在本实验中，按耕、林、水、草和不透水面 5 类土地利用类别分别提取对应区域，以满足实验需求，其余地类不参与实验。

②行政区划矢量：研究区的行政区划矢量数据，具体到区县级，作为实验矢量底图和统计行政区划内数据使用。

4.3.2.2　技术方法

1）耦合多源数据的 GDP 空间化方法

统计年鉴中核算的 GDP 数据采用生产法和收入法相结合的方法，按产业分别计算增加值，然后汇总得到 GDP。我国产业类型分为三种，第一产业包括农、林、牧、渔等农作物净产值，产值与土地利用类型有关；第二、三产业包括采矿业、制造业、建筑业、服务业等第一产业以外的产业类型。因第一产业与农作物种植有关，与灯光及其他社会影响因素相关性弱，因此在此实验中，将 GDP 空间化分为两部分，第一产业 GDP 和土地利用类型进行相关性计算，第二、三产业 GDP 使用灯光和其他因子进行模拟。

在空间上将县级的 GDP 普查数据分解到每个格网，以产生具有精细空间分辨率（100m）的 GDP 分布图。在分产业建模的基础上，本次实验采用了一种改进的基于线性回归的方法，该方法结合了夜间灯光影像和 POI 两种数据。具体空间化流程见图 4－23：①统计与第一产业有关的四类土地类型的地类面积，获得其与第一产业产值的关系，完成第一产业 GDP 格网化；②确定 POI 类型和计算方法，生产 POI 密度数据，以不透水面为掩膜提取预处理后的夜间灯光数据与 POI 密度区域，利用行政单元分区统计灯光值，并进行参数比较，选择合适的灯光参数和 POI 密度、GDP 统计值建立预测模型，并按模型将第二、三产业 GDP 分配到对应的格网上；③将两类产业格网结果空间叠加，进行线性纠正，得到最终结果。

2）第一产业 GDP 空间化模拟

统计的第一产业 GDP 由农业、林业、畜牧业和渔业的产业增加值构成。为了将第一产业 GDP 空间化到格网中，选取土地利用类型中的耕地、林地、草地和水域按照产值权重进行分配。将土地利用类型重采样至 100m，以区县行政区为单位，统计耕、林、水、草四类土地利用类型的面积，并对应相应的产值，确定二者的相关关系并建立模型。本着无土地利用无 GDP 的原则，模型截距设为 0。按照模型将四种农用地类型的产值赋予到对应土地利用类型的格网中，获得北京市 2016 年第一产业 GDP 密度分布图。

$$GDP_1 = G_1 + G_2 + G_3 + G_4 \tag{4-11}$$

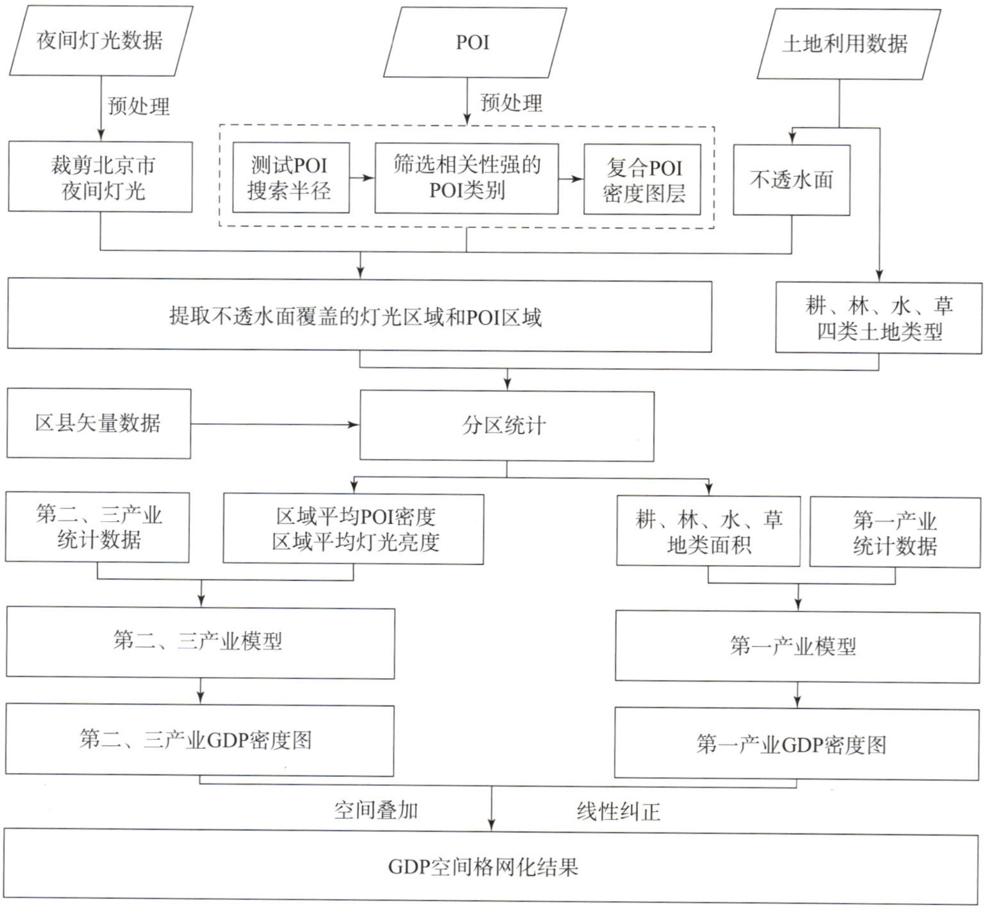

图 4-23　GDP 空间化流程图

$$G_i = B \times \sum_{i=1}^{n} (g_i \times A_i) \tag{4-12}$$

式中，GDP_1 为第一产业 GDP；G_i（$i=1, 2, 3, 4$）为农业、林业、畜牧业和渔业的 GDP 产值；B 为各个产值占第一产业的比重；g_i 为行政单元内该土地利用类型的平均面积 GDP；A_i 为该土地利用类型的面积。

3）第二、三产业 GDP 空间化模拟

在第二、三产业 GDP 空间化中，需要对夜间灯光和 POI 数据提取一定的参数，才能将其应用到实际应用中。经济活动主要发生在不透水面上，将不透水面的范围作为 GDP 空间化格网赋值的区域，使 GDP 在映射到空间化格网时更加精准。

（1）夜间灯光参数提取

夜间光照强度已被广泛应用于反映社会经济水平，每个行政单元的灯光包含多种信息，例如夜间灯光总亮度（TNL）、平均灯光亮度（I）等，不同的参数与 GDP 的相关关系不同，根据需要选取最适合的参数参与实验。TNL 是指行政区划内不透水层上灯光亮度值的总和，I 为每个栅格的灯光值，分别由以下公式计算：

$$\mathrm{TNL} = \sum_{i=1}^{n} \mathrm{DN}_i \tag{4-13}$$

$$I = \mathrm{TNL}/n \tag{4-14}$$

式中，n 为区域内总栅格的个数；DN_i 为每个栅格的灯光亮度值。

将研究区的灯光数据重采样至 100m，提取不透水面的灯光亮度区域，计算每个区县对应的总灯光亮度 TNL 和平均灯光亮度 I。将两个参数与 GDP 进行相关性分析，选取相关系数高的一个作为后续建模的灯光参数。实验结果如图 4－24 所示，对比两种数据在线性、幂函数和多项式三个模型关系上的拟合结果，平均灯光亮度 I 与 GDP 的 R^2 均高于总的灯光亮度 TNL，说明 I 与 GDP 的相关性更好，更适合进行 GDP 拟合分析。

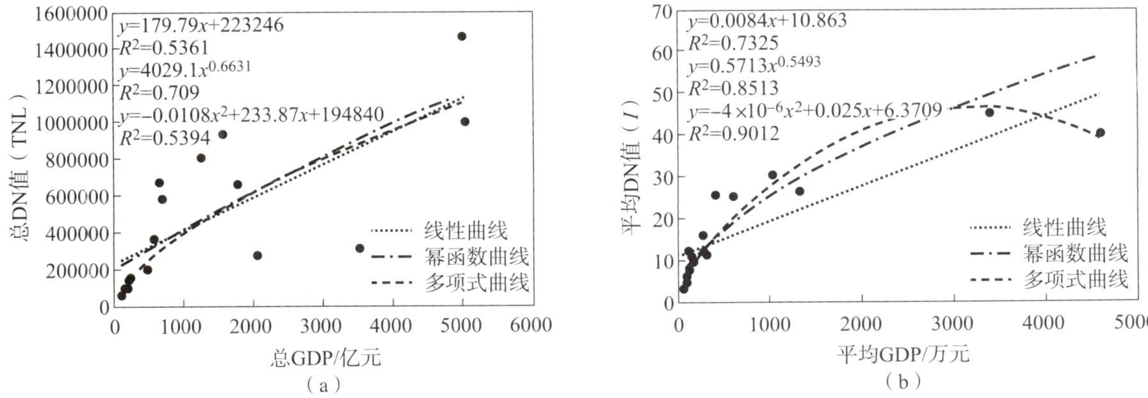

图 4－24　两种灯光参数与 GDP 的拟合结果

（2）POI 密度参数确定

有经济实体的地方才能产生 GDP，POI 的数量和聚集程度能够在一定程度上反映经济发展状况。原始的 POI 数据在地图上呈现点状分布，如果每个 POI 都被视为功能单位，POI 密度越高，则 POI 越集中，当与经济发展程度有关的某一类 POI 集中时，表示城市经济聚集在此区域。为了研究点数据的分布和聚集关系，通常使用核密度估计方法（Kernel Density Estimation，KDE），将点转化为连续的密度图层，以便更好地研究。

KDE 是分析点事件分布的性质和识别热点的一种非参数方法，KDE 用于将每类离散 POI 转换为平滑且连续的密度表面，能够显示点在空间范围内的密度，而不仅仅是在该位置事件发生或显示的位置。该方法是用一个移动的圆形函数在研究区域中移动，根据位置与圆心的距离分配每个点的权重值，叠加每个位置的权重值之和，得到格网单元的密度值，形成平滑且连续的密度表面。核密度计算公式为：

$$f_n(x) = \frac{1}{nh}\sum_{i=1}^{n} k\left(\frac{x - x_i}{h}\right) \tag{4-15}$$

式中，$f_n(x)$ 为 x 点处的核密度值；$k\left(\frac{x - x_i}{h}\right)$ 为核函数公式；h 为搜索半径；$x - x_i$ 为估计点 x 到中心点 x_i 的距离；n 为所有点的个数。

不同的核函数对最后的密度结果影响不大，核密度估计的质量比较依赖于搜索半径 h，搜索半径太大或太小，效果都不理想。选择搜索半径时，选择相关性最好的作为最终模拟使用的半径可以得到最好的计算结果。最后，确定以 500m 搜索半径为所有类别 POI 的合理搜索半径，建立分辨率为 100m 的 POI 密度图层。

经济发展情况与区位有关，自然因素和社会经济因素都会影响 GDP 增长。在 500m 搜索半径下，建立 21 个 POI 类别的核密度图层，统计县级单元上的平均密度，将其与平均 GDP 进行主成分分析，实验二者的相关性。主成分分析是最常用的降维技术之一，可以将大量相关变量减少到少量不相关变量，不同类型的 POI 与 GDP 拟合的结果如表 4－10 所示。

表 4-10 不同类型的 POI 与 GDP 拟合的相关系数表

类型	相关系数	类型	相关系数	类型	相关系数
餐饮	0.91	大厦	0.92	服务区	0.04
公安交警	0.96	客运站	0.67	机场	0.09
加油站	0.41	金融服务	0.98	居民小区	0.98
科研教育	0.95	旅游	0.85	汽车相关	0.13
汽车站	0.07	收费站	0.20	停车场	0.96
休闲娱乐	0.92	医疗机构	0.94	医院	0.98
政府单位	0.95	住宿	0.94	购物	0.91

从表中可以看出，服务区、客运站、机场、加油站、汽车相关、汽车站、收费站类别的相关系数较小，说明区县内此类 POI 与 GDP 统计值的密切程度小，不能作为有效的参数参与到相关性分析中。最终，去除这 7 类 POI，将剩余 14 类 POI 密度叠加，合并为一个复合 POI 密度层。提取不透水面区域的复合 POI 密度作为建模参数参与建模。

（3）GDP 回归模型的建立

对夜间灯光指数、POI 密度和统计的 GDP 三个变量进行建模。对于 POI 密度和平均灯光亮度值与区县级 GDP 的相关关系，经过试验发现，三个变量直接进行多元拟合时效果不佳，但两个自变量分别与 GDP 统计值间存在较好的幂函数关系，因此，对变量先进行对数转换再进行拟合，建立多元线性回归模型，以期达到较好的拟合效果，见式（4-16）。将第二、三产业 GDP 值分配到每个像元中，还需将式（4-17）变形，得到第二、三产业 GDP 分配公式，见式（4-17）。

$$\ln \mathrm{GDP}_{23} = a \times \ln D_{\mathrm{POI}} + b \times \ln I + c \qquad (4-16)$$

$$\mathrm{GDP}_{23} = \mathrm{e}^{c} \times I^{b} \times D_{\mathrm{POI}}^{a} \times \mathrm{GDP} \qquad (4-17)$$

式中，GDP_{23} 为区域内第二、三产业 GDP 值；D_{POI} 为该行政区划内 POI 的平均复合密度值；I 为区域内平均灯光亮度值；a、b、c 分别为回归模型系数，是 16 次交叉验证的重复试验的平均值。

拟合实验中一共有 16 组实验数据，数据较少，为了消除过度拟合的影响，对建模方式进行交叉验证。使用留一法，将数据分为 16 组，每次选择 15 组作为训练集进行实验，剩余一组作为验证数据评估模型，重复 16 次实验，最后将 16 次实验结果的系数平均，确定稳定系数 a、b、c。

最后，基于 NPP-VIIRS 夜间灯光和 POI 密度与县级 GDP 统计值建立的多因素模型，将第二、三产业 GDP 模拟值空间化到 100m 分辨率格网上，创建北京市 2016 年第二、三产业 GDP 模拟密度分布图。

（4）线性校正

将上述第一产业和第二、三产业 GDP 密度模拟结果进行叠加，得到 2016 年研究区总 GDP 密度模拟结果。但是建立模型只是为 GDP 空间化提供分配方法，是基于最佳回归模型计算获得模拟的单个 GDP 格网值，而在县级水平上实现时，是利用总值进行计算的，在整体水平上，部分地区最终得到的模拟值和真实值仍相差较大，因此有必要对县级单元中每个格网的模拟 GDP 进行校正，从而使误差控制在县级统计的范围内。将模拟结果按县级行政单元进行裁剪，分别按照下述校正模型［式（4-18）］进行校正。

$$\mathrm{GDP}_{c} = \mathrm{GDP}_{i} \times (\mathrm{GDP}_{s}/\mathrm{GDP}_{g}) \qquad (4-18)$$

式中，GDP_c 为 GDP 校正后的格网的 GDP 值；GDP_i 为拟合估算的每个栅格格网的 GDP 值；GDP_s 是每个行政区的统计 GDP 值；GDP_g 是该县域模型模拟的 GDP 之和。

4.3.2.3 模型结果——耦合多源数据的 GDP 空间化结果

对校正后的各个区县数据进行拼接，生成研究区 2019 年 GDP 空间化结果，如图 4－25 所示，分辨率为 100m。分别展示唐山市、玉溪市及雄安新区第一产业与第二、三产业 GDP 分布图，如图 4－26、图 4－27 所示。

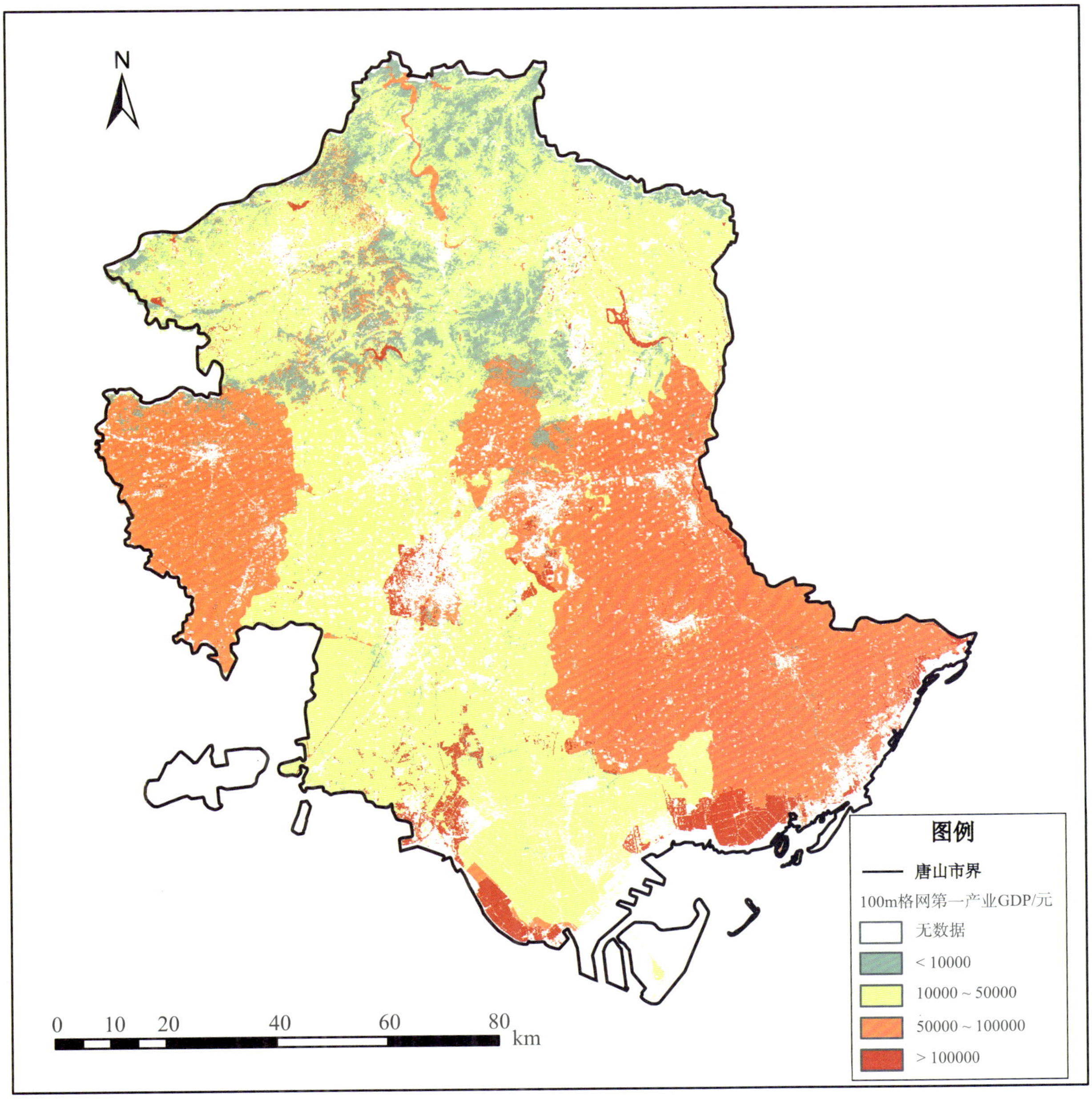

(a)

图 4－25 唐山市 GDP 分布图

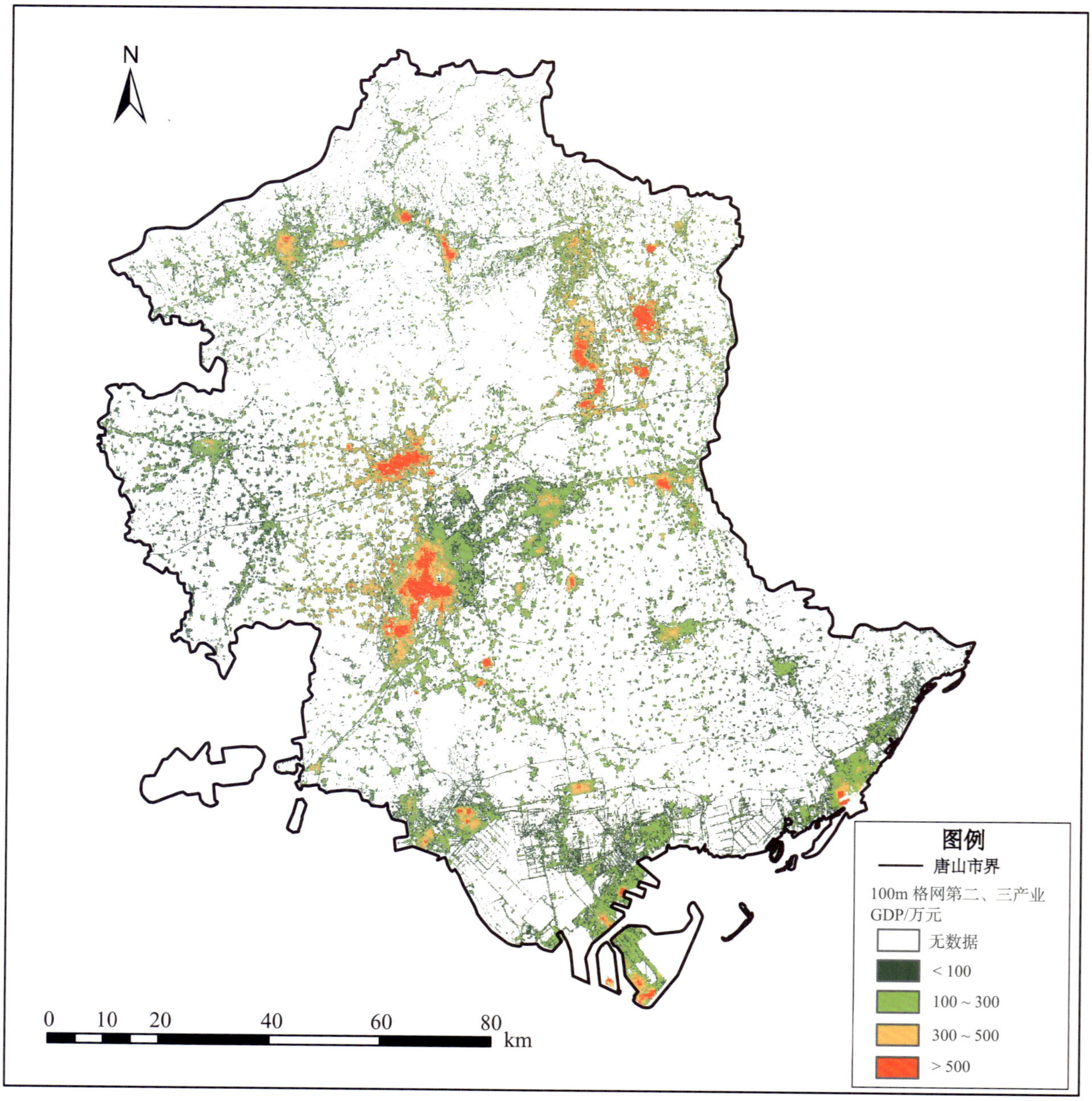

（b）

图 4－25　唐山市 GDP 分布图（续）

（a）第一产业 GDP；（b）第二、三产业 GDP

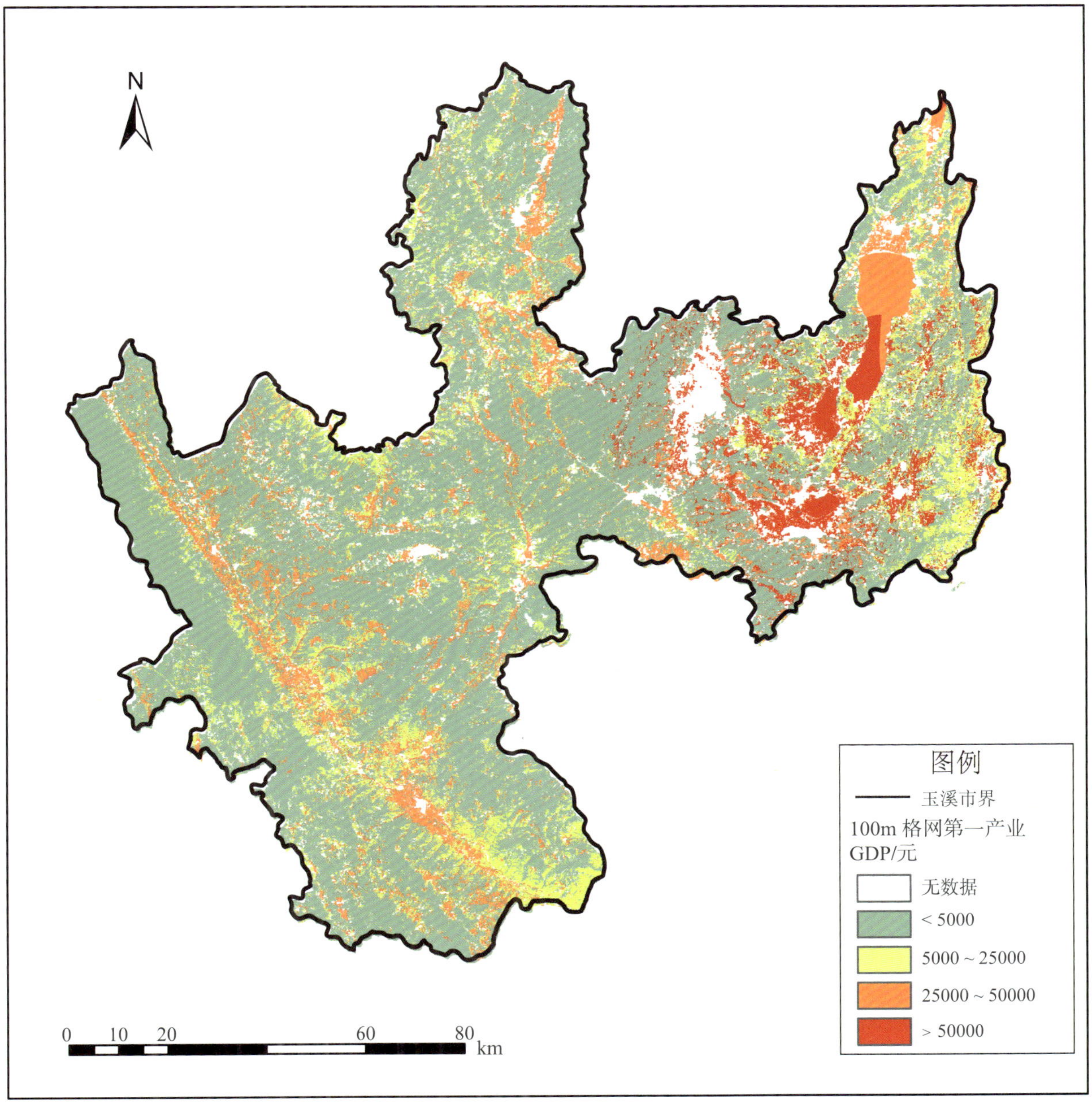

(a)

图 4－26　玉溪市 GDP 分布图

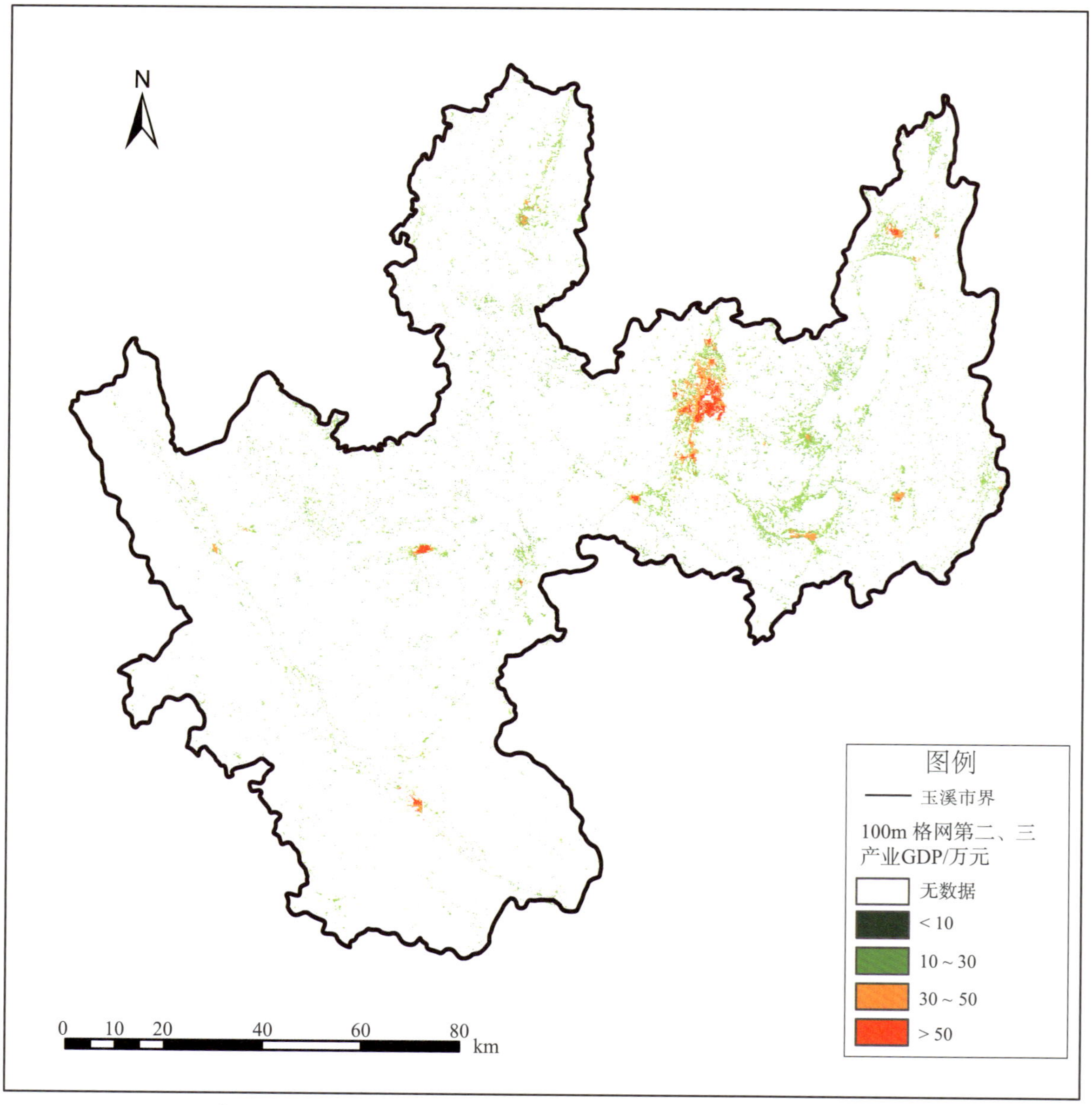

(b)

图 4－26　玉溪市 GDP 分布图（续）

（a）第一产业 GDP；（b）第二、三产业 GDP

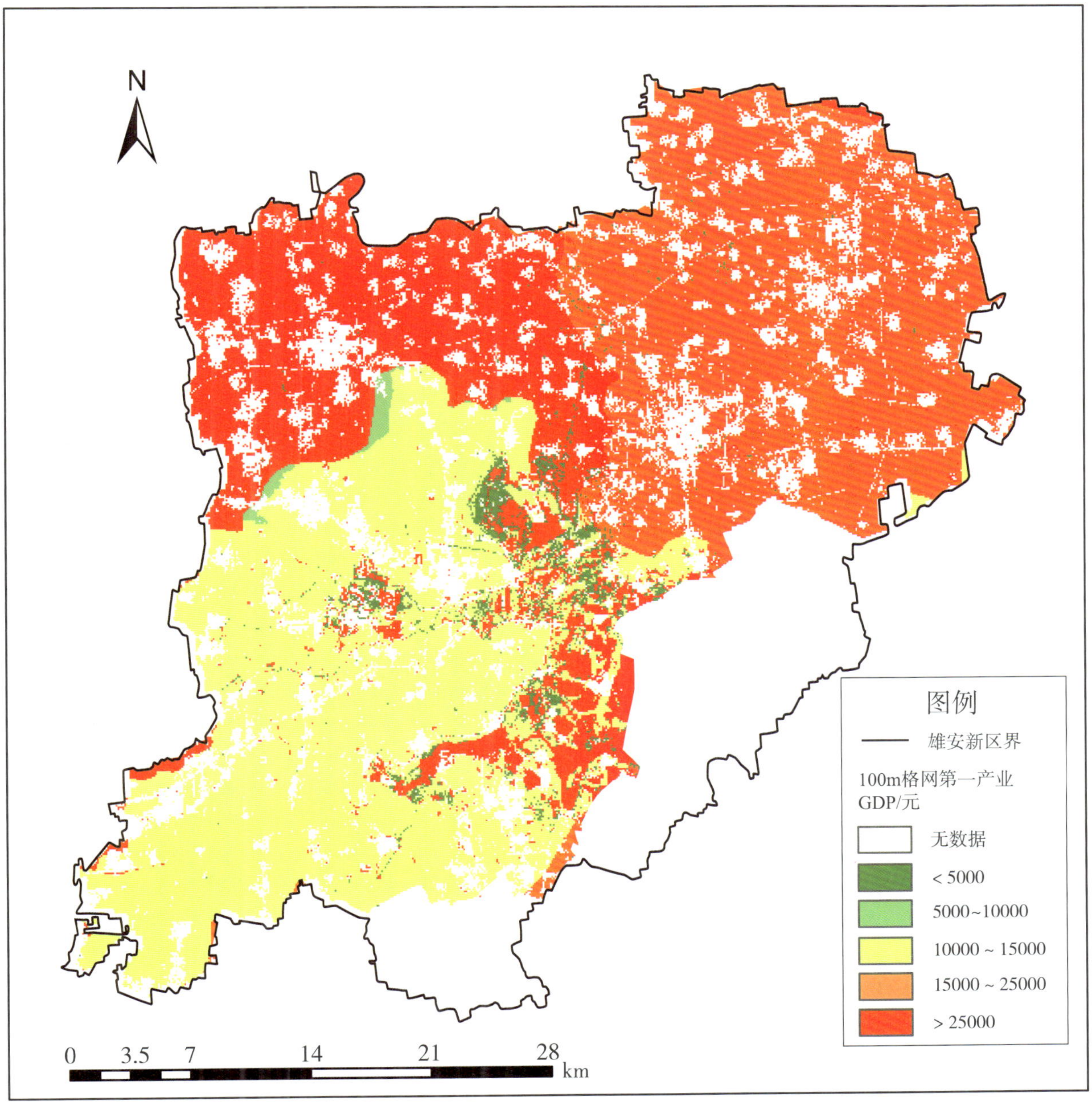

(a)

图 4－27　雄安新区 GDP 分布图

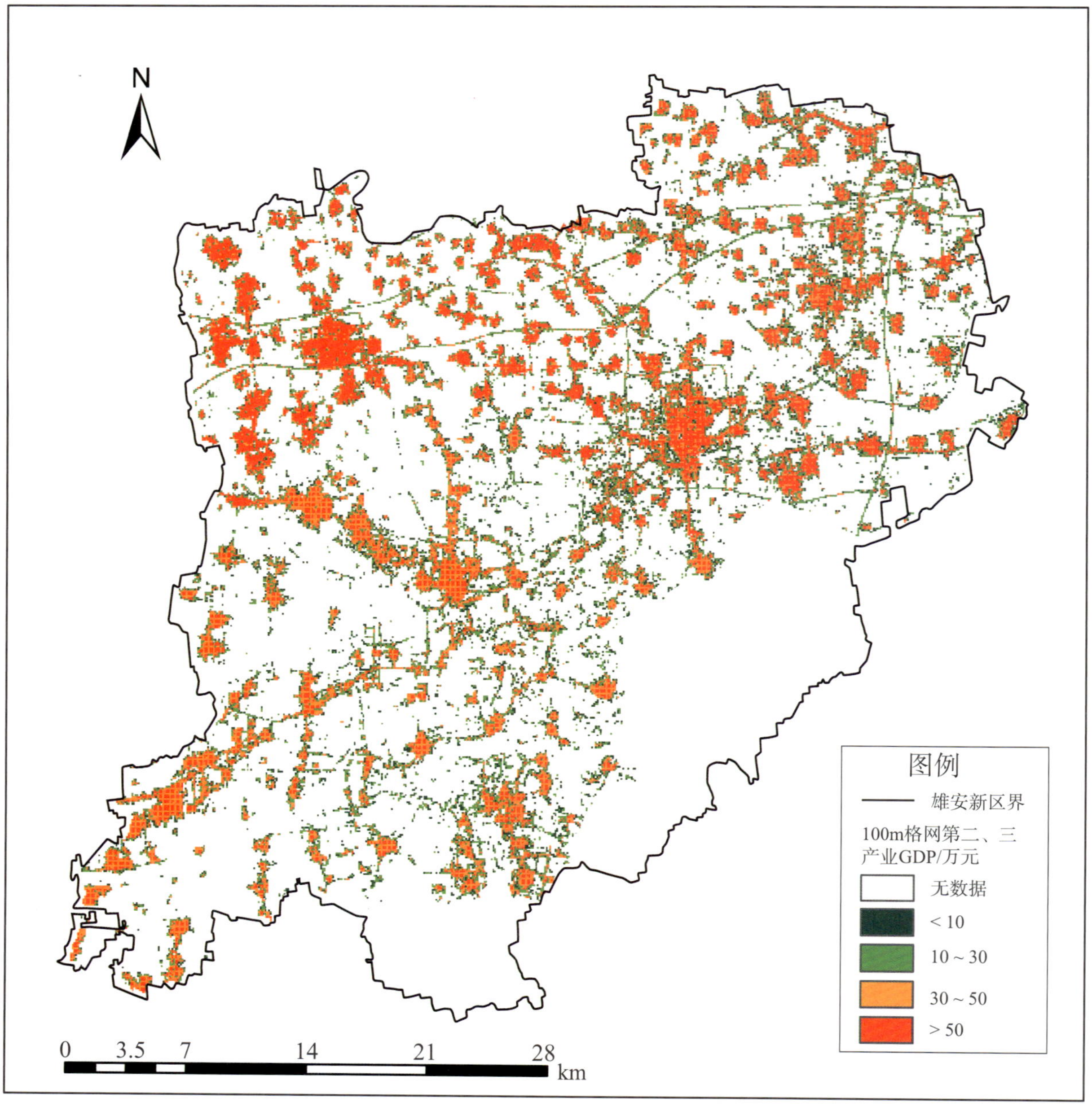

(b)

图 4-27 雄安新区 GDP 分布图（续）

(a) 第一产业 GDP；(b) 第二、三产业 GDP

为了显示融合 POI 用于 GDP 估计的优势，实行了交叉验证的建模方法，然后将仅使用夜间灯光数据与 GDP 统计值建立回归模型作为对照实验。图 4-28 显示了两组对照实验的结果。

在建模实验中，只使用夜间灯光数据与 GDP 统计值的模型中［图 4-28（a）、（b）］，线性模型的 R^2 为 0.733，幂函数模型的 R^2 为 0.851，可见在幂函数下夜间灯光对 GDP 的模拟效果更好。为了选取最优的模型，在多因素建模时对实验变量采取了对数转换。本模型结果的 T 和 F 对应的 Sig 值均小于 0.05，说明自变量对因变量具有显著影响，模型可靠。根据多元模型构建原理，增加变量个数会引起 R^2 增大，R^2 大小不能反映拟合效果，需对比调整后 R^2 判断拟合优度，16 组数据实验的平均调整后 R^2 为 0.916［图 4-28（d）］，对比只有夜间灯光数据参与实验时的 0.841［图 4-28（c）］，拟合优度提高了 7.5%。结果表明，两种因素拟合的效果比单因素模型有明显提高，基于融

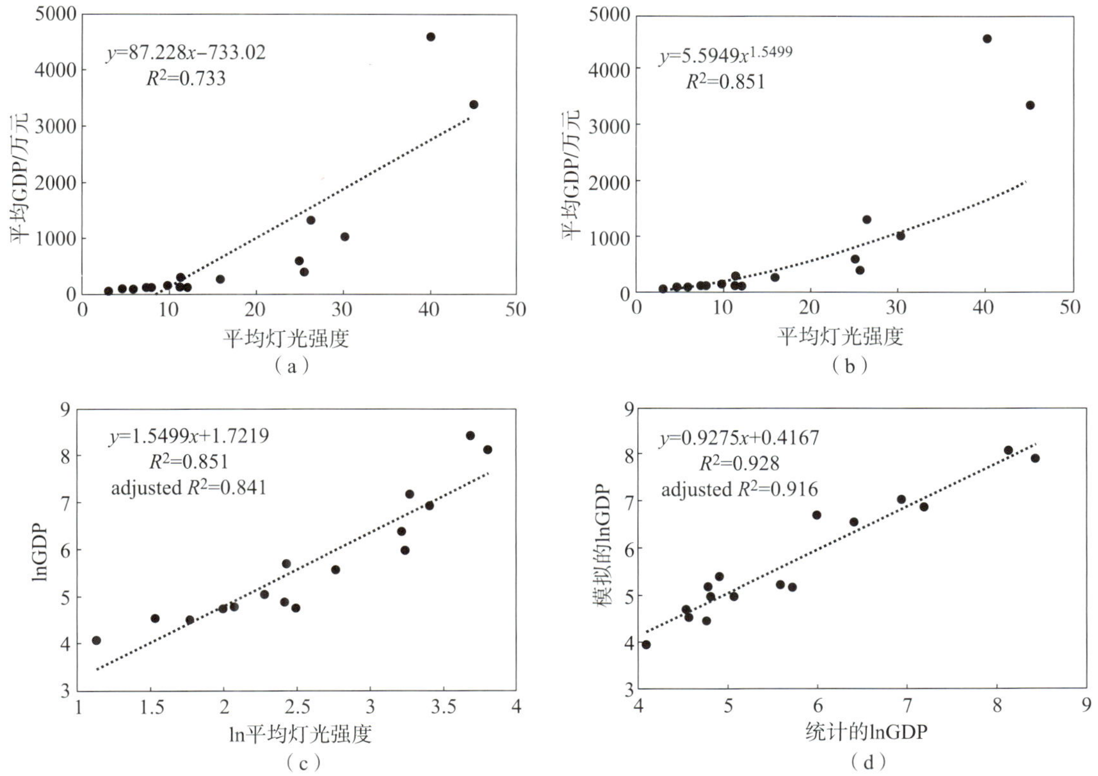

图 4－28　单因素和多因素参数拟合模型

（a）灯光强度与第二、三产业 GDP 线性模型；（b）灯光强度与第二、三产业 GDP 幂函数模型；
（c）灯光强度单因素模型；（d）POI 核密度、灯光强度多因素模型

合 POI 和夜间灯光数据的多元线性回归模型对于估计 GDP 分布而言是可靠的。

对两种实验模型结果与统计数据进行比较，用以评估准确性，包括计算预测值与统计的相对误差（Relative Error，RE）、平均相对误差（Mean Relative Error，MRE）与均方根误差（Root Mean Square Error，RMSE）。公式如下：

$$\mathrm{RE}=\frac{\left|\mathrm{GDP_c}-\mathrm{GDP_s}\right|}{\mathrm{GDP_s}}\times 100\% \tag{4－19}$$

$$\mathrm{MRE}=\mathrm{RE}/n \tag{4－20}$$

$$\mathrm{RMSE}=\sqrt{\frac{\sum_{i=1}^{n}(\mathrm{GDP_c}-\mathrm{GDP_s})^2}{n}} \tag{4－21}$$

式中，$\mathrm{GDP_s}$ 为每个行政区的统计 GDP 值；n 为区县的个数。

RE、MRE 与 RMSE 越小，模拟值与真值的误差越小，拟合精度越高。为了便于比较，将 RE 分为 3 个级别：小于 30%，30%～60% 之间，大于 60%。如表 4－11 所示，只利用灯光亮度建模的模型，RE＜30% 的区县个数为 6 个，大于等于 60% 的区县有 4 个，相较于两种因素耦合的模型中的 11 个和 2 个，灯光亮度模型准确度小于两种元素耦合的模型。POI 核密度与灯光亮度模型的 MRE 为 6.4%，RMSE 为 0.4，均小于灯光亮度模型对应的 12.6% 和 0.56，说明基于 POI 核密度与灯光亮度建模比灯光亮度单因素模型能估算出精度更高的 GDP。精度验证结果证明，POI 作为一种包含城市经济特征的数据源参与到 GDP 空间化中，能够增加拟合精度，提高模型质量，可以被使用到 GDP 空间化的研究中。

表 4-11 两个模型精度比较

拟合模型	调整后 R^2	RE <30%	30%≤RE <60%	RE≥60%	MRE/%	RMSE
灯光亮度模型	0.84	6 个	6 个	4 个	12.60	0.56
POI 核密度、灯光亮度模型	0.92	11 个	3 个	2 个	6.40	0.40

近年来，随着 GDP 空间化研究的加深，更多新型数据被加入 GDP 空间化中，本小节探索新的耦合多源数据的 GDP 空间化方法，将 POI 数据加入 GDP 的模拟中，R^2 从 0.841 提高到 0.916，提高了 7.5%，RE、MRE 与 RMSE 均小于只使用夜间灯光模拟 GDP 的误差，整体误差减小。在空间布局上，POI 能够提供高分辨率的密度图层，从而生产高分辨率的 GDP 空间化结果，在空间上集聚效果强，细节明显，更能体现 GDP 分布的空间异质性。实验表明，POI 作为能够体现社会经济实体分布的数据源，可以被使用到 GDP 空间化的研究中，本小节所使用的方法在研究区内取得了较好的效果，可为后续其他地区的研究提供参考。

4.4 财富风险暴露数据库构建

随着城市化进程的加快，人民生活水平普遍提高，财富积累日益增多。当居住的房屋及室内财产等财富承灾体遭遇自然灾害时，承灾体的价值密度越大，风险暴露度越高，其损失往往也越大。本节主要针对房屋建筑财富指标，从两方面来进行财富价值模型分析，一方面是基于遥感数据的建筑物轮廓、高度、用途等信息提取与反演，另一方面则为基于多源数据的房屋建筑重置价值空间化分配。在实际应用中，鉴于遥感数据的限制，前者多适用于小范围的房屋建筑数据库构建，后者则主要用于大区域范围乃至全国范围的房屋建筑数据库构建。

4.4.1 基于遥感数据的建筑信息提取模型

4.4.1.1 建筑物轮廓提取

本小节将以高分二号卫星 PMS 1m 分辨率遥感影像为数据源，人工筛选勾绘单体建筑物矢量数据，构建标记样本集。基于深度学习的方法构建适用于建筑物提取的深度学习模型，对唐山市主城区、雄安新区和玉溪市主城区进行高效、准确的建筑物提取。

1）研究区及基础数据

选取河北省唐山市主城区、云南省玉溪市主城区和河北省雄安新区作为研究区域。本小节以国产高分二号卫星 PMS 传感器 2019 年的影像为数据源，选取覆盖了全部研究区域的影像数据，在镶嵌时仅使用每景影像中无云/少云的部分，影像投影为 Albers 圆锥形等面积投影。在使用前为了使影像符合实验要求，对其进行了配准、辐射校正、几何校正等预处理，最后采用 Gram－Schmidt 光谱锐化融合方法把全色波段和多光谱波段融合成 1m 分辨率的红、绿、蓝、近红外四波段影像，目视检查判断融合后的影像地物清晰，与原始多光谱图像无明显差异。

高分二号（GF－2）卫星是我国自主研制的首颗空间分辨率优于 1m 的民用光学遥感卫星，搭载两台高分辨率 1m 全色、4m 多光谱相机，具有亚米级空间分辨率、高定位精度和快速姿态机动能力等特点。本小节所采用的影像数据来源于高分应用综合信息服务平台（http://gaofenplatform.com/index.html）。

本小节的标记样本数据集采用的建筑图斑数据基于融合后的高分影像人工目视勾绘解译得到。

首先根据研究区域建筑特点，随机选取约 20% 的建筑区域作为样本区域，然后在样本区域内进行建筑单体矢量勾绘，将勾绘得到的矢量图层转为 1m 分辨率的栅格数据和遥感影像相匹配，最后与遥感影像数据 4 个波段叠加，作为最终的标记样本数据集，用以训练模型，其中随机选取约 80% 作为训练样本集，约 20% 作为验证样本集。其他非样本区域为测试数据集，用以测试模型性能。

2）技术方法

本小节采用的模型结构相对简单，计算量小，能准确挖掘提取影像中深层特征和浅层特征，并能在不同尺度和区域下整合特征信息的 PSPNet 模型进行大范围的建筑提取。

卷积神经网络（Convolutional Neural Networks，CNN）主要由输入层、卷积层、池化层、全连接层四部分组成。输入层为一幅图像的像素矩阵。卷积层是 CNN 中最为重要的部分之一，卷积层中每一个节点只和上一层中的部分神经元相连，通过不同的过滤器从神经元中提取更高层次的特征。池化层在卷积层之后，主要功能是进行特征选择（见“附录　术语”），逐步减小特征空间的大小，减少参数个数和计算量，以减小过拟合的影响。全连接层是整个模型的最后部分，对池化层输出的特征进行分类操作。经过卷积层的信息提取以及全连接层的信息融合和分类计算，输出的结果是图像对应于某一类别的概率。

本小节使用的卷积神经网络为 PSPNet 模型，其网络架构如图 4－29 所示。PSPNet 模型为深度残差网络架构（Residual Networks，ResNet）和金字塔池化模块（Pyramid Pooling Module）的结合。它可以解决用 CNN 进行图像解析、语义分割时没有利用整体场景信息而出现上下文匹配错误的问题，可以融合合适的全局特征，使最终的预测更加可靠。目前该方法在各种数据集上的应用已表现出较好的性能，对高级别特征的提取效果较为理想，可应用于高分辨率影像建筑提取的研究。

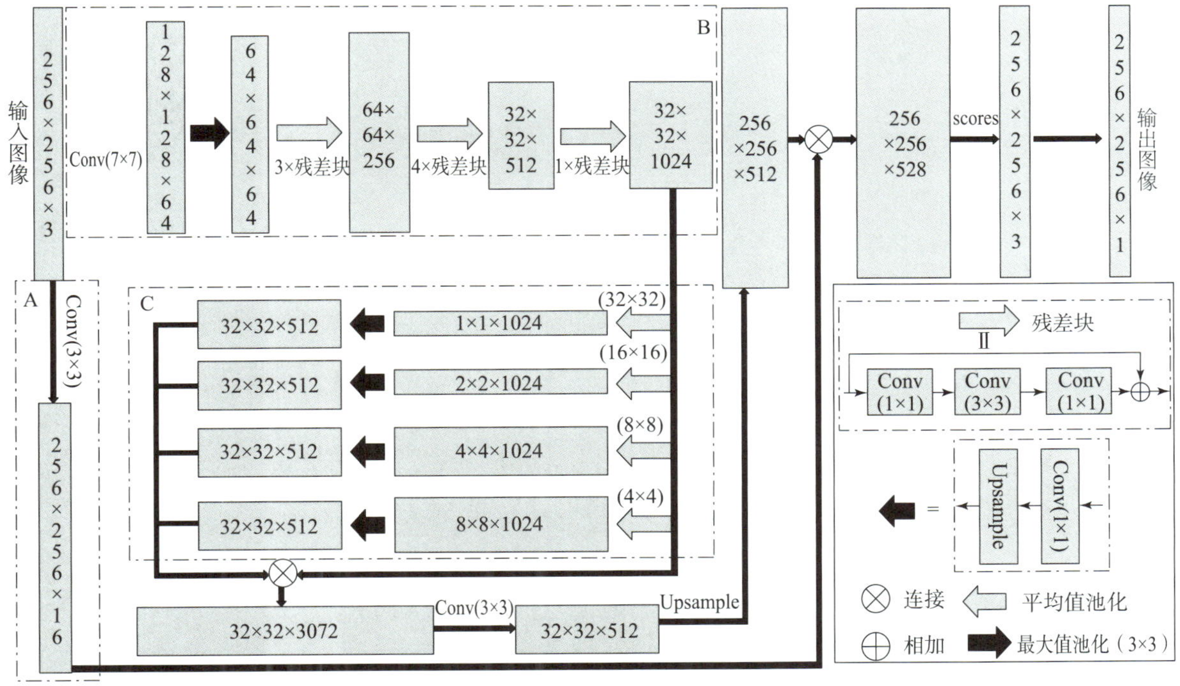

图 4－29　PSPNet 网络架构图

图 4－29 中 A 部分的作用为卷积层浅层特征提取，获取影像中建筑的边界特征；B 部分的 ResNet 结构对影像中建筑纹理、上下文等深度特征进行提取，这里采用 8 个 ResNet 残差结构；C 部分为金字塔池化模块，它通过对提取出的深层特征和浅层特征在不同的尺度上进行融合，获取不同区

域的上下文信息，即影像中不同尺度的建筑空间特征信息。ResNet 输出的特征图层经过 4 层池化、卷积和上采样，恢复至输入特征图像大小，经过连接层与 ResNet 的深层特征图层连接。最后将带有不同子区域语义信息的深度特征和含有局部边界信息的浅层特征融合，得到预测结果。

技术流程图如图 4－30 所示，首先利用构建好的训练样本集对模型进行训练，并利用验证样本集选择模型最优参数，得到最优模型，最后对研究区域的所有样本进行建筑提取测试，以评估模型性能，具体技术路线见图 4－30。

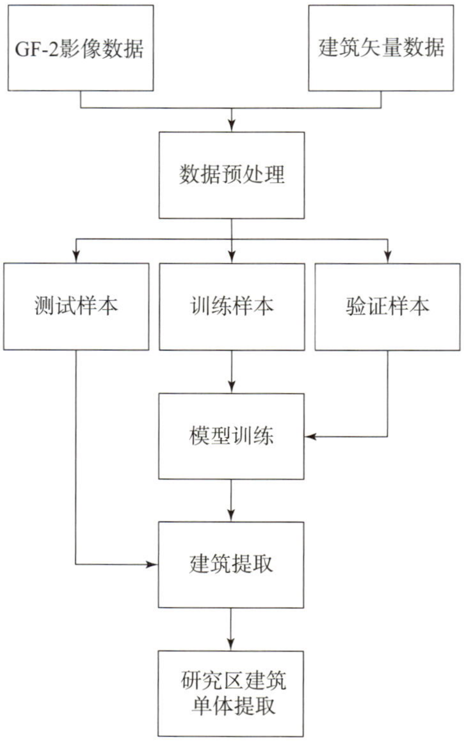

图 4－30 基于深度学习的建筑提取技术路线

（1）数据预处理

在使用前为了使影像符合实验要求，利用融合算法把全色波段和多光谱波段融合成 1m 分辨率的影像，并对其进行了配准、辐射校正、几何校正等预处理。利用目标研究区行政矢量边界对影像进行裁剪。根据目标区域遥感影像建筑特征，人工随机选择勾绘建筑轮廓矢量，将建筑矢量图层转为 1m 的栅格数据，并与影像波段叠加，作为训练数据。将数据划分为多个格网，随机选取其中的 80% 作为训练样本集，20% 作为验证样本集，没有样本覆盖的区域影像作为测试数据。

（2）模型训练

基于构建的 PSPNet 模型和训练样本集，本小节直接使用在 ImageNet 数据集上预训练好的 ResNet－50 模型进行网络训练。设置每训练 2 块训练样本数据，更新一次模型参数，每 1000 次迭代进行一次测试，得到一个损失值。为了使得模型的梯度下降法能够有较好的性能，须将学习率的值设定在合适的范围内，学习率决定了参数移动到最优值的速度快慢。如果学习率过大，很可能会越过最优值；如果学习率过小，优化的效率可能过低，长时间算法无法收敛。所以学习率对于算法性能的表现至关重要。本小节参考他人研究中的参数设置，具体参数设置如下：学习率为 0.0001，动量为 0.9，权重衰减为 0.00001，设置每隔 200000 步长，学习率衰减为原来的 10%。本小节模型共完成 10 期训练（所有训练样本训练一次即一期），训练结束后选择最小的验证损失值作为最优参数测试模型性能。

（3）建筑提取

模型训练结束后得到最优模型，将三个研究区的影像输入最优模型，得到研究区域的建筑单体提取结果，目视检查判断模型建筑提取效果。

3）模型结果

利用训练好的模型对研究区域的影像进行提取，结果如图 4－31 所示。模型能较为准确地提取出影像中的建筑，能较好地区分出建筑物与其他非建筑物类型（道路、操场、裸地等），并且能识别出建筑物阴影。对于排列较为规则的建筑区域，如城市中心区，模型能较为准确地识别出建筑单体，但是对于一些排列不规整的建筑区域，如棚户区、玉溪山区中分布较为破碎的建筑单体，模型提取效果一般。

（a）

图 4－31　建筑提取结果

（b）

图 4-31　建筑提取结果（续）

（c）

图 4－31　建筑提取结果（续）

（a）玉溪市建筑单体提取结果；（b）雄安新区建筑单体提取结果；（c）唐山市建筑单体提取结果

随着近年来深度卷积神经网络在模式识别和计算机视觉领域中的应用，越来越多的学者成功将卷积神经网络应用于遥感影像进行建筑物提取。本小节以河北省唐山市主城区、云南省玉溪市主城区和雄安新区为研究区域开展基于深度学习的建筑物提取，首先利用高分二号高分辨率遥感影像，人工目视勾绘单体建筑矢量数据，构建深度学习模型训练的样本集，然后搭建卷积神经网络 PSPNet 模型，开展建筑单体提取模型训练，得到适用于研究区域的建筑单体提取模型。最后将模型应用于全部研究区域的遥感影像，得到建筑单体提取结果。结果表明模型能较为准确地提取出影像中的建筑，能较好地区分出建筑物与其他非建筑物。

4.4.1.2　建筑物高度提取

准确获取建筑物的三维分布信息对于城市规划与管理、灾害风险评估与防范以及灾后救助等都具有非常重要的意义。近年来我国城市化进程不断推进，不仅体现在城市面积的增长上，也体现在建筑物高度的增长上。高度增长一方面能尽量突破城市土地资源匮乏的瓶颈，另一方面为优化城市结构及城市功能做出贡献。在城市遥感研究领域，对城市建筑物高度的提取也成为研究的重点。城市建筑物高度的估计与测量，已成为城市规划和扩张、城市灾害风险预警与评估的重要参数，同时也为数字城市三维模型的建立提供了基础测绘资料。

现有用于建筑物高程信息提取的方法包括激光测距仪、立体像对、光学影像测高和阴影测距等多种方法，但是这些方法都存在缺点：①采用激光测距仪全野外测量方式，人工采集工作量大，虽然精度高，但成本高、效率低；②立体像对计算高度，需要专业的技术人员，采集效率低，耗费人力较大，成本高；③高分辨率遥感影像阴影长度计算法的优点是效率高，但是目前还不适用于大批量数据的自动处理；④用激光雷达结合空中影像提取数字表面模型，优点是获取速度快，缺点是后续处理工作量大，费用可观。所以，在应用中，需结合测区范围大小、高度精度等实际需求，采取不同的提取方式。

在风险暴露数据采集处理过程中，建筑物的三维信息主要依靠现场调查获取，但传统的人工获取方式周期长、费用高，加之随着城市发展，建筑物更新和扩张的速度加快，人工获取根本无法满足当下的研究需求，获取的数据本身就失去了时效性（李垠等，2012）。随着遥感技术的发展，高分辨率的遥感影像已然成为我们研究最好的数据资源，处理遥感影像，提取高精度的建筑物基础信息，可提高地震灾害损失快速评估的准确性（李皓等，2018）。因此，应用遥感技术提取建筑物信息的研究成了风险暴露数据采集处理工作的重要部分（徐昌荣等，2011）。

下面详细介绍利用高分辨率遥感影像结合立体像对提取建筑物高度的方法。

1）建筑物高度提取技术流程（图4－32）

高分辨率遥感影像结合立体像对提取建筑物高度的方法是利用DSM与DEM的差值提取建筑物的高度，主要步骤：①基于高分辨率遥感影像提取建筑物轮廓；②利用立体像对生产高精度DSM；③利用DSM进行DEM生产；④DSM和DEM做差值，计算生成差值影像；⑤利用差值影像提取建筑物的高度。

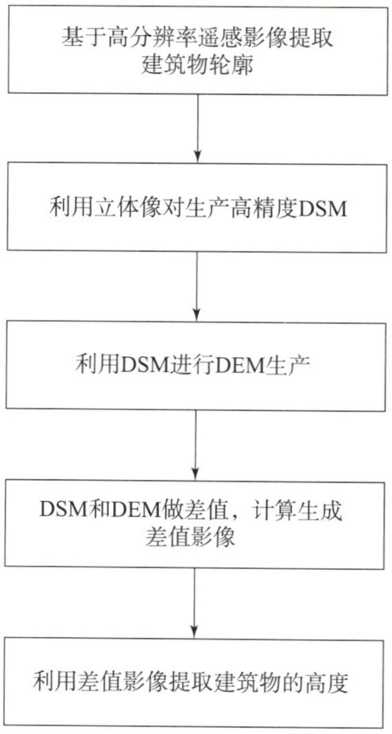

图4－32　建筑物高度提取技术流程图

（1）基于高分辨率遥感影像提取建筑物轮廓

以高分二号PMS 1m分辨率遥感影像为数据源，人工筛选勾绘单体建筑物矢量数据，构建标记样本集。基于深度学习的方法构建适用于建筑物提取的深度学习模型，进行高效、准确的建筑物轮廓提取。

（2）利用立体像对生产高精度DSM

数字地表模型（DSM），指包含了地物建筑、桥梁和树木等物体表面高低形态的数据集，在地面高程模型（DEM）的基础上表达更加精确的地面起伏信息。数据来源为高分辨率测绘卫星采集的立体影像，常见卫星包括国产资源三号、高分七号，以及商业卫星Worldview等。本小节规定了针对高分辨率卫星影像生成DSM数据的输入输出要求、图像处理技术流程、具体步骤及相关要求。

DSM生产流程（图4－33）主要包括：影像预处理，包括辐射校正、几何校正、影像滤波增强；连接点自动提取，利用多视影像全自动影像匹配技术提取连接点；平差解算，利用控制点进行区域网平差（见“附录　术语”），解算出连接点、加密点的三维坐标，计算卫星影像定向参数；DSM 自动匹配，分别利用前、下、后视等不同视角组合进行 DSM 自动匹配；DSM 编辑，人工对自动匹配结果进行滤波、编辑等，用以消除错误和粗差，生产最终 DSM 结果。

（3）利用 DSM 进行 DEM 生产

作业人员依据不同地形特征及地物分布情况，首先进行区域划分，再选用适宜的滤波方式进行相应处理。

（4）DSM 和 DEM 做差值，计算生成差值影像

将已提取的建筑物轮廓数据与地表物体高度分布图层进行空间叠置，获取每一个建筑物对象的高度。将建筑物轮廓内地物高度值中的最大值作为其高度值。

（5）利用差值影像提取建筑物的高度

使用 ArcMap 将 DSM 数据与 DEM 进行叠置，将高程相减，其差值作为模型中建筑物高度结果。

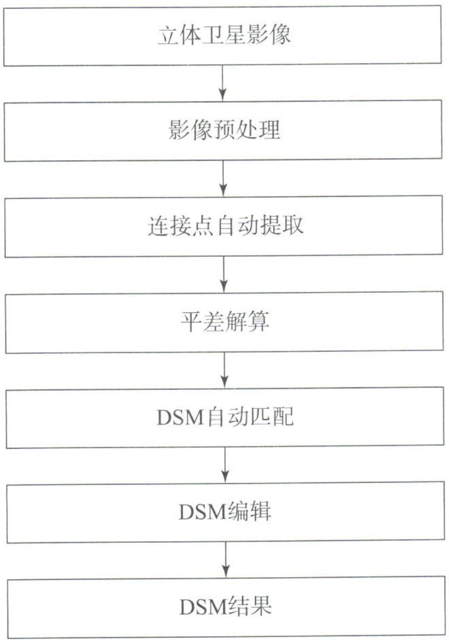

图 4－33　DSM 生产流程

2）应用案例

选取河北省唐山市主城区和云南省玉溪市主城区作为研究区域，覆盖面积 2589km²。在研究区内，按照上述技术流程基于资源三号卫星对建筑物进行了高度计算。通过抽样检测房屋实际高度，平均精度为 78%，预测结果良好。考虑到一般楼层高度不低于 2m，上述测量结果可以精确预测到楼层。建筑物高度提取结果如图 4－34 所示。

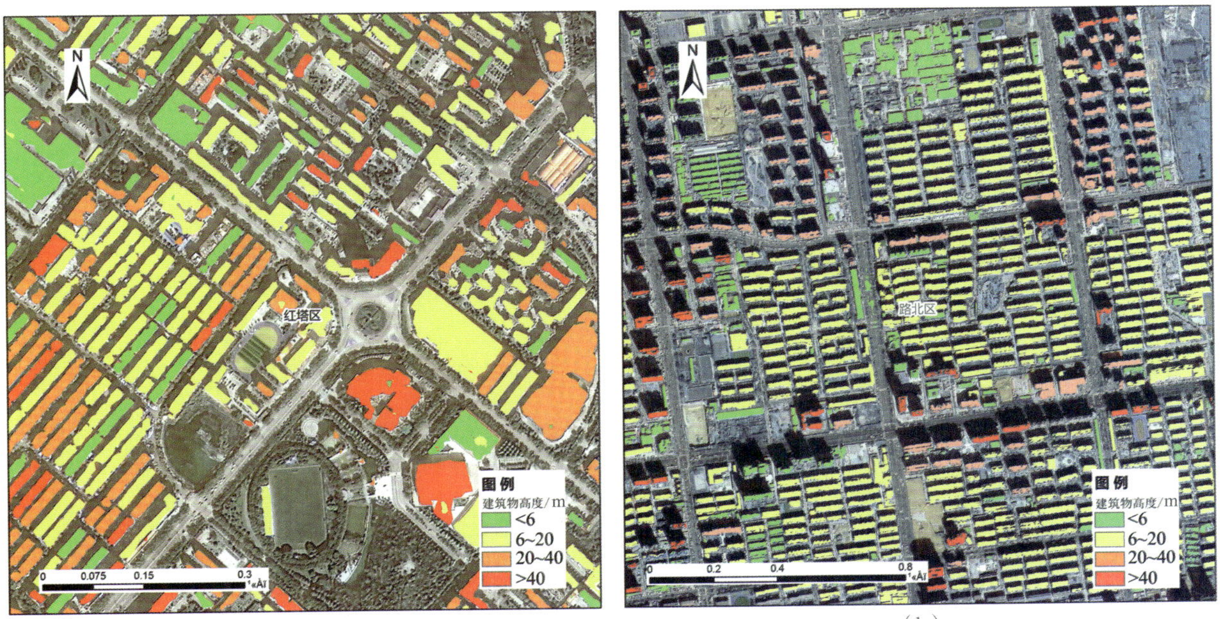

（a）　（b）

图 4－34　建筑物高度提取结果

（a）玉溪市建筑物高度（局部图）；（b）唐山市建筑物高度（局部图）

4.4.1.3　建筑物用途反演

对于地震建筑物承灾体，除了遥感影像反演的位置和结构参数外，其功能用途的划分对于地震保险损失评估具有重要意义，建筑物功能可根据“人－地”研究模式中的人的社会感知去推断

“地”的用途。人类的日常活动，也可以称为人类的生活习惯，包括活动的开始时间、持续时间、结束时间等内容，可以通过活动轨迹进行还原。推断人类活动便可推断建筑物功能。本小节计划将位置空间大数据整合到遥感分类数据中，集成地理空间大数据来描述建筑规模的使用效能，基于多源地理空间大数据进行空间分析和城市活动的空间统计，从而为建筑物使用功能类别的区分提供更详细的信息。

1）研究区域及基础数据

研究区域为河北省唐山市，采用的基础数据如下。

（1）土地覆盖数据

土地覆盖数据来自 2020 年 Global Land 30 全球土地覆盖数据集，主要分为耕地、林地、草地、灌丛、湿地、水体、苔原、人造地表、裸地、永久性冰雪十种土地覆盖类型，研究区范围内无苔原和永久性冰雪两类，涵盖建筑分布的人造地表。

（2）手机信令数据

采用手机信令数据，可识别职住地。具体技术方法见 4.2.3 小节。本小节主要使用的是 2019 年 11 月唐山联通用户的手机信令数据。当手机与基站进行通信连接（如接打电话、收发短信、位置更新等）时，基站会进行记录并产生一条包含基站位置信息的信令数据。利用该数据，共识别出约 453 万个具有稳定居住地和工作地的用户，样本量约为唐山市第六次人口普查常住人口的 57%，在街道层面与第六次人口普查常住人口数据的皮尔逊相关系数为 0.910，且在 0.01 水平上显著相关，说明利用手机数据识别人口常住地的方法是可行的。

将手机信令的基站数据转换为 250m×250m 格网数据，并与土地覆盖类型数据中的人造地表数据求交集，筛选出在人造地表范围内的手机信令格网数据，空间分布如图 4－35 所示。

（3）土地利用数据

土地利用数据来自从 OSM 官方网站上下载的 2019 年数据集，选择 landuse_a_free 图层数据中的 fclass 为 residential、industrial、commercial、school 四类，并根据空间分布，求各类数据的交集，设为混合功能区 mixture。按照 landuse_a_free 所筛选出来的四类 label 集合与手机信令数据的格网数据求交集，获得赋有使用类别的使用功能 label 属性格网数据。

2）技术方法

本小节中，针对每一个用户当天 20 点—次日 6 点时间段的所有记录点，剔除偏远点，选择与所有点平均距离最小的点为当天的居住地，重复操作，得到 14 天可能的居住地点集；同时，利用 9—18 点的记录和同样的流程识别出用户在 10 个工作日内可能的工作地点集。为保证用户为唐山市常住人口，拥有稳定的居住地，通常认为 4 周内出现等于或少于 4 天的人口为流动人口，故居住地点集数目至少为 5 个；工作地点集同理。针对每个用户的居住地与就业地点集，再次计算各点集中与所有点的平均距离最小的点为其稳定居住地与工作地，由于基站两两之间距离均存在差异，故与各点平均距离最小的点为唯一点，即最终得出唯一的稳定居住地与工作地。数据共识别出约 453 万个具有稳定居住地和工作地的用户，将手机信令基站数据转换为 250m×250m 格网数据，并与土地覆盖类型数据中的人造地表数据求交集，筛选出在人造地表范围内的手机信令格网数据，土地利用数据来自从 OSM 官方网站上下载的 2019 年数据集。

XGBoost 模型是大规模并行 boosting tree 的工具，它是目前较好的开源 boosting tree 工具包。boosting 算法主要针对弱可学习的分类器来开展优化工作。

模型输入：应用 XGBoost 模型，输入标签数据，其中居民区 residential 类共 9355 个格网，商业区 commercial 类共 1113 个格网，工业区 industrial 类共 4910 个格网，学校区 school 类共 188 个格网，

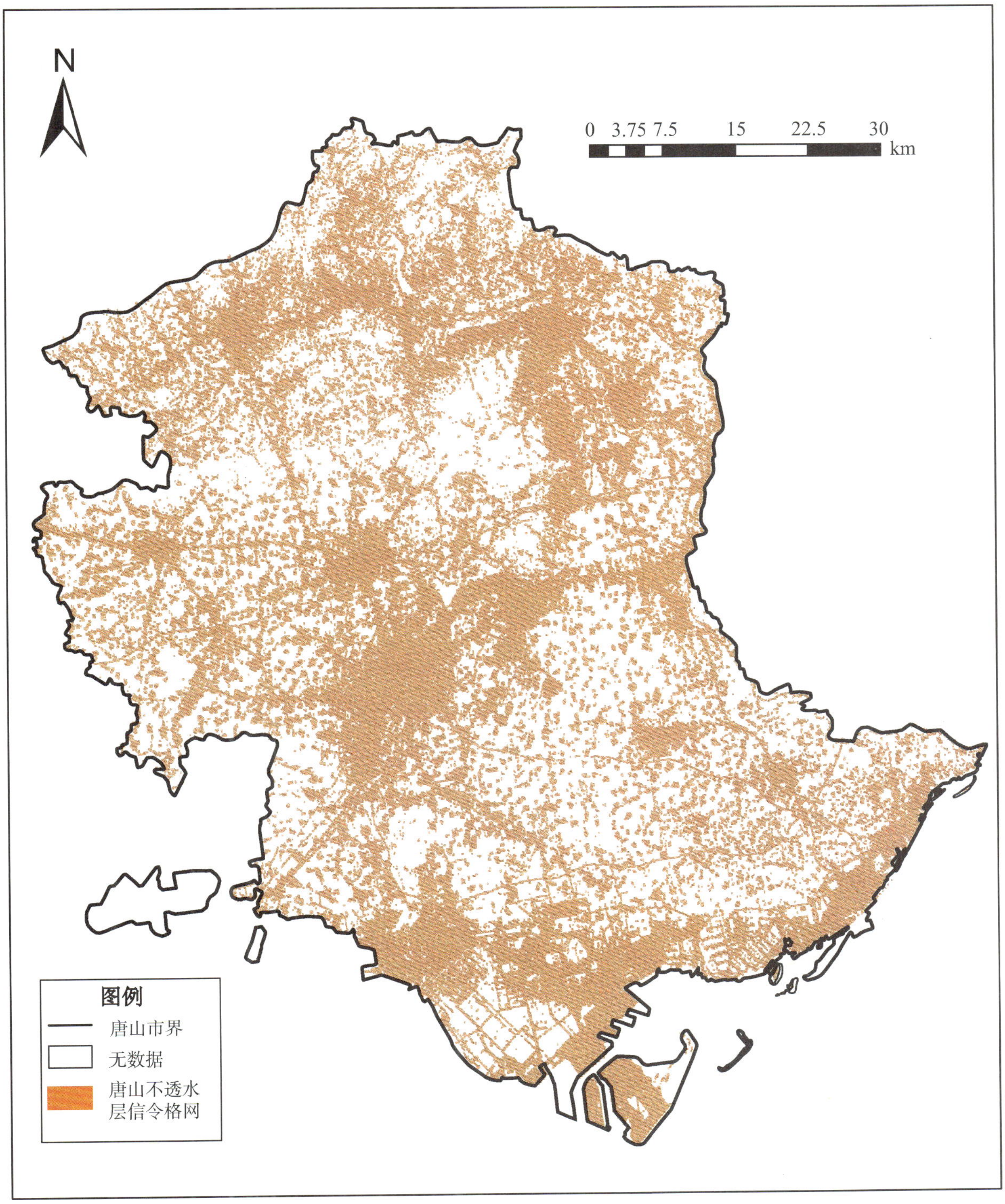

图 4-35　唐山市不透水层涵盖的手机信令分布图

功能混合区 mixture 类共 100 个格网，一共 12501 个有类别属性的格网正样本，其余样本为负样本。

特征构建：根据人的行为分时间段、分年龄段、分工作日和周末休息日人们在每个格网到来与离开之间人流差异构造信息熵值、占比、和、差等数量特征，一共构建 196 个特征输入模型学习，其中部分特征构建如表 4-12 所示。模型基本流程图见图 4-36。

表 4－12　XGBoost 模型中部分特征构建统计表

特征量		特征熵值	特征计算
熵值 1	6_9T_residentPOP	分时段分类占比	6_9T_residentPOP/6_9T_totalPOP
	6_9T_workingPOP		6_9T_workingPOP/6_9T_totalPOP
	6_9T_visitingPOP		6_9T_visitingPOP/6_9T_totalPOP
熵值 2	9_18T_residentPOP		9_18T_residentPOP/9_18T_totalPOP
	9_18T_workingPOP		9_18T_workingPOP/9_18T_totalPOP
	9_18T_visitingPOP		9_18T_visitingPOP/9_18T_totalPOP
熵值 3	18_20T_residentPOP		18_20T_residentPOP/18_20T_totalPOP
	18_20T_workingPOP		18_20T_workingPOP/18_20T_totalPOP
	18_20T_visitingPOP		18_20T_visitingPOP/18_20T_totalPOP
熵值 4	20_23T_residentPOP		20_23T_residentPOP/20_23T_totalPOP
	20_23T_workingPOP		20_23T_workingPOP/20_23T_totalPOP
	20_23T_visitingPOP		20_23T_visitingPOP/20_23T_totalPOP
熵值 5	居住人口总和	全天分类占比	居住人口总和/全天总人口
	工作人口总和		工作人口总和/全天总人口
	游憩人口总和		游憩人口总和/全天总人口

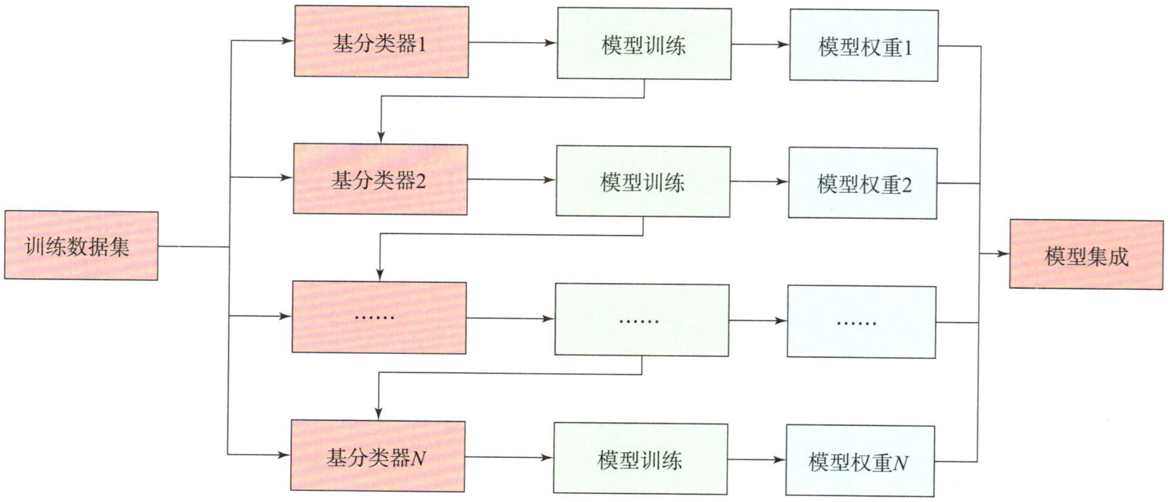

图 4－36　模型基本流程图

模型根据重要性，自动选取 30 个特征参与到分类计算中，分别判断各个格网特定类别的可能性。其中住宅区的学习得分为 0.68；工业区的学习得分为 0.73；商业区的学习得分为 0.68；学校的学习得分为 0.78；混合区的学习情况最差，得分为 0.59。对于预测精度，住宅区为 0.71，工业区为 0.75，商业区为 0.95，学校为 0.99，混合区为 0.99。模型拟合优度 ROC 图如图 4－37 所示。

3）模型结果

提取出用户在白天工作时段累计停留时间大于阈值（6h）的基站位置，作为工作地的对应基站；同理，提取出用户在夜间睡眠时段累计停留时间大于阈值（4h）的基站位置，作为居住地的对应基站。经过手机信令数据的清洗、提取，最终识别出研究范围内的工作驻留地和夜间居住驻留

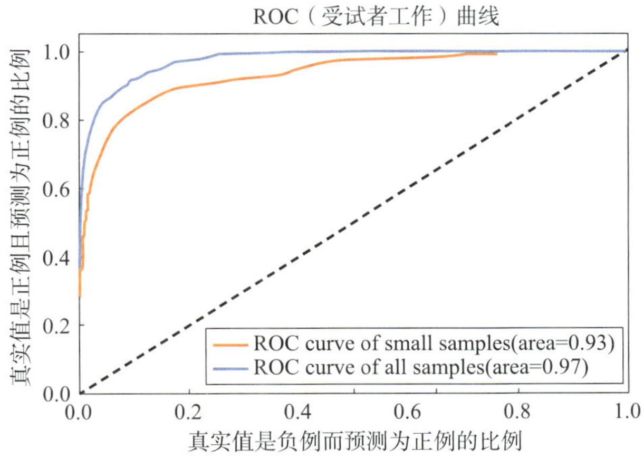

图 4 – 37　模型拟合优度 ROC 图

地，同时能够识别出工作地和居住地的手机用户。根据 XGBoost 模型分类结果并进一步进行核密度分析，模拟出唐山市职住空间利用层面分布特征。按照上述过程进行提取，唐山、玉溪、雄安新区的职住反演结果分布如图 4 – 38 ~ 图 4 – 40 所示。

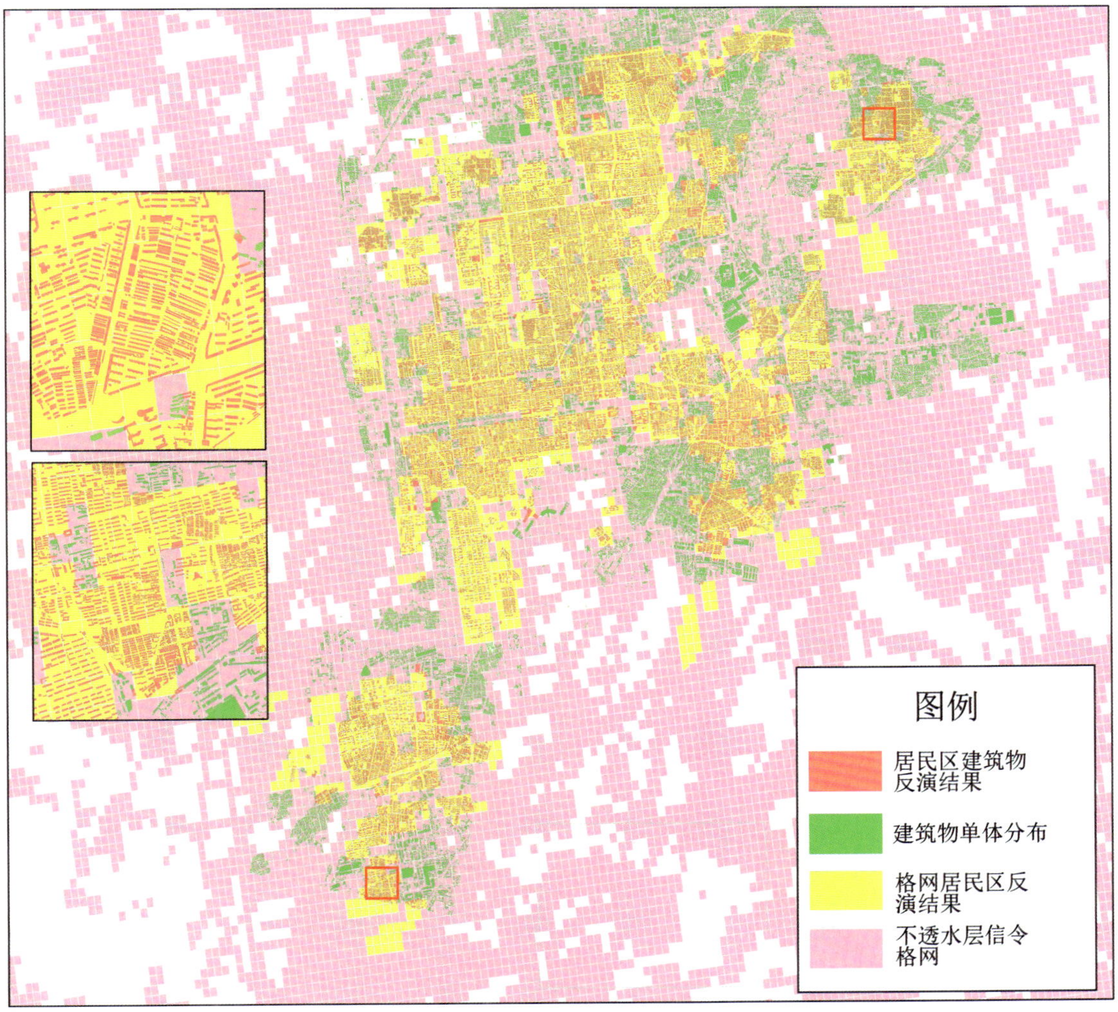

图 4 – 38　唐山市中心城区建筑物职住分布反演结果（局部图）

图 4－39　玉溪主城区建筑物职住分布反演结果（局部图）

图 4－40　雄安新区建筑物职住分布反演结果（局部图）

4.4.2　区域精细化房屋建筑风险暴露模型

从历史地震灾害损失分析结果中看出，直接经济损失中最主要的损失是由房屋破损倒塌以及基础设施破坏等构成的，所以建立可靠的房屋资产价值暴露性数据库对于灾害风险分析非常必要。城市是自然灾害集中影响区，灾多害大，研究城市灾害是减少灾害损失的重要途径。房屋暴露性评估是自然灾害风险评估的重要组成部分，精确的房屋价值空间分布图是准确评估房屋暴露性的基础。房屋资产价值暴露性数据库应包括空间位置、占地面积、楼层高度及单位价值等属性信息。这些信息对于分析一个区域面临的地震灾害风险具有重要的价值。通过空间化手段可以将基于行政区划的统计数据展布到栅格单元上，和灾害影响范围叠加分析，进行地震灾害直接经济损失评估，以及风险评估工作。所以空间化技术手段是提高房屋空间分布精度即暴露性数据库可信度的关键因素。传统的基于行政区划的统计数据无法直接应用到灾害损失评估及风险评价中，以行政区划为单元统计的人口社会经济数据在行政区单元内部是均质分布的，不能体现数据在空间分布上的差异，不利于同其他地理数据融合分析。

随着遥感和 GIS 技术的发展，应用遥感数据可以对地面房屋的空间分布情况有一定的识别，可以弥补传统的“将统计数据按一定模型展布到栅格单元”方法造成的与实际分布情况不符的问题。因此对房屋的统计数据按属性情况进行空间展布研究，对提高地震灾害损失风险评估以及灾后直接经济损失评估的准确性具有重要的意义。

1）研究区及基础数据

选取云南省玉溪市主城区、河北省唐山市主城区和雄安新区作为财富空间化方法研究区域。

2）技术方法

与人口、GDP 的空间分布情况模拟不同，财富空间化以房屋为基础，其空间分布状况具有固定的位置、面积及属性。理想情况下，获取房屋实际的属性信息（位置、占地面积、高度、用途）等可以支持精细财富空间化的实现，但实际却无法获取大范围的房屋属性数据，因此本小节探索大范围财富空间化方法。

集成多源特征数据，建立建筑物功能用途反演模型，基于建筑用途信息、建筑轮廓、建筑高度、建筑造价，构建建筑物重置价值空间化模型。财富空间化流程图见图 4－41。

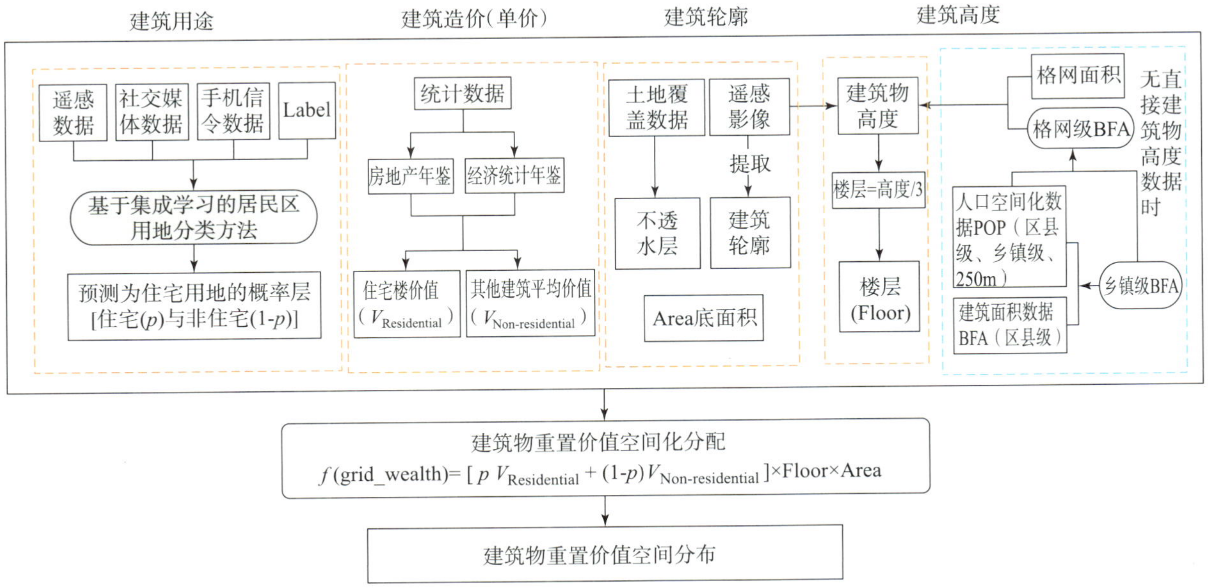

图 4－41　财富空间化流程图

①建筑用途：集成多源数据包括遥感影像数据、社交媒体数据、手机信令数据等，基于实地调查获取的样本房屋属性信息（Label），构建建筑物功能用途反演模型，来识别相似区域的房屋属性信息，获取其建筑用途。

②建筑造价：通过各地区的经济年鉴以及房地产年鉴，收集研究区内不同建筑用途房屋的价值，分为住宅楼价值以及其他建筑平均价值。

③建筑轮廓：通过遥感影像数据提取建筑物轮廓，并通过土地覆盖数据中的不透水层，来进一步精确划定建筑轮廓。

④建筑高度：通过遥感影像立体像对来计算建筑物高度，极少区域未被影像覆盖；将人口数据作为代用指标，反算得到每个格网中的建筑面积，并与格网面积计算得到建筑物楼层数。

通过以上建筑物属性信息，构建建筑物重置价值空间化模型，实现建筑物重置价值空间分布。

3）模型结果

利用上述方法，实现了唐山市主城区、玉溪市红塔区、雄安新区重置价值空间分布，图 4－42 ~ 图 4－44 为三个研究区的局部放大图，由该空间分布图可进行后续震害损失计算及保险业务的分析处理。

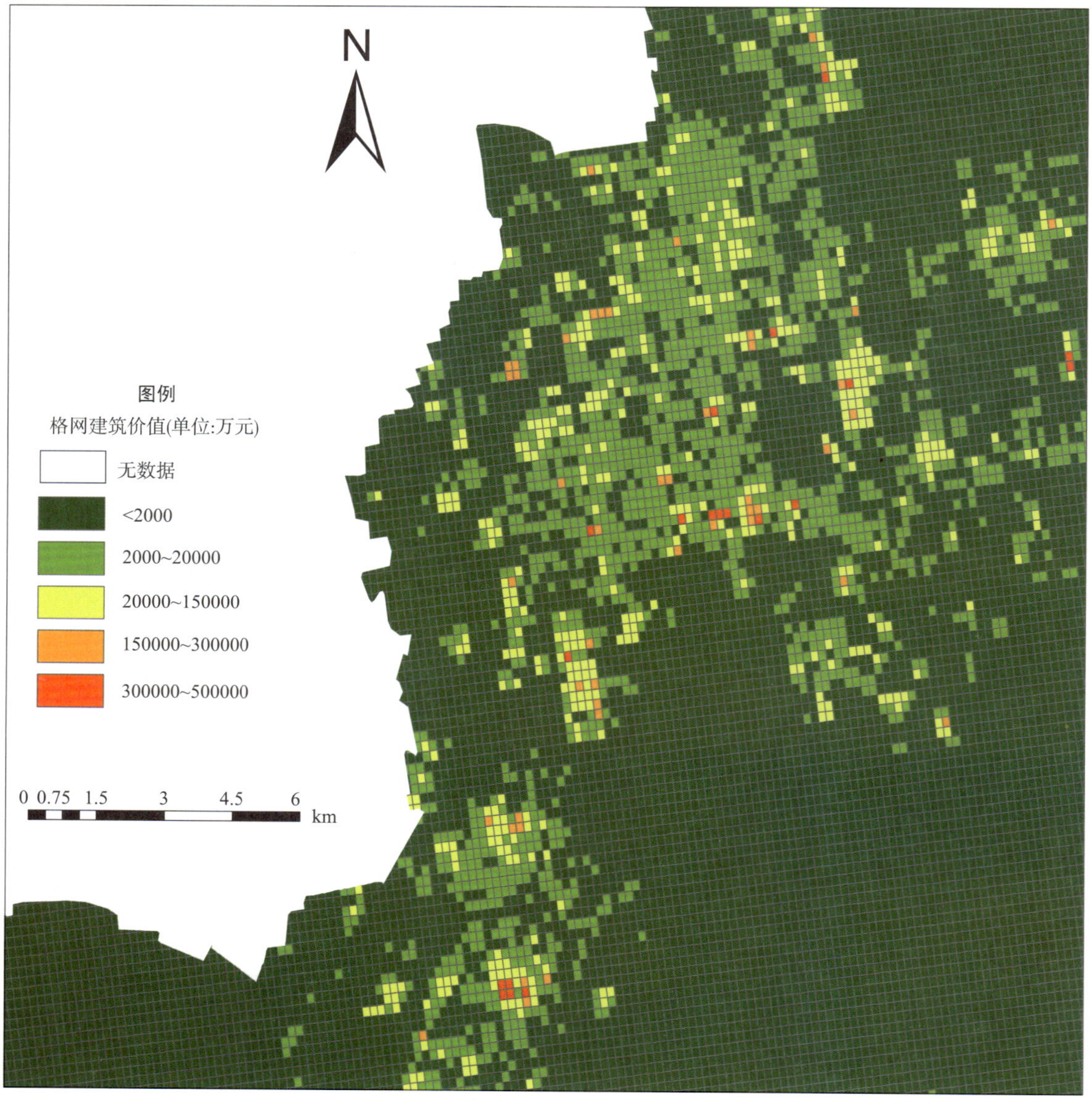

图 4－42　唐山市主城区（局部）建筑重置价值分布

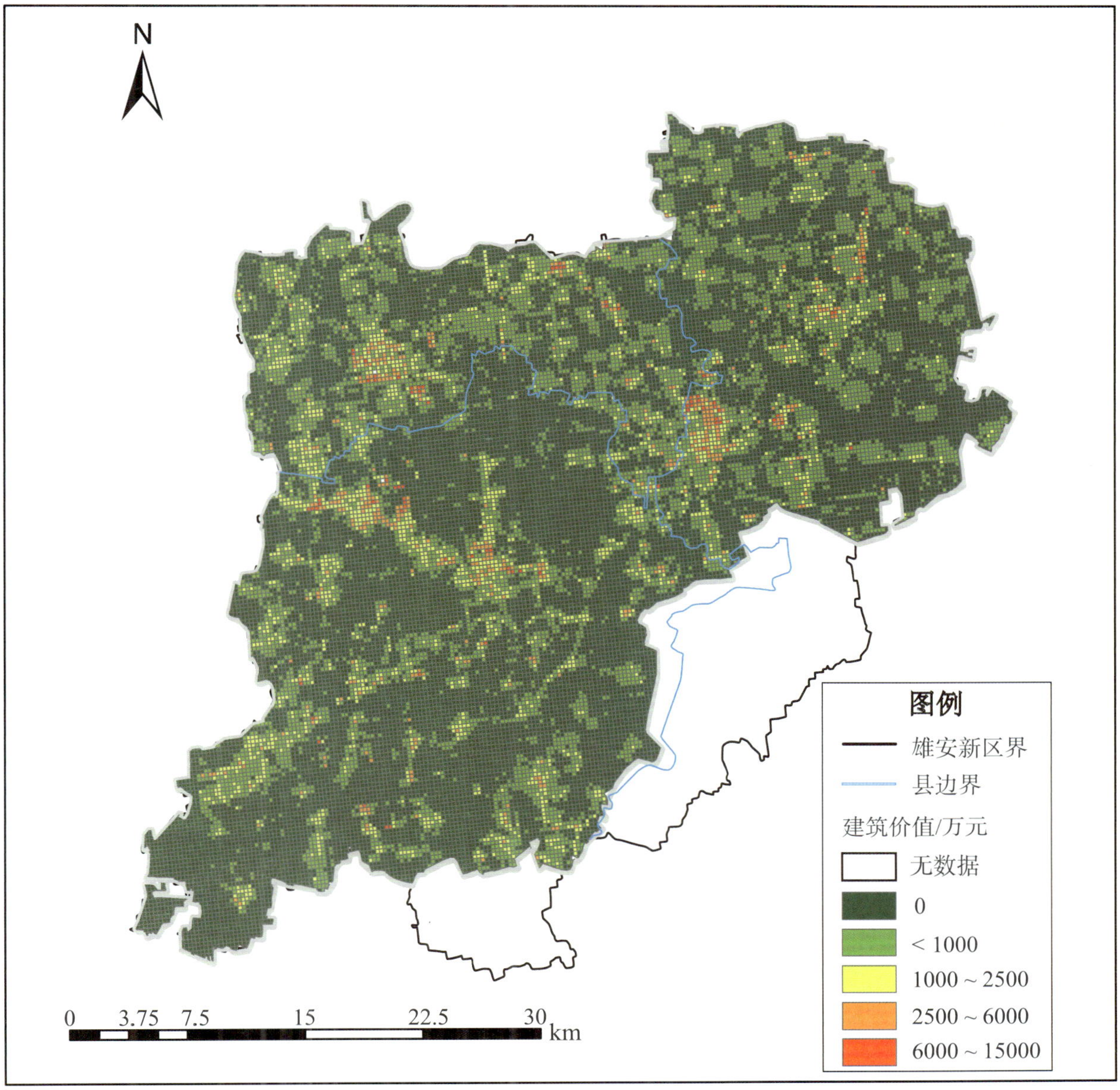

图 4－43　雄安新区建筑重置价值分布

近年来，随着 RS 与 GIS 技术的发展，人口、GDP 空间化研究较多，缺少实际房屋信息使得大范围的财富空间化较为缺乏。本小节集成多源特征数据，建立建筑物功能用途反演模型，基于建筑用途信息、建筑轮廓、建筑高度、建筑造价，构建建筑物重置价值空间化模型，可在一定程度上解决此问题，为城市发展规划以及震害损失评估提供借鉴参考。

4.4.3　全国房屋建筑行业风险暴露数据模型

行业风险暴露数据库是巨灾模型的重要组成部分，除了精准的财产损失评估之外，还可应用于评估聚合保单数据中标的空间分布及附属价值。本小节将介绍基于多源属性数据和空间信息，融合国家区域统计数据、海量高精 POI 数据、核心城市建筑轮廓数据、人口密度数据、土地利用数据等多源属性数据，构建高精度、多尺度、多用途的房屋建筑行业标的风险暴露数据库的方法。

1）基础数据

行业标的风险暴露数据库构建的基础数据包括统计年鉴数据、建筑轮廓数据、POI 数据、人口密度数据、城乡空间分布数据 5 大核心部分。

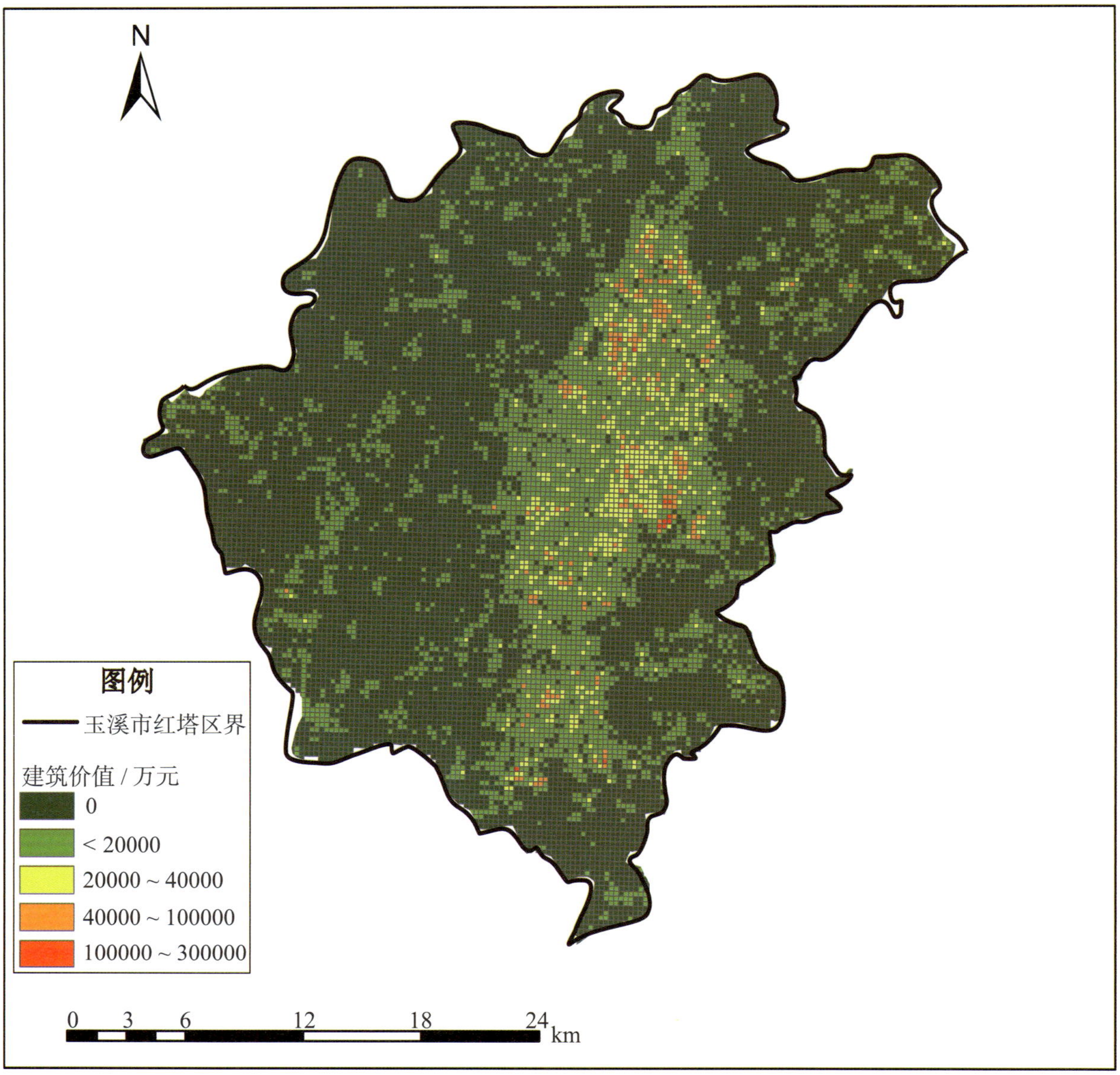

图 4-44　玉溪市红塔区建筑重置价值分布

①统计年鉴数据：包括建筑造价、建筑竣工面积、实有房屋建筑面积及占比、常住人口数、城乡人均住宅面积等，采集的数据精度包含地市级及省级两个层次。统计年鉴数据的具体数据目录、数据来源、数据时间及空间精度等详细信息见表 4-13。

表 4-13　统计年鉴数据一览表

数据项	数据来源	数据时间	空间精度
城市住宅建筑造价	各省统计年鉴	2017 年	地市级
农村住宅建筑造价	国家统计局	2017 年	省级
房屋建筑竣工面积	各省统计年鉴	1995—2018 年	地市级
房屋建筑竣工面积占比	《中国建筑业统计年鉴》	1996—2018 年	省级
实有房屋建筑面积	《中国统计年鉴》	2006 年末	省级
常住人口数	各省统计年鉴	2016 年	地市级
城乡人均住宅面积	各省统计年鉴	2016 年	地市级

②建筑轮廓数据：建筑轮廓数据是 2019 年第一季度的数据，数据包含建筑物地址、占地面积、楼高、用途等属性信息。建筑轮廓数据覆盖全国所有一线城市、二线城市、部分三线城市等中国 68 个核心城市主城区（68 个核心城市主城区范围内的 GDP 约占全国的 50%），共 460 余万条建筑楼栋矢量信息。建筑轮廓示例如图 4－45 所示。

图 4－45　建筑轮廓示例图

③ POI 数据：即兴趣点数据，来源于北京四维图新科技股份有限公司。POI 数据覆盖全国全部范围约 2540 万个数据点，更新时间节点为 2019 年第一季度。在信息质量上，POI 数据包含经纬度、名称、地址、用途等具体属性。其中用途类型区分了 POI 的具体类别归属。根据用途不同，POI 数据可划分为 16 个大类、50 个中类、273 个小类。其中商业对应了 8 个中类、113 个小类，工业对应了 1 个中类、4 个小类，共计 500 万条数据信息。POI 数据示例如图 4－46 所示。

④人口密度数据：全国人口密度数据是基于各省人口统计数据、城市夜光数据等基础数据优化分析形成的数据集，来源于北京师范大学 2015 年的研究成果，数据分辨率为 1km。人口密度数据直接反映了人口密度的空间分布，与房屋住宅的空间分布直接相关。

⑤城乡空间分布数据：全国城乡空间分布数据为清华大学宫鹏课题组研究成果，为 2017 年全国范围城乡空间分布数据，空间分辨率为 30m。其对住宅建筑面积和价值的城乡空间分析具有直接的支撑作用。

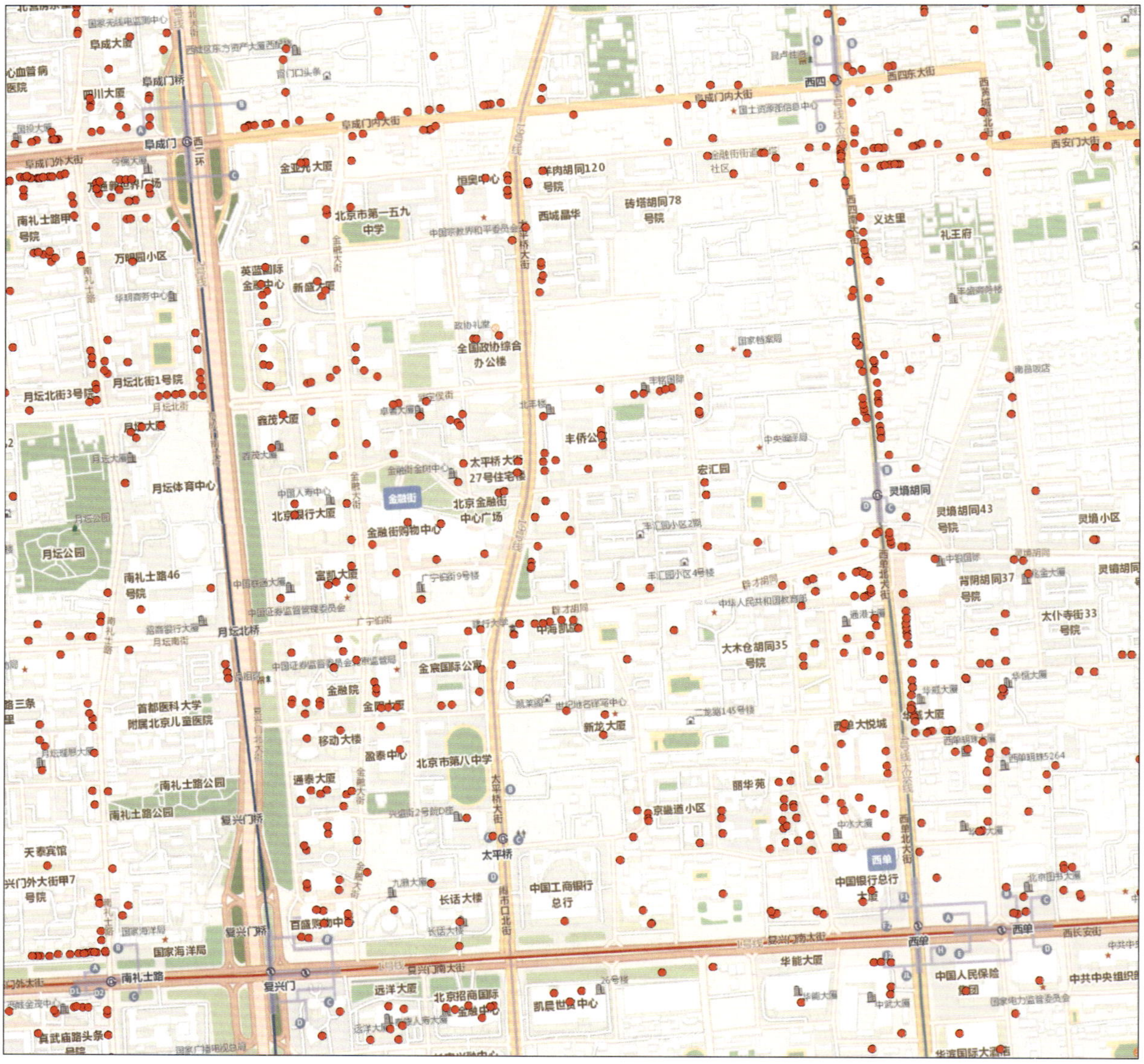

图 4－46　POI 数据示例图（红点表示 POI）

2）技术方法

行业标的风险暴露数据库以 0.025°为空间精度划分格网。住宅建筑数据库以人口密度数据为空间权重，基于城乡空间分布数据、统计年鉴的城乡住宅建筑造价数据及人均住宅建筑面积数据进行空间化分析。商业、工业建筑数据库则基于统计年鉴数据中的各地市商业、工业建筑面积做总量控制，并运用全国 68 个核心城市建筑轮廓数据、全国 POI 数据实现空间拆分。数据库基于统计年鉴数据中的各地市商业、工业建筑造价数据，实现各地市商业、工业建筑总造价的空间估算。风险暴露数据库构建整体技术流程图如图 4－47 所示。

住宅建筑价值风险暴露数据库空间化计算方法：基于城乡空间分布数据，以人口密度数据为空间权重，依据各市区人均城市住宅面积和农村住宅面积，分城市及农村地区进行房屋建筑面积及价值核算。城市（或农村）格网住宅建筑面积 = 城市（或农村）格网人口 × 本市城市（或农村）人均住宅面积；城市（或农村）格网住宅建筑价值 = 城市（或农村）格网住宅建筑面积 × 本市城市（或农村）房屋建筑造价。

商业及工业建筑价值风险暴露数据库空间化计算方法：对于商业和工业建筑风险暴露而言，由于其缺乏直接可用的全国范围权重空间分布数据，因此商业及工业建筑面积及价值分两部分进行空

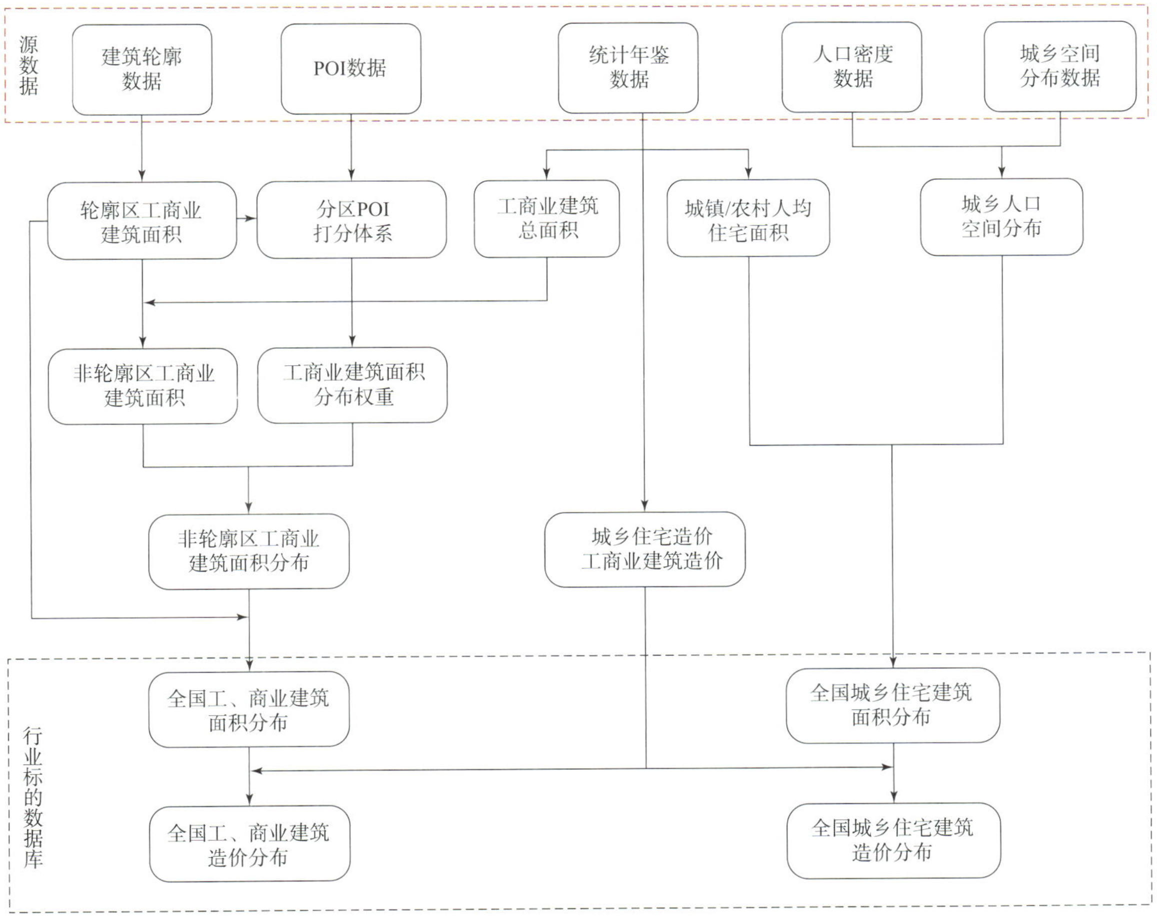

图 4－47　行业标的风险暴露数据库构建整体技术流程图

间化核算：①对于具有精细建筑轮廓的 68 个城市主城区，直接利用轮廓面积及楼层高度核算房屋建筑的面积，并综合当地的建筑造价核算其建筑价值；②对于非建筑轮廓区域，首先针对轮廓区域建立 POI 小类与建筑类型、建筑面积的精细经验关系，并针对非轮廓区建立起基于 POI 的专家权重评分体系，以 POI 空间得分分布为权重，即可进一步拆分区域建筑总面积，估算得到单元格网的建筑面积。对于非轮廓区而言，由于地区之间建筑特征存在明显差异，因此，针对北、上、广、深四个城市以及港澳地区、拉萨地区、东部地区及西部地区分别建立权重评分系统，使拆分权重更具有针对性。

3）行业标的风险暴露空间分布

基于人均密度空间分布、城市/农村人均住宅面积及城市/农村住宅造价统计数据，对全国范围内的住宅建筑面积及重置价值空间分布的分析结果如图 4－48 所示。全国范围内，住宅总面积为 585.37 亿 m^2，住宅建筑总造价为 97.32 万亿元。华北平原、长江中下游地区、珠三角地区、四川盆地、沿海地区，住宅面积及住宅价值明显高于其他地区，省市范围内存在较大的空间差异。

基于地市统计年鉴数据、全国 68 个核心城市主城区建筑轮廓数据、POI 数据，对全国范围的商业建筑面积及造价空间分布的计算结果如图 4－49 所示。全国商业总面积 79.72 亿 m^2，全国商业建筑总造价 32.62 万亿元。商业建筑面积及价值在空间上存在明显空间差异性，主要集中于京津冀、长三角、珠三角地区及部分省会或经济发达城市。

基于地市统计年鉴数据、全国 68 个核心城市主城区建筑轮廓数据、POI 数据，对全国范围内的工业建筑面积及造价空间分布的计算结果如图 4－50 所示。全国工业总面积 85.78 亿 m^2，全国工业建筑总造价 33.20 万亿元。长三角、珠三角地区工业建筑面积及价值分布量高，华北地区整体分布较平衡，部分省会或工业城市也有较集中的密集分布。

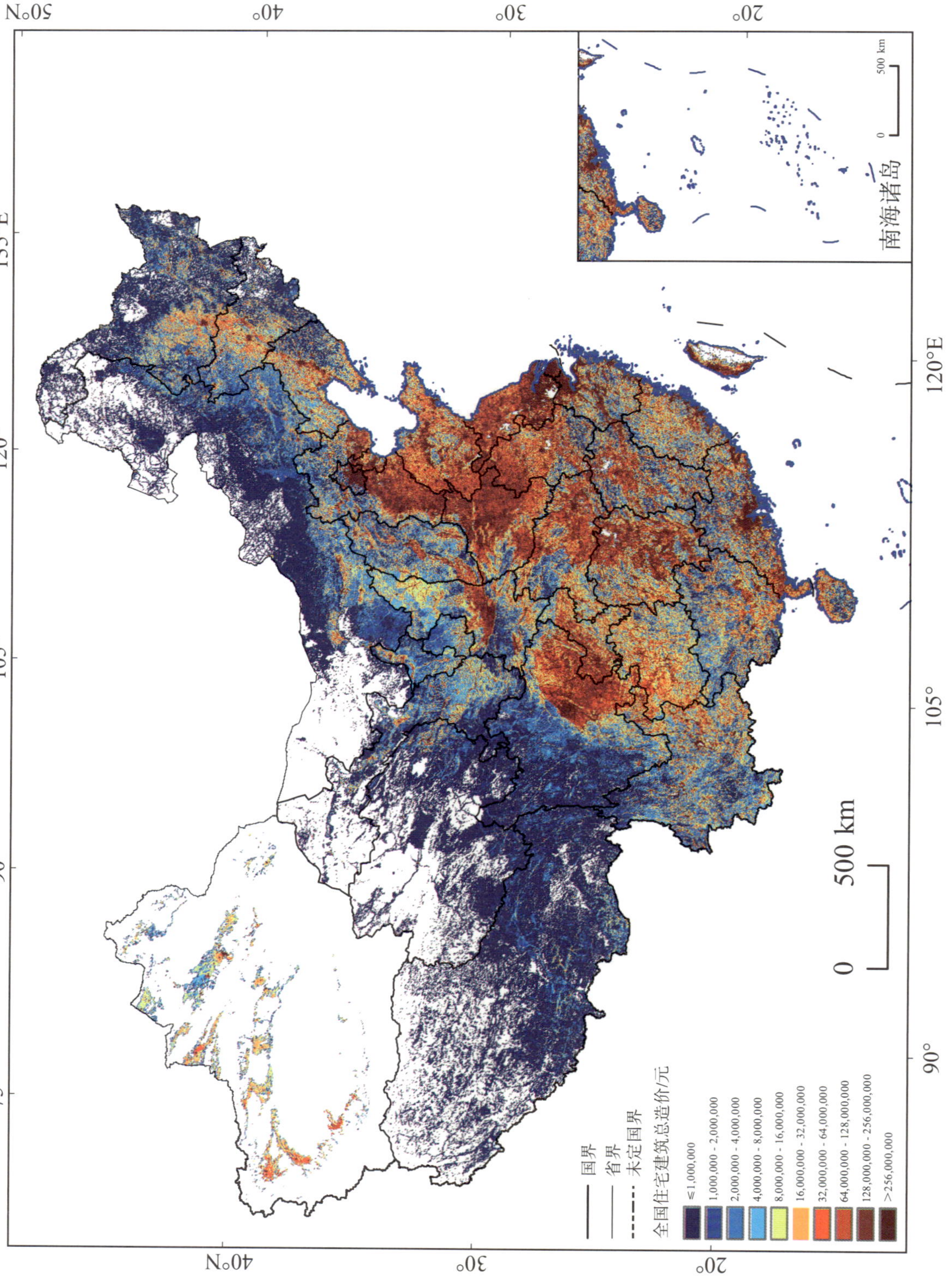

图4-48　全国住宅造价空间分布图

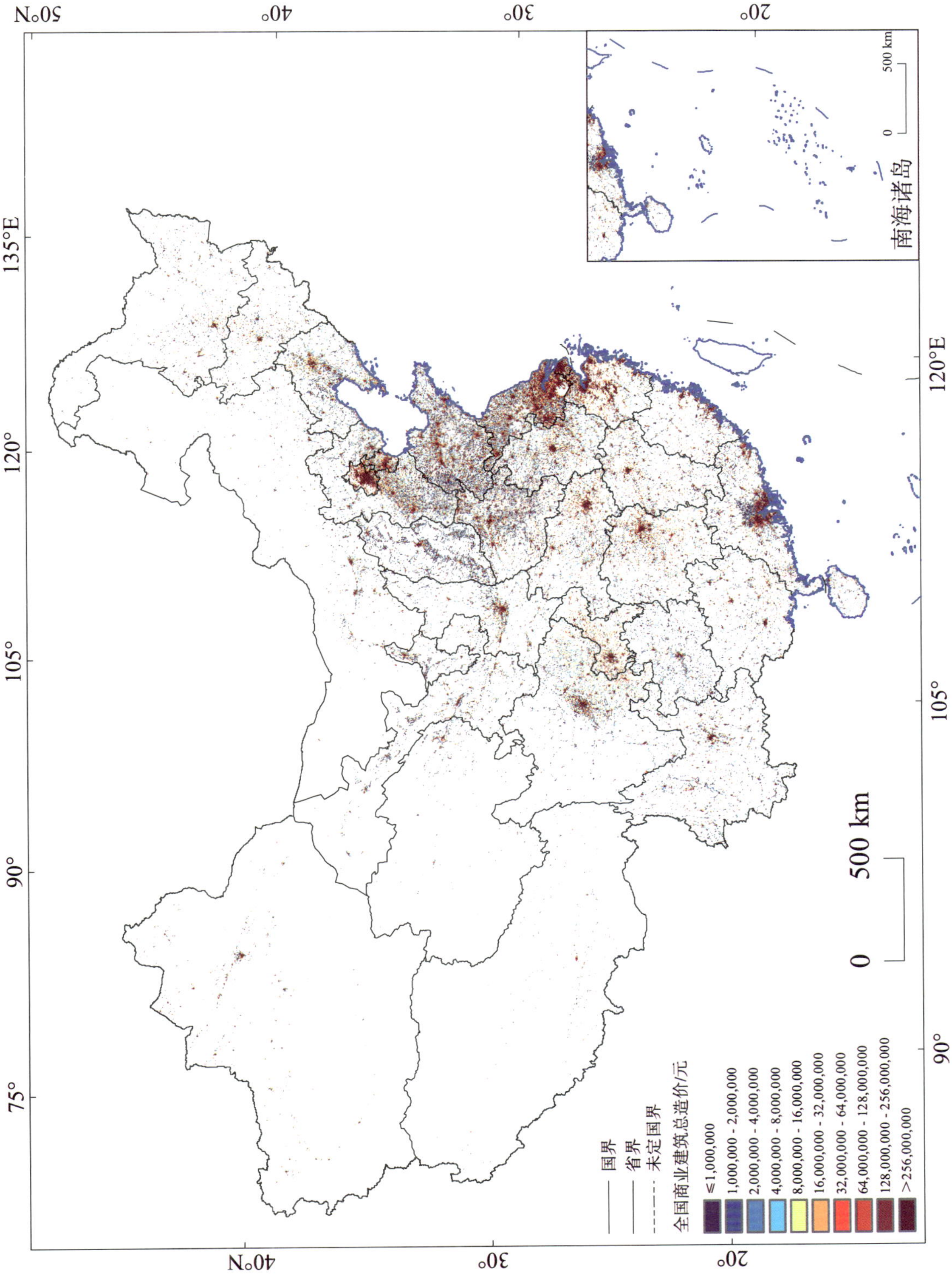

图 4-49　全国商业造价空间分布图

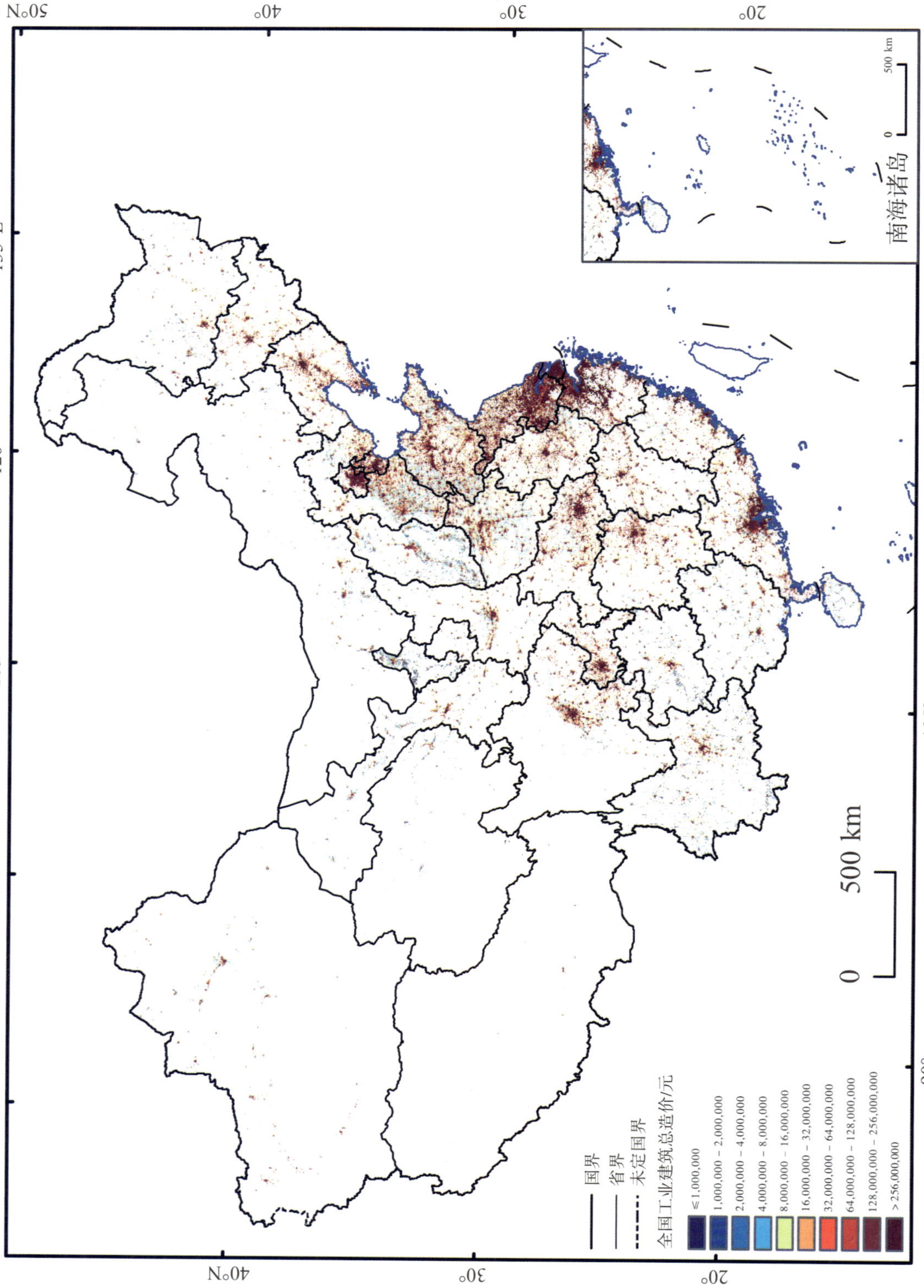

图4-50　全国工业造价空间分布图

参考文献

柏中强，2013. 人口数据空间化研究综述. 地理科学进展，32（11）：10－16.

柏中强，王卷乐，姜浩，等，2015. 基于多源信息的人口分布格网化方法研究. 地球信息科学学报，17（06）：653－660.

柏中强，王卷乐，杨雅萍，等，2015. 基于乡镇尺度的中国 25 省区人口分布特征及影响因素. 地理学报，70（08）：1229－1242.

陈洪，陶超，邹峥嵘，等，2013. 一种新的高分辨率遥感影像城区提取方法. 武汉大学学报（信息科学版），38（09）：1063－1067.

曹建农，王平禄，董昱威，2014. 高分辨率遥感影像上居民地自动提取方法. 武汉大学学报（信息科学版），39（07）：831－837.

曹丽琴，李平湘，张良培，2009. 基于 DMSP/OLS 夜间灯光数据的城市人口估算——以湖北省各县市为例. 遥感信息，（01）：83－87.

淳锦，张新长，黄健锋，等，2018. 基于 POI 数据的人口分布格网化方法研究. 地理与地理信息科学，34（04）：83－89，124，2.

董春，刘纪平，赵荣，等. 2002. 地理因子与空间人口分布的相关性研究. 遥感信息，（04）：61－64.

董南，杨小唤，蔡红艳，2016. 人口数据空间化研究进展. 地球信息科学学报，18（10）：1295－1304.

杜培培，侯西勇，2020. 基于多源数据的中国海岸带地区人口空间化模拟. 地球信息科学学报，22（02）：207－217.

丁亮，钮心毅，宋小冬，2015. 利用手机数据识别上海中心城的通勤区. 城市规划，39（9）：100－106.

惠健，秦其明，许伟，等，2019. 基于多任务学习的高分辨率遥感影像建筑实例分割. 北京大学学报（自然科学版），55（6）：1067－1077.

韩向娣，周艺，王世新，等，2012. 夜间灯光遥感数据的 GDP 空间化处理方法. 地球信息科学学报，14（01）：128－136.

韩向娣，周艺，王世新，等，2012. 基于夜间灯光和土地利用数据的 GDP 空间化. 遥感技术与应用，27（03）：396－405.

胡华龙，薛武，秦志远，2017. 基于小波纹理和基元合并的高分影像居民地提取. 国土资源遥感，29（01）21：28.

胡云锋，赵冠华，张千力，2018. 基于夜间灯光与 LUC 数据的川渝地区人口空间化研究. 地球信息科学学报，20（01）：68－78.

黄莹，包安明，陈曦，等，2009. 新疆天山北坡干旱区 GDP 时空模拟. 地理科学进展，28（4）：494－502.

黄莹，包安明，陈曦，等，2009. 基于绿洲土地利用的区域 GDP 公里格网化研究. 冰川冻土，31（01）：158－165.

郭志懋，周傲英，2002. 数据质量和数据清洗研究综述. 软件学报，13（11）：2076－2082.

高分辨率对地观测系统湖北数据与应用中心，2019. 珞珈一号 01 星数据与应用服务. 卫星应用，（05）：26－29.

高航，李德平，周亮，等，2020. 基于多种夜间灯光数据对比的人口空间化研究. 智能城市，6（03）：26－27.

郭雨臣，黄金川，林浩曦，2020. 多源数据融合的中国人口数据空间化研究. 遥感技术与应用，35（01）：219－232.

刘云超，段智华，2002. 数据清理综述. 计算机应用研究，（03）：3－5.

刘权毅，詹庆明，李建松，等，2019. 珞珈一号夜间灯光影像在建设用地提取中的应用：以武汉市为例. 武汉大学学报（信息科学版），46（1）：1－18.

林晨曦，周艺，王世新，等，2016. 基于变差函数的中高分辨率 SAR 影像农村建筑区提取. 中国图象图形学报，（05）：674－682.

李德仁，张过，沈欣，等，2019. 珞珈一号 01 星夜光遥感设计与处理. 遥感学报，23（06）：1011－1022.

李翔，朱江，尹向东，等，2019. 基于珞珈一号夜间灯光数据的广州市建设用地识别. 地球信息科学学报，21（11）：1802－1810.
李峰，米晓楠，刘军，等，2016. 基于 NPP－VIIRS 夜间灯光数据的北京市 GDP 空间化方法. 国土资源遥感，28（03）：19－24.
李欣欣，王利，何飞，2018. 基于 NPP/VIIRS 夜间灯光数据和土地利用数据的人口分布图绘制——以大连金普新区为例. 遥感信息，33（4）：35－41.
李垠，李杰，2012. 城市地震灾害预测方法研究. 大地测量与地球动力学，32（01）：38－42.
李皓，张合，吕国军，2018. 基于遥感影像的建筑数据构建研究. 震灾防御技术，13（01）：168－176.
厉飞，闫庆武，邹雅婧，等，2019. 利用 POI 提高夜间灯光数据提取建成区的精度研究－以珞珈一号 01 星和 NPP/VIIRS 数据为例. 武汉大学学报（信息科学版）：46（6）：825－835.
廖顺宝，孙九林，2003. 基于 GIS 的青藏高原人口统计数据空间化. 地理学报，（01）：25－33.
廖顺宝，李泽辉，2004. 四川省人口分布与土地利用的关系及人口数据空间化试验. 长江流域资源与环境，（06）：557－561.
倪欢，林祥国，宁晓刚，2017. 直角点特征引导的遥感影像居民地提取方法. 武汉大学学报（信息科学版），42（05）：648－655.
沈小乐，邵振峰，田英洁，2014. 纹理特征与视觉注意相结合的建筑区提取. 测绘学报，43（08）：842－847.
石光辉，2017. 利用微博签到数据分析职住平衡与通勤特征. 武汉：武汉大学.
陶超，邹峥嵘，丁晓利，2014. 利用角点进行高分辨率遥感影像居民地检测方法. 测绘学报，43（02）：164－169，192.
谭敏，柳凯，2017. 基于随机森林模型的珠江三角洲 30m 格网人口空间化. 地理科学进展，36（10）：1304－1312.
田永中，陈述彭，岳天祥，等，2004. 基于土地利用的中国人口密度模拟. 地理学报，（02）：283－292.
王德，钟炜菁，谢栋灿，等，2015. 手机信令数据在城市建成环境评价中的应用：以上海市宝山区为例. 城市规划学刊，（5）：82－90.
王明明，王卷乐，2019. 基于夜间灯光与土地利用数据的山东省乡镇级人口数据空间化. 地球信息科学学报，21（05）：699－709.
王琪，袁涛，郑新奇，2013. 基于夜间灯光数据的中国省域 GDP 总量分析. 城市发展研究，20（7）：44－48.
王磊，李德仁，陈锐志，等，2020. 低轨卫星导航增强技术——机遇与挑战. 中国工程科学，22（2）：1－9.
王曰芬，章成志，张蓓蓓，等，2007. 数据清洗研究综述. 现代图书情报技术，2（12）：50－56.
王晓洁，王卷乐，薛润生，2020. 基于普查和手机定位数据的乡镇尺度人口空间化方法研究. 地球信息科学学报，22（05）：1095－1105.
王旭，吴吉东，王菜林，等，2018. 面向自然灾害风险分析的房屋价值空间化研究：以北京市为例. 北京师范大学学报（自然科学版），54（4）：9－22.
吴健生，许多，谢舞丹，等，2015. 基于遥感影像的中尺度人口统计数据空间化——以京津冀地区为例. 北京大学学报（自然科学版），51（04）：707－717.
杨辅祥，刘云超，段智华，2002. 数据清理综述. 计算机应用研究，19（3）：3－5.
杨辅祥，易玲，熊利亚，等，2006. 基于 GIS 技术的 GDP 空间化处理方法. 甘肃科学学报，（02）：54－58.
杨续超，高大伟，丁明军，等，2013. 基于多源遥感数据及 DEM 的人口统计数据空间化——以浙江省为例. 长江流域资源与环境，22（06）：729－734.
闫庆武，卞正富，张萍，等，2011. 基于居民点密度的人口密度空间化. 地理与地理信息科学，27（05）：95－98.
肖国峰，朱秀芳，蔡毅，等，2018. 基于多源数据的河南省 GDP 空间化. 北京师范大学学报（自然科学版），54（02）：232－238.
徐昌荣，葛山运，2011. 基于面向对象的高分辨率遥感影像建筑物提取研究. 城市勘测，（01）：84－86.
赵一凡，卞良，丛昕，2017. 数据清洗方法研究综述. 软件导刊，（12）：222－224.

周玉科，高锡章，倪希亮，2017. 利用夜间灯光数据分析我国社会经济发展的区域不均衡特征．遥感技术与应用，32（06）：1107－1113.

钟亮，刘小生，2019. 珞珈一号遥感数据在海洋船舶检测中的应用．遥感信息，34（05）：126－131.

张雁，2014. 基于机器学习的遥感图像分类研究．北京：北京林业大学．

张过，2019. 灯光璀璨“珞珈一号”俯瞰夜地球．中国测绘，（10）：14－18.

张怡哲，杨续超，胡可嘉，等，2018. 基于多源遥感信息和土地利用数据的中国海岸带GDP空间化模拟．长江流域资源与环境，27（02）：235－242.

郑子豪，陈颖彪，吴志峰，等，2018. 单元路网长度的DMSP/OLS夜间灯光数据去饱和方法．遥感学报，22（01）：161－173.

祝汉收，李月臣，2018. 基于多源遥感数据的山地城市人口空间化及演变特征研究——以重庆市为例．农村经济与科技，29（03）：256－258.

朱守杰，杜世宏，李军，等，2020. 融合多源空间数据的城镇人口分布估算．地球信息科学学报，22（08）：1607－1616.

邹雅婧，闫庆武，黄杰，等，2020. 基于LJ1－01夜间灯光影像的苏锡常地区人口空间化研究．长江流域资源与环境，29（05）：1086－1094.

Ahas R，Silm S，Jarv O，et al，2010. Using mobile positioning data to model locations meaningful to users of mobile phones. Journal of Urban Technology，17（1）：3－27.

Ahas R，Aasa A，Yuan Y，et al，2015. Everyday space-time geographies：Using mobile phone-based sensor data to monitor urban activity in Harbin，Paris and Tallinn. International Journal of Geographical Information Science，29（11）：2017－2039.

Alexander L，Jiang S，Murga M，et al，2015. Origin-destination trips by purpose and time of day inferred from mobile phone data. Transportation Research Part C：Emerging Technologies，58：240－250.

Amaral S，Camara G，Miguel A，et al，2005. Estimating population and energy consumption in Brazilian Amazonia using DMSP night-time satellite data. Computers Environment&Urban Systems，29（2）：179－195.

Bustos M，Hall O，Andersson，M，2015. Nighttime lights and population changes in Europe 1992—2012. Ambio，44：653－665.

Chen Y，Ge Y An R，et al，2018. Super-resolution mapping of impervious surfaces from remotely sensed imagery with Points-of-interest. Remote Sens，（10）：242.

Chen Q，Hou X，Zhang X，et al，2016. Improved GDP Spatialization Approach by Combining Land-use Data and Night-time Light Data：A Case Study in China's Continental Coastal Area. International Journal of Remote Sensing，37（19）：610－622.

Csáji B C，Browet A，Traag V A，et al，2013. Exploring the mobility of mobile phone users. Physica A：Statistical Mechanic sand its Applications，392（6）：1459－1473.

Doll C N H，Muller J P，Morley J G，2006. Mapping Regional Economic Activity from Night Time Light Satellite Imagery. Ecological Economics，57：75－92.

Duan Y，Liu Y，Liu，X，et al，2018. Identification of polycentric urban structure of central Chongqing using Points of Interest big data. Nat. Res.，33：788－800.

Elmagarmid A K，Ipeirotis P G，Verykios V S，et al，2007. Duplicate record detection：A survey. IEEE Transactions on Knowledge and Data Engineering，19（1）：1－16.

Elvidge C D，Baugh K E，Kihn E A，et al，1997. Relation between satel-lite observed visible-near infrared emissions，population，economic activity and electric power consumption. International Journal of Remote Sensing，18（6）：1373－1379.

Holt J B，Lo C P，Hodler T W，2004. Dasymetric Estimation of Population Density and Areal Interpolation of Census

Data. Cartography & Geographic Information Science，31（2）：103－121.

Jia Y，Ge Y，Ling F，ect. 2018. Urban land use mapping by combining remote sensing imagery and mobile phone positioning data. Remote Sense，10：446.

Kang C，Liu Y，Ma X，et al，2012. Intra-urban human mobility patterns：An urban morphology perspective. Physica A Statistical Mechanics & Its Applications，391（4）：1702－1717.

Ghost T，Powell R，Elvidge C D，et al，2010. Shedding light on the global distribution of economic activity. The Open Geography Journal，2010（3）：148－161.

Goodchild M F，Anselin L，Deichmann U，1993. A framework for the areal interpolation of socioeconomic data. Environment & Planning A，25（3）：383－397.

Ilyas I F，Chu X，2015. Trends in cleaning relational data：Consistency and deduplication. Foundations and Trends in Databases，5（4）：281－393.

Sutton P C，Costanza R，2002. Global estimates of market and non-market values derived from nighttime satellite imagery，land cover，and ecosystem service valuation. Ecological Economics，41（3）：509－527.

Shao Z，Tian Y，Shen X，2014. BASI：a new index to extract built-up areas from high-resolution remote sensing images by visual attention model. Remote Sensing Letters，5（4）：305－314.

Shao Z，Fu P，Qi N，et al，2017. The Dynamic Analysis between Urban Nighttime Economy and Urbanization Using the DMSP/OLS Nighttime Light Data in China from 1992 to 2012. Remote Sensing，9（5）.

Shi L，Chi G，Liu X，et al，2015. Human mobility patterns in different communities：A mobile phone data-based social network approach. Annals of GIS，21（1）：15－26.

Su M D，Lin R C，Hsieh R I，et al，2010. Multi-layer multi-class dasymetric mapping to estimate population distribution. Science of the Total Environment，408（20）：4807－4816.

Sutton p ROBERTS－D，2001. Census from heaven：an estimate of the global human population using nighttime satellite imagery. International Journal of Remote Sensing，22（16）：3061－3076.

Le C Y，Bottou L，BengioY，et al，1998. Gradient-based learning applied to document recognition. Proceedings of the IEEE，86（11）：2278－2324.

Li J，Zhang R，Li Y，2016. Multiscale convolutional neural network for the detection of built-up areas in high-resolution SAR images. International Geoscience and Remote Sensing Symposium（IGARSS）. IEEE，：910－913.

Li K N，Chen Y H，Li Y，2018. The Random Forest-Based Method of Fine-Resolution Population Spatialization by Using the International Space Station Nighttime Photography and Social Sensing Data. Remote Sensing，10（10）.

Li X，Xu H M，Chen XL，et al，2013. Potential of NPP-VIIRS Nighttime Light Imagery for Modeling the Regional Economy of China. Remote Sensing，5：3057－3081.

Lou G，Chen Q X，He K，et al，2019. Using Nighttime Light Data and POI Big Data to Detect the Urban Centers of Hangzhou. Remote Sensing，11（15）.

Long Y，Shen Y，Jin X，2015. Mapping block-level urban areas for all Chinese cities. Annals of Association of American Geographers，106：96－113.

Lo C P，2001. Modeling the population of China using DMSP operational linescan system nighttime data. Photogram metric Engineering and Remote Sensing，67（9）：1034－1047.

Ma T，Zhou C，Pei T，2014. Responses of Suomi-NPP VIIRS-derived nighttime lights to socioeconomic activity in China's cities. Remote Sensing，5：165－174.

Mennis J，2003. Generating Surface Models of Population Using Dasymetric Mapping. The Professional Geographer，55（1）：31－42.

Wang L Y，Fan H，Wang Y K，et al，2019. Fine-Resolution Population Mapping from International Space Station Nighttime Photography and Multisource Social Sensing Data Based on Similarity Matching. Remote Sensing，11（16）.

Wu K, Zhang H, Wang Y, et al, 2016. Identification and spatial pattern of Guangzhou multi-type commercial center. Progr Geogr, (35): 963 – 974.

Yao Y, Liu X, Li X, 2017. Mapping fine-scale population distributions at the building level by integrating multisource geospatial big data. International Journal of Geographical Information Science, 31 (6): 1220 – 1244.

Yao Y, Li X, Liu P, et al, 2016. Sensing spatial distribution of urban land use by integrating points-of-interest and Google Word2Vec model. International Journal of Geographical Information Science, 31 (4): 825 – 848.

Zhao M, Cheng W M, Zhou C H, et al, 2017. GDP Spatialization and Economic Differences in South China Based on NPP-VIIRS Nighttime Light Imagery. Remote Sensing, 9 (7): 673.

第5章　金融模块

利用地震巨灾模型进行金融保险分析，关键内容是综合地震危险性和工程易损性的计算结果，将灾害事件造成的财产或人员伤亡损失转化为可量化的经济损失和保险损失，并依据不同的保险条款设计特定的保险方案。本章立足于巨灾模型的金融模块，从其定位及作用出发，通过全面介绍保险损失和风险累积计算模型以及再保险损失计算方法，让读者了解巨灾模型金融模块的核心原理。

地震灾害具有持续时间短、损失大、范围广、发生概率低等特点，这使得地震巨灾保险具有一定的特殊性（王浩等，2013）。历史经验表明，合理的保险产品开发和科学的风险评估支持是保障商业保险公司自愿提供并稳健运营地震巨灾保险的关键，这归根结底是保险精算和定价的技术问题（王和，2008）。采用传统意义上的数理统计方法估算地震损失，存在很强的不确定性，因此在厘定保险费率和制定保险方案时，应充分考虑地震财产损失和人员伤亡的物理机制，利用巨灾模型进行综合分析，这样产品定价才具有更强的精准性。

金融模块是地震巨灾模型的重要组成部分，可基于地震危险性、工程易损性、风险暴露进行地震灾害损失计算及具体条款下的保险损失核算，并支持依据不同的保险合同与条款需求进行保险方案调整。在实际应用中，金融模块一般需对设定地震（情景）或者海量地震随机事件集中单一标的损失风险进行深度剖析，也需解决基于地震随机事件集的聚合风险数据、风险累积数据的地震保险损失风险识别和评估问题，并进一步支撑风险标的集合或者风险组合的分保设计方案。因此，本章将从金融模块基本方法、保险损失和风险累积计算模型以及再保险损失计算模型三个方面出发，对相关的概念及计算方法进行介绍。

5.1　金融模块基本方法

5.1.1　金融模块定位及作用

地震灾害发生后，保险公司须按承保合同规定和保险责任支付对应的赔付费用。在该赔付费用中，保险公司一般都需减除由投保人承担的小额度损失，即免赔额；也多会设定保险公司承担的责任上限，即保险限额。免赔额及限额等结构化设计形成了保险保单的具体结构，这也是保险保单的重要条款内容。图5－1为简单保险保单结构（左惠强，1998）。

巨灾模型金融模块主要基于地震造成的直接损失或者间接损失，结合保险公司的保单条款限制条件，来计算承保标的的保险损失，它是保险定价、风险累积、风险控制与管理的重要载体。因此，金融模块可以支撑分析灾害事件影响下的既定保单和可保业务的风险分布与趋势，帮助保险企业提供定制化、个性化的应用方案，精细化巨灾风险区划，根据保险条款快速评估地震巨灾损失，优化巨灾再保方案。

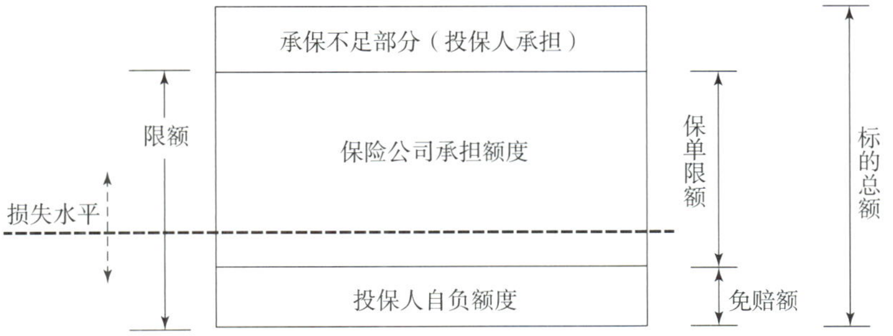

图5－1 简单保险保单结构示意图

5.1.2 保险条款核心概念

1）保险条款类概念

标的（Site）：保险合同中约定的保险人向被保险人提供保险保障所处地的地址及保障内容和保额。地震巨灾模型中的标的加上保险责任构成损失计算的最小单位。

保险责任（Coverage）：保险合同中约定的保险人向被保险人提供保险保障的范围。地震巨灾模型中保险责任附属于标的。

保单（Policy）：包含一个或者一组相连的标的，其主要用于被包含的多个标的累积损失受限于统一的保险条款。

账户（Account）：包含一组相连的保单，其主要用于被包含的多个保单的累积损失受限于统一的保险条款或者用于结果报告生成。

费率（Premium）：投保人向保险人交纳费用的金额与保险人承担赔偿金额的比率。其中纯风险费率为年均损失与承保价值的比例。

保额（Amount Insured）：保险人承担赔偿或者给付保险金责任的最高限额。

免赔额（Deductible）：保险合同中约定的，保险人不负赔偿责任的、由被保险人自行承担损失的额度。

赔偿限额（Limit）：保险合同中约定的，当保险事故发生后，保险人所承担的赔偿金额上限。

免赔率（Deductible Ratio）：保险合同中约定的，免赔金额与被保险人遭受的损失金额的比率。

风险组合（Portfolio）：风险暴露的集合，它是地震巨灾模型进行分析计算的对象，处于风险分析的最高层。一般来讲，风险组合是由多个标的、多个保单或者多个账户的风险暴露产生的。

2）保险损失类概念

总损失（Ground-up Loss）：直接经济损失，不考虑保单条款，遭受的经济损失。

毛损失（Gross Loss）：保险业公司损失，保单保障范围内的损失，但不考虑再保摊回。

净损失（Net Loss）：保险公司损失，考虑免赔额、限额、再保险以及事故限额之后的经济损失。

年均损失（Annual Average Loss，AAL）：是对长期地震损失的平均值（期望损失），能够用于帮助估算全年巨灾保费，也称为纯保费。

事件损失表（Event Loss Table，ELT）：根据随机事件集中每个地震事件的相关参数，结合保单条款条件，计算该事件所影响到的所有标的遭受的损失。地震巨灾模型中事件损失表通常包括事件发生时间、事件编号、事件位置经纬度、事件总损失、事件毛损失等信息。由于地震巨灾模型中采用蒙特卡洛模拟方法生成随机事件集，因此事件损失表中的每个地震事件在模拟的时间尺度（常用

10 万年）内只发生一次，对于常用的模拟时间尺度 10 万年来讲，每个地震事件的发生概率均为 0.00001。

事件损失超越概率（Occurrence Loss Exceedance Probability，OEP）：在事件损失表中计算超越某一个损失的事件发生概率，用来查看不同超越概率（或回归周期）下事件的最大损失的可能性。

年损失超越概率（Annual Aggregate Loss Exceedance Probability，AEP）：在事件损失表中，计算超越某一年所有事件的累积损失的发生概率，用来查看不同超越概率（或回归周期）下最大年累积损失的可能性。

3）保险模式类概念

再保险人/分入公司/再保险接受人/分保接受人（Reinsurer）：在再保险交易中接受业务的公司或其他组织。

分出公司（Ceding Company；Cedent）/再保险分出人（Reinsured）：在再保险交易中分出业务的公司或其他组织。

共同保险/共保（Coinsurance）：两个或两个以上的保险人使用同一保险合同，对同一保险标的承担同一保险责任的保险。

再保险/分保（Reinsurance）：保险人和再保险人将其承担的保险业务的部分或全部转移给其他保险人或再保险人的保险。

转分保（Retrocession）：分保接受人将其接受的业务部分或全部转移给其他保险人或再保险人的再保险。

5.2 保险损失和风险累积计算模型

5.2.1 保险损失指标及计算方法

根据我国的保险业务特点，保险业务风险暴露可按照五个等级来划分，从下到上依次为保险责任（Coverage）、标的（Site）、保单（Policy）、账户（Account）和风险组合（Portfolio）。保险业务风险暴露的层级关系图（图 5－2）展示了不同风险暴露等级的归属关系，由保险责任累积到标的，

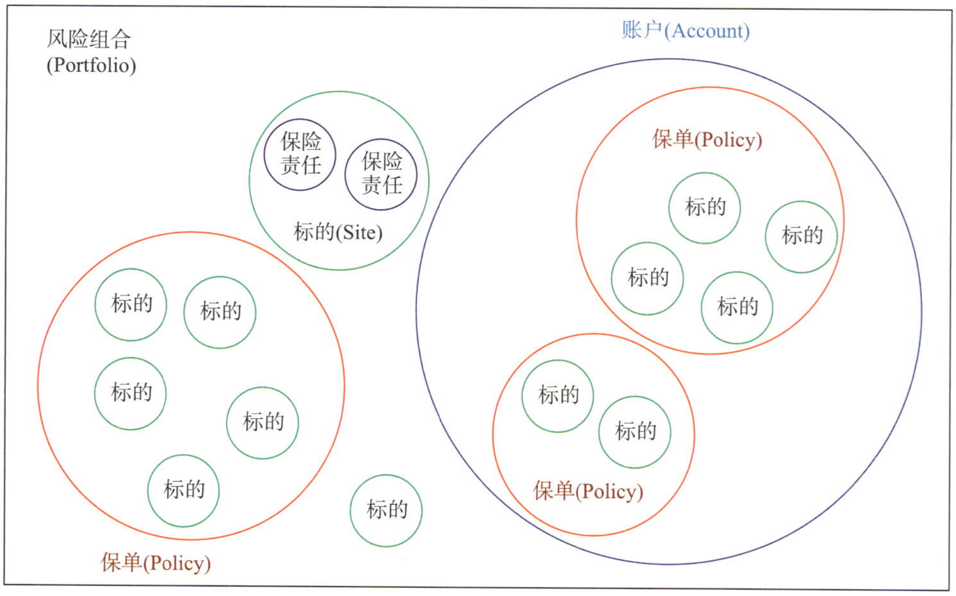

图 5－2　保险业务风险暴露的层级关系

再由多个标的累积到保单，不同保单累积成账户，不同的账户、保单、标的可以组合成为一个风险组合，而且不同的风险组合可以进行累积，得到更大的风险累积组合。这是巨灾模型计算层级损失的重要基础。以下将具体介绍不同风险暴露等级的保险损失计算方法和保险损失评估参数指标。

1）保险责任的损失计算方法

作为保险的基本单位，标的含有一个或多个保险责任。保险责任的损失计算，是地震巨灾模型金融模块的基础。使用地震随机事件集进行风险分析时，模型一般采用长时间尺度的地震事件集进行损失模拟计算，通过地震动影响场计算模拟标的可能遭遇的地震动强度，并结合易损性曲线对损失进行计算。因此，巨灾模型金融模块的底层输入为地震事件对标的保险责任造成的总损失。

在金融模块计算流程中，标的内的保险责任是损失计算的第一步。将地震危险性模块的随机事件集和地震动计算结果作为输入，结合保险责任，计算出保险责任对应的保险损失。一个标的可能包含有多个保险责任，比如对于一栋建筑物，可能承保其本身结构损坏的风险，也可能承保室内财产和商业中断的风险。

在应用保单条款时，损失分析模块首先计算由地震造成的每个标的总损失的分布，然后按以下顺序应用保险条款，计算保险损失，生成事件损失表（Event Loss Table，ELT）：①标的保险责任免赔额；②标的保险责任的限额；③标的保险责任的共保份额；④保单免赔额；⑤保单限额；⑥账户免赔额；⑦账户限额。事件损失表的信息包括总损失、毛损失、震级、经纬度、发生时间。在单一标的保险责任条件下，地震保险损失评估中各层级损失计算逻辑如图5－3所示。

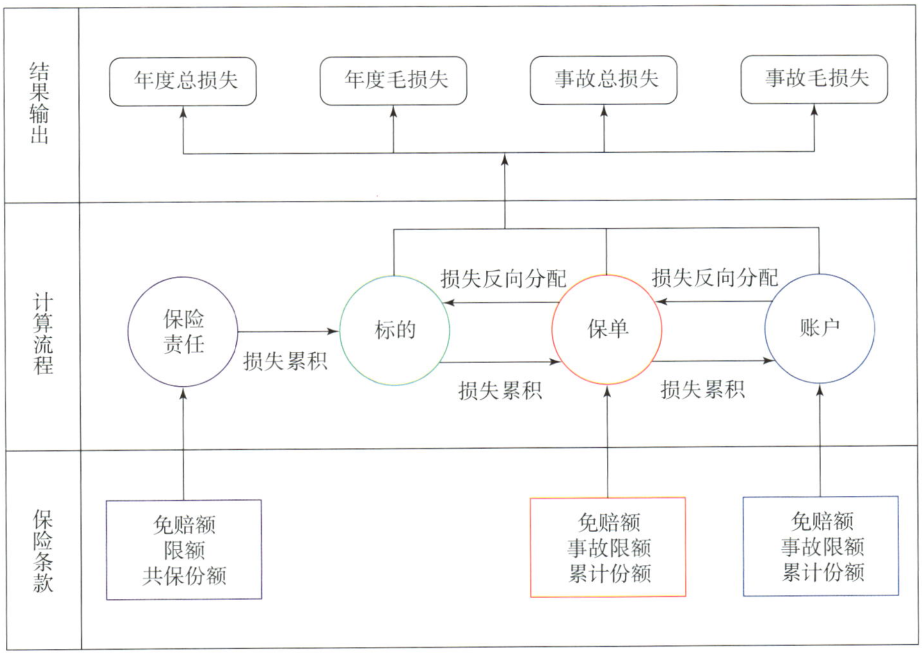

图5－3　保险损失评估中各层级损失计算逻辑图

保险责任的免赔额为数额或保额占比，这两种情况下免赔额为确定的数额（如果保险责任的免赔额为保额占比，地震巨灾模型首先将其用保额乘以占比转换成数额），当总损失在免赔额以下时，毛损失＝0。总损失在免赔额以上、“限额＋免赔额”以下时，毛损失＝（总损失－免赔额）×共保份额。当总损失超过“限额＋免赔额”时，毛损失＝限额×共保份额。

如保险责任的免赔额为损失数额占比，则：当总损失＜“限额＋免赔比例×总损失”且总损失＜保额时，毛损失＝总损失×（1－免赔比例）×共保份额；当“限额＋免赔比例×总损失”＜总损失<保额时，毛损失=限额×共保份额。

需要注意的是，保险责任免赔额的数额不大于保额，免赔比例不大于1。若保险责任免赔额大于保额，则免赔额等于保额；若保险责任免赔比例大于1，则免赔比例等于1；若保险责任“免赔额+限额”>保额，则限额为保额和免赔额之间的差值。

2）标的损失计算方法

一个标的可能包含有多个保险责任，它们可能各自拥有保障范围，也可能共同拥有一个保障范围。当它们各自拥有保障范围时，一个标的的毛损失等于所有保险责任范围的毛损失之和，每种保险责任范围的毛损失由前面的公式进行计算。当它们共同拥有一个保障范围时，则将所有风险覆盖范围的总损失相加，按照标的的保障范围进行毛损失计算。标的层面的事件总损失为一次事件中标的内所有保障范围的损失之和。

3）保单损失计算方法

保单用于覆盖多标的保险条款的损失计算，在具体应用中多使用保单免赔额、限额来限制一组标的的损失。为了计算保单覆盖范围下一组标的的损失，首先要对标的损失进行加和，求出保单层的总损失，然后根据保单层条款的保障范围计算损失。在应用保单层总体覆盖范围后，将损失向所有标的进行分配。

保单层面的事件总损失为一次事件中保单中所有标的毛损失之和。保单层级上的保障范围包括免赔额、事故限额和累计限额，保单层级上的免赔额、事故限额和累计限额均为具体的数额。当仅存在免赔额与事故限额时：

$$\text{事故毛损失} = \min\left[\text{事故限额},\ \max\left(0, \sum \text{标的事故毛损失} - \text{事故免赔额}\right)\right]$$

当累计限额存在时：

$$\text{累计毛损失} = \min\left\{\text{累计限额}, \sum \min\left[\text{事故限额}, \max\left(0, \sum \text{标的事故毛损失} - \text{事故免赔额}\right)\right]\right\}$$

4）账户损失计算方法

账户用于覆盖多保单保险条款的损失计算，一般使用账户免赔额、限额来限制一组保单的损失。为了计算账户覆盖范围下一组保单的损失，首先要对保单损失进行加和，求出账户层的总损失，然后根据账户层条款的保障范围计算损失。在应用账户层总体覆盖范围后，将损失向所有标的进行分配。

账户层面的事件总损失为一次事件中账户层中所有标的毛损失之和。账户层上的保障范围包括免赔额、事故限额和累计限额，账户层上的免赔额、事故限额和累计限额均为具体的数额。

当仅存在免赔额与事故限额时：

$$\text{毛损失} = \min\left[\text{事故限额}, \max\left(0, \sum \text{保单事故毛损失} - \text{事故免赔额}\right)\right]$$

当累计限额存在时：

$$\text{累计毛损失} = \min\left\{\text{累计限额}, \sum \min\left[\text{事故限额}, \max\left(0, \sum \text{保单事故毛损失} - \text{事故免赔额}\right)\right]\right\}$$

5）事件损失表与年累计损失表

事件损失表（ELT）是所有统计结果的来源。分析计算完成后，金融模块会根据用户需求产生各种事件损失表。事件损失表的信息由总损失、毛损失、震级、经纬度、发生时间构成。事件总损失的计算方法由模型引擎结合地震动强度模块与损失计算模块得到，每次事件的毛损失由前面提供的方法计算得到。事件损失表可以按照“省、市、区县、用途”4个维度进行计算。事件损失表示例如表5-1所示。

表 5－1　事件损失表示例

随机事件集 ID	总损失	毛损失	震级	经度	纬度	年
100000002383	12138. 93918	6069. 469591	5. 51	117. 112	39. 755	1
100000012549	36073. 18349	18036. 59175	5. 32	111. 973	40. 974	2
100000043209	4. 196208401	2. 098104201	5. 34	102. 679	25. 006	2
100000043627	12138. 93918	6069. 469591	5. 51	117. 112	39. 755	3

年累计损失表由事件损失表转换得到。由于地震危险性模块采用了带有发生时间的随机事件集，因此转换方法为将同一年份中的损失进行加和。

6）年均损失（AAL）与超越概率（EP）曲线

年均损失给出标的层、保单层或账户层的年平均损失，包括年平均总损失和年平均毛损失。年均损失由年累计损失表得到，其计算方式为：

$$\text{年平均总损失} = \sum \text{年累计总损失} / \text{模拟年数}$$

$$\text{年平均毛损失} = \sum \text{年累计毛损失} / \text{模拟年数}$$

超越概率（EP）曲线用于量化保单组合或一个独立单元的完整风险概况。它们给出了遭受一定程度损失的可能性，然后可以据此确定要保留的风险量和要分出的风险量。

图 5－4 为地震保险损失评估典型 EP 曲线。如果我们模拟 10000 年的事件，总损失最大的年份将是尾部损失，目录中有 0. 01% 的年份的平均损失大于或等于此。这是因为在 10000 年的目录中，只有一年的事件产生的损失大于或等于该损失（1/10000 × 100% ＝0. 01%）。下一个造成损失的年度的 EP 曲线将是 2/10000 × 100% ＝0. 02%，因为在 10000 年目录中，只有两年的损失大于或等于此损失。

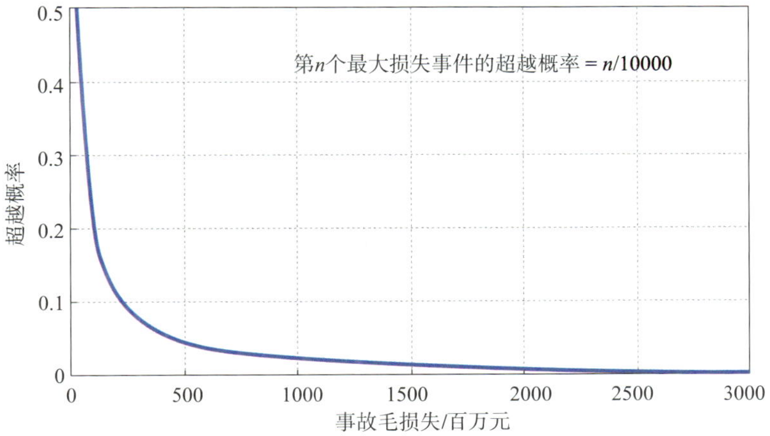

图 5－4　地震保险损失评估典型 EP 曲线

EP 曲线可以通过按年聚合或按事件聚合的方式生成，分别称为 AEP（Annual Aggregate Exceedance Probability）和 OEP（Occurrence Exceedance Probability）曲线。为了计算一个 EP 曲线，事件损失表和年累计损失表将按降序排序，若模拟 10000 年地震事件，则将找到目录中第 n 个事件的损失对应 $10000/n$ 的回归期。按此方法即可得到 EP 曲线。

7）超赔损失计算

保险损失分析完毕后，需要计算整个风险组合的超赔损失。通过设置整个风险暴露数据的超赔限额（Limit）和免赔额（D），给定复效数，即可分析计算其超赔的年均损失、线率（Rate on Line，ROL）和起赔概率。其中超赔年均损失计算如下。

复效数为空，代表无赔付次数限制，此时将根据实际损失与超赔限额的最小值进行不限次赔付，超赔年均损失 AAL 为：

$$\mathrm{AAL} = \left\{ \sum_{\text{所有模拟年份}} \sum_{\text{某年的所有地震事件}} \min[\max(0, \mathrm{EL} - D), \mathrm{Limit}] \right\} / N \tag{5-1}$$

式中，EL 为某年中某个地震事件造成的总损失；Limit 为限额；N 为地震随机事件集的模拟年份。

当复效数 K 为非负整数时，赔付次数为 $K+1$，此时将根据实际损失与超赔限额的最小值赔付 $K+1$ 次，超赔年均损失 AAL 为：

$$\mathrm{AAL} = \left(\sum_{\text{所有模拟年份}} \min\left\{ \sum_{\text{某年的所有地震事件}} \min[\max(0, \mathrm{EL}, \mathrm{Limit})], \mathrm{Limit} \times (K+1) \right\} \right) / N \tag{5-2}$$

式中，EL 为某年中某个地震事件造成的总损失；Limit 为限额；N 为地震随机事件集的模拟年份。

线率 ROL 反映了保险公司分保方案的有效程度，其计算公式为：

$$\mathrm{ROL} = \mathrm{AAL}/\mathrm{Limit} \tag{5-3}$$

5.2.2 损失摊回计算方法

保险损失的回调赔付，与承保的限额有密切关系。保险条款限额通常由两种方式进行约定：绝对金额和比例。绝对金额设置限额时，往往采用承保标的的价值（保额）或者通用条款的限值，如我国城乡居民住宅地震保险中约定城镇住宅限额为 100 万元，农村住宅限额为 20 万元。比例设置限额时，通常采用标的总价值（保额）或者实际损失的比例，如保额的 80%。大多数情况下实际损失很少会超过保单条款规定的限额，保险公司可直接参考实际损失进行赔偿。

仅当实际损失超过承保限额（且保险赔偿金受限）时，才会考虑对保险损失赔付比例进行回调，制定合适的损失赔付分配方案。限额在多数保险业务中以实际损失的比例进行设定，而在易损性中达到这一比例，需要发生罕见的（特）大地震，这样才会发生如此严重的破坏。为了充分考虑地震巨灾风险的“小概率、大损失”特点，根据保险业务的可操作性和便捷性原则，可设定两种损失赔付回调方案：按损失金额赔付，按损失比例赔付。保险损失回调赔付分配示意图如图 5-5 所示。绿色箭头为标的累积到保单的实际损失，红色箭头表示保单累积到账户的实际损失，当账户的实际损失超过限额时，（再）保险人提供的赔偿金受限，则可能会发生赔付回调，图中蓝色实线箭头表示由账户回调赔付到保单的赔偿金。通常，保险人只赔付到保单级别，更为细化的标的级别赔付往往由被保险人自行决定分配，如图 5-5 中蓝色虚线所示。

对于由若干保单组成的账户，其保险总损失 Loss 由各个保单的损失汇总 Loss_j 得到：

$$\mathrm{Loss} = \sum_{j=1}^{N} \mathrm{Loss}_j \tag{5-4}$$

1）按损失金额赔付

当总损失 Loss 小于等于承保限额 Limit 时，假定赔付的总金额为 Comp.（Insurance Compensation），则各个保单的保险赔付金额为：

$$\mathrm{Comp.}_{\cdot j} = \mathrm{Loss}_j \tag{5-5}$$

当总损失 Loss 大于承保限额 Limit 时，各个保单的保险赔付金额 $\mathrm{Comp.}_{\cdot j}$ 一般通过协商决定，但需满足：

$$\mathrm{Comp.} = \sum_{j=1}^{N} \mathrm{Comp.}_{\cdot j} \tag{5-6}$$

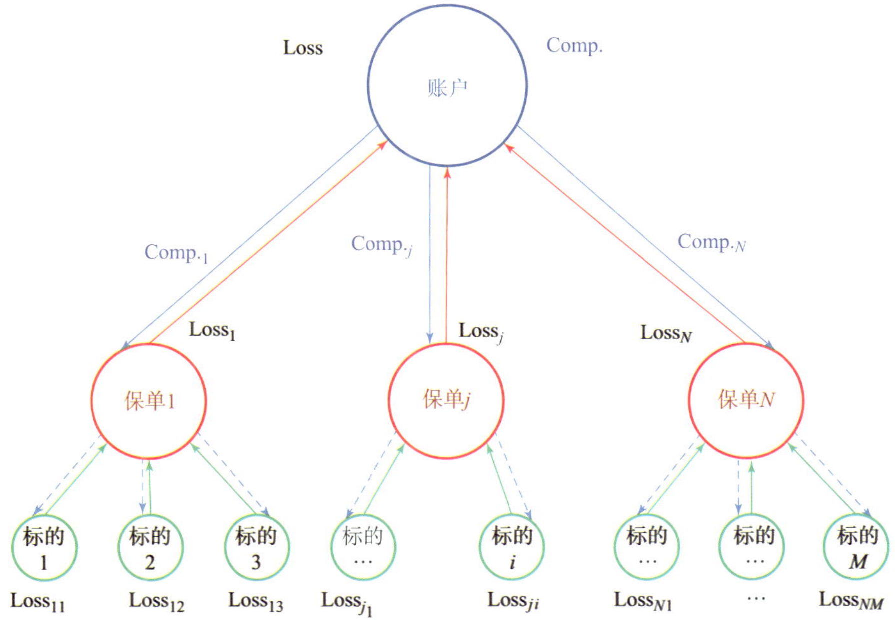

图 5－5　保险损失回调赔付分配示意图

2）按损失比例赔付

当总损失 Loss 小于等于承保限额 Limit 时，假定赔付的总金额为 Comp.（Insurance Compensation），则各个保单的保险赔付金额为：

$$\text{Comp}_{.j} = 100\% \times \text{Loss}_j \tag{5-7}$$

当总损失 Loss 大于承保限额 Limit 时，各个保单的保险赔付金额 $\text{Comp}_{.j}$ 按照损失的比例，进行赔付回调：

$$\text{Comp}_{.j} = \left(\text{Loss}_j \Big/ \sum_{j=1}^{N} \text{Loss}_j\right) \times \text{Comp}. \tag{5-8}$$

由于地震巨灾保险存在着重大损失的可能性，保险损失回调赔付机制通常会在保险条款中或者相关法律法规中进行强制性规定。如 2015 年 5 月 12 日，中国保监会、财政部印发的《建立城乡居民住宅地震巨灾保险制度实施方案》中明确规定：住宅地震巨灾保险制度采取风险分级分担机制，45 家公司成立“共保体”，大灾“赔破”时回调赔付比例。对于地震造成的城乡居民住宅损失，将按照“风险共担、分级负担”的原则，分五层承担。前四层具体由投保人、保险公司、再保险公司、地震巨灾保险专项准备金构成分担主体，在第五层财政支持及其他紧急资金安排无法全部到位的情况下，启动赔付比例回调机制，以前四层分担额度及已到位的财政支持及其他紧急资金总和为限，对地震巨灾保险合同实行比例赔付。

5.2.3　保单损失计算方法

5.2.3.1　清单级保单损失计算方法

地震保险损失评估是金融模块的核心功能之一，该功能以基于详细保单数据的单个标的为基础，进行损失计算和费率厘定。单点标的累加组成保单，各保单累加组成账户，账户通过组合汇聚为风险组合。保险条款一般针对承保事件及标的设定，损失分析则基于灾害事件的区域灾害强度及各类承灾体的易损性，进行各承保标的可能造成的损失估算，包括结构损失、室内财产损失、商业中断损失等。保险损失估算按照保险条款进行，最后以年均损失、损失超越概率曲线等形式展示损失风险的分析结果。清单级保单数据损失计算逻辑如图 5－6 所示。

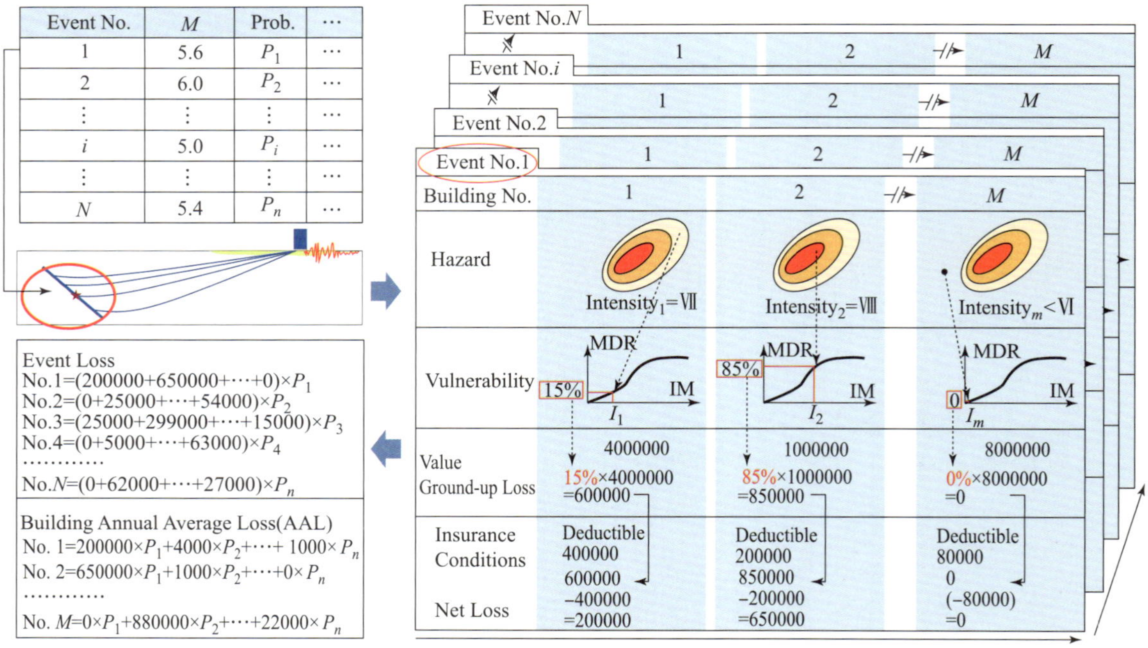

图 5－6　清单级保单数据损失计算

对于具有详细保单数据的标的而言，其损失计算可分为三步。

①地震危险性模块计算地震动强度分布。基于地震随机事件集，计算地震动强度的空间分布范围（如通过衰减关系计算地震峰值加速度 PGA 影响场），并考虑场地条件、地形效应等影响，获得承保标的所在位置的地震动强度。

②工程易损性模块计算地震损失。通过各承保标的的信息（如建筑结构类型、功能用途、建造年代、建筑高度、设防水准等）确定对应的易损性曲线（即“地震动－平均损失率”），进而估算标的在某种地震动强度（如 PGA）下的破坏程度和地震损失。

③金融模块计算保险损失。在地震损失的基础上，结合保单条款的约定，如限额、免赔额等，计算出保险损失，决定是否分保以及设计再保方案，以便进行巨灾风险管理。

保险费率厘定是巨灾保险的重要内容，保费的高低直接影响投保人的保费状况，并同时影响承保公司的经营利润水平。以清单级保单数据为例，巨灾模型金融模块计算如下。

假设 M 年发生地震事件 N 次，其中事件记为 Event_1，Event_2，…，Event_n，由于任意灾害事件对所有的空间标的（Site_1，Site_2，Site_3，…，Site_n）均会造成直接保险损失，且记为 Loss_{Ei}，那么对于 N 年地震事件而言，各事件的保险损失为 Loss_{E1}，Loss_{E2}，Loss_{E3}，…，Loss_{En}。

则年均损失（AAL）的计算公式为：

$$\text{AAL} = \sum_{i=1}^{n} \text{Loss}_{Ei}/M \tag{5-9}$$

对于单一年份而言，存在 K 个标的，且单一标的的保额为 V_{site}，则保单涵盖的所有标的的总保额（TIV）的计算方法为：

$$\text{TIV} = \sum_{j=1}^{K} V_{\text{site}(j)} \tag{5-10}$$

则纯风险费率 P_0 的计算公式为：

$$P_0 = \text{AAL/TIV} \tag{5-11}$$

在具体的定价过程中，费率的计算方式为：

$$P = P_0 + P_1 + P_2 + \varepsilon \tag{5-12}$$

式中，P 为最终的费率；P_0 为纯风险费率；P_1 为成本占比；P_2 为利润占比；ε 为浮动风险占比。

对其他各保险损失的指标计算，可参考 5.2.2 小节中的计算方法。

5.2.3.2 聚合风险的保单损失计算方法

在实际保险业务当中，获取的保险数据一般为区域范围的总账户信息，即初始保险数据多为区域范围的聚合保单数据。由于承保标的所遭遇的灾害事件空间强度存在一定的空间差异，若想准确计算保险损失和费率，则需根据聚合保单数据业务范围内各标的可能的位置、价值等属性进行精细化空间分析。因此，聚合风险的保单损失计算多依据行业风险暴露数据库空间分布，结合抽样方法进行区域范围内聚合保险数据的拆分，转化为清单保单，进而采用清单保单损失计算方法精确聚合保险损失计算。

1）行业风险暴露数据库构建

行业风险暴露数据库是指带有空间位置信息的某类全行业可承保标的价值量数据库，如住宅建筑风险暴露数据库、道路桥梁风险暴露数据库等。它是巨灾模型聚合数据拆分的重要基础，可以为聚合的保单数据拆分到具体空间位置和价值提供空间权重依据。

行业风险暴露数据库的构建一般采用两种方式进行，一是通过遥感解译及逐一标的信息采集的方式，制作高精可保标的数据库；二是基于社会各类现有空间数据，采用一定的模型和算法，模拟建立逼近现实的空间价值分布的可保标的数据库。其中，第一类方法需要较大的人力、物力、财力，多针对小区域范围的行业数据库构建；第二类方法具有成本低、便捷高效的特征，对全国范围或大区域范围的行业风险暴露数据库构建较为适用。

为满足保险行业聚合保单损失计算的实际需要，2019 年至 2021 年期间，中国地震巨灾模型研究单位综合第一类方法和第二类方法，运用机器学习算法及多源数据融合计算方法，率先建立了住宅、商业、工业等全类型房屋建筑重置价值风险暴露数据库，以支撑地震巨灾模型聚合保单损失计算。该数据库的基底数据源包括国家区域统计数据、海量高精 POI 数据、核心城市建筑轮廓数据、人口密度数据、土地利用数据、夜间灯光数据等多源属性数据，具体数据源见图 5－7。其中，房屋建筑行业风险暴露数据库构建方法见 4.4.3 小节。

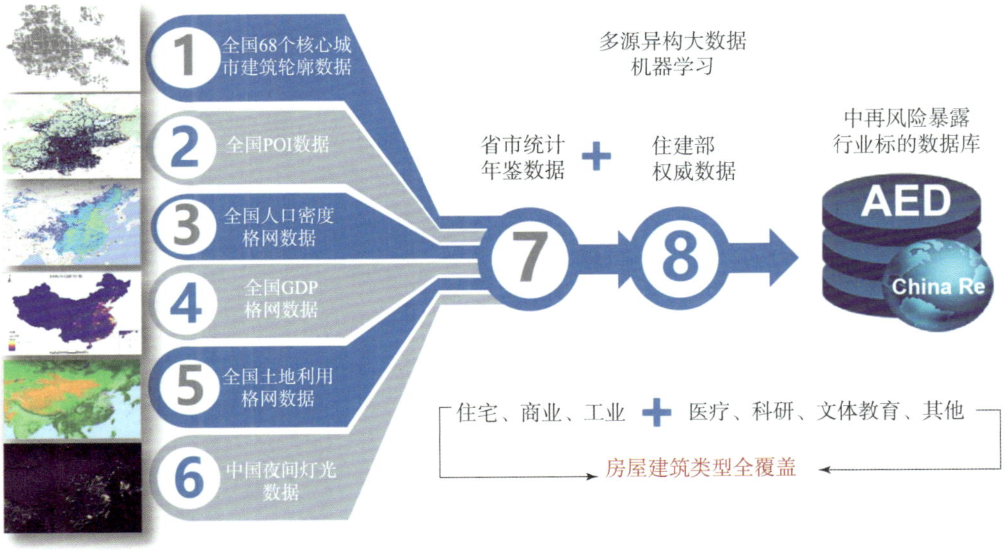

图 5－7　构建行业风险暴露数据库采用的基础数据

2）聚合数据抽样拆分

聚合保单中无具体标的信息，难以直接进行保险损失计算，因此，聚合保单数据拆分技术是聚合保单损失计算的关键。从理论上来讲，价值越高的风险暴露点，其实际承保的可能性越大，而无价值分布的地区通常不会出现承保标的。鉴于保险业务人员实际开展承保业务时，其投保标的来源同样存在空间分散性和不确定性（保险学中的风险分散原则），因此，聚合保单数据的拆分可视为一种基于行业风险暴露数据库的随机抽样。

随机抽样时，调查对象总体中每个部分都有同等被抽中的可能，它属于一种完全依照机会均等的原则进行的抽样调查。在本小节中，依据样本量的大小差异，我们将分析蒙特卡洛和拉丁超立方抽样方法，以示例聚合保单损失计算。

（1）蒙特卡洛抽样

蒙特卡洛抽样是一种完全随机的抽样方法，运用蒙特卡洛方法求解某一问题通常包括三个步骤：a. 建立随机模型，确定概率分布；b. 根据概率分布进行随机抽样；c. 根据随机模拟结果和基本预测模型，求取各模型参数，并进行预测与分析，给出预测结论。其存在的问题是，任一次抽样都有可能取到定义域中的任何区域，导致总的抽样范围可能聚集于定义域中的某一范围，需要更大量的模拟次数使得模拟更接近真实情况（卢易等，2017）。

（2）拉丁超立方抽样

拉丁超立方抽样（Latin Hypercube Sampling，LHS）是一种从多元参数分布中近似随机抽样的方法，属于分层抽样技术。该方法解决了蒙特卡洛抽样中抽样样本大、抽样效率低的问题，并且利用分层的思想，分层将累积曲线划分为累积概率等级 0 ~ 1 的相等间隔，然后从输入分布的每个间隔或“分层”中随机取样。强制抽样每个间隔中的值，因此，强制重新创建输入概率分布。其在较低抽样样本量的情况下，大幅提升了抽样效率。拉丁超立方抽样选取的样本能够尽可能覆盖变量的完整定义域空间，因此得到广泛的应用。

图 5－8 和图 5－9 分别表示了蒙特卡洛抽样法和拉丁超立方抽样法抽取 8 个样本时的抽样分布，从图中可以看出，蒙特卡洛抽样法所取得的样本会有一定的局限性，而拉丁超立方抽样法所取得的样本更有对此分布的代表性。但是拉丁超立方抽样构造的样本仍有相当程度的随机性，问题的维度和样本数量会直接影响拉丁超立方抽样方法可靠性分析的精度和效率。

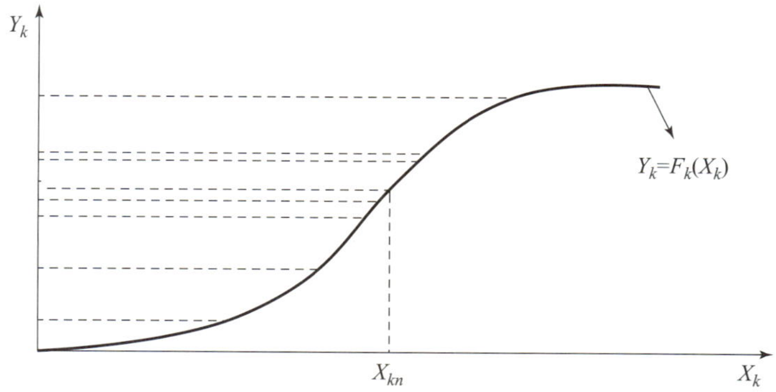

图 5－8　蒙特卡洛抽样法抽取 8 个样本

（3）两种方法抽样的差异分析

假设有 10 个 Site——Site1 ~ Site10，使用蒙特卡洛抽样和拉丁超立方抽样，分别抽样 100 次、1000 次和 10000 次，统计三种情况下，两种抽样方法每个 Site 被抽中的频数和频率。

a. 各标的等权重抽样。Site1 ~ Site10 的权重均为 0.1，在三种抽样次数下，比较两种抽样方法每个 Site 被抽中的频率，如图 5－10 ~ 图 5－12 所示。通过结果对比可以发现，蒙特卡洛抽样结果

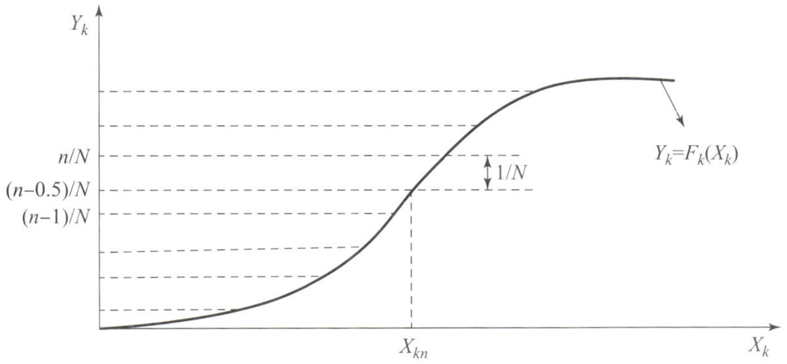

图 5-9　拉丁超立方抽样法抽取 8 个样本

在抽样次数较小时不能很好地近似真实的概率分布，随着抽样次数的不断增大，样本频率分布逐渐接近真实的概率分布。而拉丁超立方抽样在抽样次数为 100 次时便可使得样本的频率分布等于真实的概率分布，说明了拉丁超立方抽样在小样本情况下就能有较高的抽样效率。

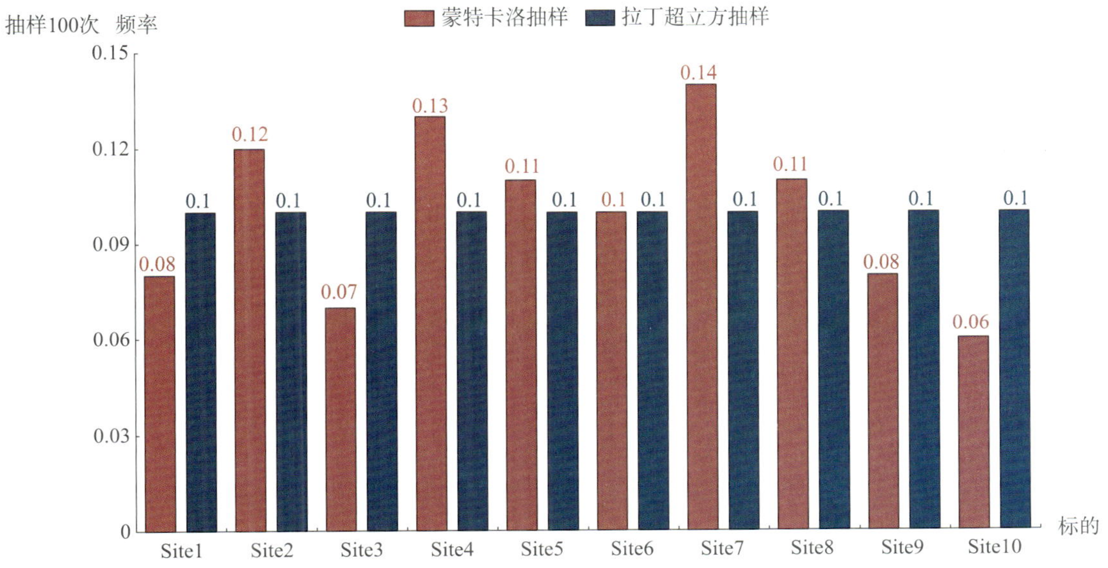

图 5-10　等权重抽样 100 次结果对比

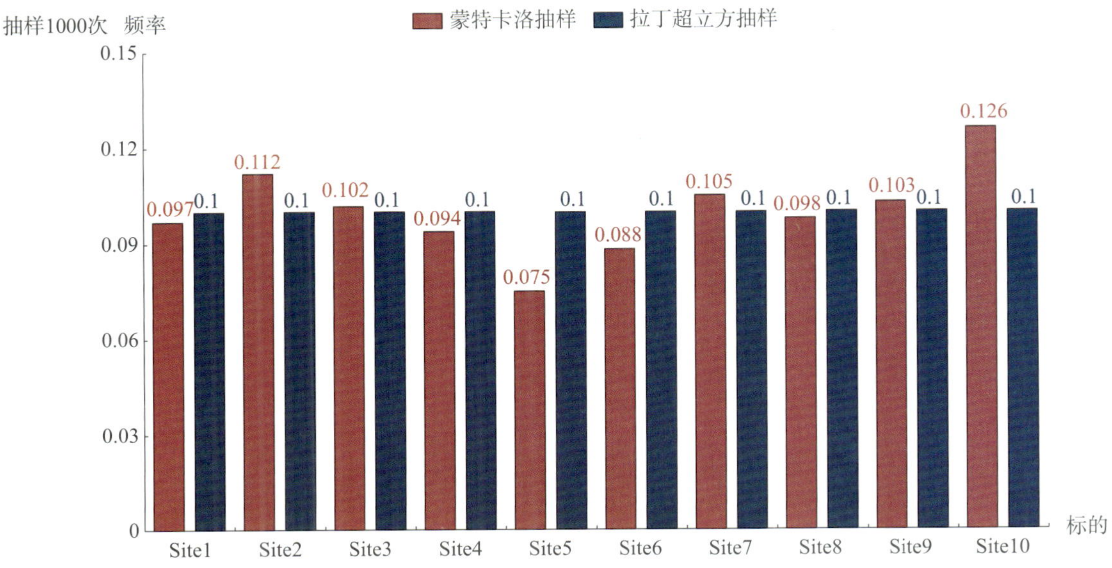

图 5-11　等权重抽样 1000 次结果对比

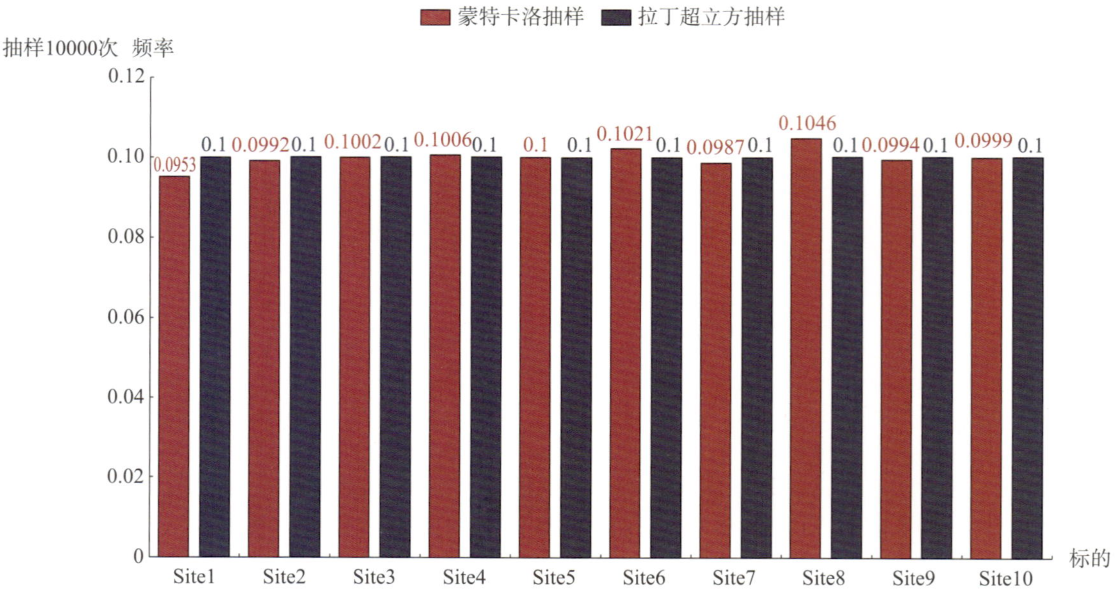

图 5－12　等权重抽样 10000 次结果对比

b. 各标的不等权重抽样。Site1 ~ Site10 的权重分别为 0.1、0.2、0.5、0.01、0.05、0.01、0.03、0.05、0.008、0.042，在三种抽样次数下，比较两种抽样方法每个 Site 被抽中的频率，如图 5－13 ~ 图 5－15 所示。通过结果对比可以发现，蒙特卡洛抽样结果在抽样次数较小时不能很好地近似真实的概率分布，且存在抽样结果不能覆盖极小概率的样本点的情况；随着抽样次数不断增大，蒙特卡洛抽样的样本频率分布逐渐接近真实的概率分布。而拉丁超立方抽样在抽样次数为 100 次时便可使得样本的频率分布接近真实的概率分布，且抽样结果能够覆盖极小概率的样本点，说明了拉丁超立方抽样在小样本情况下能够覆盖变量的完整定义域空间，有较高的抽样效率。

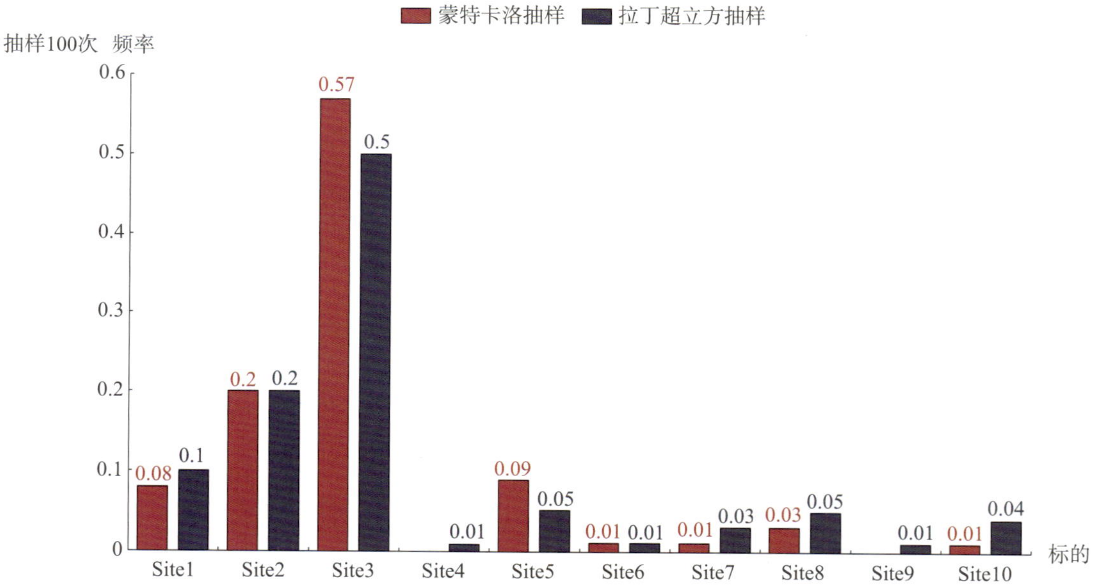

图 5－13　不等权重抽样 100 次结果对比

3）聚合风险数据拆分计算示例

基于前述行业风险暴露数据和拉丁超立方抽样方法，以福建省工业价值分布为例，运用地震巨灾模型进行聚合风险数据拆分分析：保额价值拆分以风险暴露中各个格网点占全省的工业价值之比为权重，进行价值分配；空间上，根据各个价值的大小按照分层随机抽样进行拆分，具体拆分结果

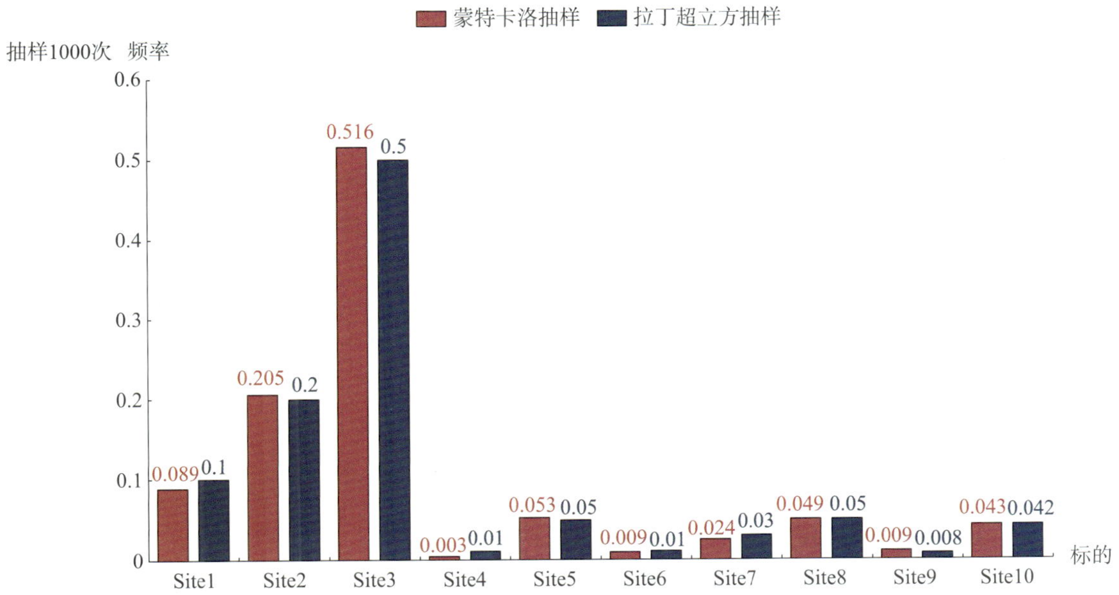

图 5-14 不等权重抽样 1000 次结果对比

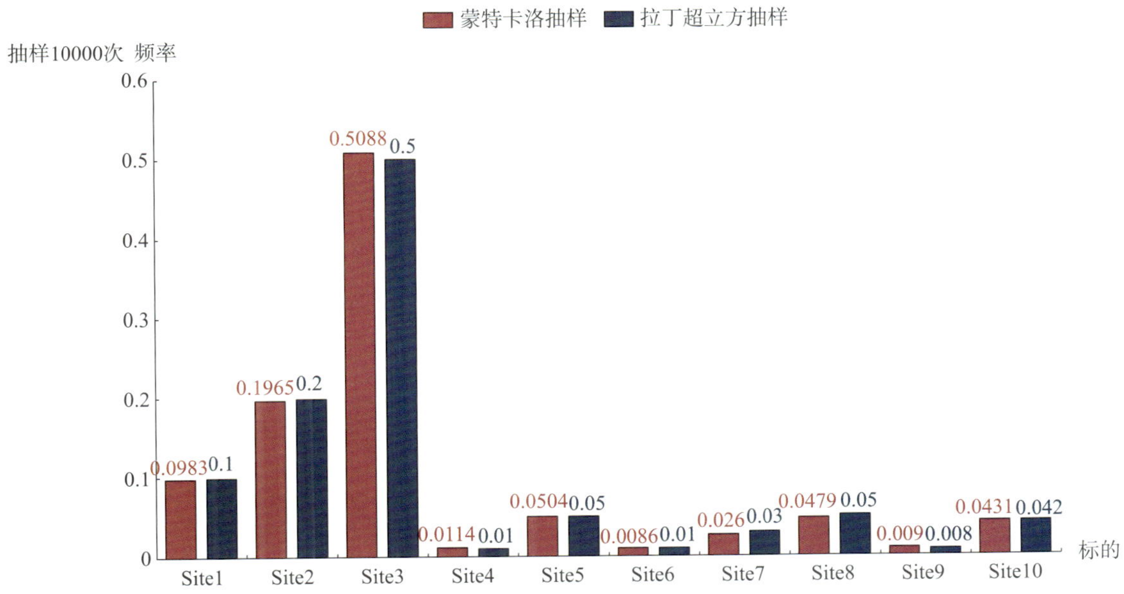

图 5-15 不等权重抽样 10000 次结果对比

见图 5-16。聚合风险数据拆分得到逐个单点标的后，即可转化为 5.2.3 小节中的清单级保单数据损失计算方法进行计算。

5.2.4 风险累积计算方法及示例

1）风险累积计算方法

风险累积（Risk Accumulation）指风险在同一个地区、同一个行业、同一个事件、同一个险种或同一个职业等的累积情况。在巨灾模型中，不同保单组合、不同区域的累积风险，通常可以通过合并其事件损失表（ELT）后，再进行各类损失计算和 EP 曲线分析。假设有来自不同保单组合或者区域的 N 个风险组合，并分别计算得到了各风险组合的事件损失表 ELT_1，ELT_2，…，ELT_n。由于 ELT 中地震事件的编号是唯一的，因此在计算这些风险组合的累积风险时，将各风险组合的 ELT 进行合并，其中具有相同事件 ID 的损失进行累加，作为累积风险的损失，据此合并后的新 ELT 即

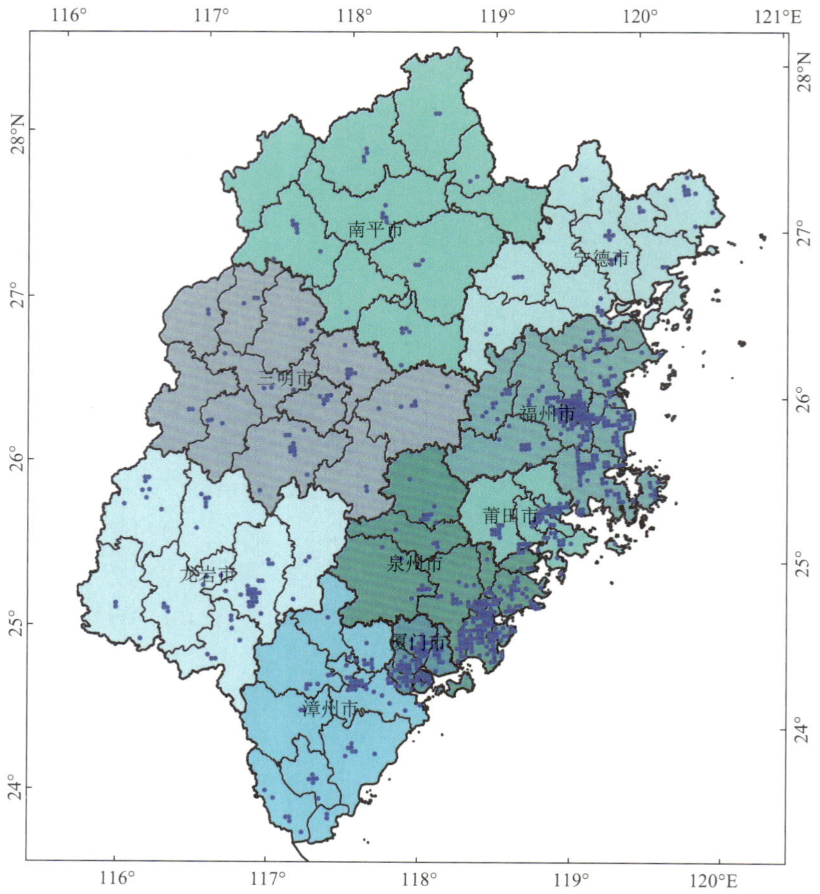

图 5－16　福建省工业聚合风险数据拆分示例

累积风险的事件损失表。然后，根据新的 ELT 即可计算累积风险的各种保险损失。基于 ELT 计算综合累积风险地震保险损失评估方法如图 5－17 所示。

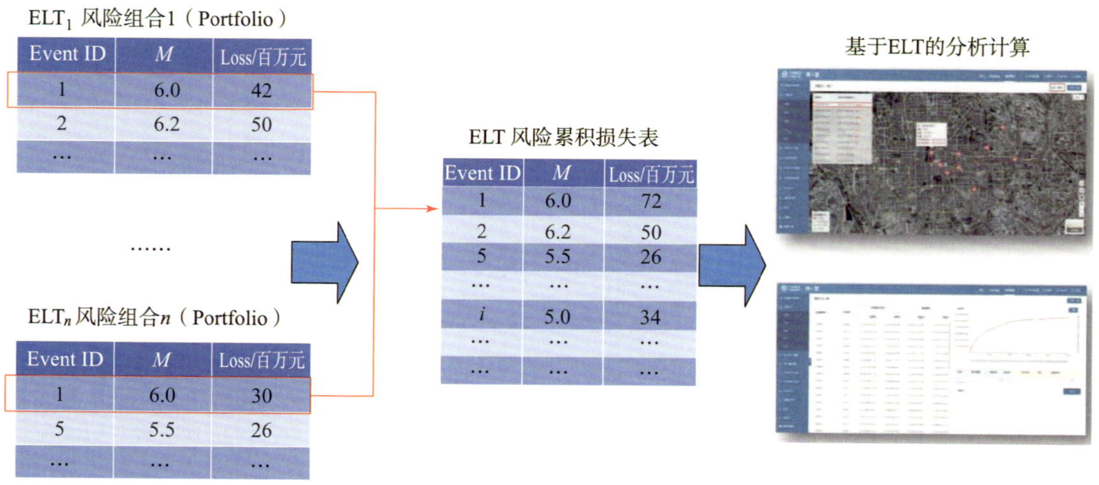

图 5－17　基于 ELT 计算综合累积风险地震保险损失评估方法

如果对每次地震事件设置损失限额，则在合并 ELT 时，还需要将各个地震事件的（累加）损失与设置的损失限额进行比较。若合并后的 ELT 中地震事件（累加）损失大于事件损失限额，则还需要根据损失摊回计算方法进行处理。

2）风险累积计算示例

以北京市、天津市为例，分别设置建筑总保额为 1 亿元，计算北京市和天津市在 10 万年地震随机事件下的年均损失、年度总损失（AEP）和事件损失表 ELT 等保险损失。基于北京和天津的 ELT，将相同 ID 事件造成的损失进行相加，其余事件进行合并，得到累积风险的 ELT（以下简称"累积组合分析"），可计算得到累积组合分析的 AEP 等保险损失。将北京、天津相同回归期的损失进行相加，即认为两者完全相关，得到"北京 + 天津（简单加和）"的 AEP。

对比北京、天津、累积组合分析、"北京 + 天津（简单加和）"的 AEP 和 20 年、50 年回归期的最大可能损失，见图 5－18 和图 5－19。由图分析可知：在低回归期（约 100 年）内，简单加和的损失（蓝色）要比累积组合分析的损失（红色）小；而在高回归期（大于 100 年），则简单加和的损失（蓝色）更大。其原因是，简单加和的损失认为，北京和天津的损失在相同回归期时是同时出现的；而累积组合分析是基于 ELT 进行计算的，是根据实际地震随机事件影响范围，真实计算北京和天津两地的实际损失。例如在小损失回归期 50 年一遇的情况下，仅天津（绿线）损失对应的地震事件为"LossTJ1 = 204449，Event = 5"，仅北京（黑线）损失对应的地震事件为"LossBJ1 = 382302，Event = 14"，累积组合分析（红线）的损失对应的地震事件为"LossCombine1 = 940749，Event = 52"，而"北京 + 天津（简单加和）"（蓝色）的损失为"LossTJ1 + LossBJ1 = 204449 + 382302 = 586751"。显然对于实际地震损失而言，同时影响天津和北京，造成两者累计损失的地震事件为 50 年一遇的事件（Event = 52），与仅造成天津损失的 50 年一遇事件（Event = 5）或者仅造成北京损失的 50 年一遇事件（Event = 14），并非同一事件。通过查看这三个事件的位置与风险暴露分布的

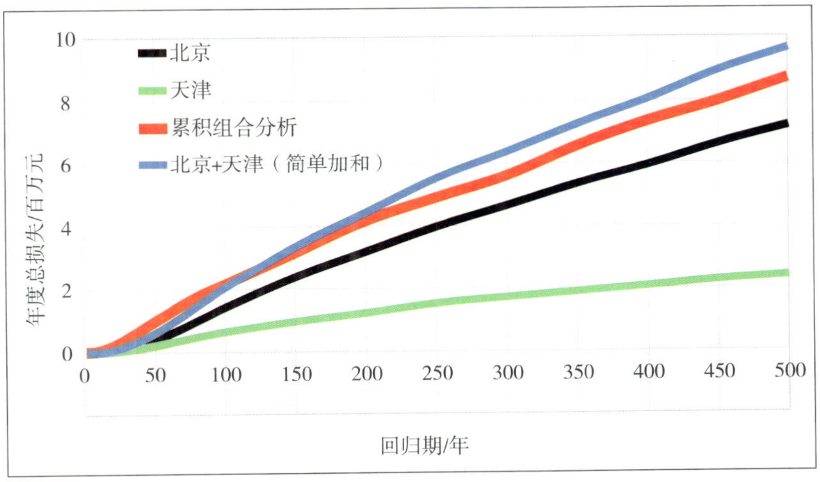

图 5－18　累积风险示例的 AEP 计算结果对比

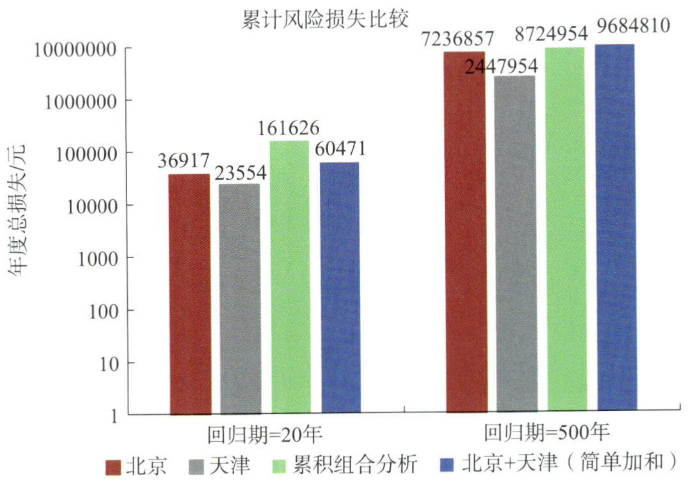

图 5－19　累积风险示例的 20 年和 50 年回归期的可能损失结果对比

信息，发现“Event = 52”发生在北京市内，对北京影响较大，对天津影响相对较小，即在对北京造成的损失中，该事件大于事件“Event = 14”，而在对天津造成的损失中，该事件接近事件“Event = 14”。因此对于 50 年一遇的损失，累积组合分析（红线）损失大于“北京 + 天津(简单加和)”(蓝色)。而在大回归期时，如 500 年一遇的情况下，难以出现能同时对北京和天津造成很大影响的地震事件，即地震事件的“北京 + 天津”累计损失难以超过北京独立事件损失与天津独立事件损失之和。

5.3 再保险损失计算模型

5.3.1 再保险的分类与特点

5.3.1.1 再保险分类

再保险的分类方式主要包括按责任限制方式分类和按安排方式分类两类。

1）按责任限制方式分类

再保险按责任限制方式分为比例再保险和非比例再保险。其中比例再保险是以保险金额为基础确定每一风险的自留额和分保额，原保险人的自留额和分入公司的分保额均是按照保险金额的一定比例确定的；非比例再保险是以赔款金额确定原保险人的自负额和再保险人分赔额。再保险按责任限制方式分类示意图见图 5 - 20。

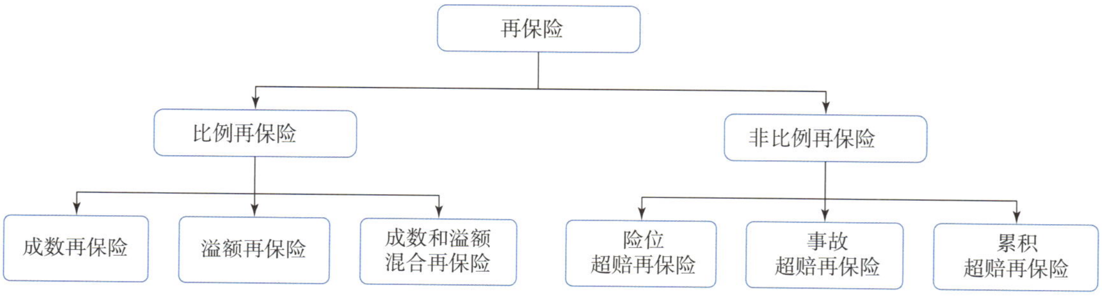

图 5 - 20　再保险按责任限制方式分类

比例再保险可细分为成数再保险、溢额再保险、成数和溢额混合再保险。成数再保险主要按照保险金额的一定比例确定自留额和分保额。溢额再保险则以一定的保险金额为自留额，以自留额的一定倍数为分保额。例如有两笔业务的保险金额分别为 20 万元和 100 万元，自留额为 50 万元，第一笔业务的保险金额在自留额之内，无须分保，第二笔业务原保险人自留 50 万元，分出 50 万元，分保比例为 50%。成数和溢额混合再保险一般以成数再保险承担的最高限额为溢额再保险的自留额，以成数再保险最高限额的一定倍数为溢额再保险的最高限额。

非比例再保险可细分为险位超赔再保险、事故超赔再保险、累积超赔再保险。险位超赔再保险为按照每一危险单位所发生的赔款来确定自负责任额和分保责任额。事故超赔再保险为按照每一次事故所发生的赔款总和来确定自负责任额和分保责任额。累积超赔再保险则以一定时期（通常为一年内）所发生的赔款累积来确定自负责任额和分保责任额（顾渝，2002）。

在实际的再保险业务中，由于比例分保和非比例分保种类繁多，分出公司设计再保险计划时需要考虑众多因素。分出公司要根据不同类别业务、自身财务状况以及市场情况，灵活运用各种再保险方式与方法，对自留额与转嫁的风险责任和收益状况进行设计和分析，以期取得最佳经营效果。

2）按安排方式分类

再保险按安排方式主要分为三种，分别是临时再保险、合同再保险和预约再保险。临时再保险，是指分出公司根据业务需要临时选择再保险人，经双方逐笔协商达成协议，签订再保险合同。临时选择再保险人之前，双方并无再保险合同存在。对于临时再保险业务的分出与接受，分出公司与接受公司并无义务，可以自由选择。临时再保险是再保险的最初形态。合同再保险，又称固定再保险，是指原保险人与再保险人预先订立合同，凡是合同中规定的业务，分出人必须分出，分入人必须接受，对双方均产生约束。预约再保险，是指分保双方对于再保险业务范围有预约规定，对合同中规定的业务，分出人有业务选择的自由，不必一定分出；分入人则无权选择，有义务接受分保业务。就分出人而言，预约再保险具有临时再保险的可选择性；就分入人而言，预约再保险具有合同再保险的强制性（顾渝，2002）。

再保险不同责任分配形式与再保险不同安排方式之间的关系可用图5－21表示。

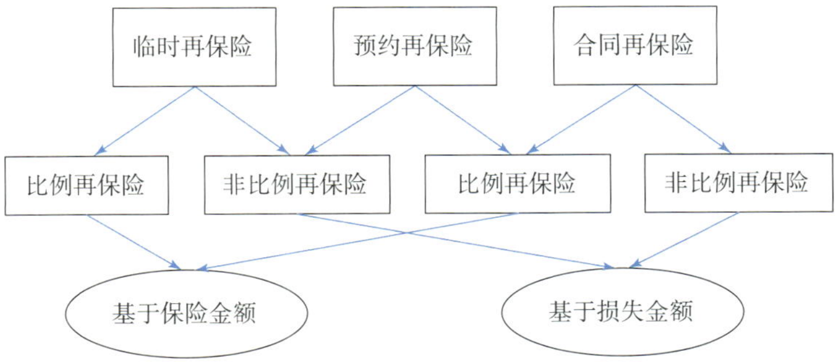

图5－21　再保险不同责任分配形式与不同安排方式的交叉关系图

5.3.1.2　再保险类型特点

由于再保险中，不同责任分配形式和不同安排方式相互交叉、相互渗透，在实际的再保险业务中，经常以临时再保险、合同再保险和预约再保险划分业务范围。而比例再保险与非比例再保险是构成临时、合同和预约再保险业务的基础（戴凤举，2004）。因此，本小节主要介绍比例再保险和非比例再保险的应用特点。

1）比例再保险应用特点

比例再保险细分为成数再保险、溢额再保险、成数和溢额混合再保险。比例再保险的典型代表是成数再保险，溢额再保险虽然也属于比例再保险，但它同时兼具非比例再保险的部分特征，比如以自留额为分界线或起赔点，保险金额低于起赔点，再保险人不承担责任；保险金额高于起赔点，再保险人才介入损失的分摊。溢额再保险还有不同层次溢额的安排，如第一溢额、第二溢额等，类似于非比例再保险中的分层安排。这些特征使得溢额再保险灵活多变，适用面更广，不像成数再保险那样，不论保额大小或质量良莠，只要属于合同的承保范围，任何业务分出人均应按约定的比例自留和分出，毫无选择的余地。所以从这个意义上讲，溢额再保险是介于成数再保险和非比例再保险之间的一种再保险方式，也正是由于溢额再保险的特殊性，在介绍比例再保险的运用时，成数再保险和溢额再保险要区分开来。

（1）成数再保险

成数再保险作为传统的再保险方式，有其自身的特点。对分出人和接受人来说，成数再保险具有合伙经营的性质，缔约双方的命运始终紧密相连，其利害关系完全一致。也就是说，成数再保险的经营结果，不管盈余还是亏损，分出人和接受人的利害得失在任何情况下都是完全一致的。另外，由于分出人自留的比例往往较高，故对业务的选择一般较为慎重，因此业务成绩通常较为稳定。所以，保险界普遍认为成数再保险业务最能体现分出公司承保业务的性质和意愿，这对接受人非常有利。成数再保险主要用于以下几个方面（顾渝，2002）。

a. 新公司、小公司。此类公司刚刚组建或规模较小，经验往往不够丰富，业务人员的水平需不断提高，保险市场信息也欠灵通、广泛，故对合同自留额等的条件规定难免有不妥之处。若采用具有合作性质的成数再保险方式控制责任，可以得到再保险人，特别是首席分保接受人的密切合作和支持。

b. 新业务、新险种或试办性业务。分出公司因初次办理这类业务，通常缺少以往的有关记录和数据，故对未来的经营效益往往心中无数，难以预估。为了稳妥起见，采用成数再保险方式为佳，这样也容易得到各分保接受人的理解和支持。

c. 保额较低且均衡的业务。在成数再保险合同中，分出公司的自留成分一般规定得略高，通常在 20% 以上，这样对保额一般较低并且比较均衡的业务是适合的。但如果承保的业务保额较大或者悬殊太大，参差不齐，分出人根据自身的财力状况，不得不降低自留额，这样也会多流出分保费，而且很可能得不到分保接受人的支持。如果仍保持较高的自留额，分出人就必须另行安排基本再保险来保障自留部分，使风险责任取得平衡。

d. 成绩比较稳定的业务。在展业空间方面，再保险与原保险的主要不同点在于再保险跨越国界，在世界范围内开展业务。保险界遵循的原则是平等互利、互通有无、分散风险，从而达到自身经营的稳定。如果某些业务的历年成绩稳定，可以组织安排成数再保险，以此作为取得回头业务的条件，要求对方提供质量较好的业务。所谓质量较好，只是相对而言，因为保险本身就孕育着风险。没有风险，保险也就无从谈起。

当然，为了减少保险费的外流，分出公司可以采取某种措施予以控制，比如提高自留成分，增加分保佣金等，另外还可扣留保费准备金。

e. 转分保和预约分保业务。转分保和预约分保业务多采用成数再保险。尤其是前者，如果转分的是合同业务，则很难确定危险单位的限额，且转分保业务账务复杂。采用成数再保险可以避免责任分配和账务处理上的麻烦，尤其会给会计人员带来极大方便。

（2）溢额再保险

由于成数再保险合同中，分保比例一旦确定，自留额也就随之确定，所以自留额问题比较容易解决。但在溢额再保险里，自留额是决定分保双方责任的分界线，自留额的大小直接影响双方的利益，所以它的确定必须慎重。影响自留额的因素较多，诸如资本加公积金的总和、历年赔付率、保额大小、费率高低、保费多少、承保业务的规模和内容、业务结构风险密集程度及责任累积可能性等，都应逐一分析。

溢额再保险对巨额业务的风险分散有较大的弹性，不过溢额再保险的业务账单是按原保单逐一计算自留比例和分保比例，并按各自比例计算保费和赔款的，因此，在编制业务账单时比较复杂，费时费力，需要严格的管理制度和必要的财会人员，势必增加管理费用。

对分出公司和分入公司来说，溢额再保险虽然有不足之处，但是明显利大于弊，尤其是它能合理分散风险，所以这种方式历久不衰，至今成为比例再保险中应用最广的方式。概括而言，溢额再保险更适用于保额高低不均、质量优劣不一的业务。

2）非比例再保险应用特点

非比例再保险虽然起步较晚，但近年来发展较快。非比例再保险以少数巨额赔款、多数小额赔款以及年度累积为对象，既可保障单一风险造成的损失，又可保障一次事故造成的群体危险导致的损失总和或责任的累积，尤其是对特大风险的保障作用，是比例再保险所无法比拟的。非比例再保险合同签订后，分出公司无需编制各种记载个别风险的业务报表，仅须按季或按年编送包括保险费总额以及应付再保险费的账单，一个季度或一年结算一次，分保手续和账务都比较简化，可节省经营费用。非比例再保险的期限多与业务年度相一致，再保险成本可以随着损失率的变化、保费收入以及保险市场的发展情况逐年调整变动，灵活性强，具有平衡和稳定每年经营成果的作用。对较大的赔款，其超过免赔额以后的部分直至一定的额度可以从接受公司那儿摊回，分出公司能够有效地控制风险责任于一定的限度以内，有利于保障其业务经营的稳定性。

由于免赔额以内大量的小额赔款由分出公司自负，且分保费按年结算支付，虽采用预付办法，但都以最低额计算，因此分出公司持有总保费的绝大部分，有利于保费的周转和利用。接受公司不必提存保费和赔款准备金，也不用支付再保险手续费，可以充分地对资金加以运用。

非比例再保险可细分为险位超赔再保险、事故超赔再保险和累积超赔再保险。

①险位超赔再保险可以保障一般小额业务的损失，从而控制原保险人对每一危险单位的自负责任，扩大承保能力。这种方式比较适用于火险及附加险和海上运输险。

②事故超赔再保险或巨灾再保险对特大风险的保障作用不言而喻，由洪水、地震、台风等自然灾害和大火、爆炸等事故引发的损失，由于涉及地区广、随机性强、损失金额巨大，保费费率和自留额的确定不能按常规处理，需要利用事故超赔再保险。

③累积超赔再保险合同中，分出公司的自留责任额和接受公司的分保责任额，都是由双方协议的赔付率或损失标准限制的，因此正确规定这两个标准是该再保险的关键。议定的标准既要在分出公司赔款较多、损失过重时能够给予其保障，又不能使分出公司借此从中牟利，损害再保险人的利益。通常，在营业费用率为30%时，再保险的起点赔付率规定为70%，最高责任一般规定为营业费用率的两倍，即60%，也就是再保险责任范围是赔付率在70%~130%的赔款。累积超赔再保险用于平衡原保险人某一业务年度的经营业绩，防止相对于相同业务年度，本年度公司或公司某类业务的净额损失或赔付率发生较大的波动。

非比例再保险也存在一些弊端。非比例再保险合同多为一两年的合同，再保险关系很难稳定，分出公司必须经常洽商续约事宜，既烦琐又极无把握。非比例再保险没有佣金的规定，接受公司不分摊承揽及管理业务的费用，分出公司对费用的负担较重，对其财务有一定的影响。非比例再保险合同通常皆由分出公司向接受公司接洽签订，因此业务流向以及保费支付多属单方性质，只能分散风险，得不到回头业务。非比例再保险不要求接受公司提存准备金，故分出公司得不到接受公司履行义务的保证。由于影响费率厘定的条件随时可能发生变动，没有一定的规律，因此给正确地制定再保险费率带来了很大困难和不稳定性。在非比例再保险合同中，分出公司自负额的确定，与保险金额及危险大小并无直接关联，且分出公司的赔款责任限于自负额的一定范围内，因此对于重大风险的承保，往往会降低核保标准，以致接受公司暴露在分出公司承保人员道德风险之下。

3）非比例再保险与比例再保险组合应用特点

在实际再保险业务中，根据风险分散和转移的需要，非比例再保险与比例再保险可以形成多种复杂的组合，通常可以分为两种基础组合。

①在成数（或溢额）再保险合同基础上再安排一个超赔再保险合同。这种组合是先安排一个溢额（或成数）再保险合同，然后将溢额再保险合同的自留责任另安排一个超赔再保险合同，以便提高自留额而减少保费损失。

②在超赔再保险合同基础上再安排一个成数（或溢额）再保险合同。这种组合是先安排一个超赔再保险合同，然后将自负赔款责任部分安排比例再保险合同。这种安排也是为了提高起赔点，提高起赔额度可降低超赔再保险的费率，以节省再保险费支出。但为防止自负赔款过大，安排比例再保险。

5.3.2 再保险损失计算方法

为支持灵活的再保险结构计算，再保险合同按合同类型可分为“内嵌”“分入”和“分出”三种。内嵌是指原始保单在给该分保接受人时，已经事先分出给其他分保接受人的部分，对再保险进行分入、分出分析时，先考虑内嵌的部分，再进行损失分析。分入和分出是一次分保的两个方面，是指保险公司将其所承保的风险和责任，通过订立再保险合同，部分转分保给其他保险公司的业务经营方式。“分入”指向接受其他（再）保险公司分出业务的保险公司，一般为再保险公司。“分出”指向外分出业务的保险公司，可以是直保公司，也可以是将再保业务转分给其他保险公司的再保公司。相关计算公式如下：

分入的净损失 NetLoss(Assumed)：

$$\text{NetLoss(Assumed)} = \min[\max(\text{GrLoss} - \text{Ded}, 0), \text{Lim}] \tag{5-13}$$

式中，GrLoss 是事故对应的毛损失；Ded 是分入合同的免赔额；Lim 是分入合同的限额。

分出的分出损失 Recovery(Ceding)：

$$\text{Recovery(Ceding)} = \min[\max(\text{GrLoss} - \text{Ded}, 0), \text{Lim}] \tag{5-14}$$

式中，GrLoss 是事故对应的毛损失；Ded 是分出合同的免赔额；Lim 是分出合同的限额。

Recovery 与分入合同的 NetLoss 是相对应的。

分出的净损失 NetLoss(Ceding)：

$$\text{NetLoss(Ceding)} = \max(\text{GrLoss} - \text{Recovery}, 0) \tag{5-15}$$

式中，GrLoss 是事故对应的毛损失；Recovery 为分出损失。

以下以“中国地震巨灾模型”为例，对典型分保结构的损失计算进行示例说明。

1）成数再保险

A 公司与 B 公司签订一份成数再保险合同，A 公司作为原保险人，总保额为 2000000 元。A 公司将每一风险暴露单位按 60% 的成数确定为自留部分，40% 分保给再保险人 B 公司，B 公司对每一风险暴露单位的最高责任限额为 600000 元，超过限额的部分仍为 A 公司的自留责任。A 公司作为分出公司，其再保险合同设计如图 5-22 所示。

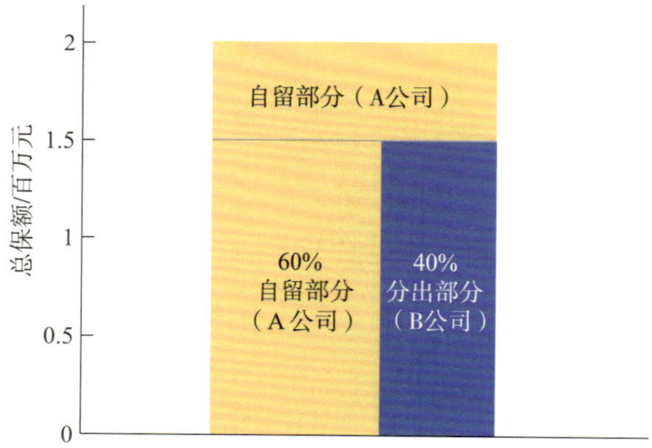

图 5-22　成数再保险的 Risk Tower

其中，A 公司的自留保险责任为黄色 Retained 部分，分出到 B 公司的保险责任为蓝色 Ceded 部分。A 公司可以先利用中国地震巨灾模型进行风险分析，再通过再保分析功能设计成数再保合同结构进行分析，输出的结果中包含模型各个层的参数和年均损失、起赔概率和 LOL（Loss on Line）、事件损失数据表 ELT 和超越概率 EP。

如 ELT（表 5-2）所示，“Event ID”代表 100000 年的地震每一次发生的编号，“GuLoss”为事故总损失，“GrLoss”为考虑了保单免赔额、限额后的事故毛损失，“Recovery”为再保人（B 公司）的净损失，“NetLoss”为 A 公司的净损失。

$$\text{Recovery} = \min(\text{LossIn} \times 40\%, 600000) \tag{5-16}$$

$$\text{NetLoss} = \text{GrLoss} - \text{Recovery} \tag{5-17}$$

如EP（表5－3）所示，"年度总损失""年度毛损失""事故总损失""事故毛损失"均为原始风险暴露在相应回归期的地震事故损失大小。"事故净损失"和"年度净损失"为分出公司（A公司）在相应回归期的地震事件的净损失，"事故分出损失"和"年度分出损失"为再保人（B公司）在相应回归期的地震事件的净损失。

表5－2　成数再保险模型的ELT示例

Event ID	GuLoss/元	GrLoss/元	Recovery/元	NetLoss/元
1	4468	4468	1787	2681
2	41087	41087	16435	24652
3	359422	359422	143769	215653
4	1631019	1631019	600000	1031019
5	1067192	1067192	426879	640313
…	…	…	…	…

表5－3　成数再保险模型的EP示例

回归期	超越概率	年度总损失/元	年度毛损失/元	事故总损失/元	事故毛损失/元	事故净损失/元	事故分出损失/元	年度净损失/元	年度分出损失/元
5	0.2	0	0	0	0	0	0	0	0
10	0.1	0	0	0	0	0	0	0	0
20	0.05	0	0	0	0	0	0	0	0
50	0.02	4468.8	4468.8	4468.3	4468.3	2681.0	1787.3	2681.3	1787.5
100	0.01	34676.9	34676.9	34485.3	34485.3	20691.2	13794.1	20806.2	13870.8
200	0.005	113439.6	113439.6	113354.8	113354.8	68012.9	45341.9	68063.7	45375.8
…	…	…	…	…	…	…	…	…	…

2）溢额再保险

假设A公司承保不同风险的保单，与再保险人签订溢额再保险合同，A公司的自留额为500000元，分保限额为4线即2000000元，总的承保能力为2500000元，其合同项下的保单保险责任及责任分配见表5－4。

表5－4　溢额再保险的责任分配

保单	总保额/元	自留额/元	溢额分保额/元	分保比例
A	500000	500000	0	0%
B	1000000	500000	500000	50%
C	2000000	500000	1500000	75%
D	2500000	500000	2000000	80%

A公司作为分出公司的溢额再保险合同设计如图5－23所示。

在设计溢额再保险模型时，首先需要分析各个保单在输入模板"共保份额"列中填写再保险合同对应的不同分保比例，再通过模型的风险分析，得到分出公司或分入公司的损失分析。

如A公司作为分出公司，合同包含四个风险暴露单位，对于每一个风险暴露单位，A公司的自留比例都不同，需要预先计算好分保比例。预先计算分保比例的公式：

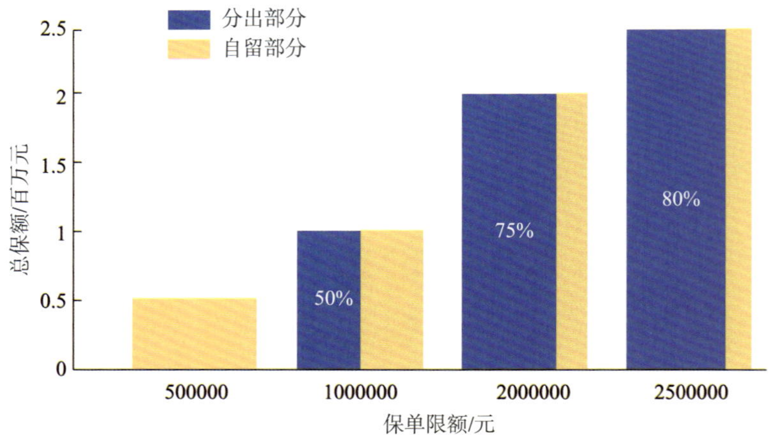

图 5－23　溢额再保险的 Risk Tower

$$分保比例=分出金额/(分出金额+原保险人自留额) \tag{5-18}$$

当原保单限额大于分出金额和原保险人自留额时，超出的部分仍由分出公司承担。

分入再保险公司在计算时分保比例的计算公式做调整即可：

$$分保比例=原保险人自留额/(分出金额+原保险人自留额) \tag{5-19}$$

通过模型分析，我们可得到分出公司和分入公司 100000 年的事件损失数据表 ELT（表 5－5、表 5－6）。

表 5－5　分出公司的 ELT 示例

Event ID	Year	GuLoss/元	GrLoss/元
1	1	1602. 27	320. 45
2	5	24129. 60	12064. 80
3	20	756. 35	380. 53
4	50	1348. 92	674. 46
5	100	1756. 46	384. 86
6	200	30233. 27	6152. 86
…	…	…	…

表 5－6　分入公司的 ELT 示例

Event ID	Year	GuLoss/元	GrLoss/元
1	1	1602. 27	1281. 82
2	5	24129. 6	12064. 8
3	20	751. 63	375. 82
4	50	1348. 92	674. 46
5	100	1756. 46	1371. 6
6	200	30233. 27	24080. 41
…	…	…	…

如 ELT（表 5－5）所示，“Event ID” 代表 100000 年的地震每一次发生的编号，“Year” 代表每一次地震损失模拟发生的年份，“GuLoss” 为事故总损失，“GrLoss” 为考虑了保单免赔额、限额

后的事故毛损失，在溢额再保险中对应保单分出人和分入人承担的，根据合同分保比例计算的相应比例的损失责任。

如 EP（表5-7）所示，“年度总损失”“年度毛损失”“事故总损失”“事故毛损失” 均为原始风险暴露在相应回归期的地震事故损失大小。“事故净损失” 和 “年度净损失” 为分出公司或分入公司（取决于用户视角和其对应的共保比例选择）在相应回归期的地震事件的净损失。

表5-7 溢额再保险模型的 EP 示例

回归期	超越概率	年度总损失/元	年度毛损失/元	事故总损失/元	事故毛损失/元
5	0.2	0	0	0	0
10	0.1	0	0	0	0
20	0.05	0	0	0	0
50	0.02	4021.92	4021.92	4021.47	4021.47
100	0.01	30168.903	30168.903	29657.358	29657.358
200	0.005	79407.72	79407.72	74814.168	74814.168
…	…	…	…	…	…

3）超额赔款再保险

某保险公司 A 与再保险公司签订一份超额赔款再保险合同，A 公司作为原保单持有人，保单限额为 2000000 元。以下是一个分为两层的超额赔款再保险合同。

第一层：超过 500000 元的 500000 元（A 公司自留 500000 元），简写为 500000xs500000，复效数不限，分出给再保人 B 公司。

第二层：超过 1000000 元的 500000 元（以第一层为基础），简写为 500000xs1000000，复效数不限，分出给再保人 C 公司。

A 公司作为分出公司，其再保险合同设计见图5-24。

其中，A 公司的自留保险责任为 Retained 部分，分出到 B 公司和 C 公司的保险责任为 Ceded 部分。对于给 B 公司分保的部分，免赔额为 500000 元，事故限额 500000 元，复效数根据实际合同确定为默认的极大值。

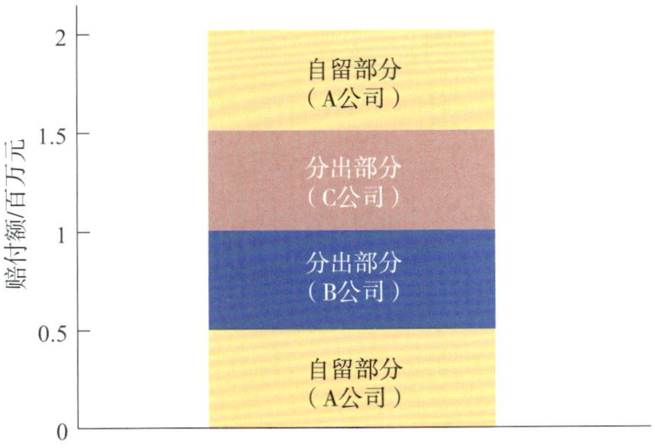

图5-24 超额赔款再保险的 Risk Tower

首先应对该 A 公司所有保单的地震风险进行分析。再通过再保分析，将 B 公司的分保参数设置为：免赔额 500000 元，事故限额 500000 元。将 C 公司的分保参数设置为：免赔额 1000000 元，事故限额 500000 元。

通过中国地震巨灾模型的风险分析和再保分析，可以得到各个分保各个层的参数和年均损失、起赔概率和 LOL（Loss on Line）。

可以得到 B 公司和 C 公司分出层 100000 年的事件损失数据表 ELT。

$$\text{Recovery}_B = \max[0,\min(\text{Lossin} - 500000,500000)] \tag{5-20}$$

$$\text{Recovery}_C = \max[0,\min(\text{Lossin} - 1000000,500000)] \tag{5-21}$$

如 ELT（表5-8）所示，“Event ID” 代表 100000 年的地震每一次发生的编号，“GuLoss” 为事故总损失，“GrLoss” 为考虑了保单免赔额、限额后的事故毛损失，“Recovery” 为再保人 B 公司和 C 公司的净损失之和，“NetLoss” 为 A 公司的净损失。

$$\text{Recovery} = \text{Recovery}_B + \text{Recovery}_C \tag{5-22}$$

$$\text{NetLoss} = \text{GrLoss} - \text{Recovery} \tag{5-23}$$

如 EP（表 5－9）所示，“年度总损失”“年度毛损失”“事故总损失”“事故毛损失” 均为原始风险暴露在相应回归期的地震事故损失大小。“事故净损失” 和 “年度净损失” 为 A 公司在相应回归期的地震事件的净损失，“事故分出损失” 和 “年度分出损失” 为再保人 B 公司和 C 公司在相应回归期的地震事件的净损失之和。

表 5－8　超赔再保险模型的 ELT，以 B 公司为例

Event ID	GuLoss/元	GrLoss/元	Recovery/元	NetLoss/元
1	4468	4468	0	4468
2	41087	41087	0	41087
3	556800	556800	56800	500000
4	1631019	1631019	1000000	631019
5	1067192	1067192	567192	500000
…	…	…	…	…

表 5－9　超赔再保险模型的 EP

回归期	超越概率	年度总损失/元	年度毛损失/元	事故总损失/元	事故毛损失/元	事故净损失/元	事故分出损失/元	年度净损失/元	年度分出损失/元
5	0.2	0	0	0	0	0	0	0	0
10	0.1	0	0	0	0	0	0	0	0
20	0.05	0	0	0	0	0	0	0	0
50	0.02	4468.78	4468.78	4468.33	4468.33	4468.33	0	4468.78	0
100	0.01	34676.95	34676.95	34485.30	34485.30	34485.30	0	34676.95	0
200	0.005	113439.58	113439.58	113354.85	113354.85	113354.85	0	113439.58	0
…	…	…	…	…	…	…	…	…	…

参 考 文 献

卢易，李健，王剑英，等，2017. 拉丁超立方抽样在传染性疾病风险分析中的应用. 计算机与应用化学，34（03）：177－182.

王浩，闫超，2013. 地震灾害保险的特征与作用分析. 中国减灾，15：24－25.

王和，2008. 我国地震保险方案研究. 保险研究，6：15－18.

左惠强，1998. 地震保险损失预测方法. 北京：中国地震局地球物理研究所.

顾渝，2002. 比例再保险与非比例再保险的对比研究. 北京：对外经济贸易大学.

戴凤举，2004. 中国再保险市场发展与风险管理. 中国金融家，6：43－44.

第 6 章　中国地震巨灾模型系统集成

前面几章已经讲到，中国地震巨灾模型主要由地震危险性模块、工程易损性模块、风险暴露模块和金融模块构成。本章将介绍如何将各个独立的模块集成为可运行的系统，系统通过交互界面向用户提供地震巨灾模型的相关功能。

中国地震巨灾模型系统需要集成地震危险性模块、工程易损性模块、风险暴露模块和金融模块四大模块，不仅面临计算量大、数据结构复杂等问题，还需要考虑系统的可扩展性。系统采用分层技术架构，通过研发高性能的模型算法，引入云计算技术，搭建了支持多租户的高性能 SaaS 云平台。

6.1　系统集成定位和原则

6.1.1　集成定位

根据地震巨灾保险损失评估的业务需求，中国地震巨灾模型系统集成了地震危险性模块、工程易损性模块、风险暴露模块、金融模块，通过友好的交互界面向用户提供地震风险分析的相关功能。其中，地震危险性模块包括地震随机事件集模块和地震动强度计算模块。地震随机事件集模块通过蒙特卡洛抽样方法对地震活动性参数统计模型进行大量的随机抽样，产生大量地震随机事件，用以弥补历史地震记录缺乏的缺陷。而地震动强度计算模块则是结合区域性地震动衰减关系及场地条件，模拟影响到建筑物的地面地震动强度，然后使用工程易损性模块的易损性曲线来计算建筑结构、室内财产及商业中断的财产损失。工程易损性模块主要采用震害资料经验法和工程解析法来开发建筑结构、室内财产及商业中断等风险暴露的地震易损性曲线。金融模块则是用保险和再保险条款计算出被保人、直保公司和再保公司所受的保险损失。地震对风险暴露（建筑物）的影响与地震源和建筑物之间的距离，建筑物结构、建筑年代、高度等有直接关系，风险暴露模块则是处理风险暴露数据的模块，包括地址解析、结构分类、聚合数据拆分等。系统基于 B/S 架构，通过应用高性能计算、GIS 可视化、云计算等技术，为政府部门、企事业单位、金融保险行业提供多租户的高性能地震灾害风险管理工具和量化评估工具。

6.1.2　集成原则

为确保系统稳定、可用及可持续升级，在系统集成过程中应遵循标准化原则、成熟性原则、松耦合原则、稳健性原则等。比如，遵循松耦合原则的中国地震巨灾模型系统的各个模块能独立升级更新而不影响整个系统，系统各个模块能单独应用到不同的场景下。

1）标准化原则

中国地震巨灾模型系统的设计严格执行国家有关软件工程和行业标准，保证系统质量，提供完整、准确、详细的开发文档。系统建设中充分考虑了标准化原则，支持通过软件接口进行系统对接与功能扩展，也支持通过虚拟化技术进行计算资源的动态管理，在结构上实现真正开放。平台支持多种遵循国际标准的系统环境，以便于与其他网络系统的互联和扩展，同时易于实现向今后的先进技术进行迁移，其综合反映在可移植性、互操作性、系统独立性和集成性。

2）成熟性原则

中国地震巨灾模型系统采用国际主流、成熟的体系架构来构建，实现跨平台的应用。确保系统符合信息化技术发展的趋势，具有明显的技术先进性，以保证系统具有较强的生命力和扩展能力。

3）稳健性原则

中国地震巨灾模型系统保证应用系统方案可靠、稳定、安全。系统可保证连续稳定运行，并且有足够的安全措施，避免敏感信息受到破坏。对信息访问与使用进行严格的权限管理，确保整个系统的安全可靠。

4）松耦合原则

中国地震巨灾模型系统为适应将来的发展，特别进行了松耦合设计，通过建立交换规范、数据标准将系统分割为独立的模块，比如通过灾害强度数据的标准化，保证地震危险性模块的可扩展性，可集成台风、洪涝等灾害的模拟结果进行损失评估。

6.2 系统集成框架和技术实现方法

6.2.1 系统集成框架设计

6.2.1.1 框架分层

中国地震巨灾模型系统的技术架构包括展现层、服务层、数据层、算力层与基础设施层，见图6－1。

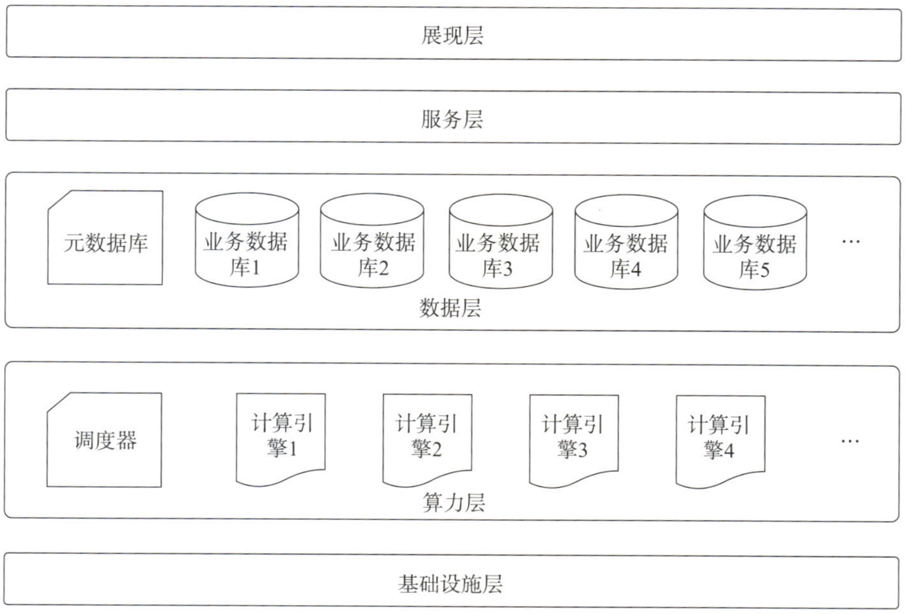

图6－1 中国地震巨灾模型系统技术架构

1）展现层

根据多租户、多用户弹性计算的业务需求，采用 B/S 架构构建中国地震巨灾模型系统。采用前后端分离的架构思想，使用基于 HTTP/HTTPS 协议的 API（Application Programming Interface，应用程序接口）将展现层、服务层分离。展现层基于 SPA（Single Page Web Application，单页面应用）架构，使用主流的“H5 + JavaScript”技术与 WebGL 等 GIS 可视化技术构建交互友好的用户界面。展现层为用户提供高效的风险暴露上传接口、风险暴露数据可视化展示界面、地震保险损失评估模式选择界面、地震保险损失评估参数设置界面、地震保险损失评估结果展示界面、风险累积和保险方案设计界面等。

2）服务层

服务层提供使用模型的 API 接口，展现层、用户、其他系统或者应用可通过服务层提供的 API 接口来调用模型功能。服务层接收 API 的请求，与数据层、算力层进行交互。服务层采用易于扩展的微服务架构，可通过容器技术或者虚拟化技术实现资源弹性伸缩与负载均衡。

3）数据层

根据高性能计算及多租户的需求，数据层需支持引擎的高性能计算，保证用户数据安全及数据库的横向扩展。系统以业务（即风险暴露数据）为单元进行管理，使用虚拟化、分库分表等方法达到数据隔离与数据库横向扩展的目的。

数据层包括元数据库与业务数据库。元数据库用于存储业务数据的管理信息，包括数据库地址、配置信息等。数据层有若干业务数据库，业务数据库间相互隔离，当用户上传风险暴露数据时，系统会根据元数据库的配置信息，在指定的服务器节点上创建数据库实例作为业务数据库，用于存储风险暴露数据。系统根据多个数据库服务器节点的负载与存储情况，可调整业务数据库的创建策略，实现数据库的负载均衡，从而避免访问集中于单个服务器节点造成卡顿与其他服务器节点的资源浪费。

4）算力层

算力层为系统提供地震保险损失评估分析的算力，包括调度器与计算引擎。云计算技术（包括虚拟化、容器化技术等）的弹性伸缩通常基于 CPU 或者内存的使用率来调整服务器资源。地震保险损失评估涉及大量科学事件集的损失分析计算，属于 CPU 密集型计算场景，一旦开始计算，则必须极大程度利用 CPU 与内存资源，这与传统的 SaaS 应用场景不同。同时基于多租户的地震保险损失评估系统，要求用户间对计算资源的使用不能相互影响，用户须有独享的使用体验，系统需采用更先进的方法来设计调度器的资源分配逻辑。

在中国地震巨灾模型系统中，调度器将不同用户提交的任务赋予不同优先级，并提交到任务队列，分别分配计算引擎。调度器维护一套可配置的计算引擎调度策略，并根据该策略利用虚拟化技术、容器技术来管理计算节点。调度器可根据配置的调度策略，维护多个不同的任务队列，实现不同性能计算资源的调配，满足客户对算力的个性化需求。计算引擎实现了系统的核心算法，集成了地震危险性模块、工程易损性模块、风险暴露模块、金融模块，并将计算结果保存到风险暴露数据对应的业务数据库中。

6.2.1.2　模块集成

中国地震巨灾模型系统集成了四大模块：地震危险性模块、工程易损性模块、风险暴露模块、金融模块，如图 6－2 所示。风险暴露模块用于解析、存储用户上传的风险暴露数据；地震危险性模块用于计算风险暴露所在位置的地震动强度；工程易损性模块用于计算风险暴露在特定强度的地震动下的损坏情况；金融模块用于计算风险暴露的经济、保险损失。

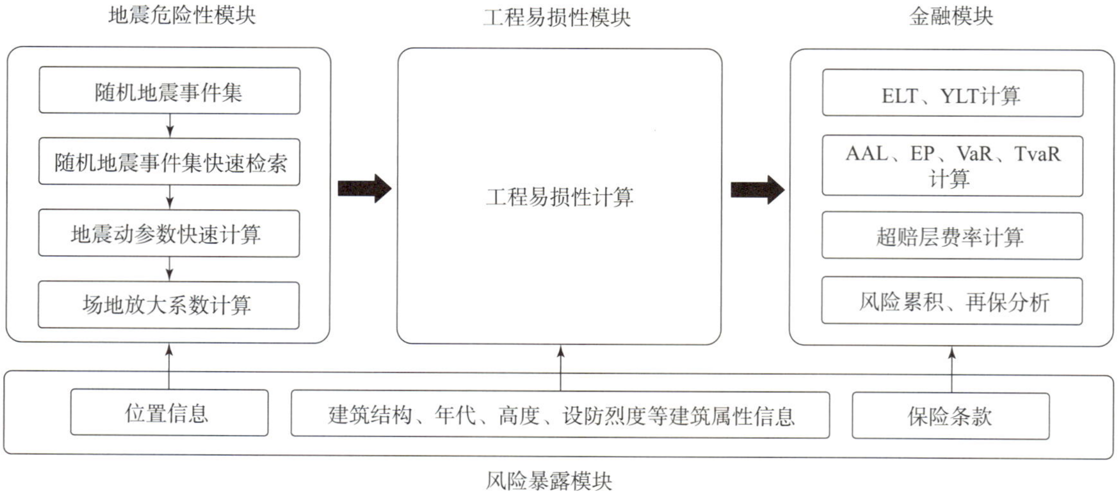

图 6－2　中国地震巨灾模型系统业务架构示意图

1）风险暴露模块

风险暴露模块包含三类风险暴露数据。

①用户上传的需进行地震风险评估的详细风险暴露数据（Detailed Exposure Data，DED，详见"附录　术语"），包括保单、标的、保险责任等信息。

②用户上传的需进行地震风险评估的汇总风险暴露数据（Aggregate Exposure Data，AED，详见"附录　术语"），包括风险暴露所在区域及该区域汇总的保额、限额、免赔额等信息。

③系统内置的行业风险暴露数据，该数据包括不同功能用途信息（住宅、商业、工业等）、不同建筑结构等风险暴露的位置、建筑重置价值等信息。系统内置的行业风险暴露数据主要用于：a. 评估行业的经济、保险损失；b. 当用户只能提供汇总风险暴露数据（AED）时，用于预测汇总风险暴露数据的标的位置、建筑属性、保险额度等，从而进行地震风险评估。

2）地震危险性模块

地震危险性模块用于计算风险暴露所在位置的地震动强度。该模块包括随机地震事件集数据和场地类型数据、随机地震事件集快速检索算法、地震动参数衰减关系算法。地震危险性模块根据用户上传的风险暴露的位置信息，使用随机地震事件集检索算法，从随机地震事件集数据中筛选出对风险暴露有潜在影响的随机地震事件数据，通过地震动参数衰减关系算法分别计算地震事件在风险暴露所在位置造成的地震动强度，最后还需计算地震事件余震的地震动强度、地震导致的滑坡、场地条件的影响。

3）工程易损性模块

工程易损性模块用于确定风险暴露在地震灾害中遭受的平均损失率，主要由风险暴露的易损性曲线、易损性曲线检索器两部分组成。易损性曲线反映了不同建筑属性的风险暴露在不同的地震动强度下的平均损失率（Mean Damage Ratio，MDR）及其不确定性（Uncertainty）。首先，集成工程易损性模块中的易损性曲线集，然后利用易损性检索器，根据风险暴露的各建筑属性取值，匹配和检索对应曲线，最后根据地震危险性模块计算的地震动强度进行损失计算。

4）金融模块

金融模块根据工程易损性模块输出的损失率及风险暴露的（再）保险条款，计算风险暴露（承保标的）受特定地震事件影响产生的损失，主要包括地震造成的实际经济损失［又称为总损失（Ground-up Loss，GuLoss）］，以及考虑保险条款限制（如免赔额和限额）的保险损失［又称为毛损失（Gross Loss，GrLoss）］。

随机地震事件集中的每个事件均可能会对风险暴露造成损失，将随机地震事件集中对风险暴露造成了损失的地震事件汇总起来，得到事件损失表（Event Loss Table，ELT）。在此基础上对事件损失表中同一年的损失进行汇总，得到年损失表（Year Loss Table，YLT）。事件损失表和年损失表是系统的基本输出结果，通过事件损失表计算出年均损失（Average Annual Loss，AAL）、损失标准差（Standard Deviation，SD）、纯风险费率（Rate on Line，ROL）、超越概率曲线（Exceedance Probability Curve，EP Curve）、各回归周期的在险价值（Value at Risk，VaR）、各分位数的尾部在险价值（Tail Value at Risk，TVaR）等。

6.2.1.3　功能框架

为满足地震巨灾保险费率厘定的需求，中国地震巨灾模型系统提供了风险暴露处理功能模块、地震保险损失评估功能模块、损失结果汇总功能模块、费率厘定功能模块，云平台功能架构如图 6－3 所示。

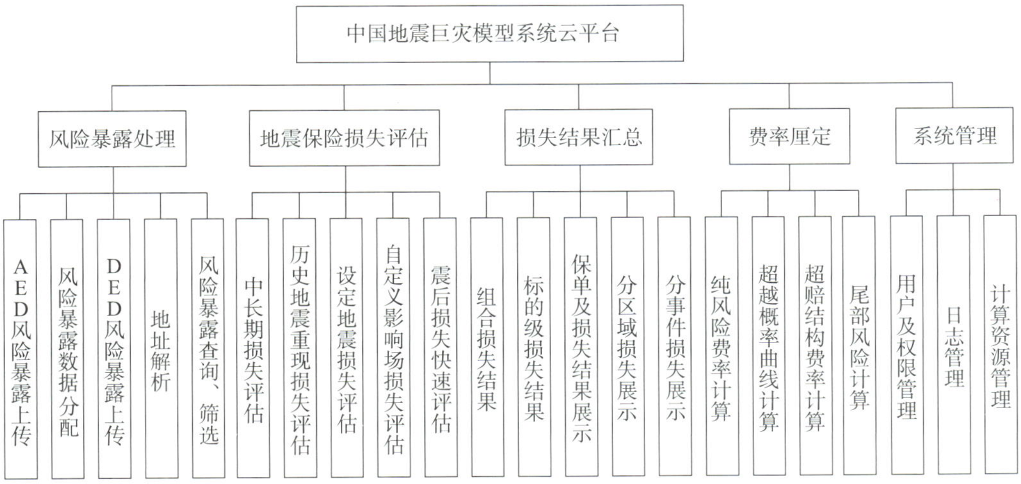

图 6－3　中国地震巨灾模型系统云平台功能架构

风险暴露处理功能模块通过可视化的交互界面与 API 接口，为用户提供风险暴露上传的接口。用户通过该接口将待评估的风险暴露上传到平台，同时平台对风险暴露进行预处理，包括地址解析、归一化、汇总风险暴露数据的拆分等。

地震保险损失评估功能模块可进行中长期损失评估、历史地震重现损失评估、设定地震损失评估、自定义影响场损失评估等，可为用户提供多种损失评估模式，如图 6－4 所示。

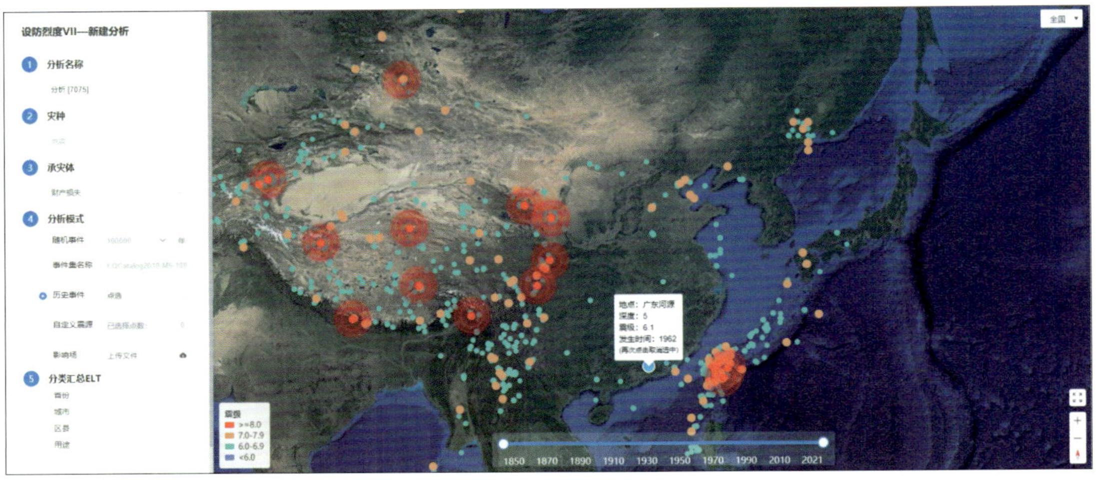

图 6－4　多种损失评估模式

损失结果汇总功能模块将系统的计算结果按照保单、区域、事件等多维度进行汇总计算，向用户提供多维度的结果分析，同时通过 WebGL 等 GIS 可视化渲染技术进行展示，如图 6－5 所示。

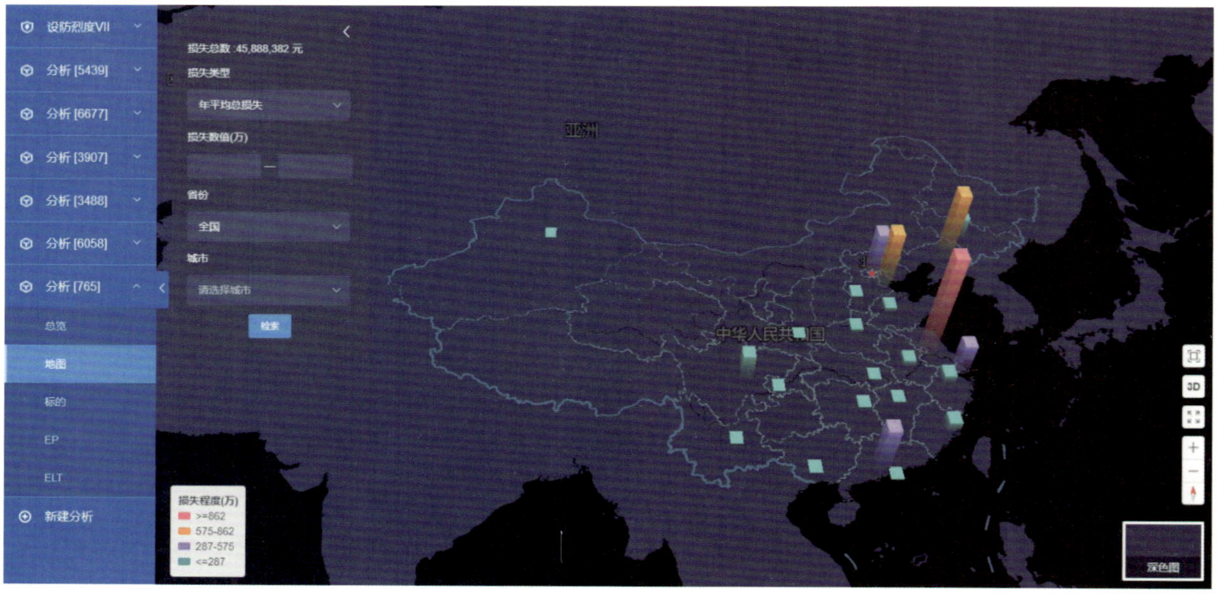

图 6－5　损失结果汇总及展示

费率厘定功能模块在系统计算结果的基础上用于纯风险费率、超越概率曲线、超赔合约费率的计算，以列表和图形展示不同形式的超越概率曲线，用户可对损失结果进行深入分析。费率厘定模块如图 6－6 所示。

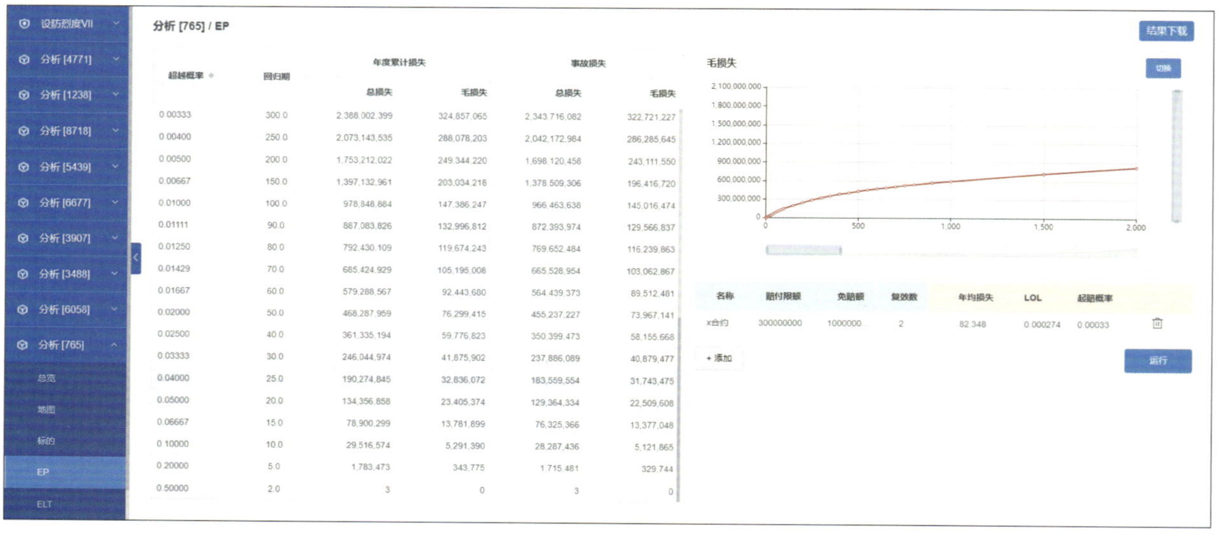

图 6－6　费率厘定模块

6.2.2　技术实现方法

1）云计算和并行计算

传统的地震风险评估软件或巨灾模型常以软件授权的方式交付用户。基于软件授权的单机模式在软件使用率低时无法及时释放计算资源，导致计算资源的浪费，而业务集中，需大量使用时又无法动态增加计算资源，无法满足地震巨灾模型的使用需求。云计算技术可通过虚拟化技术合理管理计算资源，突破传统单机模式的局限性。综合分析国内外地震巨灾风险评估的需求后，中国地震巨灾模型在技术实现方法上，基于云计算技术，以风险暴露为单元进行数据与计算资源的管理，实现了多租户的 SaaS 云平台。根据用户提交的任务优先级、数量，动态增加或销毁计算节点，满足用户不同的算力需求。

除此之外，系统还针对地震损失评估的特点进行了算法优化。比如，评估中长期地震造成的损失情况，往往需要模拟上千万个地震事件集，根据地震强度不同，计算的地震影响场范围从几千平方千米到几万平方千米不等。传统的等面积（或等经纬度）地震影响场格网需要占用巨大的存储空间，模拟 100 万年的事件集一般需要占用 TB 级的存储空间。鉴于地震影响场呈指数衰减，越接近震中，影响场数值误差越大，而距离震中远的格网，其数据数值非常接近，因此，系统针对地震衰减及影响场分布特征，使用一种考虑环状分布的空间格网的数据结构及其快速检索的方法，既提高了数据精度，又极大幅度减小了存储空间。针对地震事件分布于全国各地，且其震中位置、震级及影响范围不同的特征，根据局部性原理，系统根据地震事件的空间位置来组织数据的存储，并通过创建空间索引来快速检索地震事件，快速筛选出对标的可能有影响的地震事件。

2）多元数据融合计算

中国地震巨灾模型系统为计算风险暴露的经济损失和保险损失，需要集成地震危险性模块、工程易损性模块、风险暴露模块、金融模块的算法与相关数据，其中涉及地震带数据、随机事件集数据、场地条件数据、地形放大系数数据、地形数据、建筑物灾损资料、统计年鉴数据、建筑轮廓数据、POI 数据、人口密度数据、灯光数据、手机信令数据、城乡空间分布等多元数据。面对如此大量且异构的数据，系统需要有针对性地进行融合计算，如：①针对地震随机事件、地形放大系数、场地条件、地形数据等，根据其空间关系，构建统一数据访问接口层，为快速计算地震动强度提供基础；②基于统计年鉴数据、建筑轮廓数据、POI 数据、人口密度数据、灯光数据、手机信令数据、城乡空间分布等，应用机器学习等方法，融合计算得到反映社会可保商业、工业、住宅建筑造价及其空间分布的一套行业数据。系统集成行业数据，对再保险业务中常出现的聚合风险暴露数据进行标的位置、结构类型、建筑年代、高度等信息的预测。

6.2.3　部署方案

中国地震巨灾模型系统采用多种部署方式，支持本地部署和云端部署。云端部署的系统可为用户提供多租户的高性能地震巨灾模型 SaaS（Software as a Service，软件即服务）云平台。云平台采用基于数据隔离方案的多租户模式，保证用户数据安全；基于弹性伸缩与高性能的计算引擎，为用户快速提供地震风险评估服务。本地部署可将系统部署在客户内网环境，通过物理隔绝来规避数据风险，并可通过系统开放的 API 与客户业务系统实现对接，实现业务全流程的自动化。

6.3　数据集成框架和数据应用管理

6.3.1　数据集成框架设计

中国地震巨灾模型系统对风险暴露进行损失评估、费率厘定时需要快速读取地震危险性模块、工程易损性模块、风险暴露模块的大量数据，并通过金融模块生成各类结果数据。这些数据具有多源异构、量大繁杂的特点，使用单一数据库软件，难以进行集成，难以支撑系统的高性能损失评估。在集成数据时，需考虑地震巨灾模型系统的业务需求，同时还需满足系统的高扩展性、灵活性及模型计算的高性能。

1）数据框架分层

中国地震巨灾模型系统数据集成分为数据采集层、数据处理层、数据聚合层、数据应用层。

数据采集层：即数据获取层，获取的数据主要包括批量数据、实时数据两类。批量数据包括地震危险性模块的随机事件集、场地土、地形放大系数、高程数据、土地利用数据、临界加速度数据等，工程易损性模块的各类资产易损性曲线数据、历史灾损数据、实验数据等，风险暴露模块的卫星遥感、POI、社会经济活动数据等。实时数据包括系统日志数据、锚点数据、对接台网中心的实时地震数据、通过 API 对接的风险暴露数据与合约数据等。其体量大，来源复杂，包括了结构化数据（Structured Data）、半结构化数据（Semi - structured Data），也包括非结构化数据（Unstructured Data）。

数据处理层：将采集层中来源不同、结构不一致的各类数据进行标准化处理，通过设计一定的算法与机器学习模型，对源数据进行清洗与深加工，形成一致、完整、可直接使用的基础数据。如风险暴露数据中 POI 数据的计算与检验、卫星遥感数据的解译，解决了原始数据存在的大量数据冗余和数值空缺。

数据聚合层：包括数据整合和数据分析，也是数据框架的输出层，对处理后的数据进行聚集和细化。数据聚集是由多个较高精度的局部数据，通过各局域中的数据融合，提取其主要特征，并获得较低精度的全局数据的方式。数据细化指通过一定精度的数据获取精度较高数据，并运用机器学习算法对数据进行聚类/分类分析，实现该过程的主要途径有时空转换、相关分析。

数据应用层：将准备好的数据通过平台接口为中国地震巨灾模型提供数据支撑。支撑巨灾模型高性能计算的同时，通过 GIS 可视化在地图上展示各类灾害数据、风险暴露数据、分析结果数据。

2）数据标准

在地震巨灾损失评估过程中，系统会调用大量的基础源数据，包括地震危险性模块数据、工程易损性模块数据、风险暴露模块数据、金融模块数据。其数据类型包括矢量数据、栅格数据、表格数据、二进制数据等。为提高系统普适性，便于系统的推广，降低用户学习成本，需要规范相关数据标准。系统为用户提供了开放式巨灾风险数据标准，为用户的巨灾风险管理提供重要依据，实现风险数据的互通，提升行业数据的可用性，增强数据收集的透明度。

在地震危险性模块数据中，随机地震事件集是计算地震动影响场的主要输入，在地震巨灾模型中具有举足轻重的作用。其覆盖了中国及周缘地区 5.0 级以上 100 万年的地震事件集，主要参数有时间、位置（经度、纬度）、震级（面波震级和矩震级）、断层破裂方向、断层破裂长宽、衰减分区、所处地震带、所处潜在震源区等。随机事件集数据结构见表 6 - 1。

表 6 - 1　100 万年 5 级随机事件集数据结构

字段名	字段类型	非空	主键	含义
Trial	Big Int	是	是	主键
Lon	Double	否		经度
Lat	Double	否		纬度
Azimuth	Integer	否		走向
Type	Integer	否		类型
Mag	Double	否		地面震级
Region	Integer	否		地震带分区
Depth	Integer	否		深度

在工程易损性模块数据中，承灾体易损性曲线是中国地震巨灾模型系统估算损失时的重要基础数据。易损性曲线数据在考虑建筑类型、建筑结构、建筑年代、建筑高度等各类建筑属性信息的同时，还需要考虑在建工程、室内财产、商业中断等易损性曲线类型，并以数据表的形式存储各类型建筑的平均损失率（MDR）及其变异系数（CoV）。某类型建筑结构易损性曲线数据结构见表 6－2。

表 6－2　某类型建筑结构易损性曲线数据结构

字段名	字段类型	小数位数	非空	含义
PGA	Double	2	是	地震动峰值加速度 PGA
MDR	Double	4	是	平均损失率
CoV	Double	4	是	变异系数

在风险暴露模块数据中，风险暴露数据可分为行业风险暴露数据与用户风险暴露数据两类。行业风险暴露数据主要反映社会可保的各类建筑的重置价值及其空间分布，可用于预测汇总保单数据中各标的的建筑类型、位置等信息，进而评估其风险，也可以用于评估或预测灾害对行业造成的损失。表 6－3 为行业风险暴露数据库数据结构。

表 6－3　行业风险暴露数据库数据结构

字段名	字段类型	非空	含义
Fid	Integer	是	编号
Lat	Double	是	纬度
Lon	Double	是	经度
County Code	Text	是	县行政编码
County Name	Text	是	县名
City Code	Text	是	市行政编码
City Name	Text	是	市名
Province Code	Text	是	省行政编码
Province Name	Text	是	省名
Com Area	Double	否	商业建筑面积
Ind Area	Double	否	工业建筑面积
Res Area	Double	否	住宅建筑面积
Com Value	Double	否	商业建筑重置价值
Ind Value	Double	否	工业建筑重置价值
Res Value	Double	否	住宅建筑重置价值

用户风险暴露数据是客户自有的资产信息，上传系统后，可进行风险分析。根据数据精度的不同，其可分为汇总风险暴露数据（AED）和详细风险暴露数据（DED）两种。

在金融模块中可输出保险损失分析结果，包括年均损失（Average Annual Loss，AAL）、损失超越概率（Loss Exceedance Probability，EP）等。表 6－4 为 EP 准数据结构。

表 6-4 EP 准数据结构

字段名	字段类型	非空	含义
RP	Double	否	重现周期
GUOEP	Double	否	事件损失超越概率
GROEP	Double	否	事件毛损失超越概率
GUAEP	Double	否	年损失超越概率
GRAEP	Double	否	毛损失超越概率

6.3.2 数据应用管理

1）数据质量管理

地震巨灾模型系统处理的最常见的数据问题是数据质量问题。如上面所述，模型数据来源广、类型杂、数据量大，因此在模型的建设和使用中，我们所期待的数据质量和数据的真实情况间往往存在着鸿沟——数据中存在大量的空白字段、数值缺省、格式与缩写不一致、重复记录、无效样式等等差异问题。系统使用以下四个关键的指标来衡量和评估数据质量。

完整性：指数据记录的信息是否完整，是否有缺失的情况，如缺少工程易损性对应的建筑价值、建筑结构或设防烈度等信息，则难以模拟计算出地震事件中的保险损失。

真实性：指数据遵循客观事实的程度。

准确性：指数据的精确性和可靠性。

一致性：不同的数据集中相同数据或字段是否具有相同的值。

2）数据版本管理

系统开发管理往往涉及版本号的管理与控制，其实对于数据而言，版本管理仍然至关重要。随着各行业科技水平的发展，关于地震灾害、工程易损性等的研究将越来越精细，越来越符合客观事实，系统需要不断集成各行各业的最新研究成果，同时地震巨灾模型的构建与使用过程中，往往会产生许多数据衍生品及中间版本。为了保证模型前后版本的可解释性、兼容性，避免不同版本的混乱，降低维护成本，模型研究、系统开发的整个生命周期都需要严格实行数据版本管理。数据版本管理也是地震巨灾模型对外开放、跨界合作的基础。

第7章 应用案例

中国地震巨灾模型发布后，在保险行业、应急管理行业等多个领域取得了应用。为了让读者了解“地震巨灾模型能做什么”，我们编写了第7章。本章首先对地震巨灾模型的典型应用场景进行了总结，然后详细介绍了地震巨灾模型在保险行业和地震行业的若干实际应用案例。保险行业利用中国地震巨灾模型制作了地震纯风险损失率区划、云南玉溪地震巨灾保险产品方案设计，开发了震后损失快速评估系统。应急管理行业应用方面，2021—2030年全国地震重点监视防御区确定过程中，中国地震局选用了中国地震巨灾模型作为参考。希望上述应用案例可以为读者带来应用方面的启迪。

中国地震巨灾模型是集成了地震危险性模块、工程易损性模块、风险暴露模块、高性能地震保险损失分析平台等方面创新性成果而形成的综合性灾害模型。该模型对于学术研究有较高应用价值，可供大专院校和科研机构开展科学研究使用；具有的地震危险性与地震破坏模拟计算功能，可帮助政府机关摸清地震灾害风险隐患底数，依此开展地震灾害防治和应急管理工作，提升全社会抵御地震灾害的综合能力；为保险行业提供了权威、准确、易用的地震风险评估工具，提供空间分辨率达到公里格网级的差异化定价能力，让区域风险更加透明，为保险企业开展地震保险产品差异化定价、风险累积计算和资本金准备提供了重要的评估工具。该模型发布后，迅速在学术界、政府和保险业内得到了推广应用，本章将介绍该模型部分应用案例。其中，7.1节介绍了地震巨灾模型在保险行业和资本市场常见的应用方式，7.2节和7.3节具体介绍了地震巨灾模型在保险行业的两种操作实务，7.4~7.6节介绍了地震巨灾模型在不同行业应用的3个具体案例，供读者借鉴参考。

7.1 地震巨灾模型应用概述

7.1.1 地震巨灾模型在保险公司中的应用场景

地震巨灾模型的基本能力是量化风险，在地震巨灾模型诞生之初，多被应用于巨灾风险在再保分出过程中的风险量化评估。随着地震巨灾模型在保险行业中的普及和应用，现今已被广泛应用于直保、再保、经纪人、巨灾债券、咨询和政府管理等多个领域的日常风险管理流程中。由于每个领域侧重点、使用人、商业目的和商业模式不同，地震巨灾模型的应用场景和所需的输出结果也有所不同。一方面，同一类型的地震巨灾模型结果在不同应用场景下的使用方式不同，如年均损失的结果在承保端可以用于风险筛选，而同一结果在风控端可用于累积管理；另一方面，不同领域中地震巨灾模型的应用场景也有所不同，如直接面对地震巨灾风险的直保和再保公司倾向于将地震巨灾模型应用在承保、理赔和风险管理的各个工作流程中，而监管机构仅利用地震巨灾模型制作评估保险公司资金充足程度的工具。

在直保承保定价过程中，地震巨灾模型可以量化风险暴露潜在的风险，成为支撑承保决策的工具。虽然目前地震巨灾模型尚不能取代承保流程或承保人的判断，但是可以提供更丰富的风险信息。在再保承保定价过程中，地震巨灾模型不仅可以帮助承保人理解客户公司的历史风险，更是理解当前业务同现有公司存量风险组合影响的量化工具。

地震巨灾模型的输出结果还可以通过风险区划评估定价是否充足或将地震巨灾模型事件损失表作为保险公司定价模型输入。虽然地震巨灾模型输出结果很少直接用作巨灾技术定价，但其结果对风险评估和保险定价有极强的指导意义，模型结果通常会结合保险公司的风险理念参与定价。此外，业务类型也会影响地震巨灾模型的应用方式。

风险转移是将风险从一方，如个人或公司，转移到另一方的过程，如通过再保或转分过程从一个保险公司转移到另一个保险公司，或者通过巨灾债券的方式从保险市场转移至金融市场。风险转移机制对于确保金融稳定至关重要，有助于保持受意外事件影响的企业的资金连续性。在风险转移过程中，风险量化是保障市场公平公正的必要程序，保证价格真实反映了风险。尤其是对地震这种发生频率低、灾害影响严重的巨灾事件，地震巨灾模型是量化中必不可少的工具。

在灾后或者临灾时，对灾害事件快速响应，对灾害损失快速评估，对理赔管理、风险管理和公司经营情况进行监控，是保险公司的重要工作内容。损失估计有利于保险公司的事后计划，如理赔人员配置、启动应急处置、保证准备金充沛等。很多保险公司订阅地震监测机构（如中国地震局、美国地质调查局等）的灾后推送服务，但这种方式仅能提供基础的灾害信息，对损失初步估计的帮助有限。地震巨灾模型可以提供详细的地震足迹和影响场，结合工程易损性模块，能更稳健地快速开展损失评估。

7.1.2 国内外保险市场中地震巨灾模型的应用现状

国际地震巨灾模型在保险行业中的使用历史已有 30 年之久。不仅保险公司和再保险公司广泛使用地震巨灾模型的结果，评级机构、对冲基金、灾害风险池、抵押贷款机构、政府决策部门等等，都接受和认可地震巨灾模型的结果及其应用。地震巨灾风险转移过程，更是高度依赖地震巨灾模型的定价和评估结果。尽管如此，保险公司对地震巨灾模型的理解仍不够深入，应用角度仍旧相对局限，AON 2021 年的报告，调研了全球超过 80 家上市保险公司，只有约 40% 的公司内部采购地震巨灾模型，而其余公司均依赖保险经纪公司开展巨灾风险评估和风险转移工作（AON，2021）。把地震巨灾模型应用于保险承保定价、理赔响应的保险公司比例则更低。

国际上开展地震研究的地震巨灾模型公司有 AIR、RMS 和 Corelogic（前 EQECAT），其中 AIR 和 RMS 均拥有全球范围多区域商业化地震巨灾模型，Corelogic 主要关注北美业务。国际保险市场风险转移、机构评级和巨灾债券等业务通常使用 AIR 或 RMS 的模型，其中直保业务和巨灾债券业务通常仅选择其中一家，其余业务场景通常会同时参考多家地震巨灾模型，而北美抵押贷款业务对 Corelogic 有较高的认可度。

目前，AIR 和 RMS 均开发有中国地震巨灾模型，并在 2011 年先后进入中国市场。此后多年，中国市场仅有此两家模型公司。中再巨灾风险管理股份有限公司成立后，于 2019 年发布了中国地震巨灾模型，打破了我国保险业地震巨灾风险常年被国际模型公司“卡脖子”的现状。目前国内仅有部分头部保险公司采购了地震巨灾模型产品，其余大部分保险公司通过国际经纪人报告，了解公司承保地震巨灾风险情况。

7.1.3 国际债券市场中地震巨灾模型的应用现状

巨灾债券是依靠潜在保险损失定价的一类金融衍生产品，是将保险市场的巨灾风险转移至二级资本市场的重要工具。在设计巨灾债券时，通常依靠地震巨灾模型来定义债券触发条件和损失条款，尤其是在债券发行说明书中描述债券预期损失时，通常使用地震巨灾模型结果来辅助计算其中的风险分析和统计指标。使用独立的地震巨灾模型结果设计的巨灾债券，能够切实增强债券发布者的可操作性，给投资人更多的投资信心。

自20世纪90年代中期巨灾债券兴起之后的十年中，巨灾债券市场呈现稳健的发展态势，直到2007年美国金融危机后，由于其与传统金融风险具有不同的风险特征，在各国松弛的货币政策的支持下，巨灾债券市场出现大幅增长，其后几年进入了快速发展期。2021年巨灾债券发行量再创新高，达到了近140亿美元的市场规模。国际市场中巨灾债券的预期损失评估高度依赖地震巨灾模型，巨灾债券规模最大的北美市场超过80%的巨灾债券预期损失评估使用AIR公司的地震巨灾模型（Artemis，2022）。

近些年来，非欧美新兴债券市场涌现出很多专为自然灾害巨大损失设计的巨灾债券（KOUSKY，2021），以中国财产再保险有限责任公司（下简称“中再产险”）于2015年在海外发行的地震巨灾债券“Panda Re 2015－1”为代表的新兴市场试验性巨灾债券在国际市场引发高度关注，随后土耳其、智利、墨西哥等国分别发行了类似的巨灾债券，以拓宽其巨灾风险分散渠道。

随着对巨灾风险认识的不断完善，对模型机理和灾害风险研究的不断深入，我国保险行业逐步形成同国际市场交流和沟通的专业能力。在2021年，中再产险成功发行了香港首只巨灾债券，开创了国内巨灾债券发行的先河，进一步加强了我国巨灾保险的承保能力，拓宽了巨灾风险的分散途径（新华网，2022）。

7.2 地震巨灾保险风险累积控制和转移机制

7.2.1 地震巨灾模型在巨灾风险管理方面的应用

通常来说，风险管理的主要步骤包括风险识别、风险评估和风险控制。风险识别是对风险的性质加以鉴定，风险评估是在风险识别的基础上分析损失的频率和程度，风险控制则是应用一系列应对措施和工具。本节将按照上述风险管理的一般步骤和流程，就影响地震风险和损失的因素进行识别和评估，梳理研究地震风险管理的工具和方法。

衡量、管理、减轻巨灾风险是保险公司的首要任务，从国际经验来看，将地震巨灾模型整合纳入承保、再保以及战略发展决策的过程是巨灾风险管理的基石。地震灾害通常具有损失频率低，损失幅度大且风险本质复杂、难以预料的特性，导致地震损失的统计数据数量不多、质量不高，保险公司很难用传统的精算方法来准确预测未来巨灾损失。因此保险公司在进行巨灾保险时，首先面临的问题是无法厘定合理的巨灾保险费率，其次是承保后很难准确实施各种巨灾风险管理措施，如提取巨灾准备金、实施再保险和巨灾风险证券化等。

为了解决这些问题，近年来计算机巨灾风险模拟技术被广泛应用。特大地震这种发生频率低、无法收集相关受损数据的风险，可以通过建立概率模型来模拟灾害情况，从而寻求损失金额规模与灾害发生概率之间的关系。

保险公司经营的目的是最大化资产收益或收益率，但同时必须保证偿付能力，即保证保险公司的破产概率低于目标破产概率（Target Bankruptcy Rate，TBR）。为了保证偿付能力，保险公司必须持有足够的风险资本或自有资本，在自有资本有限的情况下，保险公司就必须采取提高费率、修订保险条款、改变保单组合、采用减灾措施和风险转移工具等策略减小或转移风险。

地震巨灾模型系统地整合了巨灾特征信息、地理信息系统信息、建筑工程信息与精算技术，并最大限度利用有限的历史数据，借助大型计算机来模拟巨灾损失，估算出特定地域发生一定水平巨灾损失的概率，帮助保险公司进行巨灾保险定价、累积风险控制和风险管理措施评估，具体体现在以下几个方面。

（1）费率厘定和保险条款设定

合理的费率是保险公司保证收益和控制风险的基础，但传统的以历史数据为基础的费率厘定方法对于巨灾风险来说存在着很多问题：一是世界环境不断变化，保险标的物重置价值随之增长，而巨灾历史数据又显著不足，因此传统的费率厘定方法很容易导致费率不足，如1994年北岭地震前美国地震保险的低费率（每千元保额保费约为2元）导致北岭地震的125亿美元保险索赔超过了前20年保险公司所收取的所有地震保费；二是传统的费率厘定方法不能根据标的物的具体情况变化而差别化厘定费率；三是传统的费率厘定方法难以考虑到巨灾所导致损失之间的强相关性。

利用地震巨灾模型进行费率厘定可以充分利用各个专业的知识，首先用科学方法（如地震研究机构编制的震级图）估计不同强度巨灾的发生频率，然后用工程力学模型和历史数据预测建筑物在不同强度巨灾下的损失率和损失数额，最后综合上述信息和建筑物的位置、高度、材料等特征设定不同的费率和免赔额等保险条款。此外，保险公司还可以利用损失分布来管理某一地区总的累积巨灾风险，设计地区地震巨灾承保能力上限。现在地震巨灾模型作为一种非常有效的工具，被越来越多大型保险公司用来代替传统的巨灾风险附加的方法进行巨灾保险费率厘定。

（2）保单组合管理

通常保险公司的保单组合包含多份保单，有些保单还涉及多个地区的风险。由于巨灾事件的巨大破坏力可能同时影响多份保单，导致了巨灾保险保单之间的强相关性，因此巨灾保险保单组合的累积风险控制与一般保险的保单组合显然不同。巨灾保险保单组合的累积风险应按如下方式估算：一是针对每一巨灾事件，按照每份保单在各个地区的保险范围、免赔额等分别利用地震巨灾模型估计保险损失；二是对每一份保单在各个地区的损失进行加总；三是对所有保单的损失进行加总，计算出每一巨灾事件导致的保单组合的累计损失；四是估计出累计损失后，按照对应巨灾事件的发生概率，构造该保单组合的EP曲线。

利用EP曲线可以估算保单组合的损失超过保险公司可接受水平的概率，并帮助检验保单的保险范围和免赔额等因素的影响，从而进行最优保单组合选择以及保单组合风险的管理。若保单组合的风险超过了保险公司可以接受的范围，则保险公司可以通过调整保单的数量、保险范围和保险条款等方式，调控某些巨灾事件导致的保单组合累计损失，从而改变EP曲线的形状，将保单组合的风险控制在保险公司可以接受的范围内。

（3）减灾措施评估

减灾措施是指投保人实施的维修、加固建筑物，以增强建筑物抵抗巨灾能力的措施。已有研究表明，只要付出很小的减灾成本，就可以显著减轻巨灾带来的损失，故减灾措施会对巨灾保险的预期损失、最大可能损失产生很大影响。虽然减灾措施是由投保人采取的，但减灾行为的受益方既包括了投保人，也包括了保险公司，并且保险公司可以通过差别化的费率和免赔额设置来影响投保人的减灾行为，利用投保人的减灾措施来控制自身的巨灾保险风险。

通过在巨灾模型中增加“减灾措施因子”（如维修后达到一定抗灾能力标准的建筑物比例），保险公司可以建立费率和免赔额调整策略与“减灾措施因子”之间、“减灾措施因子”与 EP 曲线之间的数学联系，从而达到准确调整 EP 曲线形状、正确评估偿付能力的目的。

（4）风险转移措施评估

在很多情况下，保险公司即使采取了上述措施，也很难持有足够的自有资本，因此不得不寻求风险转移工具来转移风险。再保险是保险公司传统的转移巨灾风险的工具，但再保险市场的承保能力与巨灾损失相比却非常有限。近年来，巨灾债券凭借证券市场庞大的资本量，为保险公司提供了新的选择，并且开始占据越来越重要的市场地位。

再保险和巨灾债券通过转移巨灾风险，帮助保险公司降低需要持有的自有资本数量，但其代价是支付再保费或债券利息，因此会同时降低保险公司的预期收益和收益率。为了在满足收益目标的同时保证偿付能力，保险公司必须恰当地保持自有资本数量和分出风险数量之间的平衡。地震巨灾模型一方面可以用来进行再保险公司的再保险费率厘定和巨灾债券的评级定价，另一方面又可以确定原保险公司分出风险的数量是否充分。

通常仅采用一种巨灾风险管理策略很难同时保证收益目标和偿付能力，因此保险公司必须经常综合地使用这些策略来更有效地进行巨灾风险管理。由于地震巨灾模型的 EP 曲线受保单的费率、数量及特征条款，保险标的的价值及类型、修缮措施，巨灾特征和风险转移措施等因素的影响，因此地震巨灾模型可以帮助保险公司开展综合策略的评估。

目前，国际主要地区、市场的监管机构对巨灾风险累积控制的基准要求如表 7－1 所示。

表 7－1 国际主要地区、市场巨灾风险累积控制基准对比表

资本模型	回归周期/灾害	基础
澳大利亚	1∶250 年，一切灾害	单次事故
百慕大	100 年 TVaR，一切灾害	年累积
加拿大	1∶370 年，地震	单次事故
日本	“1∶250 年，地震”或“1∶70 年，风灾”，两者取较大值	N/A
劳合社	实际灾害情景（RDS），ICA 框架下，1∶200 年，一切灾害	年累积
欧洲偿付能力Ⅰ	无	N/A
欧洲偿付能力Ⅱ	1∶200 年，一切灾害	年累积
英国	ECR 无要求；ICA 框架下，1∶200 年，一切灾害	N/A
美国	1∶100 年，飓风和地震	单次事故/年累积
AM Best	“1∶250 年，地震”或“1∶200 年，风灾”，两者取较大值	单次事故
S&P	1∶250 年，一切灾害	年累积

7.2.2 地震巨灾风险累积管理

风险累积是指保险公司将承保的个体风险相加，以了解公司所面临的总风险水平的方式。了解公司风险累积对于承保和风险管理决策都是至关重要的，因此风险累积是保险公司中巨灾管理团队最重要的工作职责之一。

7.2.2.1 风险暴露累积

风险暴露累积涉及选择风险暴露的度量，例如保额或暴露极限，并将这种暴露汇总到指定的累积区内承保的所有风险中。累积区是地理区域，通常对应于先前存在的行政定义，如国家、城市或邮政编码。风险暴露也可以通过公司或机构认可的附加标准进一步细分，此标准可能与风险本身的特性有关（例如财产类型或建筑类型）。风险暴露累积的输出通常被描述为聚合暴露数据。

7.2.2.2 损失累积

地震巨灾模型通常针对保险公司业务单位内的个体风险或一组风险类别，损失累积是将单个风险或组合的模拟损失估计数结合起来，为整个组织编制模拟损失估计数。

对于概率巨灾模型，对每个投资组合的建模损失估计进行累积，以找到事件损失表和年份损失表（ELT 或 YLT）中与每个事件相关的总损失。损失表代表了风险累积中包含的投资组合的综合损失分布。由于每个组合的组成和分布不同，合并的损失分布将不同于潜在的损失分布。

保险业对风险累积进行评价的指标通常用 PML 表示，它指某一灾害事件所造成的可能损失的上限。其中“一次事件”既可以特指某次灾害事件，也可以被看成很多次某种灾害事件中损失最大的事件。

7.2.2.3 地震巨灾风险累积的管控

与常规保险风险一样，保险公司在经营地震巨灾风险的过程中同样需要遵循风险选择、风险分散、防灾减灾等保险的基本原则。因此在风险评估的基础上，保险公司都积极组织其精算、核保、再保、理赔等部门实施巨灾风险管控，内容涉及产品定价、承保限制、累积控制、风险转移、灾前防范、灾后应急等领域。

1）产品定价

保险公司通常利用公司内部的统计数据和管理费率开展精算定价，对各类风险逐一进行评估，并在此基础上确保产品定价的合理和充足。通常保险公司可以获取的历史数据可能不足以支持巨灾风险的精算定价，一些保险公司会基于财产险价格的百分比对巨灾风险进行定价。部分技术较强的保险公司会考虑利用巨灾风险模型提供的信息在承保前评估某一标的的潜在损失，这些关键性的信息包括标的所处环境受巨灾影响的可能性和标的受巨灾影响的易损性等。这种方法有助于承保人员厘定与标的风险水平相匹配的费率，在一定程度上能够确保费率的充足性，也便于保险公司在承保单个风险的过程中更好地做出决策。

2）承保限制

巨灾风险对于保险公司来说并非都具备可保性，如风险过于集中或庞大，缺乏评估的基础，存在严重的逆选择风险，没有分散风险的渠道等因素，都会严重影响风险的可保性。这种情况下，保险公司主要通过限定性条款将有关风险除外，如在“9·11”后保险公司普遍在保单中增加了恐怖主义除外条款。在很多国家，巨灾风险是作为保险条款中的一个附加险承保的。当然，涉及与人们日常生活方式和企业日常经营息息相关的风险，保险公司还是需要与政府和社会团体保持沟通协调，达成某种形式的一致，以免影响公众利益。中央曾明确指出“要将保险纳入灾害事故防范救助体系”，在这种背景下，国内的保险公司可以考虑在确保被保险人恢复基本生活需要得到保障的前提下，通过降低保险限额的方式进行限定。

3）累积控制

由于地震风险的特殊性，即使保险公司按照最谨慎的原则划分每一笔业务的危险单位，在发生重大地震灾害时，责任累积问题仍然难以避免。而巨灾累积控制相当于对保单整体业务进行组合管理，保险公司主要通过区划技术、限额管理等方式，确保承保风险的累积处于可控状态。通常情况下保险公司借助地理或产品线形成分组，将风险管理目标设定的总限额分配至各个独立的业务单元，由各业务单元确保所承担的巨灾风险在规定的分限额之内。

在实际工作中，累积控制与整体业务组合的评估往往密切相关，保险公司通常基于地震巨灾模型，结合巨灾风险管控上的要求，开发关于巨灾风险累积控制的应用系统，其基本框架如图 7 – 1 所示。

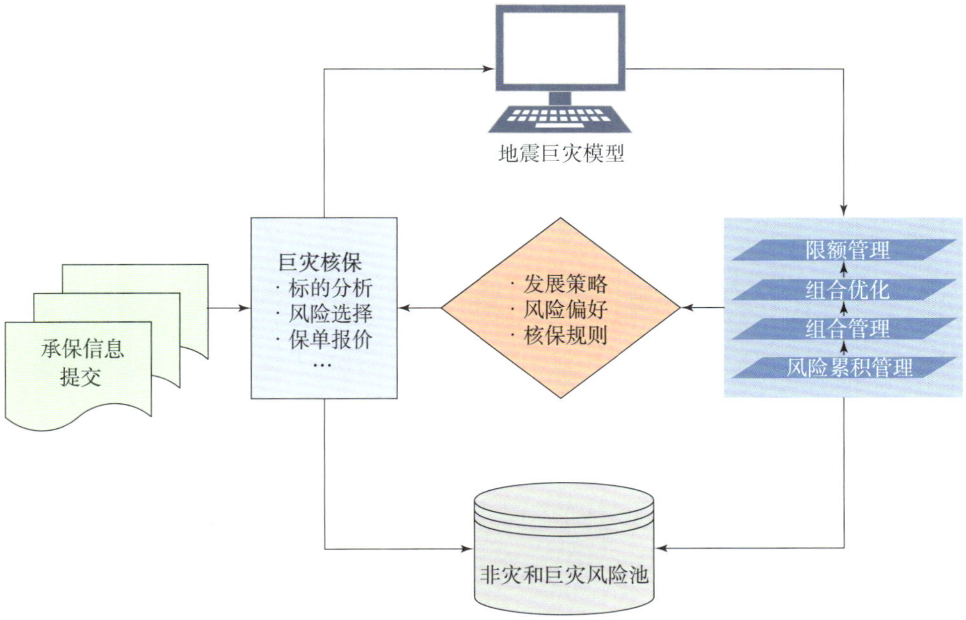

图 7 – 1　保险公司巨灾风险累积控制系统框架图

通过累积控制系统，保险公司可以随时了解到公司业务组合的风险累积情况，预警可能存在的超额承保现象，并且保险公司可以根据计算的结果及时调整核保条件和业务策略，动态地控制风险。同时保险公司也可以模拟标的累积的分布情况，评估个体业务变动对整体业务组合的边际效应，从而达到在资本限定的情况下优化巨灾业务组合的目的。

7.2.3　地震巨灾风险转移机制

一家保险公司容纳和分散巨灾风险的能力毕竟有限，风险极大的地震等自然灾害一旦发生，将会对整个保险公司甚至保险市场都产生巨大的冲击。受到保险公司资本实力和业务规模的影响，风险转移是保险公司巨灾风险管理中最有效率的手段之一。目前市场上主要有三种巨灾风险转移渠道：再保险、资本市场和政府巨灾风险保障基金。前者主要通过巨灾事件累积超赔保险将风险在全球范围内分散；中者主要通过资本市场对巨灾风险的损失进行提前融资，利用资本市场众多的投资者将巨灾风险迅速分散，形式上包括巨灾债券、巨灾风险互换和巨灾期权等；后者主要是通过政府主导基金方式实现风险转移。

7.2.3.1 传统再保险

再保险是保险风险转移的传统途径，也是巨灾风险转移的首选途径。再保险被看作保险公司巨灾风险管理最有效的手段之一，能够帮助直保公司控制和转移巨灾风险，降低经营波动，减少资本占用，进而提高偿付能力。尽管如此，再保险仍然不能解决保险公司转移巨灾风险的全部问题，巨灾再保险国际化风险分散过程中会受到各种限制，再保险市场承保能力有限，巨大的风险和赔款支出导致再保险风险转移方式的成本不断攀升。而且，再保险是整个保险系统的组成部分，再保险之后风险仍然存在于保险系统的内部，因此，巨灾保险市场需要更大容量、更经济的新型风险转移方式——巨灾风险证券化。

7.2.3.2 巨灾风险证券化

巨灾风险证券化是非常好的弥补再保险承保能力不足的途径，也是巨灾风险转移的发展方向。一方面，对于资本市场来说，巨灾证券为之带来了更多的投资选择，由于巨灾风险与资本市场回报率之间基本不存在相关关系，将巨灾证券引入资本市场，可以提高市场效率，增加投资者的风险分散方式；另一方面，对于保险业来说，巨灾证券可以将巨灾风险在更大的空间和时间范围内进行分散，使重大的风险累积在保险公司和金融市场间得到重新优化配置。

1）巨灾债券（Catastrophe Bonds）

巨灾债券是通过发行收益与指定的巨灾损失相连的债券，将保险公司部分巨灾风险转移给债券投资者。债券合同一般规定，如果在约定期限内发生指定的巨灾事件和/或巨灾损失超过事先约定的限额，则债券持有人就会损失或延期获得债券的部分或全部利息和本金，而发行债券的保险公司或再保险人获得相应的资金，用于赔付损失；如果巨灾没有发生或者巨灾损失没有超过约定的限额，则债券投资者就会按照约定的较高的利率收回本金和利息，作为使用其资金和承担相应承保风险的补偿。

2）巨灾风险互换（Catastrophe Swaps）

巨灾风险互换是指交易双方按照一定的条件交换彼此的巨灾风险责任，它为不同地域的保险人提供了分散风险的新渠道。由于不同地域的风险状况不同，发生风险的时间和程度有很大差异，因此，根据风险相对数所签订的互换双边协议，使承保不同地区的保险公司实现了承保风险的多样化、分散化。交换的目的是削弱特定巨灾风险的过分集中，实现被保风险组合的多样化。

3）巨灾期权（Catastrophe Options）

巨灾期权是以巨灾损失指数为基础设计的期权合同。它将某种巨灾风险的损失限额或损失指数作为行使价，涉及的损失风险既可以是某家保险公司的特定承保风险，也可以是整个保险行业的特定承保风险。如果保险公司买入看涨巨灾期权，则当合同中列明的承保损失超过期权行使价时，期权价值便随着特定承保损失金额的升高而增加。此时如果保险公司选择行使该期权，则获得的收益与超过预期损失限额的损失正好可以相互抵消，从而保障保险公司的偿付能力不受重大影响。

4）行业损失担保（Industrial Loss Warranty）

行业损失担保是一种再保险合约或衍生工具合约。这种合约规定当一个风险事件的发生所造成的对整个保险行业的全部损失超过规定的数额时，购买了担保的保险公司就可以获得再保险保障。与再保险相比，行业损失担保具有成本低、道德风险低等优点，但同时也存在着较明显的缺点，即保险公司实际损失和行业实际损失不同步导致出现基差风险。因此，保险公司在实际选择时应该全面考虑自身风险暴露程度和整个行业是否一致。

7.2.3.3 巨灾风险保障基金

发达的资本市场、成熟的投资者和可用的证券触发指数，三个条件缺一不可，共同构成巨灾风险证券化的必要条件，而培育资本市场和投资者、构建巨灾债券的触发指数都不是一朝一夕的事情。因此，现阶段解决我国再保险市场承保能力不足的问题只能依靠政府的力量。

政府出面解决巨灾保险再保不足的方式是成立巨灾风险保障基金，在再保险承保能力有限而资本市场又没有发展起来的条件下，保险公司承保的巨灾风险主要依靠巨灾风险保障基金来转移。巨灾风险保障基金应该由政府主办，基金来源可以是公司提取的准备金或保费、社会捐助和财政支出。保障基金一方面以商业化再保险的方式承保保险市场转出的巨灾风险，另一方面，当保险公司出现财务危机时，由基金承担对被保险人的保障责任。与承保能力有限的商业保险公司相比，由政府担任最后的保险人可以更好地处理潜在的极端损失后果，政府可以使巨灾风险强制化，在全社会范围内分散风险，并且可以积累巨额基金，解决保险公司承保巨灾风险的后顾之忧，为商业化巨灾保险树立信心。

7.2.4 模型驱动保险风险量化与管理

1）行业地震巨灾风险暴露情况

根据历年《中国保险年鉴》数据，头部保险公司承保的涵盖地震责任的财产险、工程险保单标的分省保额排名前十位的省/直辖市为广东省、上海市、江苏省、北京市、浙江省、湖北省、山东省、四川省、福建省和辽宁省。根据分省（自治区、直辖市）保额数据，推导出保险行业地震巨灾风险分省（自治区、直辖市）暴露分布情况，如图7－2所示。

两类险种行业总计保额约为816940亿元，其中行业财产险为612275亿元、行业工程险为204665亿元。

基于行业的统计规律，对上述保额按险种类别、用途、建筑结构类型、建筑高度、建筑年代进行参数拆分后，输入地震巨灾模型，进行地震风险的综合分析。

2）行业财产险地震巨灾风险分析

经地震巨灾模型分析，保险行业承保的财产险年平均总损失约为92.5亿元，各省（自治区、直辖市）保额及年均损失分布情况如图7－3所示。

3）行业工程险地震巨灾风险分析

经地震巨灾模型分析，保险行业承保的工程险年平均总损失为8.3亿元，各省（自治区、直辖市）保额及年均损失分布情况如图7－4所示。

4）行业财产险、工程险地震巨灾风险分析

经地震巨灾模型分析，保险行业承保的财产险、工程险年平均总损失为100.8亿元，各省（自治区、直辖市）保额及年均损失分布情况如图7－5所示。

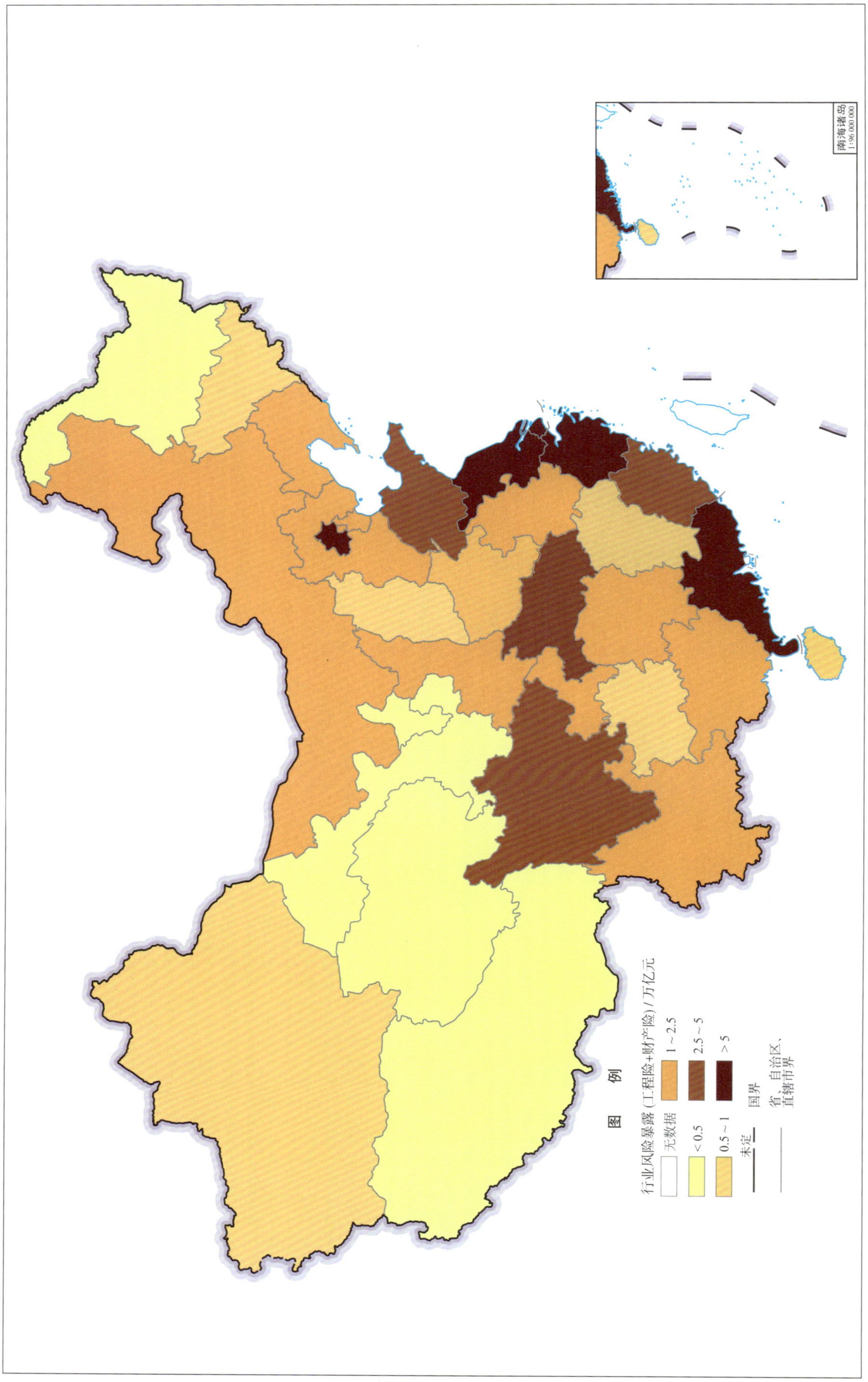

图7-2 行业财产险、工程险地震巨灾风险各省（自治区、直辖市）保额分布情况

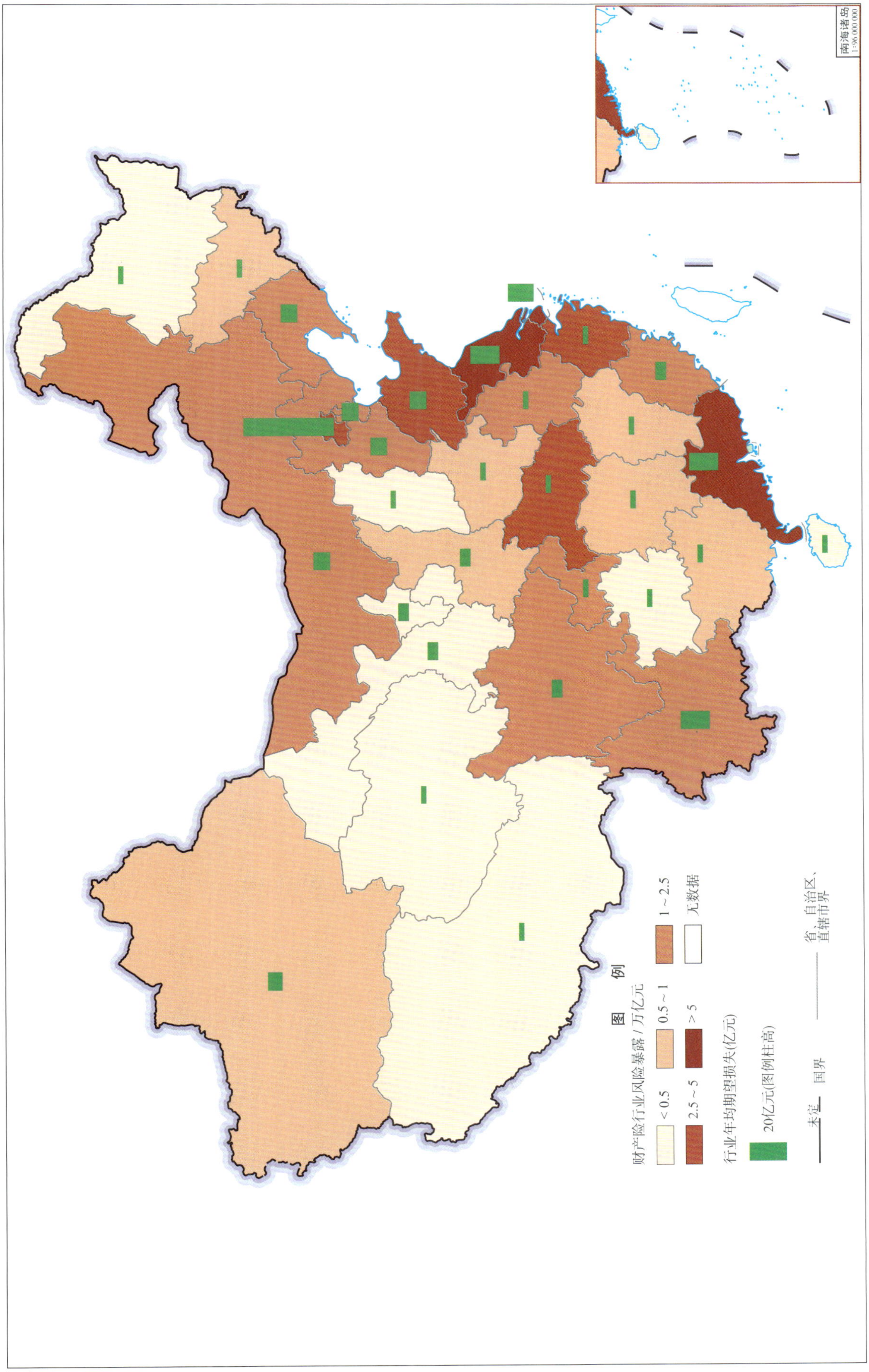

图7-3 行业财产险地震巨灾风险各省（自治区、直辖市）保额及年均损失（AAL）分布情况

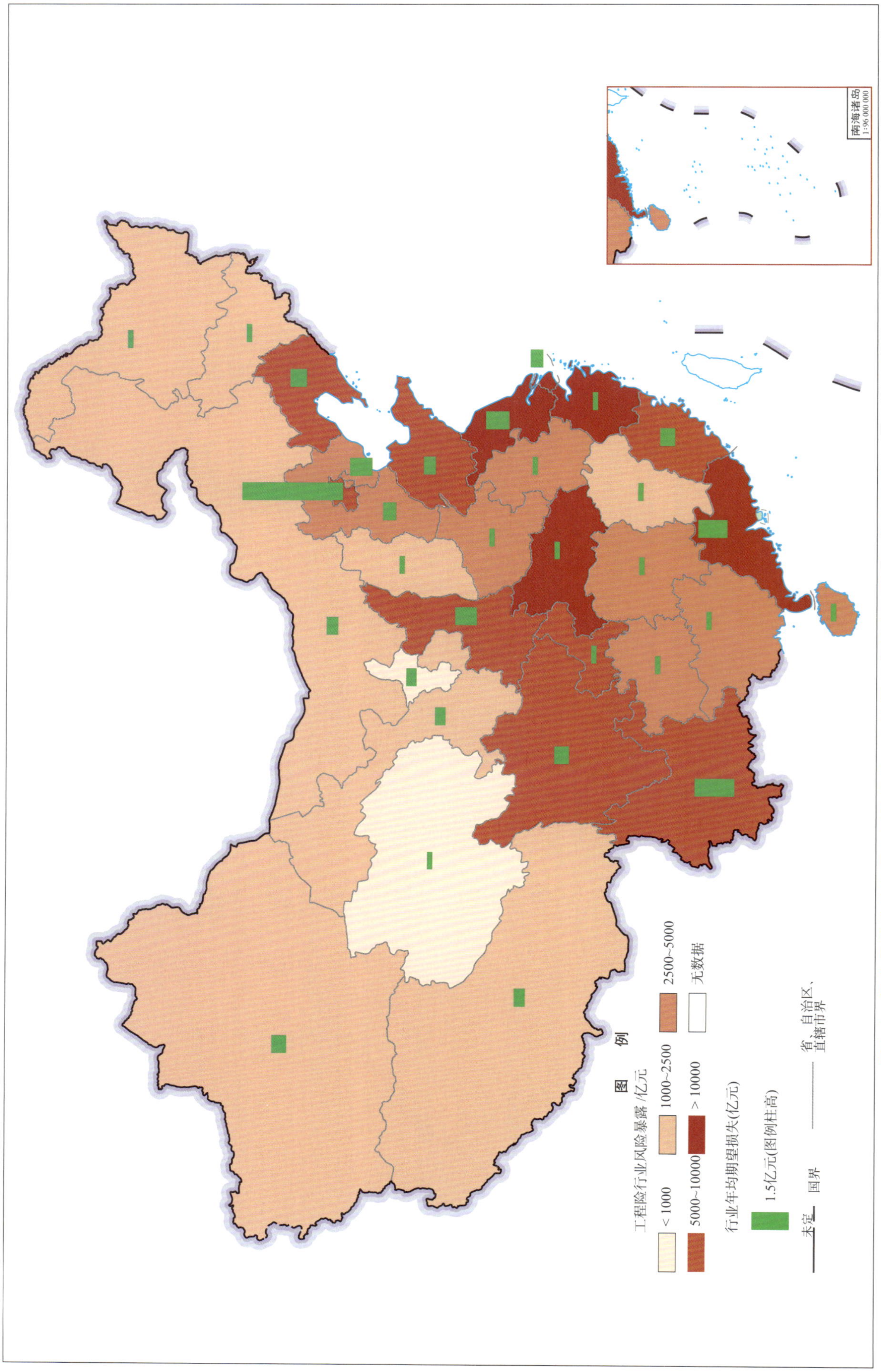

图7-4 行业工程险地震巨灾风险各省（自治区、直辖市）保额及年均损失（AAL）分布情况

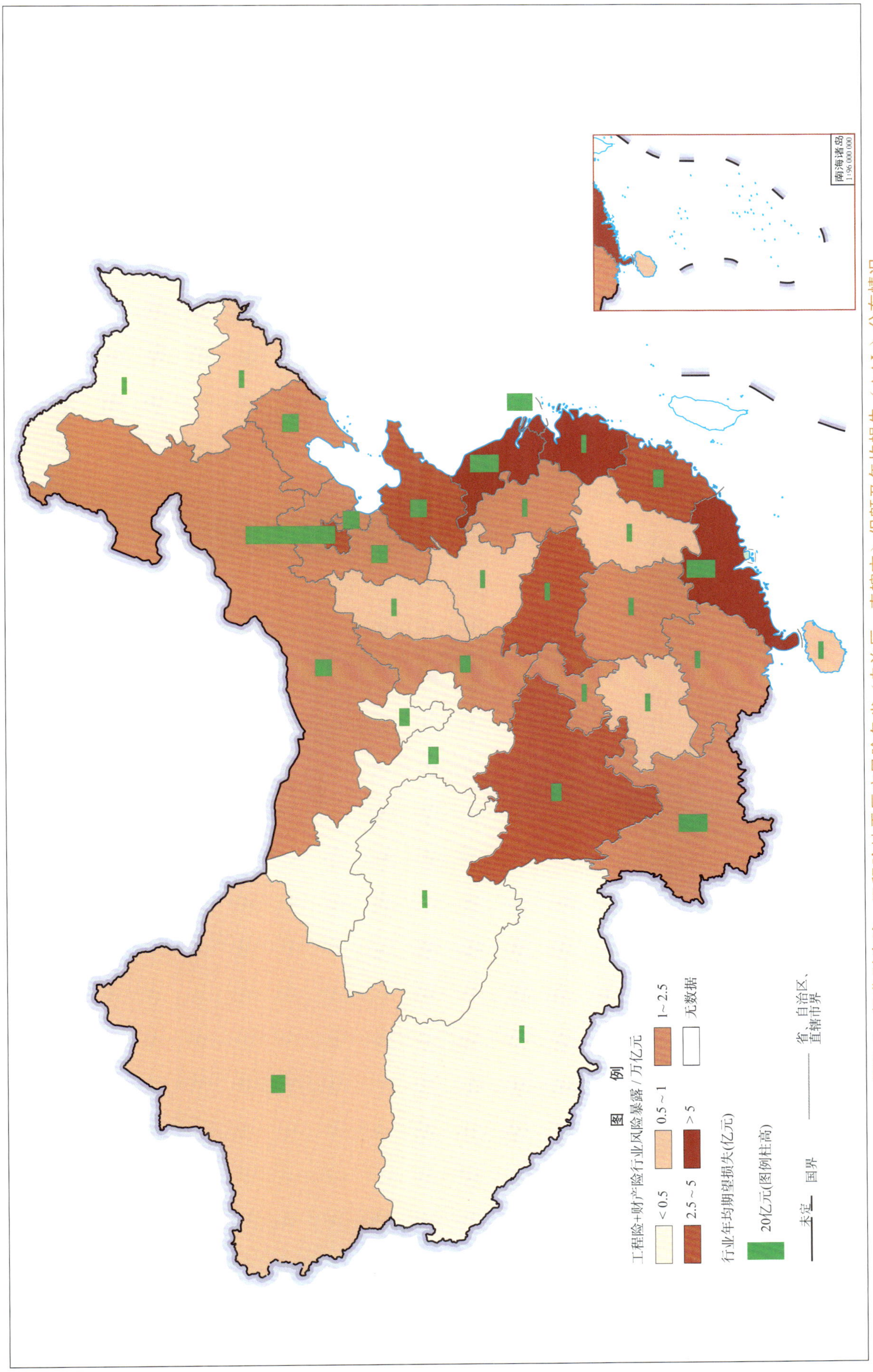

图7-5 行业财产险、工程险地震巨灾风险各省（自治区、直辖市）保额及年均损失（AAL）分布情况

7.3 地震纯风险损失率区划

7.3.1 纯风险损失率区划的背景

2016 年我国城乡居民住宅地震巨灾共保体（以下简称“共保体”）针对不同区域地震风险环境，制定了以行政单元为基础单元的差异化费率方案，该方案中的纯风险损失率在国外公司模型测算的基础上根据市场经验调整得到。由于国外模型对中国历史震害资料掌握不完备，且其对中国建筑结构及保险实务了解不足，国外模型估算的损失和实际保险损失间往往存在明显差异，也不能及时反映中国经济和保险市场快速发展对地震损失评估的影响，表现出存在科学性偏差、数据缺乏、精度不高、针对性差等问题。应当注意的是，目前该费率区划仍然存在着用途单一（仅住宅）和行政单元划分不够细致的缺点，本节主要针对上述问题进行改进。

7.3.2 纯风险损失率计算依据

计算建筑物的地震纯风险损失率，需对三个方面进行考虑：①建筑物所在场地的地震危险性；②建筑物自身的抗震能力；③建筑物在遭受震害时的经济损失。地震纯风险损失率即对上述三个方面综合考虑后的数学表达形式。

7.3.2.1 灾害模块概述

中国地震巨灾模型通过灾害模块描述地震的危险性。中国大陆地震危险性涉及两方面的问题，一是地震发生的位置、强度、频率，即震源相关参数；二是建筑物所在场地的地震动强度，即地震的影响场，涉及地震动强度随空间距离变化的衰减关系研究和场地类别对地震动放大或降低作用。在保险领域，为进行地震风险分析，指导地震纯风险损失率厘定，需要建立反映震源特性的地震随机事件集和考虑场地效应的地震动影响场。

地震巨灾模型的地震随机事件集以《中国地震动参数区划图》(GB 18306—2015) 的潜在震源区和地震活动性参数为基础资料，基于地震学基本理论和假设，采用蒙特卡洛抽样方法模拟生成。生成的随机模拟地震参数包括时间、震级、震中、深度，断层走向、倾角、类型，破裂长度、宽度等。地震随机事件集包含中国及周缘地区 5.0 级（含）以上 5000000 年的地震事件集，主要参数有时间、地理位置、震级、断层破裂方向、断层破裂长宽、衰减分区、所处地震带、所处潜在震源区等。为了直观观察模拟地震事件的空间分布情况，选取 200 年的模拟地震目录并绘制空间分布图。

基于地震随机事件集中震级大小、震中位置、断层走向等参数，确定目标点震中距 R，然后结合长、短轴参数，以及椭圆方程等信息，即可解析出标的点所在的地面运动强度。我国最为常用的地震动衰减关系模型形式如式（7－1）所示。

$$\ln Y(M,R) = c_1 + c_2M + c_3M_2 + c_4\ln[R + c_5\exp(c_6M)] \tag{7-1}$$

式中，Y 为地震动参数；M 为面波震级；R 为震中距。

建筑建造在不同性质的岩土上，地震对建筑物的影响必须考虑场地条件对于地震动强度的影响。我国的全国场地类型划分结果采用大尺度坡度－地质方法。该方法利用全国坡度数据和 1∶100 万地质图中的地质年代、沉积成因和岩性土性。根据国家标准《中国地震动参数区划图》(GB 18306—2015) 中的地震动峰值加速度场地影响调整方法建立场地影响系数计算方法，即用基岩地震动参数乘以影响系数，影响系数的取值见表 7－2。

表7-2 基于Ⅱ类场地峰值加速度的场地影响系数

场地类型	Ⅱ类场地峰值加速度					
	≤0.05g	0.10g	0.15g	0.20g	0.30g	≥0.40g
Ⅰ	0.80	0.82	0.83	0.85	0.95	1.00
Ⅱ	1.00	1.00	1.00	1.00	1.00	1.00
Ⅲ	1.30	1.25	1.15	1.00	1.00	1.00
Ⅳ	1.25	1.20	1.10	1.00	0.95	0.90

7.3.2.2 工程模块概述

中国地震巨灾模型通过工程模块描述建筑物自身在特定地震动强度下的抗震能力。地震承灾体的易损性模型是地震损失评估理论框架和地震保险应用中不可或缺的一环。我国经过多年的研究积累，已初步建立了以各类建筑结构为主的易损性模型，为地震保险业务的开展奠定了一定的基础。详情见本书第3章。

地震风险模型借助地震危险性模型和建筑物易损性模型，可以估计长时间尺度内单标的地震损失，作为地震纯风险损失率区划的基础。

7.3.2.3 单标的地震纯风险损失率计算方法

通过地震事件随机模拟、危险性分析、易损性分析和损失分析，中国地震巨灾模型的基本输出为模拟时间长度的地震事件年损失表（表7-3）。地震纯风险损失率的计算基于此表获得。

表7-3 地震事件年损失表结构示例

Event ID	Year	Loss
1	Y_1	L_1
2	Y_2	L_2
⋮	⋮	⋮
j	Y_j	L_j
⋮	⋮	⋮
J	Y_J	L_J

根据年损失表，可计算年均损失AAL。采用AAL除以标的重置价值可得该场点单标的的平均地震纯风险损失率AALR，如式（7-2）所示。

$$\text{AALR} = \frac{\text{AAL}}{\text{Replacement Value}} \tag{7-2}$$

7.3.2.4 地震纯风险损失率分类体系

地震纯风险损失率与保险标的抗灾能力、区域防灾减灾工程规划是密切相关的。作为评估建筑物在不同地震动强度下的经济损失的重要工具，易损性会直接影响地震保险的年均期望损失。因此在进行地震风险损失分析时，有必要依据影响易损性的重要参数，对建筑物进行分类，分别制作地震纯风险损失率区划图。影响建筑物易损性的参数有很多，建筑的功能用途、结构体系、楼层数量、建造年代、设防烈度通常被认为是衡量建筑结构易损性的主要参数。本小节从保险业务的实际需求出发，将建筑分类进行归并，提出实用的地震纯风险损失率区划易损性参数分类。

1）建筑功能用途参数

建筑物的功能用途往往会决定其结构体系的选取，同时也会影响建筑物的围护结构、装饰装修、室内财产类型等。即使在结构类型和地震危险水平等因素都相同的情况下，不同功能用途的建筑，其地震损失也会出现较大差别。但我国现行的中国城乡居民地震巨灾保险费率表中，功能类型只有住宅。

本章在梳理国内外建筑物功能用途分类的基础上，以国内典型规范和标准中的用地规划分类和经济行业分类为基础进行了调整和归并，提出了如表 7－4 所示的符合中国国情的建筑功能用途分类体系。

表 7－4　建筑功能用途分类

编号	功能用途	用途描述
1	住宅	住宅和相应服务设施
2	商业	各类商业、商务、娱乐康体等设施，不包括居住中的服务设施以及公共管理与公共服务内单位
3	工业	工矿企业的生产车间、库房及其附属设施等，包括专用铁路、码头和附属道路、停车场等，不包括露天矿场

2）结构体系参数

用于建筑抗震设计、地震灾害损失评估与预测、震害资料调查与收集等的国内标准规范代表了目前我国主要建筑结构形式及其抗震设计要求，如《建筑抗震设计规范》（GB 50011—2010）、《建（构）筑物地震破坏等级划分》（GB/T 24335—2009）、《地震现场工作　第 4 部分：灾害直接损失评估》（GB/T 18208.4—2011）、《地震灾害预测及其信息管理系统技术规范》（GB/T 19428—2014）等。在这些规范的指导下，国内学者提出的建筑分类及其易损性研究成果代表了我国震害资料的可获取性。另外，我国现行的中国城乡居民地震巨灾保险费率表中，结构类型为砌体、砖木、钢和钢筋混凝土、其他。通过梳理已有建筑结构分类体系，结合保险业务的需求，本书提出了如表 7－5 所示的建筑结构类型分类体系。

表 7－5　建筑结构类型分类

编号	建筑结构类型	描述
1	砖木结构	指建筑物中竖向承重结构的墙、柱等采用砖或砌块砌筑，楼板、屋架等用木结构，即主要承重构件用砖、木做成。竖向承重构件的墙体和柱采用砖砌，水平承重构件的楼板、屋架采用木材。特点是层数较低，一般在 3 层以下。1949 年以前建造的城镇居民住宅、20 世纪五六十年代建造的民用房屋和简易房屋大多为这种结构
2	设防砌体结构	指用砖砌体、石砌体和砌块砌体建造的结构。设防砌体结构主要指配置钢筋的砌体作为建筑物主要受力构件的结构，是网状配筋砌体柱、水平配筋砌体墙、砖砌体和钢筋混凝土面层或钢筋砂浆面层组合砌体柱（墙）、砖砌体和钢筋混凝土构造柱组合墙、配筋小砌块砌体剪力墙结构的统称
3	非设防砌体结构	指设防砌体以外的其他砌体结构
4	钢筋混凝土结构	指建筑物中主要承重结构如墙、柱、梁、楼板、楼体、屋面板等用钢筋混凝土制成，非承重墙用砖或其他材料填充。这种结构抗震性能好，整体性强，耐火性、耐久性、抗腐蚀性强
5	钢结构	指以钢为建筑承重梁柱的建筑结构。建造成本较高，多用于高层公共建筑和跨度大的工业建筑，如体育馆、影剧院、跨度大的工业厂房等

应当注意的是，实际业务中，钢结构住宅建筑、砖木结构商业建筑、砖木结构工业建筑是相对较少存在的，所以在纯风险损失率的计算中，不专门对这些用途、结构类型的易损性进行区分，用相似结构类型的易损性曲线进行计算，比如钢结构住宅建筑所用的易损性曲线，与钢结构商业和工业建筑是一致的。

7.3.3　基于县（区）的地震纯风险损失率计算方法

1）公里格网损失率计算方法

①确定全国每个公里格网（0.01°）的地理坐标，每个格点价值 1 亿元；

②选用中国地震巨灾模型 500 万年时间尺度地震事件；

③根据场地类型计算每个地震事件的地震动参数（PGA）；

④通过承灾体易损性曲线，评估每个地震事件的损失；

⑤采用计算机模拟，计算每个事件的损失；

⑥基于第④步与第⑤步的分析结果，建立地震事件损失表 YLT，通过对 YLT 进行相应计算，可以得到每个县（区）的年均损失 AAL 及损失标准差 STD。

2）各区县损失率计算方法

①选取县（区）作为风险损失率分析的基本单元；

②建立全国县（区）行政区域的地理坐标集，该地理坐标可取为每个县（区）投影面中每个公里格网（0.01°）中的坐标；

③聚合各区县的年均总损失；

④聚合各区县的总保额；

⑤各区县的年均总损失/总保额即纯风险损失率。

由于本项研究中各个格网的标的价值相同，因此各区县的纯风险损失率为所有格网点损失率的平均值。

7.4　2021—2030 年我国大陆地震重点监视防御区确定

我国地域辽阔、地形复杂、人口稠密，位于全球两大地震带（地中海—喜马拉雅地震带和环太平洋地震带）交会部位，地震多、强度大、分布广，地震造成的灾害十分严重。基于有限的国家财力，目前在广阔的国土上进行普遍防御有很大的难度，这决定了防震减灾工作是我国一项长期而艰巨的任务。地震造成的灾害和损失主要在人口稠密和经济发达的地区，特别是大中城市及其边邻，因此，有必要通过划定地震重点监视防御区，确定我国防震减灾的重点目标。

地震重点监视防御区是指未来一个时期内，存在发生破坏性地震危险或受破坏性地震影响，可能造成重大生命和经济损失的高风险区域。这一思路和方法是地震灾害从震后被动救灾，向震前防御转变的重要科技手段。通过中长期地震预测和震害预测，兼顾震情、灾情和社会发展，确定地震重点监视防御区（以下称为“高风险区”），作为各级政府、社会公众和地震系统防震减灾的战略目标区，并通过对策措施的制定和实施提高防震减灾的能力和实效，这是我国防震减灾工作中的重要应用性工作。

迄今为止，我国开展了 3 期地震重点监视防御区的划定工作，明确了防震减灾的重点地区。在这些区域开展的地震监测、震害防御和地震应急准备等工作，为有针对性地开展防震减灾工作，减轻地震灾害做出了重要贡献。

为指导2021—2030年间我国地震灾害预防、工程抗震和风险评估等工作，中国地震局于2018年启动了地震行业科研专项“2021—2030年我国大陆地震重点监视防御区确定与发布研究”。该项目由中国地震局地震预测研究所承担，中国地震局地球物理研究所、地质研究所、地壳应力研究所、工程力学研究所，中国地震台网中心等多家单位参加。在中国地震局组织领导下，参与该项目研究的全体科技人员，经过历时两年的努力工作和深入研究，顺利完成了2021—2030年我国大陆地震重点监视防御区确定与发布研究的任务。

在“2021—2030年我国大陆地震重点监视防御区确定与发布研究”项目中，中国地震巨灾模型主要用于验证环节。中国地震巨灾模型具有人口密度格网数据、GDP格网数据、土地利用格网数据、建筑物及建筑结构数据等一批翔实准确的地震风险暴露数据，并内置了不同建筑类型、不同用途、不同建造年代的建筑易损性曲线，以及各类生命线的易损性曲线，具有不同场地类型和不同地形类型的损失算法，地震损失计算结果精确，可作为地震学术研究和应用研究的参考资料。

采用中国地震巨灾模型，选择100万年随机事件集开展模拟计算，按照第五代地震区划图（《中国地震动参数区划图》，GB 18306—2015）的划分，分别形成了各地区10年平均损失期望（包含不同超越概率水平下的损失、不同损失对应的超越概率水平）、人员伤亡估算（包含十年地震死亡超过十人概率水平分布图、十年地震死亡人数期望分布图），并将上述成果提供给该项目牵头单位中国地震局地震预测研究所。中国地震局地震预测研究所确认，该所编制的地震高风险区的平均计算结果与中国地震巨灾模型的计算结果吻合较好。

7.5 震后损失快速评估

由于地震具有突发性、不可预测性及频度较高等特性，因而随着城市化进程的发展、人口密度的增加和财富向城市集聚，地震灾害造成的损失有加剧的态势。在地震预测难题解决前，又快又准的震害快速评估报告成为震后指导政府部门及时实施赈灾救灾方案的主要依据，政府部门可以根据震害快速评估，决定救援的规模，确定防震减灾投入的最优决策，采取适当的措施减少甚至避免部分地震次生灾害造成的损失。尤其对于破坏性地震，它们是政府防灾减灾的重点，但当破坏性地震发生后，其巨大的毁坏能力可能使外界在很长时间内无法获知重灾区的重要信息，而这些信息对制定最优的救灾方针确实至关重要。地震灾害快速评估已经成为震后应急工作重要的一部分，同时是制定减灾规划和减灾决策的重要依据。运用行之有效的地震灾害快速评估方法进行科学的地震灾害快速评估，越来越引起地震工程界的重视。

为了充分挖掘中国地震巨灾模型的功能，达到快速评估地震损失的目的，有关单位与中国地震台网中心达成合作，为中国地震巨灾模型开发了地震速报信息接口，接入中国地震台网中心发出的地震速报信息，已建设震后损失快速评估系统，形成了地震发生后短时间（$<15\text{min}$）内形成地震损失评估报告的能力。

中国地震巨灾模型根据中国地震台网中心已经获取的地震相关参数，如时间、地点、震级、震源深度及地震影响范围等，利用中国地震巨灾模型数据库中地震发生地的相关信息，如建（构）筑物特点、人口分布特征以及生命线系统状况等，在到达地震现场前，根据以往总结的震害经验及统计规律，在极短时间内按照某种方法进行地震灾害快速评估，也称盲场快速评估。地震快速评估一般需要初步评估出伤亡及无家可归人数、房屋严重破坏及倒塌间数、直接经济损失。

7.5.1　震后损失估计系统的基本构成

地震震后损失估计系统主体分为六部分：实时地震基础数据、影响场估计、风险暴露输入、工程分析、保险（金融）分析、报表输出。其中工程分析和保险（金融）分析部分是和地震保险巨灾模型的工程模块、保险模块完全相同的。

震后损失估计系统流程见图7-6。

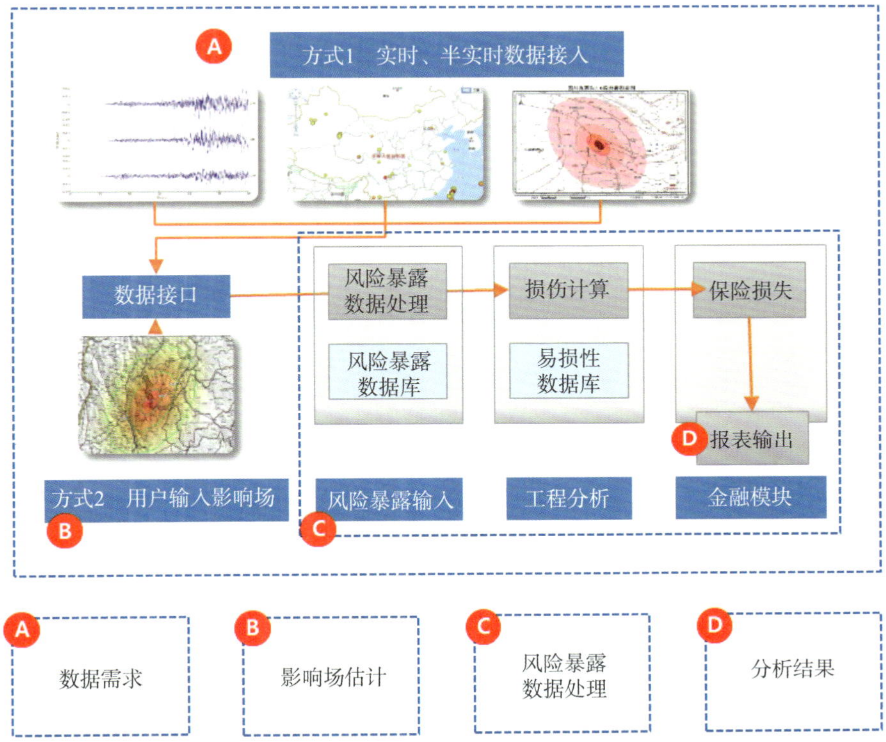

图7-6　震后损失估计系统流程

7.5.2　实时地震基础数据

中国地震台网中心是我国地震台站监测数据资料的汇集服务中心，能够在地震发生后，实现20多种重要基础背景信息的全自动产出，整个过程不需要人工干预，仅用时1~3s。近年来，中国地震台网中心通过实施“互联网+地震”战略，不断推进地震信息公共服务平台建设，目前具备突发地震消息在1min内覆盖数亿人口的公共服务能力。

①速报信息：速报信息技术目前较为成熟，在地震发生后，能够秒级发布信息，包括震级、震源深度、震中位置，见图7-7。

②盲估影响场：盲估影响场是根据基础速报信息，结合震中附近的断层分布基础数据库自动匹配走向，然后结合《中国地震动参数区划图》的地震动衰减分区和地震动衰减关系，计算得到的基岩地震动影响场。基于中国地震巨灾模型的震后损失估计系统亦包含此功能。

图 7－7　中国地震台网中心与微信合作的地震播报机器人实现速报参数秒级发布

③震源机制：对于震后损失估计系统，震源机制提供的最重要的信息是走向信息——地震断层沿怎样的方向传播。震源机制会给出最为可能的两个走向角，仍然需要基础断层数据库来辅助判断，得到较为准确的走向角。

④台站数据：台站数据包括测地震动数据与强地震动数据，包含经校正后的震中周边对应台站的强地震动峰值加速度（含台站位置信息）及震中一定范围内强震动台站的 PGA 和 PGV。对于震后损失估计系统灾情分析的需要来说，强地震动数据价值较高，尤其是近断层的台站记录到的数据，其最主要的作用是能够快速分析出断层破裂的尺度。但目前震后损失估计系统仍不能直接使用该数据，需要对其的应用方式开展相关研究。

⑤修正影响场：修正影响场是根据地震速报参数、各地区地震动衰减关系、强地震动数据和场地影响模型得到的估测影响场。震后损失估计系统可以直接结合该数据，通过影响场的输入接口，导入损失估计计算逻辑，迅速得到分析结果。数据关键需求指标说明见表 7－6。

表 7－6　数据关键需求指标说明

要点	速报信息	烈度速报	震源机制	观测地震动参数
对接方式	实时	半实时	实时	半实时
响应条件	M5.0 以上	M5.5 以上	M5	M6.5 及以上
数据格式	专业格式	矢量	专业格式	文本或其他
范围	中国全域及邻区	中国全域	中国全域及邻区	中国全域

7.5.3 地震动影响场的估计

基于台网中心提供的多种数据，可以生成多个版本的地震动影响场用于损失分析。

1）基于地震速报数据的影响场估计方法

当地震刚刚发生，可用数据仅有地震基本要素信息（震级、震中、深度），这时可采用中国地震巨灾模型内置的地震动衰减关系和场地模型进行计算。但这个时点，地震基本要素估计结果的不确定性较大，地震动衰减关系也仅是由历史数据得到的统计模型，所以得到的影响场比较粗糙，与实际的地震影响差别较大，仅能提供最基本的参考作用。

2）基于台站观测数据的影响场估计方法

当将台站观测数据用于地震动影响场分析时，会产生较好的地震动影响估计结果，目前已实现由台网中心处理完成并自动传输给震后损失快速评估系统。该方法根据震中附近台站的分布情况来开展地震动影响场的评估。当台站分布密度大且分布均匀时，直接对台站仪器观测地震动进行空间插值，得到地震动分布图；当台站分布密度大但不均匀时，可以利用地震动衰减模型，结合台站观测数据，回归当次地震的衰减关系系数，再利用此模型计算加密插值点的地震动，最后与台站观测地震动一同插值，得到地震动分布图；当台站分布密度小且不均匀时，直接利用适用于震中所在地区的经验地震动衰减模型，计算加密插值点的地震动，再与台站仪器烈度一同插值，得到地震动分布图。

3）考虑断层特征的大地震影响场快速估计方法

对于破坏性一般的地震，用点源近似代表震中，利用震级和震中距估计地震动强度，并利用台站资料进行修正，可以得到较好的结果。但是，对于更大的地震，由于破裂面长宽可达数百千米，点源震中一定导致估计的偏差，且多半是低估。震后损失估计系统开发了一种利用强地震动数据计算断层特征的方法，当大地震发生后，获得台网中心的实时观测地震动数据，震后损失估计系统调用该数据，模拟估计断层的特征，并相应生成地震动影响场。该影响场应用于地震巨灾模型的影响场分析，可以半实时地用于损失估计的计算。该方法主要由三个技术模块组成：①断层估测算法模块快速估计断层特征；②衰减模块校正衰减关系；③场地校正模块将基岩地震动强度转换为地表地震动强度，并通过插值方法估计地震运动分布和强度。

7.5.4 震后损失估计报告

在接到台网中心的修正影响场数据传输后，基于中国地震巨灾模型的震后损失评估系统自动完成参数计算，并自动生成损失估计报告作为最终结果（图7-8）。详细的报告包括但不限于以下内容。

①版本信息：生成报告的时间和版本。

②地震基本参数：震级、发震时间、震中位置和震源深度。

③损失估计结果与分布：包括经济损失的估计结果和人员伤亡的结果。

④影响场分布：直观展示受到地震影响严重的地区。

⑤相关的历史地震数据资料。

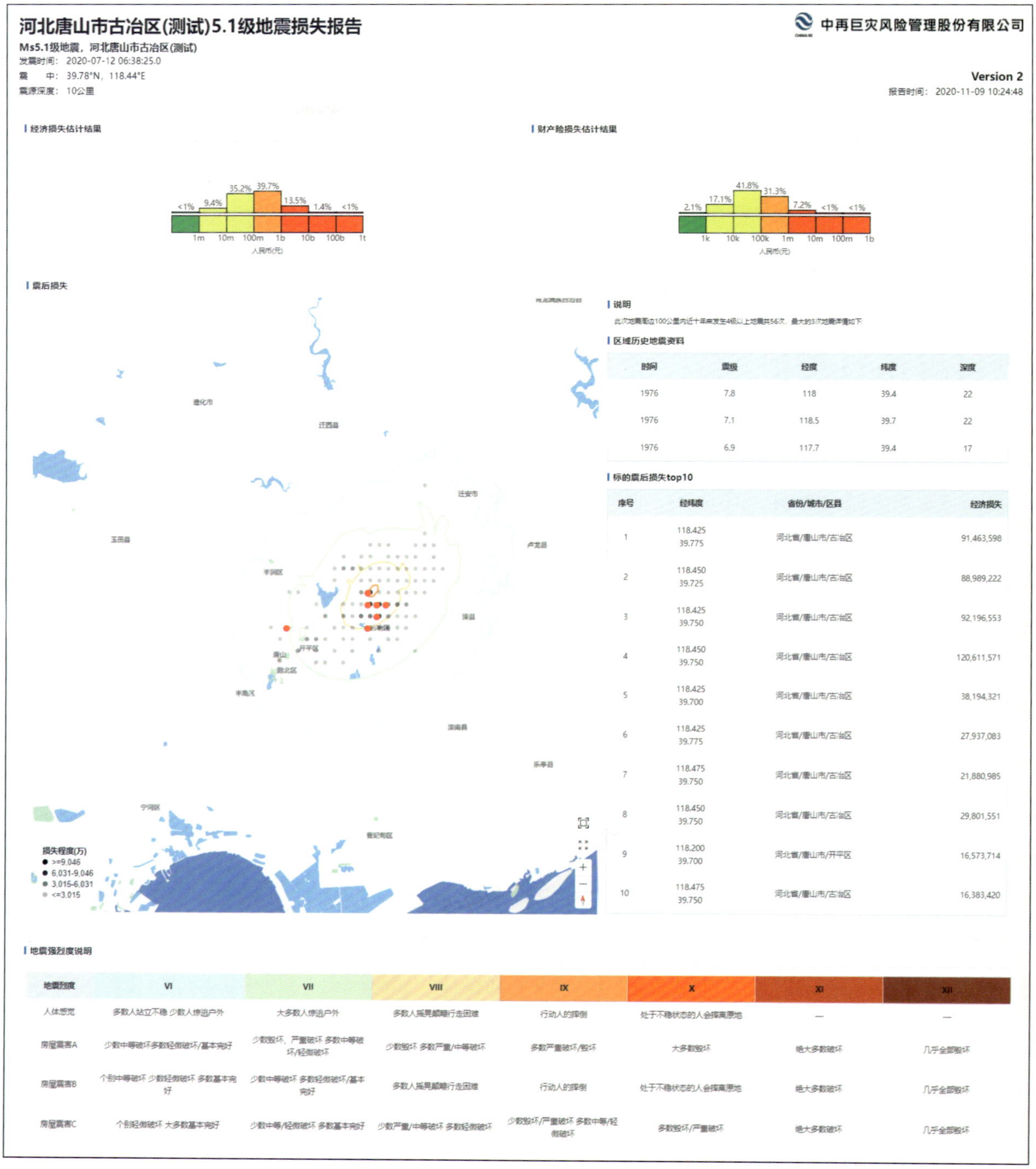

河北唐山市古冶区(测试)5.1级地震损失报告

中再巨灾风险管理股份有限公司

Ms5.1级地震，河北唐山市古冶区(测试)

发震时间：2020-07-12 06:38:25.0

震　　中：39.78°N，118.44°E

震源深度：10公里

Version 2

报告时间：2020-11-09 10:24:48

经济损失估计结果

财产险损失估计结果

震后损失

说明

此次地震周边100公里内近十年来发生4级以上地震共56次，最大的3次地震详情如下：

区域历史地震资料

时间	震级	经度	纬度	深度
1976	7.8	118	39.4	22
1976	7.1	118.5	39.7	22
1976	6.9	117.7	39.4	17

标的震后损失top10

序号	经纬度	省份/城市/区县	经济损失
1	118.425 39.775	河北省/唐山市/古冶区	91,463,598
2	118.450 39.725	河北省/唐山市/古冶区	88,989,222
3	118.425 39.750	河北省/唐山市/古冶区	92,196,553
4	118.450 39.750	河北省/唐山市/古冶区	120,611,571
5	118.425 39.700	河北省/唐山市/古冶区	38,194,321
6	118.425 39.775	河北省/唐山市/古冶区	27,937,083
7	118.475 39.750	河北省/唐山市/古冶区	21,880,985
8	118.450 39.750	河北省/唐山市/古冶区	29,801,551
9	118.200 39.700	河北省/唐山市/开平区	16,573,714
10	118.475 39.750	河北省/唐山市/古冶区	16,383,420

地震强烈度说明

地震烈度	VI	VII	VIII	IX	X	XI	XII
人体感觉	多数人站立不稳 少数人惊逃户外	大多数人惊逃户外	多数人摇晃颠簸行走困难	行动人的摔倒	处于不稳状态的人会摔离原地	—	—
房屋震害A	少数中等破坏多数轻微破坏/基本完好	少数毁坏、严重破坏 多数中等破坏/轻微破坏	少数毁坏 多数严重/中等破坏	多数严重破坏/毁坏	大多数毁坏	绝大多数破坏	几乎全部毁坏
房屋震害B	个别中等破坏 少数轻微破坏 多数基本完好	少数中等破坏 多数轻微破坏/基本完好	多数人摇晃颠簸行走困难	行动人的摔倒	处于不稳状态的人会摔离原地	绝大多数破坏	几乎全部毁坏
房屋震害C	个别轻微破坏 大多数基本完好	少数中等/轻微破坏 多数基本完好	少数严重/中等破坏 多数轻微破坏	少数毁坏/严重破坏 多数中等/轻微破坏	多数毁坏/严重破坏	绝大多数破坏	几乎全部毁坏

图 7－8　震后损失估计报告样例

7.6　云南玉溪地震巨灾保险产品方案设计

7.6.1　产品设计背景

云南省具有较高的地震巨灾风险。自 886 年至 2020 年，云南省有记载的 5.0 级以上的地震一共 465 起，震亡人数达 5 万余人。其中，1500 年以前，云南省的地震记录次数为 10 次，震亡人数不详；1501—1900 年期间，云南省平均每个世纪的地震记录次数大约为 30 次；20 世纪以后，云南省 5.0 级以上的地震记录次数达到 291 次，震亡人数 30079 人；21 世纪前 20 年间，云南省共发生 5.0

级以上的地震56次，震亡约849人。

云南省的地震分布在空间上表现为云南境内全区域的均匀分布和玉溪、丽江等区域的局部集中。高风险地区主要有：①玉溪—红河北一带；②昭通—昆明北部一带；③丽江—大理—保山一带；④滇西南临沧—普洱—西双版纳一带。

云南省的经济损失分布主要集中在丽江—大理—保山一带和昭通—昆明北部一带，玉溪—红河北一带和滇西南临沧—普洱—西双版纳一带的经济损失相对较少。云南省地震造成的死亡人口主要集中在：①玉溪—红河北一带；②昭通—昆明北部一带；③丽江—大理—保山一带。滇西南临沧—普洱—西双版纳一带虽然是地震高风险地区，但因人口密度较低，人员伤亡较少。

云南省玉溪市1517年至2020年间共发生过30次5.0级以上的地震（表7-7）。其中，5.0~5.9级19次，6.0~6.9级8次，7.0~7.9级3次，最大震级为7.8级。玉溪历史上发生过两次造成大量人员伤亡的大地震，分别为1913年12月21日的峨山地震和1970年1月5日的通海地震，其中通海7.8级大地震造成了15621人死亡。

表7-7 玉溪市2020年以前5.0级以上地震目录

序号	时间	震中参考位置			震级	烈度	震亡人数
		纬度/°N	经度/°E	地点			
1	1517年7月12日	24.06	102.36	通海	5½	Ⅶ	不详
2	1560年	24.06	102.42	通海	5½	Ⅶ	50
3	1571年9月9日	24.06	102.48	通海	6¼	Ⅷ	50
4	1577年3月31日	24.12	102.54	华宁	5		—
5	1655年4月17日	24.24	102.36	玉溪	5	Ⅵ+	—
6	1722年2月	24.12	102.24	峨山	5	Ⅵ	—
7	1750年9月15日	24.42	102.54	澄江	6¼	Ⅷ	37
8	1755年1月27日	24.42	102.12	易门	6½	Ⅷ+	270余
9	1761年5月23日	24.24	102.36	玉溪	6¼	Ⅷ	128余
10	1761年11月3日	24.24	102.36	玉溪	5¾	Ⅶ+	76
11	1763年12月30日	24.12	102.48	江川	6½	Ⅷ+	800余
12	1789年6月7日	24.12	102.54	华宁	7	Ⅸ+	300余
13	1870年7月5日	24.06	102.00	新平	5¼	Ⅶ-	—
14	1909年5月11日	24.24	103.00	华宁	6	Ⅶ	—
15	1909年5月11日	24.24	103.00	华宁	6½	Ⅷ+	19
16	1913年12月21日	24.12	102.30	峨山	7	Ⅸ	2050
17	1927年3月20日	24.06	102.00	新平	5¼	Ⅵ+	2
18	1929年3月22日	24.00	103.00	通海	6		—
19	1936年2月18日	24.06	102.48	通海	5	Ⅵ	—
20	1939年9月19日	24.24	102.36	玉溪	5½	Ⅶ	2
21	1940年4月3日	24.24	102.36	玉溪	5¼	Ⅶ-	185
22	1940年6月19日	24.30	102.36	玉溪	5¾	Ⅶ+	2
23	1949年9月16日	24.12	103.00	华宁	5¼	Ⅶ-	1
24	1965年5月24日	24.06	102.30	峨山	5.0	Ⅵ+	—
25	1970年1月5日	24.06	102.36	通海	7.8	Ⅹ+	15621
26	1976年10月9日	24.05	102.17	峨山	5.3	Ⅵ+	—

续表

序号	时间	震中参考位置			震级	烈度	震亡人数
		纬度/°N	经度/°E	地点			
27	1999 年 11 月 25 日	24.36	102.52	澄江	5.2	Ⅵ	1
28	2001 年 7 月 15 日	24.20	102.38	江川	5.1	Ⅵ	—
29	2018 年 8 月 13 日	24.19	102.71	通海	5		—
30	2018 年 8 月 14 日	24.19	102.71	通海	5		—

玉溪市地震高风险区主要集中在东北部地区，该区域同时也是玉溪市人口和财富的主要聚集区域，因此一旦发生破坏性地震，造成的潜在人员伤亡和财产损失将尤为严重。

玉溪—红河北一带地震高风险地区历史上发生的破坏性最强的地震是1970 年1 月5 日的通海地震（中国地震局震灾应急救援司，2015）。地震震源位于24.06°N，102.35°E，震级7.8 级，震源深度13km。地震类型为主震—余震型，主震发生后又陆续发生了5 级至5.9 级的余震达12 次，引起了严重的滑坡和山崩等次生灾害。通海地震共造成15621 人死亡，32431 人受伤，直接经济损失达30 亿元人民币（按可比价格计算）。通海地震与唐山地震、汶川地震一起，构成了中华人民共和国成立以来三次死亡超过万人的震殇。

7.6.2 玉溪市的风险暴露及其易损性

1）玉溪市地震危险性

玉溪市属云南省辖地级市，地理坐标处于23.316°N ~24.883°N，101.266°E ~103.15°E 之间。玉溪市属高原地貌形态，处于滇中红色高原亚区和滇东岩溶高原湖盆亚区交接部，地势西北高、东南低，山地、峡谷、高原、盆地交错分布。整个地势北向南倾斜，形成了狭长的山间盆地—玉溪坝子。其中，最高海拔2614m，最低海拔1506m，大部分地区海拔1500 ~1800m。境内山脉由一系列由河流分隔的、总体走向呈NE 向的山岭所组成。

玉溪市处在中国南北地震构造带南段，居现代构造活动强烈的川滇菱形断块东南边缘，夹持于小江断裂与红河断裂之间，是云南地区地震活动频度高、强度大的高潜在危险区之一。自喜马拉雅造山运动以来，在川滇菱块向SSE 快速滑移的驱动下，断块边界及块内深大断裂重新活动，NS 向、NW 向断裂产生强烈水平走滑兼逆冲运动，成为区内主要地震构造。从理论上讲，断裂的端点、拐点、阶区和交会部位都有利于应力的集中，是地震发生的重要危险地段。

玉溪市的震亡–震级特征主要为：①震级增加，震亡人数增大，从总数上来看，7 级地震震亡人数占震亡总数的87%；②同等震级下，震亡数量的离散性较大，以7 级地震为例，最大的震亡可达1.5 万多人，最少的300 人。

玉溪市不同震级下的震亡数量表见表7 –8。

表7 –8　玉溪市不同震级下的震亡数量表

地震	5.0 ~5.9 级	6.0 ~6.9 级	7.0 ~7.9 级	8.0 ~8.9 级	合计
总数/次	19	8	3	0	30
有震亡/次	8	6	3	0	17
最大震亡/人	185	800	5621	0	—
最小震亡/人	2	19	300	0	—

续表

地震	5.0～5.9 级	6.0～6.9 级	7.0～7.9 级	8.0～8.9 级	合计
平均震亡/人	17	163	5990	0	—
总震亡/人	319	1304	17971	0	19549

2）玉溪市承灾体易损性

根据《云南统计年鉴（2020）》，玉溪市总面积 1.53 万 km^2，人口总计 230 万人。其中，城区人口 66.17 万人，城区面积 238.21km^2。城区的建成区面积为 74.34km^2。图 7－9 给出了玉溪市城区部分房屋鸟瞰图。

图 7－9　玉溪市城区部分房屋鸟瞰图（2018 年摄）

截至 2019 年，玉溪市共有已建成高层建筑 640 栋，其中，30m 以下 77 栋，30～50m 209 栋，50～70m 306 栋，70～100m 48 栋，无 100m 以上的高层建筑。辖区内，在建最高建筑为玉水金岸综合体，建筑高度 136.8m，共计 37 层。按结构类型，玉溪市的建筑房屋包括土木结构、砖木结构、砖混结构、钢混结构等。

对于地震频发地区，经验分析方法相比试验分析方法和理论分析方法更为合适，因此，采用经验分析方法建立玉溪地区建筑结构的地震易脆性曲线。考虑玉溪地区的建筑结构与整个云南地区具有一致性，为扩充可使用的震害调查数据量，采用基于整个云南地区震害调查数据获得的易脆性曲线作为玉溪地区建筑结构的地震易脆性曲线。早在 1992—1993 年初，地震部门就对云南地区的地震灾害损失进行了试评估，但多数现场工作人员没有参加过相应的灾评技术培训，灾评报告编写不规范，灾害损失评估的有关参数（如破坏比）残缺不全。1993 年以后的评估资料给出的破坏比较为完整，因此对 1993 年以后云南地区的 50 余次破坏性地震震害资料进行统计，形成了云南玉溪地区钢混结构、砖混结构、砖木结构和土木结构的地震易损性曲线。

7.6.3 震害风险量化

1）经济体风险暴露

为评估玉溪市地震巨灾风险以及后续保险方案设计，需要确定玉溪市的风险暴露。基于前文提到的 1km × 1km 格网上的建筑面积与建筑重置价值（造价）数据库，以及第六次人口普查数据，可以得到云南省农村、城镇（城市 + 镇）四类建筑结构（钢混、砌体、砖木、其他结构）的户数和占比，本小节分析假设玉溪市不同类型结构的户数比例与云南省相同，则可得到玉溪市不同建筑结构类型的面积占比。玉溪市风险暴露数据库中公里格网级别的住宅面积数据，乘以各类结构的面积占比及造价，计算得到玉溪市 1km × 1km 格网中分建筑结构类型的建筑价值。

2）玉溪市现有地震保险风险暴露

玉溪市现有地震保险可分为商业地震保险与政策性地震保险，其中商业地震保险可细分为企业财产险、家庭财产险、工程险，政策性地震保险又可细分为传统型地震巨灾保险（中国城乡居民地震共保体）与创新型地震巨灾保险（玉溪指数保险），如图 7 – 10 所示。传统型地震巨灾保险是依据保险理论中的损失补偿原则，保险赔付基于被保险人实际损失的保险产品，而创新型地震巨灾保险是依据一种或多种物理参量来确定保险责任触发条件的保险产品。

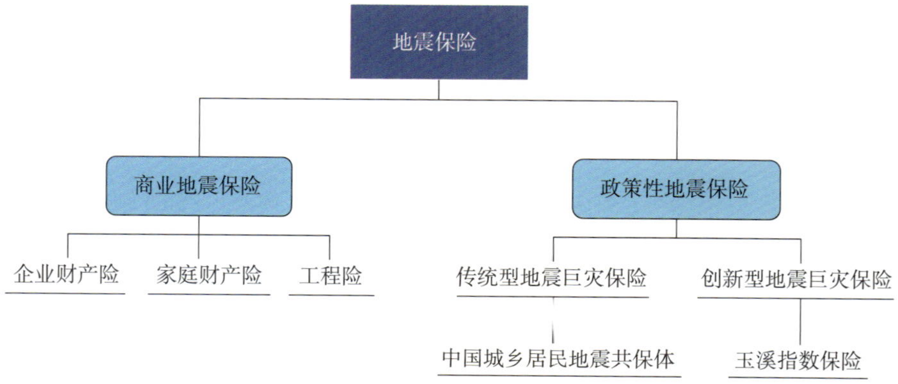

图 7 – 10　玉溪市现有地震保险构成

以《中国保险年鉴（2020）》中前五家主要财险公司市场份额数据，估算玉溪市保险行业地震风险暴露，即玉溪市企业财产险总保额，如式（7 – 3）所示。

$$\text{玉溪市企业财产险总保额} = \frac{1}{\text{市场份额}} \times \sum_{i=1}^{5} \text{云南省公司保额} \times \frac{\text{玉溪市公司企业财产险保费}}{\text{云南省公司企业财产险保费}} \tag{7-3}$$

年鉴显示，2019 年云南省各地区财产险总保费为 297 亿元，其中保费收入大部分来源于机动车辆险，企业财产险总保费仅为 6.86 亿元，占比达 2.3%，前五家财险公司的市场份额为 60.3%。玉溪市财产险保费规模在云南省排名第四，但保费占比仅为 6%，其中企业财产险总保费为 2953 万元，前五家财险公司的市场份额为 84.6%。采用市场份额数据反推估算玉溪市总保额为 387.5 亿元。

此外，截止到 2020 年 12 月底，住宅地震共保体已累计为 1273 万户居民提供保障，累计保费达到 4.31 亿元，累计保额为 5250 亿元。但玉溪市居民对城乡居民地震巨灾保险的投保率较低，总保额仅 460 万元。

云南是我国首个创新型地震巨灾保险方案落地的省份。其采用震级（5 级以上地震）作为保险理赔的触发方式，分别于 2015 年 8 月、2017 年 10 月在云南省大理白族自治州和玉溪市实现政策性农房地震保险出单承保。“大理试点” 为期 3 年，并成功续保；“玉溪试点” 为期 1 年，在 2018 年至 2021 年中断。玉溪指数保险具备广覆盖的特点，所有农村房屋均为其承保对象，根据统计数据推算出玉溪市共有 40.84 万户城镇房屋，35.05 万户农村房屋。

3）损失量化分析方法

为评估玉溪市地震风险以及保险损失，需要采用中国地震巨灾模型进行分析，模型提供了便捷的接口，可供用户输入精细的地震影响场、结构易损性、建筑风险暴露。搭载运行中国地震巨灾模型的地震保险损失评估平台，支持累积数据 AED 和详细数据 DED 输入，输入界面见图 7－11 所示。

图 7－11　地震保险损失评估平台的风险暴露输入界面

平台支持随机事件集、历史地震、自定义地震等多种不同场景计算，还提供了再保合约快速分析功能。选取随机事件集分析，可得到风险暴露的事件损失表（ELT）与超越概率曲线（EP 曲线），如图 7－13 所示。参数设置界面见图 7－12。

图 7－12　地震保险损失评估平台损失分析的参数设置界面

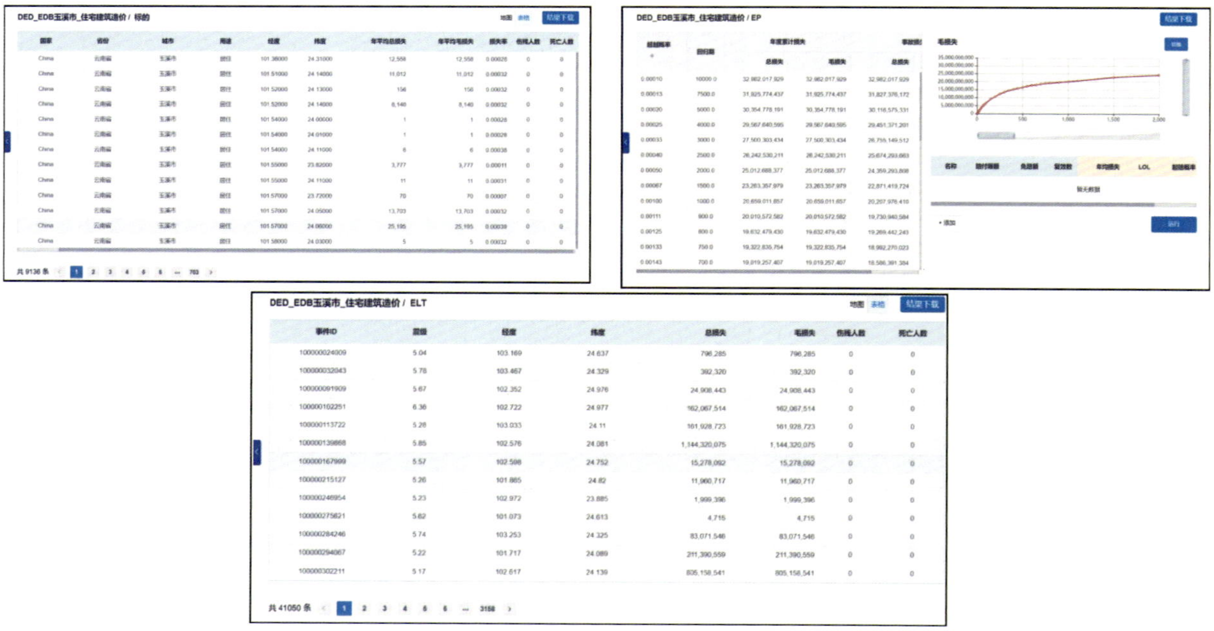

图 7-13　地震保险损失评估平台损失分析的 EP 曲线结果展示

7.6.4　玉溪市地震巨灾保险方案设计

保险一方面从空间上分散风险，一方面从时间上分散风险。各国的巨灾保险开展经验表明，巨灾保险较容易出现逆向选择的问题，低风险地区民众的保险购买意愿较低，高风险地区的民众可能存在保费缴纳不充足的问题，民众对保险的逆向选择使得风险难以从空间上分散，此外择时购买行为会导致风险在时间上缺乏分散。因此推行强制性保险、差异化费率才能真正发挥巨灾保险的作用。

巨灾风险分担机制设计包括两个步骤：一是模式设计，即搭建机制框架，明确各参与主体及各自的职能、权利和义务，也包括资金来源、归集和管理以及分担机制的实施方式；二是参数设计，参数设计是对巨灾风险分担机制中涉及的各个模块的性能参数进行量化分析，找到最适合玉溪的参数值，以求在保证可行性和效率的情况下，保障偿付能力。对巨灾风险分担机制而言，比较重要的参数为启动基金及基金归集量的要求（对政府而言）、免赔额和赔付限额［对（再）保险公司而言］、费率定价（主要和投保人的承受能力有关）。

1）面向个人的传统地震巨灾保险方案设计

玉溪市住宅地震巨灾保险建议方案为：对玉溪市全市农房与 8 度（0.3g）地区的城镇住宅实行强制保险，其他地区自愿投保。对于赔付上限，建筑结构设置为 50%，室内财产设置为 100%，免赔额设置为 5%。针对玉溪市各个区县，按照不同住房建筑结构分别编制费率表。费率应为保额的一定比例。

政府对保费的合理补贴可极大增强居民投保的积极性，缓解保险公司的盈利压力，按照王和等学者的研究成果，建议按照城市化程度和经济水平划分的类别区别对待，玉溪市辖 2 个区、1 个县级市、6 个县，无贫困县，每个县的住宅保费占比如表 7-9 所示。

按照对玉溪市全市农房与 8 度（0.3g）地区的城镇住宅实行强制保险，其余地区自愿投保，赔付上限设置为 50%，免赔额设置为 5% 的实施方案，可估算出保费约为 5.05 亿元，政府需补贴 2.774 亿元，居民共承担 2.274 亿元。

表 7-9　市县政府补贴比例

县市分类	描述	建议政府保费补贴比例	玉溪县市数量	县市住宅保费占总保费比例
1	需政府年度财政扶持的贫困县	95%	0	0
2	贫困县之外的一般县	70%	6	54.1%
3	县级市	50%	1	16.7%
4	36 个大型城市之外的一般市	30%	2	29.2%

依据 2016 年保监会、财政部印发的《建立城乡居民住宅地震巨灾保险制度实施方案》中的规定："投保人是地震巨灾保险产品的购买者，以自留的方式承担小额度的第一层损失。经营地震巨灾保险的保险公司，承担地震巨灾保险自留保费所对应的第二层损失。参与地震巨灾保险再保险经营的再保险公司，承担地震巨灾保险分入保费对应的第三层损失。地震巨灾保险专项准备金按照相关部门的具体管理办法提取，以专项准备金余额为限，承担第四层损失。当发生重大地震灾害，损失超过前四层分担额度的情况下，由财政提供支持或通过巨灾债券等紧急资金安排承担第五层损失。在第五层财政支持和其他紧急资金安排无法全部到位的情况下，由国务院保险监督管理机构会同有关部门报请国务院批准，启动赔付比例回调机制，以前四层分担额度及已到位的财政支持和紧急资金总和为限，对地震巨灾保险合同实行比例赔付。"

依据上述规定，将玉溪市地震巨灾风险分层分担的总体结构设计为五级，依据损失责任从小到大依次为投保人、直保公司、再保险公司、专项准备金、政府。经分析，玉溪市住宅地震巨灾风险的主要分层分担机制方案如下。

①投保人：自留部分风险。

②直保公司：按年度收取保费；承担相当于当年保费收入约 180% 以内的损失，可应对年度损失在 11 年一遇以下的水平。

③再保险公司：承担相当于当年保费收入 180%～1600% 之间的损失。

④专项准备金：年度保费收入扣除保险赔付、运行成本、再保险支出后，如有盈余，按 80% 计提利润准备金（或直接提取 55% 的保费准备金）；承担当年 70 亿元以上的损失，直至用尽；如按累积 50 年，每年发生年均损失 50% 的水平赔付，总共可累积准备金 18.0 亿元（如 50 年内无赔付发生，则总共可累积准备金 85.4 亿元）。

⑤在专项准备金用尽的情况下，由云南省政府介入进行统筹协调安排。可酌情进行财政兜底补偿，或采取"保额回调"方案进行处置，按照地震巨灾保险风险分担机制总偿付能力与总保险损失的比例，进行比例赔偿。

在此方案下，玉溪市财政每年拨款 2.77 亿元。在实施的第 1 年，即可形成 70 亿元的风险保障，应对达到约 94 年一遇水平的年度损失；在 10 年间无重大灾害出现的前提下，可累积 18.0 亿元地震巨灾专项准备金，直保、再保、准备金等各层共同形成累积风险保障 88 亿元，可应对达到约 131 年一遇水平的年度损失。

2）面向企业的传统地震巨灾保险方案设计

在市场愿意为玉溪市工商业地震巨灾保险提供 25 亿元偿付能力的假定下，玉溪市工商业地震巨灾保险建议方案为：将地震责任作为火灾险的附加险强制企业购买，对于赔付上限，建筑结构与室内财产分别设置为 80%，免赔额设置为 20%，整体投保率控制为 79.4%。类似住宅地震巨灾保险，在玉溪市实施地震保险时也应当根据地震风险的不同设置差异化的保费来避免逆向选择的问题。可针对玉溪市各区县差异化设计，按照商业、工业建筑各类结构类型设计费率。

与住宅地震巨灾保险类似，将玉溪市企业地震巨灾风险分层分担的总体结构设计为四级，依据损失责任从小到大依次为投保人、直保公司、再保险公司、专项准备金。

经分析，玉溪市工商业巨灾风险的主要分层分担机制方案如下。

①投保人：自留部分风险，每次赔付设置20%的免赔额度。

②直保公司：按年度收取保费；承担相当于当年保费收入约280%以内的损失，可应对年度损失在23年一遇以下的水平。

③再保险公司：承担相当于当年保费收入280% ~1800%之间的损失。

④专项准备金：年度保费收入扣除保险赔付、运行成本、再保险支出后，如有盈余，按80%计提利润准备金（或直接提取55%的保费准备金）；承担当年12亿元以上的损失，直至用尽；如按累积50年，每年发生年均损失50%的水平赔付，总共可累积准备金6.26亿元（如50年内无赔付发生，则总共可累积准备金16.6亿元）；相应地，可处置12亿~18.26亿元区间的风险。

⑤在专项准备金用尽的情况下，由云南省政府介入进行统筹协调安排。可酌情进行财政兜底补偿，或采取“保额回调”方案进行处置，按照地震巨灾保险风险分担机制总偿付能力与总保险损失的比例，进行比例赔偿。

在此方案下，在实施的第1年，即可形成12亿元的风险保障，应对达到约93年一遇水平的年度损失；在50年间无重大灾害出现的前提下，可累积6.26亿元地震巨灾专项准备金，直保、再保、准备金等各层共同形成累积风险保障18.26亿元，可应对达到约154年一遇水平的年度损失。

3）创新型地震巨灾产品

农村房屋保额按震级触发的赔付限额为1600万~2.4亿元，利用中国地震巨灾模型随机事件集分析方法，选取10万年随机事件集目录，按照目录中每个事件震级对应指数方案中匹配震级挡的赔付限额，可以通过事件集求得各震级挡在10万年的期望损失，即纯风险保费；再用纯风险保费除以赔偿限额，即得到创新型地震巨灾产品的费率。

参考文献

潘耀忠，1998. 区域自然灾害系统基本单元研究. 北京师范大学学报，34（3）：421-426.

张震宇，王文楷，1993. 自然灾害区划若干理论问题的探讨. 自然灾害学报，2（2）：1-7.

刘吉夫，陈颙，史培军，等，2008. 中国大陆地震风险分析模型研究. 北京师范大学学报（自然科学版），44（05）：520-523.

刘吉夫，陈颙，史培军，等，2009. 中国大陆地震风险分析模型研究（Ⅱ）：生命易损性模型. 北京师范大学学报（自然科学版），45（04）：404-407.

罗培，张天儒，杜军，2007. 基于GIS和模糊评价法的重庆市洪涝风险区划. 西华师范大学学报，28（2）：165-171.

杨子生，2002. 云南省金沙江流域综合农业自然灾害区划研究. 山地学报，20（A1）：95-104.

刘三梅，吕海勇，陈绍东，2014. 广东省雷电风险区划研究. 资源科学，36（11）：2337-2344.

李家启，申双和，秦健，2011. 重庆市雷电灾害易损性风险综合评估与区划. 西南大学学报（自然科学版），33（1）：96-102.

张永红，葛徽衍，郭建茂，2013. 冰雹灾害风险区划研究. 安徽农业科学，41（31）：12385-12391.

杨茜，高阳华，2013. 基于GIS的重庆市冰雹灾害风险区划. 西南大学学报（自然科学版），35（7）：133-138.

王萱，2009. GIS技术在地质灾害区划中的应用. 西部探矿工程，21（6）：132-135.

李志强，2005. 基于GIS的重庆市山洪灾害区划. 西北师范大学学报（自然科学版），41（3）：84-88.

李兰，周月华，陈波，2009. 湖北省大风灾害及其风险度. 气象科技，37（2）：205－208.
杨龙，何清，2005. 新疆近3年大风灾害灾度分析与区划. 灾害学，20（4）：83－86.
唐余学，廖向花，李晶，等，2011. 基于GIS的重庆市山洪灾害区划. 气象科技，2011，39（4）：423－428.
史培军，1991. 灾害研究的理论与实践. 南京大学学报，11：37－42.
张丕远，王凤慧，姜鸿，等，1992. 中国自然灾害灾情分析与减灾对策：我国主要自然灾害的地理分布规律及区域减灾对策的探讨. 武汉：湖北科学技术出版社.
张兰生，1992. 中国自然灾害地图集. 北京：科学出版社，1992.
马宗晋，1994. 中国重大自然灾害及减灾对策：总论. 北京：科学出版社，1994.
马宗晋，1994. 中国重大自然灾害及减灾对策：分论. 北京：科学出版社，1994.
史培军，1996. 再论灾害研究的理论与实践. 自然灾害学报，5（4）：6－17.
王平，史培军，2000. 中国农业自然灾害综合区划方案. 自然灾害学报，9（4）：349－350.
史培军，2002. 三论灾害研究的理论与实践. 自然灾害学报，11（3）：1－9.
史培军，2003. 中国自然灾害系统地图集. 北京：科学出版社，2003.
邹铭，李保俊，王静爱，等，2004. 中国救灾物资代储点优化布局研究. 自然灾害学报，13（4）：135－139.
史培军，2005. 四论灾害系统研究的理论与实践. 自然灾害学报，14（6）：1－7.
王静爱，史培军，王瑛，等，2005. 中国城市自然灾害区划编制. 自然灾害学报，14（6）：42－46.
王静爱，史培军，王平，等，2006. 中国自然灾害时空格局. 北京：科学出版社，23－27.
葛全胜，邹铭，郑景云，2008. 中国自然灾害风险综合评估初步研究. 北京：科学出版社，78－79.
史培军，2009. 五论灾害系统研究的理论与实践. 自然灾害学报，18（5）：1－9.
史培军，2011. 中国自然灾害风险地图集. 北京：科学出版社.
《汶川地震灾害地图集》编辑委员会，2008. 汶川地震灾害地图集. 成都：成都地图出版社.
史培军，2011. 综合风险防范：科学、技术与示范. 北京：科学出版社，287－290.
秦大河，张建云，闪淳昌，等，2015. 中国极端天气气候事件和灾害风险管理与适应国家评估报告. 北京：科学出版社，112－123.
中国地震局震灾应急救援司，2015. 1966—1989年中国地震灾害损失资料汇编. 北京：地震出版社.
Algermissen S T，Steinbrugge K V，1984. Seismic Hazard and Risk Assessment：Some Case Studies. The Geneva Papers on Risk and Insurance，9（1）：8－26.
Badal J，Vazquez-Prada M，Gonzalez A，et al，2003. Quantitative assessment of earthquake damages：approximate economic loss. EGS-AGU-EUG Joint Assembly，34（3）：353－374.
Bai X M，Shi P J，Liu Y S，2014. Realizing China's urban dream. Nature，509（1799）：158－160.
Bailey R G，1983. Delineation of ecosystem regions. Environmental Management，7（4）：365－373.
Bailey R G，1987. Suggested hierarchy of criteria for multi-scale ecosystem mapping. Landscape and Urban Planning，14：313－319.
Bailey R G，1989. Explanatory supplement to the ecoregions map of the continents. Environmental Conservation，16（4）：307－309.
Blaike P，Cannon T，Wisner B，1997. At risk：natural hazards，people vulnerability and disasters. London：Routledge.
Blewitt G，Hammond W C，Kreemer C，et al，2009. GPS for real-time earthquake source determination and tsunami warning systems. Journal of Geodesy，83（3－4）：335－343.
Burton I R，Kates W，White G F，1993. The environments as hazard（2nd Edition）. New York：Guilford Press.
Chung C-joF，Fabbri A G，Van Westen C J，1995. Multivariate regression analysis for Landslide hazard zonation. New York：Academic Publishers.
Dassios A，Jang J W，2003. Pricing of catastrophe reinsurance and derivatives using the cox process with shot noise intensity. Finance Stochast，7：73－95.
Gad-el-Hak M，2005. Large-scale Disasters：Prediction，control，and mitigation. London：Cambridge University Press.

Gao X J, Shi Y, Zhang D F, et al, 2012. Climate change in China in the 21st century as simulated by a high resolution regional climate model. Chinese Science Bulletin, 57 (10): 1188 – 1195.

Humboldt A V, 2010. Cosmos: Sketch of a Physical Description of the Universe. Cambridge: Cambridge University Press.

Omernik J M, 1995. Ecoregions of the conterminous United States. Annals of the Association of American Geographers, 77 (1): 118 – 125.

IPCC SREX, 2012. Managing the Risks of Extreme Events and Disasters to Advance Climate Change Adaptation. London: Cambridge University Press.

IPCC AR5, 2013. Intergovernmental Panel on Climate Change Climate Change Fifth Assessment Report (AR5). Cambridge: Cambridge University Press.

Lateltin O, Haemmig C, Raetzo H, et al, 2005. landslide Risk Management in Switzerland. Landslides, 2 (4): 313 – 320.

Kim H S, Chung C K, 2016. Integrated system for site-specific earthquake hazard assessment with geotechnical spatial grid information based on GIS. Natural Hazards, 82 (2): 981 – 1007.

Ma rin-Ferrer M, Vernaccini L, Poljansek K, 2017. INFORM Index for Risk Management. Luxembourg: Publications Office of the European Union.

Neighbors C J, Cochran E S, Caras Y, et al, 2013. Sensitivity analysis of FEMA HAZUS earthquake model: Case study from King County, Washington. Natural Hazards Review, 14 (2): 134 – 146.

Omernik J M, Bailey R G, 1995. Ecoregions: A spatial framework for environmental management

Davis W, Simon T P. Biological Assessment and Criteria: Tools for Water Resource Planning and Decision Making. Boca Raton: Lewis Publishing.

Ricketts T H, Dinerstein E, Olson D, et al, 1999. Terrestrial ecoregions of North America: A Conservation Assessment. Washington D C: Island Press.

Wiken E B, 1986. Terrestrial Ecozones of Canada: Ecological Land Classification Series No 19. Quebec City: Environment Canada.

第8章 展　　望

随着基础技术的逐步发展和应用的逐渐深入，未来，中国地震巨灾模型的技术将持续更新迭代，模型的应用场景将更加深入与广阔。本章对中国地震巨灾模型未来的技术发展与应用场景进行了展望。

8.1 模型技术发展展望

地震巨灾模型，是综合利用地震活动性、地震动模拟、地理信息系统、数据库、云计算等技术而形成的数学模型。随着以新一代地震区划技术为代表的地震科学技术的不断进步，地震巨灾模型也将不断迭代更新。与此同时，地震巨灾模型还会考虑灾害链综合作用，考虑基于精细数据的特殊标的地震风险评估，形成开放式架构体系，让地震巨灾模型的计算机理更加深入，功能更加广泛，技术架构更加开放。

8.1.1 模型地震危险性

地震活动性及地震动模拟问题，是地震巨灾模型的关键性基础。由于地震巨灾的偶发性和严重性，模型需综合统计方法和物理方法联合建立地震活动性模型和地震动模拟方法。这两个模块的科学性和合理性，依赖于对相关规律的科学认识。地震活动性模型，需要关注对于中小地震活动的科学评价，但这些地震通常缺乏明确的构造资料，导致难以较为准确地预测其最可能发生的位置，在当前认识水平下作为随机事件处理。模型同时需要关注大地震，尤其是人口经济密集地区的大地震未来可能的时空强度规律。最迫切且难度最大的是华北平原地区与东部近海地区。对于地震动的模拟，由于其同时受到地震震源破裂过程、传播介质特性以及局部场地等因素的影响，因此其建模复杂程度较高。未来对于中国地震巨灾模型中地震动的模拟，一方面需要依托高性能的计算技术开展更精细的影响场数值模拟，另一方面也需要兼顾科学性与计算效率之间的平衡。

与此同时，短、中期地震预报也将对地震危险性模块的发展产生重要影响。地震短期预报，是指对3个月内将要发生地震的时间、地点、震级的预报。中期预报是指对未来1～2年内可能发生破坏性地震的地域和强度的预报。根据文献（张博等，2018；巩丹丹等，2019），地震短期、中期预报，一般采用地震地球化学方法，对地质构造活动进行监测，而做出概率性的预报结果。地震短期和中期预报，可令地方政府开展防震减灾工作更具有针对性，提前做好工程性防灾减灾措施，大大减少人员伤亡和经济损失，具有重要的意义。这些较为准确的短期、中期预报，对于未来一段时间内的防震减灾工作与保险业务开展，具有较强的指导意义。近期，中国地震巨灾模型将开发短期、中期地震预报接入的数据接口，接入地震行政管理部门发布的短期、中期预报内容，在模型中加强预报涉及地区的地震危险性参数，将短期、中期预报内容与地震事件集结合起来，有效提升地震损失估计结果的计算准确性。另一方面，获得短期、中期预报后，可通过中国地震巨灾模型存储的数据，得到短、中期地震风险较高区域中的保险客户名单，进而可提醒客户开展针对性的防护措施，以期取得更好的防灾减损效果。

8.1.2 模型工程易损性

工程易损性模块包含建筑结构、生命线系统等承灾体的易损性模型。目前建筑结构类地震易损性已有较为丰富的研究成果，但由于我国幅员辽阔，建筑物种类繁多，为使风险评估更加准确，未来仍需面向不同结构类型、不同层数、不同抗震设防类别的已建建筑、在建建筑开展研究，建立更完善的建筑结构易损性数据库。

人员伤亡模型仍然有较大的提升空间。一方面多次地震的震害表明，次生灾害、高空坠物等情景均会造成较大的人员伤亡，但这些灾害情景的随机性较强，对未来模型的迭代更新提出了更大的挑战；另一方面，人员在不同时段的流动性也会对地震造成的人员伤亡产生较为复杂的影响，需要加以考虑。

生命线系统因其种类较多、结构复杂、分布范围较广等特点，建模过程较为复杂，未来仍需深入研究。以电力设施为例，目前中国地震巨灾模型中可进行易损性分析的元件有限。未来，将对不同结构类型和不同设防水准的发电厂、变电站和输电线路进行细化分类，研究它们不同的结构易损性，同时还将研究不同的地质灾害风险水平和不同场地条件、地理环境条件对其震害的影响问题。随着社会环保意识的增强，以及国家大力倡导和推动绿色、环保政策及新能源战略，电力系统中将越来越多出现新型的电力设施，如电网中的 GIS 变电站、高压换流站，发电系统中的太阳能发电站、风力发电站等。电力行业在国家“双碳”战略的引导下发展迅猛，设施数量增长迅速，其面对的地震风险环境也更加复杂。这些新型电力设施的结构复杂，历史震害资料稀少，对它们的地震安全性评价成为新时期亟待解决的课题。下一步将对这些设施开展地震易脆性、易损性的相关研究工作。

8.1.3 模型风险暴露数据库

风险暴露模块是地震巨灾模型中的关键技术模块，全面、准确的风险暴露信息是地震巨灾模型的重要数据基础。我国城市的快速扩张，城镇人口和社会经济活动的急剧增加，导致了承灾体暴露度的快速增长与变迁。因此，承灾体暴露度定量评估是一个十分重要的研究方向。多源时空数据的承灾体空间化和反演方法，针对人口、经济、房屋财富指标，制定了承灾体单体 - 区域的风险暴露参数反演技术体系，可提供精细化动态的承灾体分布信息，有效提升承灾体暴露度的精细化程度，一定程度上提高了地震巨灾服务能力。第一，地震风险暴露模块的构建与当前可获取的数据以及科学认识紧密相关。建筑物重置价值空间化模型，目前主要以房屋的空间分布为差异化指标构建模型，将来可考虑在小区域单价上引入更多有效参考因子，进一步优化模型。第二，室内财产作为地震风险暴露指标中的迫切需求，未来可重点研究室内财产相关的科学知识与分布规律，构建合理的室内财产空间化方法。第三，考虑人员在不同时段分布情况的人员分布模型需要进行更新。最后，考虑到产业发展的需要，以电力、通信、交通为代表的生命线系统的风险暴露也将是模型更新的重点方向。

8.1.4 灾害链的模型技术

地震灾害具有破坏性强、受灾范围大、经济损失巨大等特点。地震造成的直接破坏损失不是地震损失的全部，地震带来的次生灾害往往会造成更大损失。灾害学中定义，自然灾害发生之后诱发出次生灾害的现象，称为灾害链。地震巨灾模型的未来发展方向之一，是考虑灾害链综合作用，开展地震次生灾害的危险性评价、破坏程度模拟、损失估计，实现“地震—地震次生灾害”整条灾害链风险评估。

由地震诱发的灾害链主要包括地震—次生火灾、地震—滑坡—泥石流—堰塞湖、地震—海啸。

（1）“地震—次生火灾”灾害链

该灾害链一般出现于城市地区或工业区，农村地区、山区、荒漠无人区较少出现。发生地震的地区，如存在植被茂密地区、油库、炼油厂、烟花爆竹工厂、化工厂等，火灾的蔓延区域与损失会进一步扩大。地震次生火灾的成灾受到多种复杂因素的共同影响，例如建筑结构类型与建筑材料、建造年代、使用功能、防火隔断设计、消防系统工作性能，风向风速等气象条件，以及高层建筑燃烧烟囱效应等等（张立新，2020）。由于观测数据和模拟所限，目前学术界对于地震次生火灾的成灾、蔓延，以及风险评估和损失评估的研究，仍处于基于统计学的理论模型研究阶段，尚未发展到数值模拟计算阶段。

目前学术界已开展了地震次生火灾模型研究。已取得的研究成果包括震致火灾统计数据回归模型、建筑物震致火灾单体概率模型、震致火灾高危害小区危险性等级评估模型、建筑物震致火灾蔓延模型、震致火灾造成经济损失和影响人员评估模型。上述模型均为依托统计数据进行着火概率、蔓延范围、经济损失、人员伤亡估算的模型，对于“地震—次生火灾”这一灾害链的研究，形成了一定的技术积累。

未来，中国地震巨灾模型将融入次生火灾损失计算模型，依托更精细的风险暴露数据，采用准确科学的数值模拟算法模拟火灾损失，提供准确的次生火灾损失模拟计算结果，进而更为准确地评估次生火灾风险。

（2）“地震—滑坡—泥石流—堰塞湖”灾害链

地震会导致山体震裂或松动，为震后降雨引发大规模滑坡和泥石流提供物质基础（黄润秋，2017），还会改变地质灾害的孕灾环境（史培军等，2020）。近一段时间的地震灾害观测证明，多数大中震级的地震可引发山体崩塌、滑坡，在强降雨作用下可能演变为泥石流（FAN X. et al.，2019）。2008 年汶川地震发生后，北川县花石板沟相继发生滑坡与泥石流灾害，汶川县映秀镇牛眠沟先后发生滑坡、泥石流、堰塞湖灾害。地震之后发生滑坡与泥石流次生灾害的根本原因是受地震影响，产生大量松散固体物质（崔鹏等，2010）。

滑坡、泥石流、堰塞湖等次生灾害，具有影响范围大、破坏性强、暴发突然等特点，一旦发生，破坏性极强。中国地震巨灾模型，未来有必要增加这一灾害链的风险评估功能。目前，“中国地震巨灾模型 3.5”已具备地震滑坡的计算功能，可根据地震随机事件集和基础地理信息，计算每次地震事件导致的滑坡影响范围与损失。

（3）“地震—海啸”灾害链

海啸灾害是一种发生频率较低，但破坏性极强的海洋灾害。常见的海啸触发机制包括海底地震、海底滑坡、海底火山喷发、陨石坠落等（李琳琳等，2022）。2004 年 12 月，印尼苏门答腊岛以北海域发生里氏 9.3 级地震，引发印度洋海啸。强震与海啸共造成 22.6 万人死亡。2011 年发生的“3·11”日本地震，震级高达 9.0 级，诱发海啸，海啸高度最高达 9m，不仅对沿海地区造成人员伤亡和经济损失，还造成日本福岛县第一核电站 1 号机组放射性物质泄漏，影响至今。科学研究表明，我国沿海地区存在较为平缓的大陆坡，发生大型海啸的风险环境较低，但发生在不利位置的地震仍有可能触发致灾性海啸，对沿海地区造成威胁（李琳琳等，2022）。

目前，中国地震巨灾模型包含的我国大陆地区地震及余震事件集，包含中国领海（含渤海、黄海、东海和南海）。随着未来海洋水环境基础数据与相关算法的更新，中国地震巨灾模型可进行迭代更新，开展地震海啸事件的模拟，估计风险与可能造成的损失。

8.1.5 基于精细数据计算特殊单体的模型技术

费率厘定是地震保险产品设计和业务开展的重要基础。根据传统财险精算理论，保险费率应基于大数定律厘定。由于地震发生频率较低，破坏性较强，周期较长，因此地震保险产品费率，应采用地震巨灾模型厘定。根据地震巨灾模型的运算原理，地震保险产品费率，由单体标的的地震危险性、工程易损性、风险暴露度（建筑物造价、室内财产价值、商业中断损失）共同决定。但由于一些重要标的，如水坝、高层建筑、古建筑等缺乏震害资料，科研人员对其研究有限，对其抗震性能及周边的地震风险环境未有清晰的认识，这一状况给定价、承保、风勘、理赔工作带来巨大的挑战。即使拥有地震巨灾模型，现有的承灾体易损性模块也很难覆盖这些特殊标的。

需要在中国地震巨灾模型的基础之上，建立特殊标的的高精度地震巨灾风险评估体系。单体标的的高精度地震巨灾风险评估体系，主要是对其工程易损性进行精细化的科学研判。以古建筑为例，其建筑设计资料往往难以获得，抗震性能需要大量研究才能充分了解，并且需要考虑建设年代、建筑结构形式、结构完好程度、修缮程度和抗震工程措施等，需要专业机构专门评估，通过建立数值模型，模拟得到不同情景下的破坏程度评估结果，并构建易损性曲线，输入模型进行损失分析。

目前，中国地震巨灾模型尚未具备针对特殊单体标的进行地震巨灾风险评估的功能。随着越来越多的高价值单体建筑投保地震保险，对于高价值的单体标的，单独量化其地震风险，进而厘定相关费用，设计保险产品方案，并为建筑物提供地震风险综合管理方案，是未来中国地震巨灾模型的发展方向。

8.1.6 全面开放技术架构的模型技术

地震巨灾模型的生命力来源于开放与共享。中国地震巨灾模型具有“地震危险性模块－工程易损性模块－风险暴露模块－金融模块”架构，模块与模块之间采用标准接口连接，模块之间相对独立，具有较好的可扩展性。未来，可根据用户个性化需求，对中国地震巨灾模型的功能模块或架构本身进行改造，如自定义灾害事件集，自定义易损性模型，自定义风险暴露数据库，以及调用 API 进行个性化开发。

目前，中国地震巨灾模型地震危险性模块，包括历史地震事件集，以及 500 万年模拟地震事件集。模拟地震事件集，是依据第五代地震动区划图（《中国地震动参数区划图》，GB 18306—2015）中的地震活动模型，采用布朗过程时间（Brownian Passage Time，BPT）模型和对数模型描述大地震的时间相依特征，进行蒙特卡洛随机抽样形成的，与地震观测资料较为吻合，具有较强的科学性。但随着地震学研究的不断深入，科研机构可在局部建立精细化的数学模型与地震事件集，通过对相关技术模块的改造，用户可自定义地震灾害事件集并开展计算。

中国地震巨灾模型的工程易损性模块，包括多种承灾体易损性模型，含上百条易损性曲线。这些易损性模型，基本上是按照用途和建筑结构类型，分别开展试验形成的。由于试验条件所限，模块内置的易损性模型，一定程度上是该类承灾体的“平均性”模型，无法针对较为特殊的建筑结构或较细用途的承灾体专门研发易损性模型。部分行业用户，可能更关注某一特定类别的承灾体风险。例如，某保险公司由于承保的大部分标的是发电厂和输配电设施，对于上述设施开展了专门研究，自行研发了一批易损性模型。另一保险公司承保某木质结构古建筑群，为准确评估古建筑群的地震风险，聘请了相关科研人员建立了古建筑群的数字模型，形成了地震破坏模拟计算结果。上述特殊业务，都提出了自定义易损性模型参与计算的要求。未来，可对中国地震巨灾模型的工程易损性模块进行改造，允许用户自定义易损性模型。

中国地震巨灾模型所采用的风险暴露数据库，一方面因为数据的采集、整理、入库和测试需要时间，所以存在数据滞后的情况；另一方面因为该风险暴露数据库为全国性的大尺度数据库，所以局部精度有所不足。部分用户，特别是保险业界用户，为摸清已承保保单的风险累积，对于承保区域财富分布数据的时效性有更高的要求。用户可通过多种途径采集某些特定地区的风险暴露数据。为满足这一需求，未来可对中国地震巨灾模型的风险暴露模块进行改造，允许用户使用自有风险暴露数据进行计算。

部分产业界用户，已自建较为完善的自然灾害风险评估信息系统，需调用中国地震巨灾模型的风险量化计算功能，将中国地震巨灾模型作为自研系统的外挂功能模块。为满足这一类用户的需求，未来可针对中国地震巨灾模型的各项功能模块开发可供外部调用的标准化 API，明确接口标准，强化接口功能，满足外部用户调用的需求。

8.2 模型应用展望

中国地震巨灾模型具有科学的数据、精确的算法与完善的功能。模型整体功能强大，性能优越，在地震行业、保险行业具有广阔的应用空间。

对于地震行业，中国地震巨灾模型的应用场景，一是可定期（例如每三年一次）为地方政府形成地震灾害风险报告，作为各级政府开展防灾减灾工作的决策参考资料；二是可以精细化、定量化估计房屋建筑、生命线系统损失和人员伤亡，为应急调度指挥提供依据。

对于保险行业，中国地震巨灾模型的应用，一是实现现有的地震风险计算功能，让保险行业可以清晰地看到自身承担的风险；二是实现防灾减损从事中事后向事前转变，成为保险公司业务系统的关键环节，在保险公司承保地震保单的基础上，为风勘、理赔等各个环节提供业务支持；三是可应用于金融衍生品市场，以及保险监管体系。金融衍生品是基于基础金融工具的金融工具。与巨灾保险相关的金融衍生品，一般指巨灾债券。巨灾债券的定价依赖于巨灾模型提供的风险定量评估结果。我国已经先后发行两只巨灾债券，但债券的定价和销售过程，还未实现利用我国自行研发的巨灾模型。由中国银行保险监督管理委员会主导的保险监管体系，对于保险公司的偿付能力和风险准备金等项目有严格的监督规定。在上述领域，中国地震巨灾模型具有很强的生命力，未来可推广使用。

8.2.1 成为地震行业开展防灾减灾工作的决策参考

目前，我国对于地震灾害风险状况的研究，大部分采用概率地震危险性分析技术。传统的概率地震危险性分析，主要基于潜在震源模型、地震活动性模型和地震动衰减模型等，采用概率方法得到场点的地震危险性值，该危险性表示的是未来所有地震对场点的综合影响。目前我国对于地震危险性研究的最新成果是 2015 年颁布的国家标准《中国地震动参数区划图》（GB 18306—2015）。

中国地震巨灾模型可在政府地震灾害风险管理领域发挥重要作用。受中国地震局地震预测研究所邀请，中国地震巨灾模型在《中华人民共和国防震减灾法》法定任务“2021—2030 年全国地震重点监视防御区”确定工作中发挥重要作用，针对十年尺度全国地震重点监视防御区确定需求，完成了全国范围内高精度人口、建筑物经济损失预测，并在安徽省合肥市开展了精细化的区域试点工作，对未来地震人员伤亡风险和经济损失风险的预测起到了重要作用，分析结果在政府防震减灾工作中得到了实际应用，创造了良好的社会效益。

8.2.2　成为保险公司业务管理的重要工具

地震灾害具有发生频率低、破坏性大、影响范围广的特点。对于承保巨灾保险的保险公司来讲，如无法有效开展巨灾风险管理，一旦发生巨灾，很可能出现赔付金额过高的情况。例如1992年袭击美国佛罗里达州的安德鲁飓风，造成多家美国保险公司因无法支付保险金而破产。保险公司经营的目的是最大化资产收益，但同时必须保证偿付能力满足监管要求。为了保证偿付能力，保险公司必须准确评估已承保的巨灾风险（朱文杰，2006）。

巨灾模型，因具有财富暴露数据完善、风险量化功能较好、性能较强等优点，未来将成为保险公司开展巨灾风险管理的重要工具。保险公司在巨灾风险管理的各个环节，包括巨灾保险产品设计、自身风险累积计算和准备金计算，都可使用巨灾模型辅助工作。一方面，巨灾保险产品，具有产品设计难、风险大等特点，必需相关的巨灾模型作为产品设计参考，巨灾模型可量化评估特定地区的灾害危险性，为保险产品的费率厘定提供科学参考。另一方面，保险公司将已承保的巨灾保单信息输入巨灾模型，即可了解自身承保风险累积程度，从而做出继续承保或暂停承保的决策，有效避免风险累积过高。保险公司确定自身风险累积程度后，可有针对性地安排风险转移。借助巨灾模型，保险公司可对多种可能的再保险方案进行模拟计算，了解每一种再保险方案实施后自留风险是否可接受，以及再保险方案的最优定价，既可以将足够的风险分散出去，又可以实现自身权益的最大化。

未来，中国地震巨灾模型可嵌入保险公司的巨灾保险业务系统。保险业务人员可在业务系统中直接调用模型相关功能，实现对地震保险保单风险的实时量化计算和风险分散方案的实时确定。

8.2.3　成为巨灾衍生金融产品的定价工具

地震灾害突发性强、破坏性大、防御难度高，是造成我国经济损失最严重和人员伤亡最多的自然灾害之一。保险业迫切需要在风险防范、损失补偿、恢复重建等方面发挥更加积极的作用。我国地震保险发展滞后的原因是多方面的，其中一个重要原因，是缺乏有效的巨灾风险分散机制。

巨灾衍生金融产品体现出了一种重要的巨灾风险分散机制，巨灾债券是其中主要的金融产品。巨灾债券的运行模式是，将债券收益和特定的巨灾损失相连接，保险公司可将承担的巨灾风险部分转移给债券投资者，有效降低偿付风险。巨灾债券的设立与运行主体是特殊目的机构（Special Purpose Vehicle，SPV）。特殊目的机构是独立信托机构，它与保险人签订再保险合同，同时将保险人的承保风险包装成债券。保险人或再保险人会支付一定数额的保费。如果在债券期限内发生巨灾事件，特殊目的机构会把出售债券获得的资金赔付给保险人，除此之外的剩余资金，扣除必要的费用后返还给投资者。如果期限内没有发生巨灾事件，特殊目的机构则向债券投资人支付债券本金和利息。

与其他类型的债券相比，巨灾债券具有流动性差，定价难的特点。金融市场上的其他债券，处于市场完全的状态，定价方法已基本成熟，可利用市场中已有证券流通情况计算其现金流，从而计算价格。巨灾债券引入了巨灾风险，是否发生巨灾事件，以及巨灾事件的严重程度，直接影响债券收益。而巨灾是否发生与金融市场的状况无关。因此巨灾债券建立在不完全市场的基础之上，巨灾债券的现金流与收益，无法通过其他流通债券进行计算。巨灾债券的科学准确定价方法，是财经界亟待解决的难题。目前，国内外学者对巨灾债券定价提出了一批数学模型，包括“均衡定价理论模型”“二项分布模型”“蒙特卡洛归纳定价方法”等。上述模型均综合考虑了市场收益率变化与巨灾发生概率。中国地震巨灾模型，具有科学的地震危险性资料、完善的工程易损性模型、时效性较好的全国风险暴露数据，具有对全国及国内各地区的地震风险量化分析的能力，具备成为巨灾债券定价工具的潜力。未来我国有关机构发行地震巨灾债券，可考虑采用中国地震巨灾模型作为地震发生概率的评估工具，获得更加科学、准确的评估结果。

8.2.4 成为保险监管体系中不可或缺的一环

中国银行保险监督管理委员会主导的保险监管体系，由监管机构、行业自律组织、被监管者和监管制度等部分组成。保险监管制度，包括法律、行政法规、行业自律制度和保险公司内部管理制度等。

截至2022年底，银保监会尚未颁布单独针对巨灾保险的监管制度。目前适用于巨灾保险的相关监督管理制度，分散见于财产保险业务的各类管理制度。巨灾具有影响范围特别广，破坏性特别大的特点。巨灾保险天生具有产品设计难、风险高的特点，必需相关的巨灾模型作为产品设计参考。因此，地震巨灾模型及其评估指标，作为开展巨灾保险的技术保障性措施，理应纳入保险监管体系。

除作为产品设计的技术性保障措施之外，地震巨灾模型还是评估保险公司偿付能力的重要工具。充足的偿付能力是保险公司健康运行的重要基础，偿付能力是保险监管工作的重要评估指标。保险监管机构为确保保险企业具备充足的偿付能力，对巨灾风险准备金有非常明确的要求。目前，中国地震巨灾模型已成为地震巨灾保险行业定价的事实标准：一是为银保监会《保险公司偿付能力监管规则（Ⅱ）》（简称“偿二代二期”）建设提供了科学的评估手段；二是该模型已定制化地融入我国保险协会的业务平台，为巨灾风险评估与准备金的计提提供参考依据。保险企业可基于承保的地震巨灾风险，合理准备资本金，既确保了偿付能力达标，又可以节省资金，达到提升资本利用效率的目的。

最后，中国地震巨灾模型在应用过程中，实现了对保险企业评估自身风险积累的充分助力。采用中国地震巨灾模型的保险企业或经纪公司，可以合理地评估巨灾风险，科学地摸清风险敞口，达到从保额管理到PML（Probable Maximum Loss，最大可能损失）管理的转变。以中国地震巨灾模型为工具，保险企业能够清楚分辨区域风险水平，做出扩大业务或风险转移的决策，既让风险“管得住”，又让业务“放得开”。

参考文献

崔鹏，庄建琦，陈兴长，等，2010. 汶川地震区震后泥石流活动特征与防治对策. 四川大学学报（工程科学版），42（5）：10－19.

黄润秋，王运生，裴向军，等，2013. 4·20芦山M_S7.0级地震地质灾害特征. 西南交通大学学报，48（4）：581－589.

黄润秋，2017. 强震地质灾害效应及风险防控. 民主与科学，2017（6）：18－20.

巩丹丹，尚俊斌，2019. 地壳形变观测在地震监测预报中的发展与应用研究. 甘肃科技纵横，48（4）：3.

蒋凤亮，2011. 应用地震地球化学方法对汶川8.0级地震中期预报成功的依据分析//《科技创辉煌》编辑委员会. 科技创辉煌：中国科技成果与学术精典．北京：西苑出版社，683－693.

李琳琳，邱强，李志刚，等，2022. 南海海啸灾害研究进展及展望．中国科学（地球科学），52（5）：803－831.

史培军，杨文涛，2020. 山区孕灾环境下地震和极端天气气候对地质灾害的影响．气候变化研究进展，16（4）：405－414.

尹云鹤，韩项，邓浩宇，等，2021. 中国西南地区地震－滑坡－泥石流灾害链风险防范措施框架研究．灾害学，36（2）：77－84.

张博，张辉，冯建刚，等，2018. 2017 年九寨沟 7.0 级地震前不同级别地震空区的演化过程分析．中国地震，34（04）：765－771.

张立新，2020. 地震次生火灾研究进展．地震工程学报，42（6）：1693－1699.

郑山锁，相泽辉，郑捷，等，2016. 我国建筑物地震保险制度及保险费率厘定研究．灾害学，31（3）：1－7.

朱文杰，2006. 巨灾模型在保险公司巨灾风险管理中的应用．经济论坛，19：104－106.

Fan X，Scaringi G，Korup O，et al，2019. Earthquake-induced chains of geologic hazards：patterns，mechanisms，and impacts. Reviews of Geophysics，57（2）：421－503.

附录 术 语

1. 孕灾环境　Environment of Developing Hazards

孕育自然灾害的大气圈、岩石圈、水圈、生物圈共同组成的地球表层环境。

2. 致灾因子　Disaster Factors

由孕灾环境产生的，导致灾害发生的各类自然或人文因素。

3. 承灾体　Hazard-bearing Body

直接承受地震灾害损失的工程单元，包括设防和非设防类建筑，供水、燃气、交通、供电、通信等五大生命线系统关键单元，人员等等。

4. 损失率　Damage Ratio

承灾体在某一地震作用下的直接经济损失与该承灾体重置费用之比。

5. 地震动影响场　Ground Motion Field

地震发生时，震源周围的地震动分布状况。

6. 次生灾害　Secondary Disaster

由灾害诱导发生的灾害。

7. 地震滑坡　Landslide Caused by Earthquakes

由地震诱发的斜坡岩土体沿一定的软弱面整体或局部保持结构完整向下运移的过程和现象及其形成的地貌形态。

8. 地震事件集　Seismic Event Set

采用地震活动性模型，模拟符合我国地震活动时间、空间和强度分布特征的随机地震事件，大量的随机地震事件组成地震事件集。

9. 震级　Magnitude

震级是地震大小的度量，与地震释放的能量相关。地震释放的能量越大，则震级越大。

10. 震中　Earthquake Epicenter

地震断层破裂初始点在地表的投影。

11. 震源深度　Focal Depth

地震断层破裂初始点与其在地表投影的距离。

12. 断层走向　Fault Strike

地震波传播的优势方向，在该方向上地震波衰减相对较慢。

13. 损伤状态　Damage State

承灾体遭受某一程度损伤而造成一定的经济损失的状态。

14. 损伤指标　Damage Measure

判断承灾体是否达到某一损伤状态的物理指标。

15. 峰值地面加速度　Peak Ground Acceleration，PGA

地震动加速度时间过程的绝对最大值。

16. 烈度指标　Intensity Measure

衡量地震作用或地震作用效应对承灾体影响程度大小的物理指标。本书对于建（构）筑物或直接放置于地面的设备，统一采用峰值地面加速度作为烈度指标。对于放置于建筑楼面的构件或物品，应根据其地震损伤特性合理选择烈度指标。

17. 地震易脆性　Seismic Fragility

承灾体达到或超过某一损伤状态的概率和烈度指标之间的相关关系。描述这一关系的曲线称为易脆性曲线（Fragility Curve）。

18. 重置费用　Replacement Cost

基于当地当前价格，重建与震前同样规模和标准的房屋和其他工程结构、设施、设备、物品等物项所需费用。

19. 损失比　Loss Percentage

承灾体达到某一损伤状态时的直接经济损失与该承灾体重置费用之比。

20. 易损性　Seismic Vulnerability

承灾体的平均损失率和烈度指标之间的相关关系。描述这一关系的曲线称为易损性曲线（Vulnerability Curve）。

21. 设防类建筑　Fortification Building

按照抗震设计规范要求设计建造的建筑。

22. 非设防类建筑　Unfortification Building

没有依据建筑设计标准，未按照抗震设计规范最低要求设计的建筑。

23. 生命线系统　Lifeline Engineering

维系一个城市或地区居民日常生活和生产活动所必不可少的各类基础设施。根据国家标准《生命线工程地震破坏等级划分》(GB/T 24336—2009）的规定，生命线系统包括城市供水、燃气、交通、供电和通信系统。

24. 承灾体暴露度　Exposure of Disaster-bearing Bodies

暴露于灾害危险区的区域承灾体类型及其数量。

25. 数据标准化　Data Standardization

研究、制定和应用统一的数据分类分级、记录格式及转换等技术处理的过程，包括检查数据一致性、处理无效值和缺失值等，用于保证数据的统一性、规范性。

26. 特征选择　Feature Selection

在不改变原始特征集的前提下，直接从数据的原始特征空间中提取若干波段用于后续的数据处理（来源：GB/T 36296—2018）。

27. 空间分辨率　Spatial Resolution

遥感影像上能够识别的两个相邻地物的最小距离，即扫描仪的瞬时视场，或能分辨地面物体的最小单元。

28. 区域网平差　Block Adjustment

利用多余航线构成的区域网模型进行整体平差的空中三角测量平差方法（来源：GB/T 14950—2009）。

29. 详细风险暴露数据　Detailed Exposure Data，DED

具有各个单一风险暴露的位置、建筑结构、保险条款等信息的风险暴露数据。

30. 汇总风险暴露数据　Aggregate Exposure Data，AED

只具有风险暴露所在区域及该区域汇总的建筑结构、保险条款等信息的风险暴露数据。

31. 平均损失率 Mean Damage Ratio，MDR

定义的范围内平均保险金额的赔偿率，即赔偿金额占保险金额的比例。

32. 超越概率 Exceedance Probability

大于或等于给定参数值的概率。

33. 事件损失表 Event Loss Table

对承灾体造成损失的地震事件信息与其损失信息列表。

34. 巨灾债券 Catastrophe Bond

一种收益与特定巨灾损失相连接的债券，是将保险市场的巨灾风险转移至二级资本市场的重要工具。

35. 保险风险 Insurance Risk

尚未发生的、能使保险对象遭受损害的危险或事故，如自然灾害、意外事故或事件等。

36. 风险识别 Risk Identification

对风险的性质进行的鉴定。

37. 风险评估 Risk Assessment

在风险识别的基础上分析损失的频率和程度，作为决策的依据。

38. 风险控制 Risk Control

一系列应对风险的措施和相关工具的总称。

39. 风险累积 Risk Accumulation

将承保的个体风险相加，以了解所面临的总风险水平的过程。

40. 风险转移 Risk Transfer

保险公司将保险风险部分或全部转移至公司以外，可转移至其他保险（再保险）公司，转移至金融市场，或转移至政府基金等等。